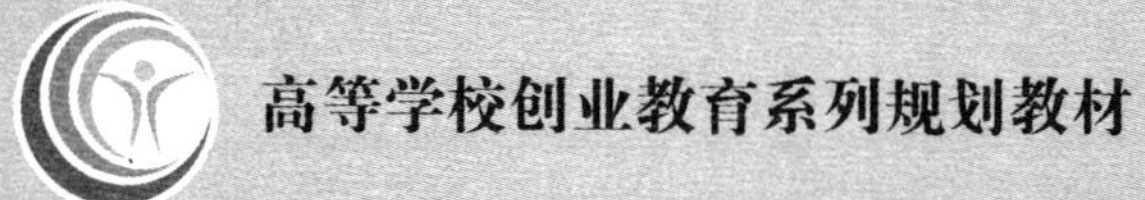

创业设计与实验

——企业经营仿真综合实验

毕继东◎主　编
陶　虎　李　斌　费振国◎副主编

清华大学出版社
北　京

内 容 简 介

《创业设计与实验——企业经营仿真综合实验》以创业企业仿真实验为基础，向学生展示现实经济环境下各类企业的业务，在给学生提供体验的同时，激发其学习兴趣，从而培养其综合管理能力和创新精神。本书以价值链为逻辑主线，对实验教学内容、仿真场景布置、教学运行与管理软件、师资团队建设等环节进行了系统分析。全书共包括3个模块12章内容，模块一为实验导论与设计，包括第1、2章；模块二为企业运营实验，包括第3～10章；模块三为实验专题与示例，包括第11、12章。

本书可作为高等院校经济管理类专业本科、研究生以及MBA学生实验、实践环节的教学用书。

图书在版编目（CIP）数据

创业设计与实验：企业经营仿真综合实验/毕继东主编．—北京：清华大学出版社，2016
高等学校创业教育系列规划教材
ISBN 978-7-302-44779-5

I. ①创… II. ①毕… III. ①企业管理-运营管理-计算机仿真-高等学校-教材 IV. ①F270.7

中国版本图书馆CIP数据核字（2016）第189800号

责任编辑： 杜春杰
封面设计： 刘　超
版式设计： 魏　远
责任校对： 刘　同
责任印制： 何　芊

出版发行： 清华大学出版社
网　　址： http://www.tup.com.cn，http://www.wqbook.com
地　　址： 北京清华大学学研大厦A座　**邮　　编：** 100084
社 总 机： 010-62770175　**邮　　购：** 010-62786544
投稿与读者服务： 010-62776969，c-service@tup.tsinghua.edu.cn
质 量 反 馈： 010-62772015，zhiliang@tup.tsinghua.edu.cn
课 件 下 载： http://www.tup.com.cn,010-62788903
印 装 者： 北京国马印刷厂
经　　销： 全国新华书店
开　　本： 185mm×230mm　**印　张：** 18.25　**字　　数：** 364千字
版　　次： 2016年9月第1版　**印　　次：** 2016年9月第1次印刷
印　　数： 1～4000
定　　价： 35.00元

产品编号：068785-01

在21世纪这个“学习化”时代，提高学生综合素质、培养学生创新能力逐渐成为教育的主题。当前，中国市场潜力巨大、预期向好，新的发展动能可以有效地带动扩大就业，为传统动能改造提升创造良好的条件，其源泉正是来自创新驱动，来自大众创业、万众创新的蓬勃开展。《国家中长期教育改革和发展规划纲要（2010—2020）》中把提高学生的创新精神和实践能力作为战略重点之一。2007年，教育部和财政部实施“高等学校本科教学质量与教学改革工程”，大力推进实践教学改革及人才培养模式的改革和创新。基于上述现实和政策背景，我们认为培养大学生的创业意识和创业能力是高等教育改革刻不容缓的任务。从2012年开始，山东财经大学就着手通过虚拟仿真实验培养学生的创新创业能力，并开设了“企业运营管理仿真综合实验”课程。结合我们近几年的教学情况，以及学生的实际水平，我们组织全体任课教师编写了本教材。

本书着力体现创业素质教育与能力本位的精神，立足于应用型、创新型、复合型人才的培养，首创性地提出基于企业价值链理论的经管类跨专业仿真综合实验平台建设理念，并通过模块化集成、信息网络新技术、多样化教学评价等路径对实验课程的内容体系、教学组织、运行管理进行了富有成效的探索，具体体现在以下方面：

1．构建高度仿真的校内虚拟商务运行环境

本书参考现实经济运行环境，打破学科专业的界限，构建了高度仿真的校内虚拟商务运行环境，强化了“把社会嵌入校园”的实验教学办学特色。实验课程内容由生产制造企业、工商局、税务局、银行、会计师事务所、招投标公司、贸易公司、物流公司等八个功能模块的实验项目群组成。

2．图文并茂，生动形象地展示教学内容

本书的语言简明、朴实，内容丰富，深入浅出。同时，在软件的操作与教学示例的展示方面，教材配以丰富的图片、图表，将重要的知识点尽可能以直观明了的形式展现出来，以便于学生阅读、理解和把握。

3．创新实验教学设计，丰富实验教学示例

本书旨在对学生综合素质和能力的培养，提升其创新、创业能力水平，对实验教学的平台设计、教学团队组织、教学内容与评价进行了详细的分析，形成了线上线下相结合、过程评价与结果评价相结合、专业教师与实验教师相结合的虚拟仿真、集中教学特色。另外，本教材展示了以往教学中的示例，有助于学生形象地了解实验各环节的参考信息。

本书是在编写组多年的虚拟仿真实验教学的研究与实践的基础上完成的。多年来，编写组积极探索国内外创业仿真实验教学的理论，并在教学中实践和完善。本书是山东省2015年省级教学改革项目“经管学科虚拟仿真综合实验教学体系研究与实践”（2015M104）、山东省 2015 年研究生教育创新计划项目“基于仿真教学的 MBA 人才培养模式研究与实践”（SDYY15058）、2014 年度山东财经大学教学研究与教学改革重点项目“基于大学生创新能力培养的经管学科虚拟综合实验教学体系研究与实践”（jy201412）的阶段性研究成果。

本书的编写分工（按各章先后顺序）是：毕继东、费振国编写第一、四章；费振国编写第二、三章；于强编写第五、六章；葛培波编写第七、八章；蔡伟波编写第九章；夏兆敏编写第十章；费振国、毕继东编写第十一章；毕继东编写第十二章。

山东财经大学的陶虎教授、李斌副教授对本书的初稿提出了很多中肯的建议和具体的修改意见，这对于完善教材是非常有益的。毕继东、陶虎、李斌审阅了全书，并对其进行了修改和完善。

本书在编写过程中得到多方面的支持和帮助。首先，感谢山东财经大学工商管理学院和实验教学中心的领导和老师，他们在行政管理和实验教学方面给予了很大的支持和帮助；其次，感谢北京方宇博业在实验教学中提供了技术支持，并在本书编写过程中提供了丰富的素材；最后，感谢山东财经大学工商管理 1202 班的王恬等同学，感谢她们在教学示例与实验常见问题的整理中付出的辛勤劳动。

由于编者水平有限，本书可能有不足与不当之处，敬请广大读者批评指正。

毕继东
2016 年 6 月

目录

第一章

导论

党的十七大提出，实施扩大就业的发展战略，促进以创业带动就业的总体部署。党的十八大再次强调，引导劳动者转变就业观念，鼓励多渠道、多形式就业，促进创业带动就业。由此可见，培养创新人才，以创业带动就业已成为我国社会发展的趋势。大学生是创业的重要主体，大学生创业既是教育体制改革和高新技术产业跨越式发展的动力源，又可以为社会提供更多的就业机会。因此，培养大学生的创业意识和创业能力是高等教育改革刻不容缓的任务。

创业能力被联合国教科文组织列为继学术性、职业技能之后，大学生应具备的第三种能力。美国作为创业教育的发源地，其创业教育在理论和实践方面都积累了丰富的经验，大学生创业型就业是美国经济发展的主要动力之一。法国也重视社会实践，注重培养学生面向社会的能力。教育部《关于大力推进高等学校创新创业教育和大学生自主创业工作的意见》（教办[2010]3 号）中指出，在高等学校开展创新创业教育，积极鼓励高校学生自主创业，是深化高等教育教学改革，培养学生创新精神和实践能力的重要途径，也是落实创业带动就业，促进高校毕业生充分就业的重要措施。2015 年 6 月，国务院《关于大力推进大众创业万众创新若干政策措施的意见》的出台，也为大学生创业提供了千载难逢的新机遇，各种优惠政策和措施将会促使更多的大学生投入创业的浪潮。

为促进大学生创业，许多高校开设创业学课程、成立创业指导中心与高科技创业园区，并采取具有鲜明的学校特色的创业措施，取得了积极效果。例如，北京大学创立了包括融资服务、营销服务与管理服务于一体的 3M 创业模式，有效地促进了大学生创业。复旦大学在设立创业学课程的基础上，成立了创业中心，对促进大学生创业发挥了积极的作用。中山大学通过举办创业大赛方式，为大学生创业大赛优胜者提供场地的支持。其他高校也分别出台了相关优惠政策，有力地支持了大学生创业，在缓解大学生就业压力的同时，有效地提高了科技创新水平。

但对于创业的大学生而言，除了面临资金、技术及商业模式选择等问题外，创业企业所需的企业注册、管理、市场营销与资金融通等多方面的知识也有所欠缺。在缺乏相应知识储备的情况下，仓促创业不仅难以融到必需的资金，而且在残酷的市场竞争中也将处于劣势。

为了给不同专业背景的创业人才提供一个弥补此类知识短缺的平台，可以创业企业仿真实验为基础，向学生展示现实经济环境中各类企业的业务，给学生提供体验的同时，激发他们学习的兴趣，明确学习的方向，培养其综合管理能力和创新精神。创业仿真实验应以价值链为逻辑主线，按照“内容模块化、场景仿真化、业务虚拟化、区划功能化”的思路，对实验教学内容、仿真场景布置、教学运行与管理软件、师资团队组建等环节进行系统设计，打造成课程教学体系的平台，同时设置思维拓展、素质培养、能力提升等特色课程，辅以课堂教学、案例分析、专题讲座、参观实习等多种形式的创新教学方式、方法。创业企业仿真实验教学内容可以包括：制造企业业务；工商局业务；税务局业务；会计师事务所业务；银行业务；物流公司业务；商贸公司业务；媒体公司业务；管委会业务；法律事务所业务等十部分。

第一节　创业的概述

创业是创业者对自己拥有的资源或通过努力对能够拥有的资源进行优化整合，从而创造出更大经济或社会价值的过程。创业的内涵是：

（1）创业是一种生产活动，它以提供产品或服务作为活动的直接结果。创业与一般的生产活动的区别在于它的发展特性。就创业本身来讲，既可以是从无到有的创造，也可以是现有基础上的革新。但不论是创造还是革新，独立地考察创业的内涵都是一个从无到有、从弱到强、从幼稚到成熟的过程。发展是创业最重要的特性，成功的创业都是快速、稳健的发展过程，维持创业企业的健康发展是创业重要而基本的任务。

（2）创业是一种复杂的系统活动。创业的实现是一个复杂的系统过程，是一个由多个创业要素组成的复杂系统。创业者创立的企业是一个投入产出系统，即投入资源、产出产品与服务。创业的过程就是不断地投入资源以连续地提供产品与服务的过程。能否以最少的资源获得最大的产出，使得企业具有竞争力并盈利，是衡量创业活动成效的标准之一。

（3）创业是一种不断学习的过程。由于创业活动具有模糊性、不确定性和风险性，因此创业者一开始就要注重学习，学习掌握市场规律，学习组织协调创业资源，学习生产经营管理，学习塑造企业文化等。成功的创业过程，必然是一种不断向社会和他人学习的过程。有作为的、与时俱进的创业团队，必然是一个学习型组织。

第二节　创 业 设 计

一、创业设计的含义

创业设计的核心就是如何将专业知识与社会实践、创新思维完美结合。创业设计作为专业实践，主要强调实践内容的实践性和运用性，即学生通过该环节的实践，能具备编写一份基本完整的创业计划书或是商业计划书的能力，具备今后在工作过程中发现问题、分析问题的基本素质，也为提高后续专业理论课程的学习兴趣奠定一定的基础。

二、创业设计计划书内容

（一）计划摘要

创业设计的计划摘要浓缩了创业设计的精华。首先，要说明创业企业的思路，新思想的形成过程，以及企业的目标和发展战略；其次，要交代企业现状、过去的背景和企业的经营范围；最后，还要介绍一下创业者自己的背景、经历、经验和特长等。企业家的素质对企业的成绩往往起关键性的作用。在计划摘要中，企业还必须要回答下列问题：一是企业所处的行业，企业经营的性质和范围；二是企业主要产品的内容；三是企业的市场在哪里，谁是企业的顾客，他们有哪些需求；四是企业的合伙人、投资人是谁；五是企业的竞争对手是谁，竞争对手对企业的发展有何影响。计划摘要一般要包括以下内容：创业企业介绍；主要产品和业务范围；市场概况；营销策略；销售计划；生产管理计划；管理者及其组织；财务计划；资金需求状况等。

（二）产品（服务）

在进行创业项目评估时，创业者最关心的问题之一就是，企业的产品、技术或服务能否以及能在多大程度上解决现实生活中的问题，或者产品（服务）能否帮助顾客节约开支，增加收入。一般地，产品介绍必须要回答以下问题：顾客希望企业的产品能解决什么问题，顾客能从企业的产品中获得什么好处；企业的产品与竞争对手的产品相比有哪些优缺点，顾客为什么会选择本企业的产品；企业为自己的产品采取了何种保护措施，企业拥有哪些专利、许可证，或与已申请专利的厂家达成了哪些协议；为什么企业的产品定价可以使企业产生足够的利润，为什么用户会大批量地购买企业的产品；企业采用何种方式去改进产品的质量、性能，对发展新产品有哪些计划；等等。

因此，产品介绍是创业设计中必不可少的一项内容。创业者要对产品（服务）作出详细的说明，并且说明要准确，也要通俗易懂，即使不是专业人员的投资者也能明白。一般地，产品介绍都要附上产品原型、照片或其他介绍。通常，产品介绍应包括以下内容：产品的概念、性能及特性；主要产品介绍；产品的市场竞争力；产品的研究和开发过程；发展新产品的计划和成本分析；产品的市场前景预测；产品的品牌和专利。

（三）人员及组织结构

有了产品（服务）之后，创业设计的第二步要做的就是组成一支有战斗力的管理队伍。创业企业管理的好坏，直接决定了企业经营风险的大小。而高素质的管理人员和良好的组织结构则是管理好企业的重要保证。因此，创业者特别注重对管理队伍的招聘和组建。

创业团队人员应该是互补型的，而且要具有团队精神。创业企业必须要具备负责产品设计与开发、市场营销、生产作业管理、企业理财等方面的专门人才。在创业设计中，必须要对主要管理人员加以阐明，介绍他们所具有的能力，他们在本企业中的职务和责任，以及他们过去的详细经历及背景。人员及组织结构的具体内容包括：公司的组织机构图；各部门的功能与责任；各部门的负责人及主要成员；公司的报酬体系；公司的股东名单，包括认股权、比例和特权；公司的董事会成员；各位董事的背景资料。

（四）市场预测

创业企业要开发一种新产品或向新的市场扩展时，首先就要进行市场预测。如果预测的结果并不乐观，或者预测的可信度让人怀疑，那么创业者就要承担更大的风险。因此，创业企业应尽量扩大收集信息的范围，重视对环境的预测，并采用科学的预测手段与方法。市场预测首先要对需求进行预测：市场是否存在对这种产品的需求；需求程度是否可以给企业带来所期望的利益；新的市场规模有多大；需求发展的未来趋向及其状态如何；影响需求的有哪些因素。其次，市场预测还要包括对市场竞争的情况——企业所面对的竞争格局——进行分析：市场中主要的竞争者有哪些；是否存在有利于本企业产品的市场空当；本企业预计的市场占有率是多少；本企业进入市场会引起竞争者怎样的反应；这些反应对企业会有什么影响；等等。为此在创业设计中市场预测应包括以下内容：市场现状综述；竞争厂商概览；目标顾客和目标市场；本企业产品的市场地位；细分市场特征；等等。创业者应牢记的是，市场预测不是凭空想象出来的，对市场的错误认识是企业经营失败的最主要原因之一。

（五）营销策略

营销是创业企业经营中最富挑战性的环节，影响营销策略的主要因素有：消费者的特点；产品的特性；企业自身的状况；市场环境方面的因素。最终影响营销策略的则是营销成本和营销效益因素。

在创业设计中，营销策略应包括以下内容：市场机构和营销渠道的选择；营销队伍和管理；促销计划和广告策略；价格决策。对创业企业来说，由于产品和企业的知名度低，很难进入其他企业已经稳定的销售渠道中去，因此，企业不得不暂时采取高成本、低效益的营销战略，如上门推销、大打商品广告、向批发商和零售商让利或交给任何愿意经销的企业销售。

（六）制造计划

在寻求资金的过程中，为了增大企业在投资前的评估价值，创业者应尽量使生产制造计划更加详细、可靠。一般地，生产制造计划应回答以下问题：企业生产制造所需的厂房、设备情况如何；怎样保证新产品在进入规模生产时的稳定性和可靠性；设备的引进和安装情况，供应商情况；生产线的设计与产品组装是怎样的；供货者的前置期和资源的需求量怎样；如何进行生产周期标准的制定及生产作业计划的编制；物料需求计划及其保证措施；质量控制的方法是怎样的；以及相关的其他问题。因此，创业设计中的生产制造计划应包括以下内容：产品制造和技术设备现状；新产品投产计划；技术提升和设备更新的要求；质量控制和质量改进计划。

（七）财务规划

财务规划需要花费较多的精力来做具体分析，其中包括现金流量表、资产负债表及损益表的制备。流动资金是企业的生命线，因此，企业在初创或扩张时，对流动资金需要有预先周详的计划和进行过程中的严格控制；损益表反映的是企业的赢利状况，它是企业在一段时间运作后的经营结果；资产负债表则反映在某一时刻的企业状况，投资者可以根据资产负债表中的数据得到的比率指标来衡量企业的经营状况及可能的投资回报率。企业的财务规划应保证和创业计划书的假设相一致。事实上，财务规划和企业的生产计划、人力资源计划、营销计划等都是密不可分的。要完成财务规划，必须要明确下列问题：产品在每一个期间的发出量有多少；什么时候开始产品线扩张；每件产品的生产费用是多少；每件产品的定价是多少；使用什么分销渠道，所预期的成本和利润是多少；需要雇佣哪几种类型的人；雇佣何时开始，工资预算是多少。因此，创业设计中的财务规划一般要包括以下内容：创业计划书的条件假设；预计的资产负债表；预计的损益表；现金收支分析；资金的来源和使用。

第三节 创业教育分析

创业教育概念的提出及创业教育的兴起有深刻的社会原因。随着国际经济形势的变化，在当前就业已成为制约各国经济发展难题的情况下，很多大企业不但没有创造新的就业，反而制造了新的失业。与此同时，以高科技为主导、运行机制灵活、不断创新的中小企业迅速发展，它们的崛起不仅支撑了国家经济的增长，而且为社会创造了更多的就业机会。而在中小企业的创业实践引发经济领域变革的过程中，创业的内涵早已不仅仅局限于新企业的建立，它已经成为一种思维方式和行动模式，作为一种整合的概念全面渗透到社会生活的各个领域。

创业教育可以看作通过教育培养创业意识，形成创业能力和技能，最终促成个体的创业行为。这种创业行为不仅指在新领域或新市场内开创式的自行从事商业活动的行为，也指在兴趣和就业压力等内外因的作用下借鉴他人的商业项目自行创业的行为，同时也包括在已有组织内开拓自己事业的行为。为达成教育目的，创业教育要以形成创业精神和意识为重点，以培养创业能力、技能及执行力为落脚点，以最终形成创业行为，持续创造经济效益为归宿。

一、美国创业教育

通过对美国大学生创业教育的研究，我们可以发现创业教育在美国已形成一个相当完备的体系：有系统的创业课程；稳定的创业教育教学和科研队伍；注重创业教育的实践性和应用性；注重学生就业观念的改变；有财力支持和社会保障。在创业教育的发展过程中更是形成了以百森商学院、麻省理工学院、哈佛大学等为主的创业教育模式。因为这种相对成熟的创业教育和相对完善的创业环境，美国的大学生创业呈现出愈发繁荣的局面。这也为美国的经济增添了活力，创造了大量的就业机会。

1990 年以来，美国每年都有 100 多万个新公司成立，即平均每 250 个美国公民就有一个新公司。美国“考夫曼企业家领袖中心”1999 年 6 月的一份研究报告显示，每 12 个美国人中就有一个期望开办自己的企业；91%的美国人认为，创办自己的企业是“一项令人尊敬的工作”。据麻省理工学院 1999 年的一项统计，该校毕业生已经创办了 4 000 家公司，仅 1994 年这些公司就雇佣了 110 万人，创造了 23 220 亿美元的销售额。世界管理学大师彼得•德鲁克也认为：创业型就业是美国经济发展的主要动力之一，是美国就业政策成功的核心。

在美国，创业教育已经有 50 多年的历史，有些学校甚至以专注创业领域的研究教学作为学校的策略中心及竞争优势。它们重视理论联系实际，突出个性化教育，这些都直接或间接地促进了新型创业教育的发展，形成了富有特色的人才培养模式。

在创业教育开展最早和最为完善的美国大学中，百森商学院（Babson College）、哈佛大学（Harvard University）和斯坦福大学（Standford University）各有千秋，代表了美国高等院校创业教育的典型模式。

（一）百森商学院——培养创业意识为主

美国的百森商学院是全球创业管理教育和研究最著名的商学院，且始终是创业学领域的领导者。百森学院和伦敦商学院共同承担一年一度的“全球创业观察”（GEM）研究，自 1981 年以来举办一年一度的百森-考夫曼基金创业研究会议，组织每年的全球创业研讨会。百森商学院的创业教育主要由创业教育研究中心承担，其宗旨是全力帮助学生发展创业式的思维方式、进取心、灵活性、创造力、冒险的愿望、抽象思维能力及视市场变化为商机的能力。其模式是通过创新性教学计划、外延拓展计划及学术研究来支撑创业教育，倡导创业精神。例如，创业教育研究中心为本科学生设计了一个著名的创业课程教学大纲，由一系列必修课和选修课组成。不少课程极富特色，如“新生管理体验”课程，新生班级被分成若干小组，在教师指导下各组制订出创业计划，学校为每个小组提供最多 3 000 美元的原始资本来创办并经营新公司，公司在学年结束时清算，超过原始资本的利润成为大一年级学生开办慈善事业的基金。

（二）哈佛大学——培养实际管理经验为主

哈佛商学院认为，创业精神隐含的是一种创新行为，而不是一个特别的经济现象或个人的特质表现。到 2001 年底，哈佛商学院共开设了 15 门创业管理课程。哈佛商学院的优势在于针对创业管理建立完整的资料和案例库，为研究者提供良好的学习环境，是唯一为创业管理与创业教育研究发行期刊的院校。他们非常注重对学生创业意识、创业精神和创业技能的塑造与培养。例如，在“开创新企业”这门课中，着重探讨设立新公司时所需要的技能技巧及新企业发展的知识。学生们组成小组，由创意概念展开，进而完成一个设立新公司所需要的完整经营计划，并对计划付诸实施。通过这一完整过程的学习，学生可以学到创业理论，也能学到具体的创业技能技巧，并能实践具体的创业行动规划。又如，在“小企业的经营与成长”课程中采用小组的个案教学法，个案由校友们在社会实践或工作中的遭遇反馈而写成，重点探讨小企业生产与运作管理方面的问题，如怎样应对日常工作中的压力，如何研究拟订影响竞争优势的关键策略等，从而培养学生能够在苛刻的资源限制与不确定的环境下追求创业机会，从容应对企业成长的挑战，有效地回收创业成果。

（三）斯坦福大学——培养系统的创业知识为主

斯坦福商学院在强调实际管理经验的同时，也强调对经济、金融、市场运转等理论的长期研究。学院共开设 17 门创业管理课程，除了提供许多有关创业财务筹资的课程外，还非常重视创业战略及创业环境的研究，尤其是对创业过程中各阶段、各层面的策略与操作议题，以及产学合作、产业网络等环境方面的议题。作为著名的理工大学，斯坦福商学院非常注重应用导向和学科间的优势互补，创业教育从创业者而非投资者的角度来规划创业个案，学生必须学会评估创业机会，并且结合个人能力、专业特长及面对的外部环境来采取具体的创业行动。比如，在课程设计上采取团队教学与两段式教学方式，由商学院及工学院的学生组成团队，进行市场调研与分析，激发创意并设计产品，进而在实验室开发、生产其欲推向市场的产品。这种全过程参与有助于学生探讨和处理创业过程中所涉及的全部议题，全面了解如何将一个“点子”转变成为一个完整的企业，大大增强了学生的实际知识和技能。

二、英国创业教育

随着世界各国对创业教育的发展，创业教育也进一步发展壮大。欧美等国家的创业教育开始较早，并且已经取得了一些成绩。在英国，创业教育至今已有四十余年的历史，逐渐形成了一定的规模，深受社会各界的重视。创业教育的发展使得英国形成了创业型的社会环境。

英国高校创业教育主要分为两种方式进行教学，即课内创业教育课程和课外创业教育活动。

（一）课内创业教育课程

英国高校课内创业教育课程的主要形式是课堂传授创业教育知识。这种教学方式有利于创业知识的系统传授，有利于学生快速、全面地掌握创业的基本理论知识。课堂教学的目的就是使学生学习创业基础知识。在教学过程中，教师重视学生主观能动性的培养。主观能动性是学生今后创业活动必不可少的因素。

课堂教学分为必修和选修两种课程。必修课程是学生学习创业基础理论的课程，能够让学生掌握创业的基本知识。选修课程是对创业基础知识的延伸，能够扩展学生的视野。在课内创业教育课程中，教师运用相关创业案例进行教学。案例既包括成功的案例，也包括失败的案例。这样有利于学生掌握更多创业的经验。这样就避免了机械化教学，学生们能够将在课堂中学习的知识更好地运用到实践中去。

（二）课外创业教育活动

从目前英国高校创业教育的整体发展情况来看，几乎所有开展创业教育课程的学校都开展了相应的创业教育课外活动。课内教育和课外活动相结合，调动了学生参与创业活动的积极性。根据英国全国大学生创业委员会 2006 年的统计，在英国高校开展的创业教育课外活动多达 24 种。其中，主要的课外活动有以下几种。

1. 学生社团创业部

创业教育活动和学生社团相结合，使得创业教育从课堂内扩展到课堂以外。社团一般

要求大学给予资金支持，由所在大学创业中心资助或者由英国科学创业中心资助。社团成员会随着学生的入学和毕业不断地更换。所有想了解创业活动的教师、学生、校友和创业家都可以参加社团创业部。在创业部，通常会举办互动性的活动，邀请当地知名人士与学生进行面对面的交流，或者定期举办系列创业报告，传达创业知识。比如，格拉摩根大学（University of Glamorgan）学生社团创业部的成员有300多人，最初的创业交流活动为一周一次，随着创业需求的增加改为每周两次。活动的形式也多种多样，有讨论会、演讲会、报告等。其中最吸引人的是成功人士的创业演讲。

2．创业大赛

在英国高校创业教育中，创业大赛为创业活动最核心的部分，是大学中创业课外活动的项目之一。不同的学校对于创业大赛的要求不同。有的学校只要求学生提出创业想法，有的学校则要求学生模拟创办企业。只要是在校本科生或研究生，或者参加工作的校友，都可以参加创业大赛。大赛的奖金平均在 2 000～3 000 英镑。英国著名的谢菲尔德•哈勒姆大学（Sheffield Hallam University）每年举办创业大赛——创业挑战。大赛对所有在校大学生和毕业生开放，大赛提供的奖金金额达到4 000英镑。在2004年创业挑战大赛上，有100多名参赛者参加。从某种意义上说，在国际竞争日趋激烈的时代，创业大赛成为英国经济的重要驱动力之一。

3．创业暑期学校

在暑期，英国各地高校都会开展创业暑期培训，为创业者提供简短集中的创业培训。申请参加暑期学校的学生只要提出一个创业案例或者与创业有关的资料就可以参加。培训的时间为3～7天，教学方式一般为谈话法、集中培训法或者是一对一的咨询。创业暑期学校的规模一般较小，通常班级人数在40人以下。在培训期间，学校会积极地联系企业家对学生进行创业指导。谢菲尔德•哈勒姆大学每年都举办为期一周的创业暑期学校，为准备自己创业的学生和已经毕业的创业者提供所需要的咨询和技能培训。

4．大学生创业论坛

创业论坛是创业教育课外活动的一种网络形式，旨在为大学生提供更多的创业成长机会。杜海姆大学创业论坛中的大学生创业成长论坛鼓励大学生到中小企业就业，鼓励学生积极参加创业活动，创办自己新的企业。创业栏目定期开展活动，成员之间交流经验，取长补短，以期更好地进行创业实践。大学生创业论坛可以促进大学生创业成长。

5．学生创业实习活动

学校鼓励学生到中小企业实习，是培养学生创业技能的有效途径。英国高校安置大学生到中小企业实习，以获得更多的创业能力。学生同企业工作人员一起为企业带来利益，在提高企业经济效益的同时学生还可以增加中小企业工作经验。

威尔士地区的就业中心每年都会安置高校学生在暑期到中小企业实习，实习的时间为

14 周，中小企业支付给学生一定的津贴。在实习期间，学生将他们所学的理论运用到实践当中，以增强创业所需的技能。

三、我国创业教育

我国近代教育家陶行知先生倡导创新教育，他曾指出：处处是创造之地，天天是创造之时，人人是创造之人。现在，我国一些院校已经建有创新中心。我国的创业教育起于 1978 年规划的深圳特区，即以社会政策、法律法规为导向，结合市场和经济规律，是一种社会形式的创业教育。

1999 年 1 月，教育部公布的《面向 21 世纪教育振兴行动计划》指出，要加强对教师和学生的创业教育，鼓励他们自主创办高新技术企业。同年，中共中央国务院下发的《关于深化教育改革全面推进素质教育的决定》指出，高等教育要重视培养大学生的创新能力、实践能力和创业精神，普遍提高大学生的人文素养和科学素养。同年，清华大学举办创业计划大赛。这一年是高等院校的创新创业教育源起之年。

2002 年，确定九所大学作为创业教育试点院校。随着党的十七大提出“建设创新型国家”和“促进以创业带动就业”的发展战略，创业教育也开始探索将创新和创业相结合之路。2005 年 8 月，共青团中央、全国青联与国际劳工组织合作在华展开 KAB 高校创业教育项目。2009 年 4 月 16 日，中国高等教育学会创新创业教育分会成立。2010 年，为宣传、研究和推广创新创业教育，由中南大学和创新创业学会联合创办了《创新与创业教育》期刊。

2010 年 4 月 8 日，教育部联合科技部下发关于印发《高校学生科技创业实习基地认定办法（试行）》的通知。2010 年 5 月 4 日，教育部发出的《关于大力推进高等学校创新创业教育和大学生自主创业工作的意见》指出，“在高等学校开展创新创业教育，积极鼓励高校学生自主创业”，并从创新创业课程体系建设、创新创业师资队伍建设、创新创业基地建设等内容对省级教育行政机构、部属高校和国家级大学科技园区提出纲领性的创新创业教育建设意见。创新创业教育在注重大学生修好本专业的基础上，以通过创新创业教育培养学生创业意识、创业心理品质、创业能力、创业知识为主要目标，能为社会、经济和个人的发展起到巨大的推动作用。国家教育部在政策性文件中将创业教育拓展为“创新创业教育”的理念和模式。这一文件的出台标志着创新创业教育由试点走向面向全国的推广。

我国高教司于 2002 年初，借鉴国外高等学校创业教育经验进行试点工作中形成的三种教育模式：一是以中国人民大学为代表的以提高学生整体能力为侧重点的创业教育模式，此种模式主要以第二课堂的形式实施创业教育；二是以北京航空航天大学为代表的以提高学生的创业知识和技能为侧重点的模式，此种模式的特点是商业化运作，建立大学生创业

园，教授学生如何创业，并为学生创业提供资金资助及咨询服务；三是以上海交通大学为代表的综合式创业教育，即一方面将创新教育作为创业教育的基础，在专业知识传授过程中注重学生基本素质的培养，另一方面为学生提供创业所需的资金和必要的技术咨询。

第四节 创业人才需求与培养分析

一、创业企业需要创业型人才

市场经济条件下的创业企业需要在不断变化的市场中求生存、求发展，所以对人才的使用更重视其综合素质和应变能力，只有具备了宽广的知识面、厚实的专业功底，才能以不变应万变。为此，创业型人才是最符合服务经济时代需要且现实可行的人才。

所谓创业型人才，是一种专博相济型人才，既在横向上具备广博的知识修养，同时对某一专业又具有扎实的基础理论、相当深的理解力和独到的见解，有一定的造诣。这种“双料博士”不仅是世界新技术革命的需要，也是现代企业发展的必然要求。

首先，创业型人才是培养创业企业核心竞争力的主力军。创业型人才懂经营、善管理，能够把握市场信息，具备创新精神和创造能力、竞争意识与合作能力、全球意识和应变能力。而且具备复合知识结构和复合能力结构，在精通本职专业知识、技能的基础上，又具有外语、计算机、金融、外贸、证券等其他相关专业知识，并能将这些相关专业知识运用到本职工作之中，在解决实际问题的同时发现市场机会，从而为争取竞争中的主动而占尽先机。一些技术型创业人才不但能深入开发技术，而且能快速领会公众的现实和潜在需要，甚至能创造需要，及时向公众提供自己的产品和服务，用最快的速度把最新的技术推向市场，实现自己的目标和价值。

其次，创业型人才是创业企业实施多元化战略的必备力量。市场的竞争让所有的现代企业都已清楚，单一的经营和生产在产品替代加强和生命周期缩短的双重压力下已日薄西山，唯有依赖于人才智能优势，以多元化的经营在联动或协同效应中才能使企业“永葆青春”。但是这样的经营思路必须以创业型人才的高效运作为必要前提。从专业技术的角度来看，多元化的产业经营人才既要有坚实的专业基础，又要有广泛的知识基础，能够在多领域实现迅速地借鉴、融合，并带动下游产业和相关行业联动。从管理的角度来看，企业要实施多元化战略，无论是管理事物还是员工，都应具有跨专业、跨行业的特点，特性迥异，因而需要管理者不仅知识全面，而且管理水平也要技高一筹，能够迅速实现资源的整合，高效地实现战略与策略管理的结合。

可见，创业型人才对提升企业的竞争力具有重要作用，大力培养创业型人才是我国现代化建设的迫切需要，是发展经济的强烈呼唤。

二、创业型人才培养模式创新

人才培养模式可以理解为：在一定教育思想和教育理论的指导下，为实现特定的培养目标（含培养规格）对人才培养活动的全过程进行设计，所形成的某种标准样式和运行方式，具有明显的系统性和范型性。

创业型人才是广博的知识和精深的专业水平的组合，适应了当代科技迅猛发展、多学科交叉渗透的发展趋势，所以必须构建与创业人才培养目标相适应的人才培养模式。针对目前我国综合性应用型人才培养中存在的问题及市场需要和学生的特点，在构建创业型人才培养模式的过程中，应注意以下问题。

（一）先进的办学理念是先导

任何改革都必须以观念作为先导。构建创业型人才教育模式，必须围绕人才培养目标，更新教育观念。为了克服传统教学模式的不足，教师应当在教学过程中采用全新的教育理念与指导原则，强调人的价值，把增强人的主体意识、提升人的主体地位放在首位，重新确立学生在教育过程中的中心地位，彻底摒弃以教师为中心、强调知识传授、把学生当作知识灌输对象的传统教育思想与教学模式，真正实现“互动式”“引导式”“启发式”“讨论式”的课堂教学模式，保证大学生素质拓展目标的实现。

（二）强化师资队伍建设是关键

教师对教育、教师对大学的重要性，是一个古老而又常新的教育命题。一个学校只有拥有了一个领域的学术大师，才能使学校在全国占有一席之地。造就一支高水平的师资队伍，已成为我国建设高水平研究型大学的关键。首先，要严把教师入口关。吸纳具备深厚的专业知识和从事科学研究能力强的教师执教，不仅能够以自己的专业知识教育学生，还能够始终站在学术的前沿，以一门学科的全部学术成就为依据来开展教学活动。其次，完善教师评价机制。应该给予教师全面、综合的评价，克服片面评价，这对提高教师的工作积极性起着关键性的作用。再次，就是要“广纳贤才”。向全国乃至全世界广纳人才，并且用最好的条件吸引优秀人才，因为从某种意义上说，一流的教师是迈向一流大学的前提和保障。最后，要力行教授上课。名教授、院士在学识和阅历等方面有着其他教师无法比拟的优势，让他们尽可能地给本科生上基础课，定能取得较大的成效。

（三）深化教学改革是重点

首先，改革课程体制，完善知识结构体系。依照“厚基础、宽口径、强能力、高素质”的原则进行课程改革。进一步改革人才培养方案，将课程结构简化，按照“通识教育基础

上的宽口径的专业教育”原则，调整各门课程的学分比例。其次，改革教学方法和手段，提高教学质量，主要可以从以下几个方面着手：第一，采用启发式教学，加强学生在教学过程中的主体性；第二，采用探究式教学，通过整合课程内容，引导学生提出问题，养成批判性思维方式，从而开阔学科知识视野；第三，加强实践性环节教学，利用大量的案例、模拟、实训提升学生对本专业理论和实践的兴趣，保证学生动手能力的养成；第四，采用现代化教学，教师可以运用现代教育技术丰富教学表现形式, 促进教学互动。

（四）完善管理体系是保障

教学管理是教学建设中相当重要的一个环节，教学管理建设是人才培养模式改革与建设的保障。在培养复合型人才的过程中，要始终树立“质量第一”的观念，强化“质量是特色，质量是生命”的意识，创造一个有利于人才成长的学习环境，创造性地开展学习。

三、创业型人才培养中的体验式教学

（一）体验式教学法概述

1．体验式教学法的含义

体验式教学法（Experiential Learning)，指在教学过程中根据学生的认知特点和教学内容，通过创造实际的或重复经历的情境和机会，呈现或还原教学内容，引导学生由被动到主动、由依赖到自主、由接受性到创造性地对教育情景进行体验，使学生在亲历的过程中理解知识、掌握知识、发展能力的教学观和教学形式。

2．体验式教学法的基本原理

研究表明：“阅读的信息，我们能记得百分之十；听到的信息，我们能记得百分之二十；但所经历过的事，我们却能记得百分之八十。”体验式教学法的作用机理来源于以上研究结论。正如华盛顿博物馆墙上所写：I hear and I forget；I see and I remember；I do and I understand。

体验式教学法打破了传统的班级授课制组织形式，减少教师在课堂上的讲授时间，调动学生参与学习的积极性，发挥学生体验感悟、自主探究的能动性，让学生在“活动”中学习，在“主动”中发展，在“合作”中增知，在“探究”中创新，从而培养出全面发展的人才。

3．体验式教学的特征

（1）亲历性。这是体验式教学的本质特征，体验式教学的另外两个特征皆由它派生。亲历不同于亲身经历，它包括两个层次：一是实践层面的亲历，即主体通过实际行动亲身经历某件事，比如学生在教学活动中，行为的参与包括主体扮演和客体扮演两种情况；二是心理层面的亲历，即主体在心理上、虚拟地“亲身经历”某件事，包括对别人的移情性理解和对自身的回顾与反思两种情况。体验式教学主张在教学活动中，学生不再是被动的知识接受者，而是在教学活动中从行为和感情上直接参与到教学活动中来，通过自身的体验和亲历来建构知识。

（2）个人性。各个主体间存在种种差异，其主体性水平不一，兴趣爱好各异，对事物的理解不同，故其体验也各不相同。即便对于同一事物，不同的主体也完全可以以不同的方式去亲历，得到不同的认识，产生不同的情感。然而个人性的体验又是可以分享的。正因为主体的体验存在差异，他们之间才有交流和分享的必要与可能。不同的方式，不同的感受，不同的理解，经过交往和沟通能碰撞出心灵的火花。

（3）缄默性。体验是主体的亲历，意味着在场。主体从体验中获得的丰富的内心感受，对不在场的另一主体而言，有些成分是可以言说的，有的则只能意会、不可言传，这可称为“缄默性知识”。比如审美体验就是这种情形，主体在观赏和享受美时，伴随着紧张剧烈的内部活动、丰富的想象、热烈欢快的情感，产生的是深层的、活生生的、令人沉醉痴迷而难以言说的特殊的内心感受。

（4）寓教于乐。体验式学习为寓教于乐的研究开辟了新思路。“乐”并非教师单方面制造的乐趣，而是学生主动体会到的乐趣。寓教于乐中的“乐”字应包涵两层含义：一是教师把传授的知识融入能激发学生兴趣的教学方法中去，尽量使教学过程像娱乐活动一样吸引人；二是教师通过调动学生学习的积极性，将被动学习变成主动掌握的过程，使学生明确学习的目的，并体验到学习的快乐。

4．体验式教学法的优点

（1）学生成为学习的主体。在体验式教学法中，学生是学习的主体。学生在情景的再现中，不再有那种被动、压抑、被钳制的感觉。在体验中，增强了学生参与学习的愿望与热情，使学生的独特性、自主性得到高度的发掘。体验式教学法变情节串讲为主动体验的发现式学习，使学生能从模拟情景等教学活动中掌握学习方法和学习内容。

（2）教学方式灵活、丰富，富有创造性。在体验式教学法中变传统的“一言堂”式为学生为主体的对话式。对话是老师与学生、学生与学生、学生与书本之间的通道，通过相互交流，形成一种网络式的立体学习方式。在对话过程中，每个人的思维都处在活跃、开放的状态，学生在主动参与、积极体验的过程中会产生各种新奇的思想，从而增强了创造能力。

（3）学用结合。学以致用是传统教育的一个难题，原因之一是学生在校园中、教室里很少有应用理论知识解决实际问题的时间和机会。在“管理学”教学中则表现为不了解在真实的环境中如何将书上的理论与现实的情况相结合，迷失了学习的方向，陷入了学习的

误区。体验式教学法的优势在于，它为学生及时提供了一个运用“管理学”理论知识的空间，使“管理学”的学习者能够在一定程度上进入实际的管理环境之中。

（4）有利于加快知识经验的转换。学生在课堂教学中不断接受知识、积累经验。但是，这种知识和经验往往是平面的、抽象的，难以内化为学生独特的知识和经验结构。这就需要在认识主体与认识客体之间建立一个通道，这个通道就是体验。通过这个通道，认识主体能够比较快地进入到认识对象之中，从物境到情境，再到意境，有所感悟。也就是说，体验式教学法打破了传统教学法机械孤立的学习状态，促使学生在解决问题时能综合运用已有的知识和经验，从而获得新的结果和感受。

（5）改善学生的学习态度。体验式学习要求学生发挥主动精神，对自己的学习负主要责任，真正成为教学过程的主体。它强调学习者积极主动地参与，如果没有这种参与，就不能产生任何体验，更谈不上学习过程的完成。这种主动学习的精神的培养对学生一生都很重要。正如马斯洛所说，心若改变，你的态度跟着改变；态度改变，你的习惯跟着改变；习惯改变，你的性格跟着改变；性格改变，你的人生跟着改变。课程体系是对专业的直接界定，是学生知识体系结构的外在体现。复合型人才培养要求专业教育与一般教育的统一，学生技能培养与素质全面提高的统一。因此，建立基础化的、综合化的、结构化的课程体系，是复合型人才培养模式改革的核心内容。课程体系和教学内容改革要突破强调学科纵向知识系统性的传统教学观念，从专业知识的学科本位向社会需要本位转变，拓宽专业口径，丰富教学内容，建立起适应新时期需要的教学内容和课程体系。

构建科学、先进的教学内容和课程体系应本着“拓宽基础、强化能力、注重创新、加强素质教育”的原则，拓宽通识教育课程，夯实学科基础课程，精练专业主干课程，灵活专业方向选修课程，努力完善实践教学课程，构建起“通识教育课程（公共基础课程平台）、学科基础课程平台、精练专业主干课程、专业方向课程（组）和实践教学课程”的科学合理的课程系统。

（二）创业企业仿真综合实验课程

创业企业仿真综合实验课程是以职业岗位所需要的职业能力要求为依据，以工作过程为主线，以工作项目为核心，将职业技能和能力培养所涉及的理论知识、应用知识、工作过程知识、操作技能有机结合的集中实验课程。

仿真综合实验课程开发的目标是要使学生专业基本技能熟练、综合技术应用能力强，真正做到上手快、业务熟、职业素养高，形成较好的业务操作与管理能力，实现与企业业务工作“零距离”对接。仿真综合实验课程具有鲜明的特点：系统综合性强、关联集成度高、程序规范性好、模拟职业性强、动态性与完整性好、仿真性与实用性强、现代教育技术手段突出、自主学习性高及具有开展综合业务实验的总体思路。

（三）制定科学的教学培养方案

教学培养方案是高校培养专门人才和组织教学过程的主要依据，是培养人才的蓝图和模式。与其他人才培养模式相同，创业人才培养模式的教学培养方案也可以分为两个培养阶段：一是基础教育阶段，基本任务是强化基础，拓宽知识面，使学生比较系统地掌握本学科、本专业必需的基础知识、基本技能，加强文化素质教育，培养学生的人文与科学修养；二是专业教育阶段，基本任务是让学生掌握本专业必要的专业理论和专业技能，进一步提高专业理论修养，并根据自己的选择拓展相关学科知识面。两个阶段应相互衔接、循序进行。

第二章 创业仿真实验设计

创业仿真实验教学依托虚拟现实、多媒体、人机交互、数据库和网络通信等技术，构建高度仿真的创业虚拟实验环境，让学生在虚拟环境中开展实验，以北京方宇博业跨专业综合实训软件为蓝本，并辅以线下专项活动，给学生提供全方位的企业经营体验。

第一节 创业仿真实验建设背景

随着计算机教育的普及，现在大家可以通过网络学习、交流、讨论和娱乐，使得与当今学者们的特征相契合的教育体制和教育方法发生着日新月异的变化，新的教学模式成为一种可能。信息化教育通过教学模式的变革，可以实现教学设计、教学过程管理、教学资源的信息化，能够更加及时而有效地完成现代教育的人才培养目标，即培养出符合时代要求的，全面发展、一专多能的复合型人才。

当前，我国高等教育步入大众化阶段，高校办学普遍由注重外延式发展转向注重内涵式发展。2007 年，经国务院批准，教育部和财政部开始实施“高等学校本科教学质量与教学改革工程”，从政策支持和资金资助等方面大力推进高等院校的实践教学改革以及人才培养模式的改革和创新。教育部等部门《关于进一步加强高校实践育人工作的若干意见》（教思政[2012]1 号）指出，实践教学方法改革是推动实践教学改革和人才培养模式改革的关键；要加强大学生创新创业教育，支持学生开展研究性学习、创新性实验、创业计划和创业模拟活动。2012 年教育部下发的《教育部关于全面提高高等教育质量的若干意见》（教高[2012]4 号）提出，重点建设一批高校学生科技创业实习基地；完善职业发展和就业指导课程体系等。《山东省中长期教育改革和发展规划纲要（2011—2020 年）》提出树立全面发展和人人成才的观念，整合实践教学资源，强化实践环节教学，培养大学生创新创业和实际操作能力。

总之，由于信息技术的迅猛发展，我们的经济结构在发生着变化，服务业在国民经济中占的比重越来越大，从而对人才的需求提出了新的要求。对于培养具有高素质、全面发展的人才的高等院校来说，无论是教学模式，还是教学内容及教学形式都要相应地发生变革，这样才能培养出适合市场发展的优质人才。

国内高校在经济与管理学科仿真实践教学改革领域开展了如下有益的探索和实践：第一类，以 ERP 为核心的沙盘模拟教学、情境式实验教学、实训教学等；第二类，以各相关专业实验教学项目开发、储备为基础的“超市型”“即用即取型”经济与管理学科综合实验教学平台设计；第三类，建立经济管理综合实验中心，整合各专业实验室资源，侧重从软件资源、硬件资源、师资资源到技术支持的全方位整合。上述研究和实践没有突破如下几个方面的瓶颈：一是普遍强调计算机模拟的作用，而忽视了真实工作环境中学生的心理变化、学习效率和综合素质的培养；二是缺乏动态性，重复使用静态实验数据，对学生的综合应变能力培养不足；三是缺乏真实的实践场景，难以激发学生的参与热情；四是评价标准单一，不利于培养学生的创新能力；五是单独设计实验项目，使得知识点之间、课程之间、专业之间处于封闭或半封闭状态，各专业、各课程不能相互渗透，这对于培养学生的综合能力和全局观十分不利，延宕了复合型、创新型人才培养目标的实现。

国外高校管理仿真实践教学主要有模拟公司和 ERP 教学两种形式（鉴于国外 ERP 教学模式与国内雷同，在此不再赘述）。模拟公司是指人为创造一种经济活动仿真模拟环境，以此作为经济管理类专业的实践教学场所和组织形式。模拟公司可以说是仿真实践教学的原型，学生在其中可经历全部业务操作过程，了解和弄清各环节之间的联系，而又不必承担任何实际的经济管理活动风险。仿真模拟时，除货物是虚拟的且不发生实体位移外，其他如票据、账册、操作方式、核算办法等均按照现实经济管理活动的通行做法予以设计和运作。模拟公司起源于德国。德国著名教育家卡尔·F.巴斯在 1776 年提出：“让学生在教师指导下自主地选择一种活动和一种交易地点……每位学生将获得假象的资金和货物等。”20 世纪 80 年代后期，模拟公司在世界范围内得到了迅猛发展。1993 年 11 月，欧共体和德国北威州政府自主建立了“欧洲模拟公司”网络，现已发展成为国际性组织——EUROPEN 协会，拥有 19 个成员协会国。20 世纪 80 年代，“商务模拟公司”作为一种培训模式被引入到国内，主要在职业院校进行推广。我国高校现有的“模拟公司”规模不一，档次不同，实践内容也各有侧重，在实践性教学中取得了较大的成绩；但是与国外“模拟公司”相比，仍有较大的差距，存在教学理念错误，师资队伍缺乏，操作规范性不够等问题。

综上，在实践教学中，主要存在两种类型的仿真型实践教学：情境仿真型实验教学和仿真软件应用型实验教学。前者主要通过设计真实的管理场境，如人际沟通场境、对抗性沟通场境、谈判场境、团队沟通场境、拓展训练场境等，实地训练学生的沟通谈判能力；后者则主要应用计算机系统仿真原理和决策支持系统（DSS），对企业经营管理的各个环节、各个方面进行模拟仿真，将企业管理经营决策的信息、流程、方法和理论架构于信息技术和网络技术之上，创建一个形象、直观的企业管理经营决策模拟环境，让学生可以通过计算机进行事前的经营决策，适时地仿真出结果，并可互动性地调整决策，从而提高学生的

决策能力，改善经营决策效果。但是，以上两种仿真实践教学模式彼此孤立，相互割裂，未能将加以集成融合，在通过场景视觉形象刺激与调动学生的学习热情和通过角色扮演完成知识、能力、素质的习得与迁移之间，在生动活泼的角色互动与机械枯燥的人机对话之间缺乏有效的连接通道。

基于上述背景，建设基于价值链理论的创业企业仿真综合实验的平台，将会对经济与管理学科校内实践教学做出有益的尝试和突破。

第二节　创业仿真实验教学设计的原则

一、综合性与集成性原则

综合性与集成性是集成专业基础理论、专业知识、基本技能、专业技能和职业素养于一体，以工作岗位群之间相互关联的业务过程为主线，体现出全面、系统、综合的原则。

在若干专业各自综合自己的实训内容的基础上，还应该进行专业之间的实训内容的集成。这种集成可以起到各个专业的综合业务实训之间相互配合、相互制约、相互促进的作用。还应该体现出业务与管理的综合与集成。

在创业仿真实验中不仅进行业务上的训练，而且要求将专业之间的实训内容集成，同时让学生考虑如何设置业务岗位、如何完善管理制度、怎样突出团队精神、怎样与他人和其他部门协调沟通以提高工作效率和工作质量等管理方面的内容。

二、仿真性与实用性原则

为了突出实验特色，虽然创业仿真实验内容不可能完全是真实的，但是一定要保证模拟仿真性好、实用性强。实训的内容与做法要尽可能地贴近实际和现实情况，要设置“真实”的岗位、流程，设计严格执行“真实”的制度、规范、条例的方法，准备各类“真实性”的软件、数据、资料、合同、单证、账表、票据、图章等。比如，在处理一单出口业务的流程中，让学生以一名模拟的创业企业的业务员身份开展业务；按照银行业务的实际要求设置储蓄员、出纳员、会计记账员、会计复核员、同城清算员、会计主管等岗位；按照企业会计部门的实际情况设置财务经理、出纳、费用会计、存货会计、固定资产会计、工资会计、成本会计和总账会计等岗位，组织学生扮演各类会计人员，熟悉各个岗位的工作内容与要求。

三、动态性与完整性原则

静态性的实训往往导致内容比较简单，不完整、不系统、层次低、机械式的训练比较多，灵活性、应变型的训练比较少。因此，创业仿真实验课程要设计一个完整的业务流程或一个完整的业务周期，实现动态连续，以保证训练内容的完整。同时，要设计一个有较大的灵活性的训练情景，以训练学生的应变能力和灵活的处理业务的能力。

四、技术手段现代化原则

当前在经济管理领域，各项业务的操作手段都已向计算机化、信息化、网络化、电子化方向发展。因此，在创业仿真实验中应尽可能地运用这些现代化的技术手段和方法，这样不仅可以提高实训的效率，而且也能使学生在今后工作中很快地加以应用。

五、辅助指导性与自主积极性原则

对于这种综合性的实训课程，一定要改变以往教师讲授、学生照葫芦画瓢的做法，要给学生较大的自由度和发挥的空间。教师通过设置场景和要求，由学生自主地发挥积极性，创造性地去完成工作任务。从以教师管理为主转向以学生自我管理、自主管理为主，教学活动的教学设计与组织、指导、监控（激励、答疑、纠错）和评估学生的学习活动主要由教师来承担，具体学习活动的策划、组织与实施则主要由学生学习小组来承担。这样有利于发挥学生的主动性和创造性，有利于教师分别指导和因材施教，提高实训的质量和效果。

第三节　创业仿真综合实验平台的建设

一、综合实验平台的含义

伴随社会经济现状的日新月异，人才培养的模式也在发生改变，高校人才培养的现状已经落后于社会经济的发展，需要进行新的变革和探索。T 型人才培养模式是适应这一时期的创新人才培养方案。在 T 型人才培养模式的指导下，开放实训为 T 型人才的纵向专业训练提供了实现方法，综合实验为 T 型人才的横向综合提供了实现支撑。综合实验在培养的内容和训练模式两个方向上进行创新。综合实验平台就是在这样的双重变革中根据需要而产生的，它以软件平台的形式固化综合实验教学并持续改进提高。

因此，我们给综合实验平台的定义是一套仿真经济环境的经营模拟演练教学平台，它依托院校的基础硬件进行仿真环境设计，然后以企业经营与管理为主旨，采用信息技术建立软件对抗演练环境。开展宏观与微观分析，进行多组织对抗、多人协同的模拟经营和业务运作，通过与虚拟环境中的不同对象进行交互作用和影响，产生等同于真实环境的感受

和体验，从而训练学生在真实环境中运用已经掌握的专业知识的能力，并在模拟与现实接轨的基础上真正实现最真实化的实习。

二、综合实验平台

创业仿真综合实验平台是基于企业价值链理论的仿真实训项目，整合了企业管理、市场营销、会计、金融、物流、政务服务等多方面的知识，将各个专业涉及的上下游岗位串联起来，使学生形成立体化的知识和能力，是跨学科、跨专业的综合型、设计型、创新型实验大平台。该仿真实验模拟的岗位包括生产制造型（商贸型）企业等核心企业及工商局、税务局、商业银行、会计事务所、第三方物流企业、招投标中心、服务型公司等外围服务企业。学生通过企业设立、产品决策、市场决策、销售决策和管理决策及模拟与工商局、税务局和第三方物流企业等的业务往来，较好地将理论知识和企业实操业务结合起来。基地可以虚拟一类制造企业、七个服务机构、上百个角色、上千的训练任务（见图 2-1）。

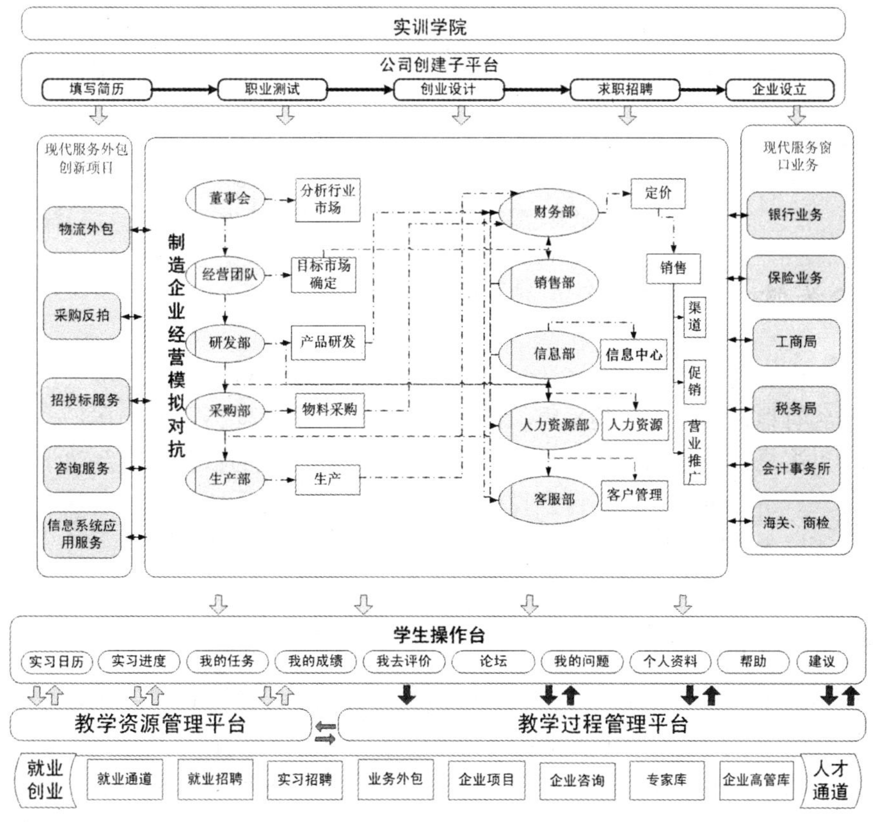

图 2-1 创业企业仿真综合实验平台设计框架

创业仿真综合实验平台采用连续集中、分散集中、半集中教学形式，通过博弈、实景、角色扮演、协作、讨论、激励、验证等多种实验方法，完成企业经营到供应链竞合与服务业协同的仿真环境实验，从知识、能力、职业素养三个方面进行综合评价，最终完成各阶段的实习成果（见图 2-2）。

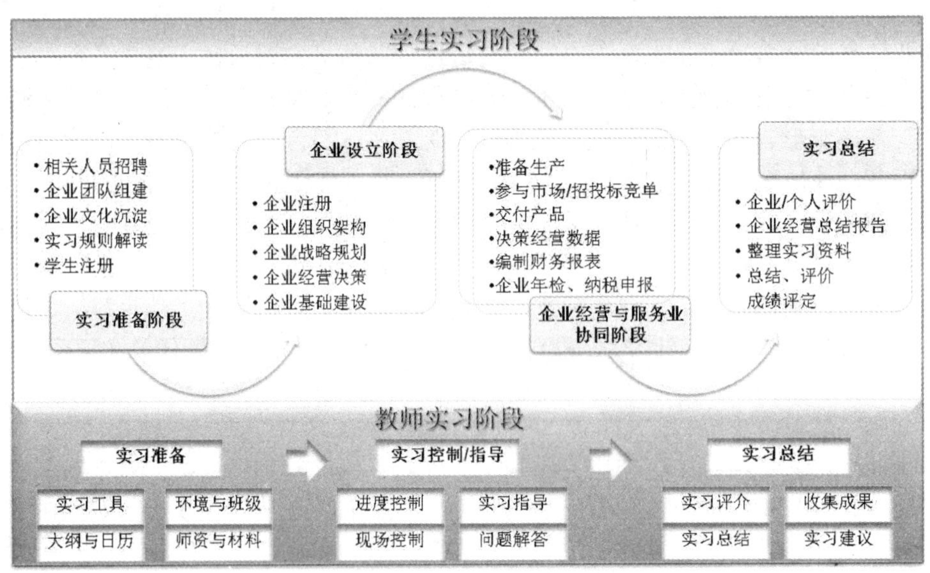

图 2-2　企业运营管理仿真综合实习各阶段内容

三、综合实验平台主题的选择

由于创业内容的复杂性和丰富性，建设创业仿真实验平台必然面对系统性和复杂性的问题。从无到有地进行综合实验平台的建设需要全面的资源支持，而且在平台建成后复杂系统的应用也将是一个难题；另一方面，由于目前各个院校的培养目标及教学目标不同，对内容的要求有所侧重，所以平台建设应该有主题、有方向。依据产业划分及院校的学科分类，综合实验平台的主题拟有现代服务业综合实习、现代制造业综合实习等。随着平台建设的发展，主题也必将丰富和完善。

（一）现代服务业综合实习

现代服务业不同于传统服务业，它已经成为我国国民经济的重要产业和经济发展的新增长点，而且由于“高人力资本含量、高技术含量和高附加价值”（简称“三高”）的特征，对人才有着特殊的要求。以现代服务业为主题的综合实习是符合现阶段国情的一大特色。

自扩招以来，扩招的学生大量集中在经济类、管理类专业上，这部分人才的就业领域

主要集中在现代服务业机构。以现代服务业为主题的综合实习是目前就业创业教育的一个可行方法。

（二）现代制造业综合实习

随着当代信息技术、先进制造技术和全球化的发展，制造业的发展技术、发展模式发生了较大的变化。现代制造业是相对于传统制造业来说的，前者对信息化水平、企业的组织形式、经营的开放性与全球性、企业的研究开发能力与产品的技术含量都有较高的要求，对制造业的从业人员也有了更新的要求。院校作为人才输出的一个重要机构，有着产、学、研多方面的任务，以现代制造业为主题开展教学、科研是相关院校与时俱进的体现，而结合本校的具体情况建设现代制造业综合实习更是教学的一大主题活动。

第四节　创业仿真实验教学团队组织

在以往的教学管理实践中，过分强调教师个体在教学中的作用，教学团队没有得到应有的重视。由于创业仿真实验教学要涉及多个学科、多个专业、多门课程的知识，所以必须由不同专业背景的教师组成教学团队，并通过共同协作才能完成教学任务。实验教学团队的建设可以采取专、兼职的形式，从各个学院选拔人员来组建。

一、团队组织的必要性

（一）实验教学最核心的任务是实验教学团队的建设

实验教学是高等学校培养学生实践能力和创新精神的永恒主题，而在实验教学的建设中，最核心的任务是实验教学团队的建设。实验教学团队的专业素质和业务水平决定着实验教学的效果和质量，决定着实验室建设的管理和利用水平，决定着实验课程的建设和发展，决定着学生实践能力和创新能力的培养效果。

（二）创业类实验教学的发展处于起步探索阶段

与理工科实验教学相比，创业类实验教学的发展处于起步探索阶段，各高校的实验教学团队的建设也处于实践探索期，目前在管理体制、激励机制等方面都存在很多问题需要研究与改革创新。例如，在管理体制方面，如何处理专职实验教师与兼职实验教师的管理；在激励机制方面，如何引导和激励高水平教师积极投入到实验教学中；在课程建设方面，如何组织和激励实验教师进行综合性、创新性实验教学课程的建设，如何激励实验教学团队参与进行实验室建设并改进实验教学方法，如何激励实验教学团队进行“产学研”研究，这些问题都需要探索和研究。

（三）创业类人才是社会经济发展所亟须的

目前，社会经济飞速发展，对人才的质量需求也不断提高。大学生就业难成为社会关注的热点问题，一方面是大量的大学生毕业后找不到工作；另一方面是大量的企业招不到合适的复合型人才。要想为社会输送符合社会需求的创业型人才，就必须拥有高层次、创新型、复合型的实验教学团队。

二、团队建设的思路

（一）提高教师从事实验教学的积极性

（1）提高实验课的课酬待遇。目前，不少高校已经开始调整实验课的课酬系数，独立实验课的课酬系数与理论课持平，综合性实验课的课酬系数要高于理论课，以此激励教师参与实验教学的积极性。

（2）提高实验教师的地位。目前，人事部门已经打通高级实验师与教授之间的通道，实验指导教师既可以评定实验师系列，也可以申报教授系列。现在问题的关键是各高校要确认实验教学中心的教学单位性质，这是因为综合实验教学团队往往是挂靠在实验教学中心的，如果这个机构还是教辅部门，必然会影响人们对实验教师地位的认识。

（3）提高综合实验教学团队的地位，特别是团队负责人的地位。必须要保证实验教学团队的各种待遇标准不低于院系，这是综合实验教学的复杂性所决定的，也是吸引院系教师积极参与综合实验教学所需要的。要赋予团队负责人足够的权力，对于各院系委派的作为实验室流动编制教师的人员，要接受实验教学团队负责人的管理，并由实验教学团队考核绩效。团队负责人根据对流动编制教师进行考核的情况，有权要求院系更换教师，或者由教学团队负责人自行招聘教师。

（4）加强综合实验教学团队的科研能力培育。综合实验教学团队依托于实验室，其实是最有条件从事科研的，现在问题的关键是这个团队必须要配备高职称、高学历的教师，通过他们的科研能力与成果来改变人们对实验教学团队的偏见，提高人们对实验教学地位的认识。

（二）加强理论课教师的实践能力，充实实验师资队伍

（1）增加经管类专业理论教师到企事业单位锻炼的机会，并加强管理，确保教师真正参与到企业的实际工作中。目前，新办本科院校的教师到高校深造、攻读学位的积极性比较高，而到企业锻炼的积极性不高，原因是前者对其职称评定等待遇有利，而后者不仅没

有多大的帮助，而且还比较辛苦。但是对于提高实验教学能力而言，后者更有必要。

（2）积极派出教师到实验教学中心参与实验室和实验课程的建设，并加强管理，确保他们完成预定的目标与任务。

（三）提高教学团队的教学组织协作能力

（1）经济与管理跨专业综合实验教学团队必须是一支拥有核心团队的队伍。经管类综合性实验课程的教学环节和组织工作比较复杂，只有配合默契的团队才能保证各学期课程的教学工作的正常运行，完全依靠各院系派出的流动编制教师组建经济与管理跨专业综合实验教学团队是不可靠的。它需要一支由拥有不同专业背景的教师组成的相对稳定的能熟练配合的核心团队，在此基础上再与各院系委派的流动编制教师共同组建规模更大的团队。

（2）需要各院系派出实验教师参与团队建设，构成团队的流动部分。这样做的原因：一是以此增强院系参与综合实验教学的积极性及在人才培养方案制定等工作方面的协调性；二是以此维持实验室“共同建设、统一管理”的管理模式，避免各自为战；三是培训院系教师的实验教学能力。

（3）提高教学团队，尤其是核心团队的协作战斗能力。首先，要选拔出强有力的团队负责人，尤其经济与管理跨专业综合实验教学团队的负责人需要拥有多专业知识背景，对综合实验教学的运行具有丰富的经验和很强的把握能力，才能胜任综合性实验教学的组织工作；其次，对团队内不同专业背景的教师进行长期的磨合，增进彼此对个人性格、专业知识和业务操作等方面的了解。

（4）加强各院系在教学计划上的协调性。经管类综合性实验课程的教学涉及多个院系的学生，针对授课时间统一性的问题，相关专业要由教务处协调一个统一的授课时间。

（5）善于利用学生进行自我管理。由于一些经管类综合性实验课程的课堂教学规模很大，而师资数量又有限，要维持正常的教学秩序，必须要建立教师管理与学生自我管理相结合的制度。其中，学生自我管理是按照他们在实验中所模拟的组织和相应角度来进行的，本身就是教学中的一部分。

（四）完善教学团队激励机制

（1）要实施目标管理，使教学团队的绩效考核有据可依。经济与管理跨专业综合实验教学团队绩效考核目标设置要符合两条原则：一是突出团队评价的整体性；二是突出目标的可评价性。教学团队绩效考核虽然也评价个人，但从根本上是对团队整体的评价；虽然也有定性评价，但一定要考虑评价的可操作性。具体目标主要包括：选课学生的满意度；课程涉及院系的满意度；课程建设，即精品课程建设；实践教学基地建设，包括省级、国家级示范基地建设；教改成果，即教学成果奖；队伍成长性，包括队伍结构的改良、队伍层次的提升。

（2）采取360度评价，使教学团队的绩效考核更加全面、科学。360度评价的主体包括学生评价、各院系评价、教务处评价、教学质量评估委员会评价、团队成员相互评价和团队负责人评价等。

第五节　创业仿真实验教学内容安排与成绩考核

一、创业仿真实验模拟的基本环境

（一）模拟企业基本环境概述

现代服务业环境下的现代制造业已经不再像传统制造业一样封闭，对信息化水平、企业的组织形式、经营的开放性与全球性、企业的研究开发能力与产品的技术含量都有较高的要求。我们假定本系统模拟的行业是一个从生产技术水平相对较低向研发、生产高技术发展的行业，行业技术进步快，所生产的产品正朝着多功能、复合化、轻便化、智能化和品位化的方向发展。产品应用范围广，在模拟的时候可以将具体产品限定在某一特定领域，甚至是某几种代表性的产品上，以便具有可操作性。

基于此，我们选择手机制造业作为本制造业经营模拟的行业，以手机作为产品。制造企业可以生产多种手机产品，各种类型的手机产品的原材料不尽相同。

在模拟期初，我们设定企业是一个新成立的企业，由一个创业者一步步把公司组建起来，然后拥有了自己的管理团队和创业资金。管理团队需要建立各项制度，并在产品研发、市场开发、生产设施建设等方面努力，开始一个企业的运营。

生产制造企业创造初始，将获得股东一千万元的资金投资，资金比较充裕。企业管理层在调查研究的基础上，在产品研发、市场开发、生产设施建设等方面作出科学决策，使企业能在短短几年时间里发展壮大。

（二）模拟企业基本环境的基础信息

1．企业组织机构设置

各制造企业根据业务需求被划分成五个部门：采购中心、生产厂、营销部、财务部、企业管理部。其中企业管理部下设二级部门行政部、人力资源部、信息部。营销部下设二级部门市场部、销售部、销售物流部（见图2-3）。各个部门根据各自的职责完成业务决策，每经营年开始由各个部门统一召开公司经营会议，在总经理的带领下通过团队协作，共同建设、经营模拟企业。

2．生产线信息

生产线是企业生产经营的基本要素之一，企业生产经营活动中主要涉及的生产线有劳

动密集型生产线、半自动生产线、全自动生产线和柔性生产线。

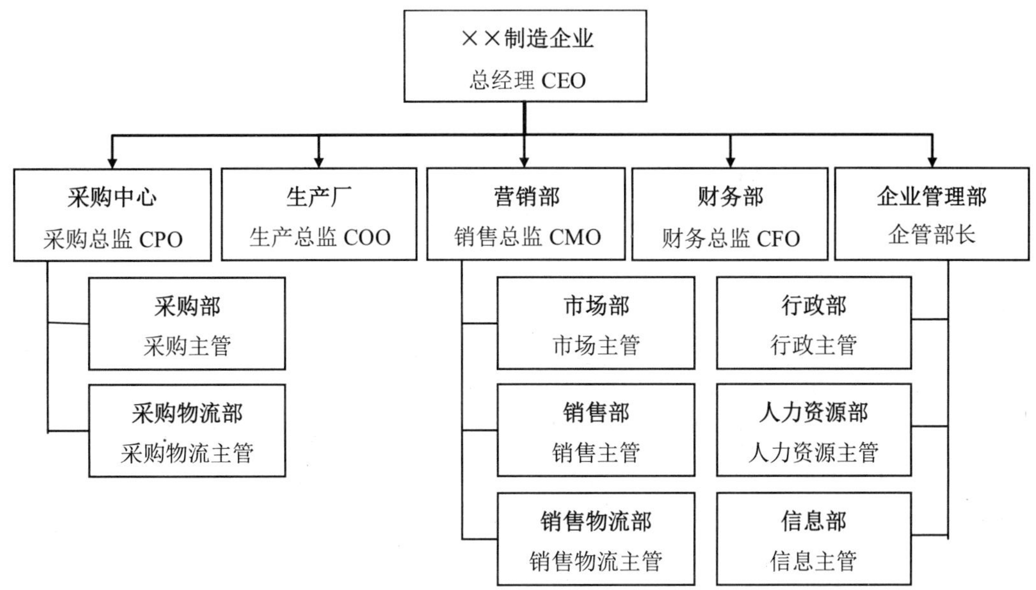

图 2-3　生产企业组织结构图

3．人力资源信息

人力资源也是企业生产经营活动的基本要素之一，企业生产经营活动中主要涉及的人力资源包括生产工人、行政管理人员、销售人员、高级管理人员四大部分。其中行政管理人员包括辅助生产的管理人员、行政管理人员、营销管理人员，为此除高级管理人员外其他人员的比率基本上均等。

4．产品信息及 BOM 结构

在可以预见的生产技术水平条件下，手机制造业可以生产的产品有 L 型-低端手机产品、O 型-普通手机产品、H 型-高端手机产品、S 型-特殊手机产品。生产这些产品所需的物料类型包括：M1-手机核心器件、M2-手机 SKC 套件（按键、外壳、触摸屏）、M3-手机显示器件、M4-手机电池器件、M51-手机摄像器材、M52-手机外设器件（耳机、蓝牙）、M53-手机充电器件、M6 高档装饰原料。其中 M51、M52、M53 有普通物料和特殊物料（标识：-X）的区别。

5．生产架构信息

产区选择模拟企业选址的过程，产区的地理位置有京津唐地区、长江三角洲地区和珠江三角洲地区，代表城市有北京、上海、深圳等。

厂房是企业进行生产的基础建筑，根据企业的经营规划在产区上进行新建。厂房有大小区分，厂房类型分别是 S 型、C 型、B 型三类。厂房可由制造企业兴建或者租赁现有的。

生产线是企业进行产品生产的主要生产要素，包括手工生产线、自动生产线和柔性生产线三种。

仓库根据制造企业使用目的不同分为原辅材料库和成品库，原辅材料库通常由采购部门管理，成品库由生产部门进行管理。根据仓库的大小将仓库分为C型和S型两种。

6．市场信息

制造企业的产品可以销往本地市场、国内市场和国际市场。制造企业本地市场无须开发，可以直接销售，国内市场和国际市场是否开发完全由制造企业自主决策。国内市场可开发的区域包括东北、北部沿海、东部沿海、南部沿海、黄河中游、长江中游、西南和大西北地区八个市场；国际市场分亚洲、欧洲、北美洲、南美洲、非洲、大洋洲和南极洲。

制造企业的产品在已开发市场上可以进行销售，销售的方式主要有渠道销售、投标销售、电子商务销售和出口销售四种形式。

广告宣传作为提高公司知名度、美誉度的品牌建设活动，维持和促进企业产品销售。广告宣传的媒体主要有电视媒体、平面媒体、户外媒体、网络媒体。其中，电视媒体和平面媒体包括全国性和地区性两大类；户外媒体只能进行地区性投放。

二、实验教学课表设计

（一）实验课表设计思路

企业运营管理仿真综合实验的课表设计，秉持“一个主线”、围绕“两个情境”、借助“三个手段”的思路。

1．一个主线

以企业价值链为逻辑主线构建平台内容框架，跨学科、跨专业融通实验教学内容。课程通过深度挖掘现代企业内部价值链和企业与企业之间的价值链内在联系，构建以生产制造业为驱动，以现代服务业为环境的制造业与服务业协同，供应链竞合，生产业务链、流通业务链、资本运作业务链相互交织，高度整合的网络状企业运营管理仿真综合运作内容体系。

2．两个情境

按照虚拟仿真、虚实结合、能实不虚的原则，应用建构主义学习理论和情境学习理论，塑造了现实职场情境和虚拟商务情境。

（1）现实职场情境。为了提供更加接近真实的企业经营环境，实验的市场环境建设应尽可能涵盖现实市场环境中的各种机构和角色。同时，在实验的物理环境搭建方面也应尽可能地模拟真实的企业办公室或政府机构的办事场所环境，采用相应的仿真教具，力求让学生有置身于实际企业和市场环境中的体验感。

（2）虚拟商务情境。一是在平台中置入仿真商务业务流程、协同竞争关系等知识情境，为学生提供丰富的意义关联，促进学生的深度学习，实现知识的迁移和应用；二是充分挖掘实验大数据，构建虚拟商务资源数据池，通过数据的整合共享、交叉复用，构建复杂、动态的商务运行数字化平台。

3．三个手段

（1）模块化集成手段。采用模块化设计思路，对实验项目进行模块化集成，打通学科、专业壁垒，课程内容体系由一条完整、连续的“链”串联，为学生提供一个全方位认知、理解和深化经济管理知识的资源平台。采用组件式架构原则，使资源平台可灵活重组、扩展，学生可以“一站式”自主选择参与多个实验。

（2）信息化技术手段。采用“多数据互联互通”技术，为实现真正意义上的多专业知识融合的综合实验教学提供关键性技术支持。采用“移动互联”与互联网相结合的技术，支持教师、学生通过手机、平板电脑等移动终端完成课程内容、选课、成绩查询、实验室预约等信息查询功能和互动交流等功能，有效地提高实验教学的运行和管理效率。

（3）多元化评价手段。对学生的评价采用过程考核与结果考核相结合、教师考核与学生自我考核相结合、团队考核与个人考核相结合、个人表现与工作业绩相结合、履行岗位职责与特别贡献相结合的方式进行，并在通用知识、专业知识、人际、思维、态度、内驱力和行事风格等方面，对学生进行多点、多方位的评价。多元化评价方法对学生创新精神和实践能力的培养起到积极的导向作用。

（二）实验课表安排

创业企业仿真综合实验的教学安排应该具有连续性，从而既能逼真地模拟企业现实运营，也能强化学生的体验效果。为了让学生有更多的实训体验机会，也考虑到对学生评价的全面和均衡，企业运营管理仿真综合实验的单次课程可以进行一次轮岗。下面以集中排课一周为例，介绍实验课表的内容设计，具体如表2-1所示。

三、实验教学的成绩考核

实验课成绩的评定根据预习情况、实验态度、实际操作、动手能力、实验记录、实验结果、实验报告等方面综合进行。实验课成绩评定采用百分制。企业运营管理仿真综合实验的成绩考核兼顾过程评价和结果评价。过程评价主要涉及实验过程中各专项活动的得分及考勤情况，结果评价包括机构经营绩效、组织机构互评成绩和教师的评价等内容。具体的考核指标如表2-2所示。各指标的权重的确定，一方面应该兼顾每项活动的开展质量；另一方面应适当加大结果指标的权重。

表 2-1　企业运营管理仿真综合实验的教学安排表

天数	阶段	时间	任务名称	机构									
				制造企业	贸易公司	工商局	税务局	银行	会计师事务所	物流公司	招投标中心	媒体中心	管委会
第一天	课程导入期	08:30～09:10	动员会										
			课程介绍										
			课程组织安排										
		09:10～10:00	模拟招聘会										
			CEO 招聘海报准备										
			学生准备简历										
			开始招聘										
		10:00～10:20	团队组建										
		10:20～11:00	企业入驻	√	√	√	√	√	√	√	√	√	√
			工作岗位就座										
			办公用品整理										
		11:00～11:50	企业文化建设	√	√	√	√	√	√	√	√	√	√
			宣传展板制作										
			公司规章制度、部门工作制度										
			公司名称、公司理念、公司 Logo										
		14:00～16:00	机构成立 PPT 宣讲	√	√	√	√	√	√	√	√	√	√
	注册期	16:00～17:00	企业注册流程讲解	√	√	√	√	√	√	√	√	√	√
		17:00～17:30	注册流程熟悉	√	√	√	√	√	√	√	√		
			注册流程规则熟悉										
			表单填写规范熟悉										
		18:40～21:10	企业正式注册	√	√	√	√	√	√	√	√		
			制造、贸易、物流企业注册										

续表

天数	阶段	时间	任务名称	机构									
				制造企业	贸易公司	工商局	税务局	银行	会计师事务所	物流公司	招投标中心	媒体中心	管委会
第二天	经营期	08:30～09:00	上期任务完成与工作准备	√	√	√	√	√	√	√	√	√	√
		09:00～10:00	企业经营规则讲解	√	√	√	√	√	√	√	√	√	√
		10:00～10:20	企业经营规则熟悉与平台操作	√	√								
			经营规则熟悉										
			平台功能熟悉										
		10:20～15:00	企业第一季度经营										
			制造、贸易基础设施建设	√	√								
			制造企业原材料购买、研发新品	√	√								
			制造、贸易产品定价、市场投资	√	√								
			制造、贸易税种登记、一般纳税人认定	√	√		√						
			税务局税种、一般纳税人审批	√	√		√						
			银行贷款业务	√	√			√					
			招投标流程、投标文件熟悉								√		
			媒体公司日常报道、采访、摄像									√	
		15:00～15:20	上期业务完成处理	√	√	√	√	√	√	√	√	√	√
		15:20～18:50	企业第二季度经营										
			制造企业招聘人员	√	√								
			制造企业投入生产、研发新品	√	√								
			制造企业、贸易业务洽谈	√	√								
			制造企业、贸易抢购订单	√	√								
			制造企业、贸易订单物流交付	√	√					√			
			工商局证照检查、罚款	√	√	√				√	√		

续表

天数	阶段	时间	任务名称	机构									
				制造企业	贸易公司	工商局	税务局	银行	会计师事务所	物流公司	招投标中心	媒体中心	管委会
第二天	经营期	15:20～18:50	为企业做财务账						√				
			银行贷款业务	√	√			√					
			物流货物运输、仓库货物管理							√			
			企业招投标	√	√						√		
		18:50～19:10	上期业务完成处理	√	√	√	√	√	√	√	√	√	√
		19:10～21:10	企业第三季度经营										
			第三季度纳税申报	√	√		√						
			制造企业投入生产、研发新品	√	√								
			制造企业、贸易业务洽谈	√	√								
			制造企业、贸易抢购订单	√	√								
			制造企业、贸易订单物流交付	√	√					√			
			银行贷款业务	√	√			√					
			企业 Logo 评选	√	√	√	√	√	√	√	√	√	
第三天	经营期	08:30～08:50	上期业务完成处理	√	√	√	√	√	√	√	√	√	√
		08:50～11:00	企业第四季度经营										
			第四季度纳税申报	√	√		√						
			制造企业投入生产、研发新品	√	√								
			制造企业、贸易业务洽谈	√	√								
			制造企业、贸易抢购订单	√	√								
			制造企业、贸易订单物流交付	√	√								
			银行贷款业务及贷款归还	√	√			√					
			企业年检	√	√	√							

续表

天数	阶段	时间	任务名称	机构									
				制造企业	贸易公司	工商局	税务局	银行	会计师事务所	物流公司	招投标中心	媒体中心	管委会
第三天	经营期	08:50～11:00	企业审计	√	√				√				
			企业招投标	√	√						√		
		11:00～11:20	上期业务完成处理	√	√	√	√	√	√	√	√	√	√
		11:20～16:00	企业第五季度经营										
			制造企业招聘人员	√	√								
			制造企业投入生产、研发新品	√	√								
			制造企业、贸易业务洽谈	√	√								
			制造企业、贸易抢购订单	√	√								
			制造企业、贸易订单物流交付	√	√					√			
			工商局证照检查、罚款	√	√	√				√	√		
			为企业做财务账						√				
			银行贷款业务	√	√			√					
			物流货物运输、仓库货物管理							√			
		16:00～16:20	上期业务完成处理	√	√	√	√	√	√	√	√	√	√
		16:20～19:50	企业第六季度经营										
			第六季度纳税申报	√	√		√						
			制造企业投入生产、研发新品	√	√								
			制造企业、贸易业务洽谈	√	√								
			制造企业、贸易抢购订单	√	√								
			制造企业、贸易订单物流交付	√	√					√			
			银行贷款业务	√	√			√					
	总结	19:50～20:10	上期业务完成处理	√	√	√	√	√	√	√	√	√	√
		20:10～21:10	机构总结撰写	√	√	√	√	√	√	√	√	√	√

续表

天数	阶段	时间	任务名称	机构									
				制造企业	贸易公司	工商局	税务局	银行	会计师事务所	物流公司	招投标中心	媒体中心	管委会
第四天	轮岗期	08:30～09:00	确定新岗位	√	√	√	√	√	√	√	√	√	√
		09:00～09:30	入驻新岗位	√	√	√	√	√	√	√	√	√	√
		09:30～11:50	企业文化建设	√	√	√	√	√	√	√	√	√	√
			宣传展板制作										
			公司规章制度、部门工作制度	√	√								
			公司名称、公司理念、公司 Logo	√	√								
		14:00～21:10	休息、撰写上轮总结	√	√	√	√	√	√	√	√	√	√
		22:00 之前	提交第一轮总结报告	√	√	√	√	√	√	√	√	√	√
第五天	第二轮	全天	经营一、二、三季度	√	√	√	√	√	√	√	√	√	√
第六天		全天	经营四、五、六季度	√	√	√	√	√	√	√	√	√	√
第七天		08:30～11:50	总结准备	√	√	√	√	√	√	√	√	√	√
			撰写第二轮总结报告										
			准备总结大会										
		14:00～17:00	实验总结大会	√	√	√	√	√	√	√	√	√	√
		22:00 之前	提交第二轮总结报告	√	√	√	√	√	√	√	√	√	√

注：√表示各实验机构参与情况

表 2-2 学生实验教学成绩评分表

机构名	CEO	加分	主办活动方	违纪					资产排名	利润排名	所有者权益排名	组织机构互评	老师评价	合计
					海报位拍卖	招投标	海报评选大赛	危机公关						

第三章 企业创建实验

公司注册是由全体股东指定的代表或者共同委托的代理人向公司登记机关申请名称预先核准，凭名称预先核准通知书到银行开户，然后到会计师事务所进行验资，由会计师事务所出具验资报告后，带上全体股东指定代表或者共同委托代理人的证明、企业名称预先核准通知书、验资报告、股东会决议（选举法定代表人的决议）、股东身份证、公司章程、营业场所证明材料、房屋租赁协议到工商局办理注册登记。然后到税务局办理税务登记证，到工商局办理机构代码证，到银行获取开户许可证。

第一节　创建企业业务流程

公司注册的主要步骤为：工商注册；税务登记；银行开户；组织架构构建。

具体步骤如下：第一步，名称预先核准登记；第二步，填写企业设立登记，并提交公司章程，法人代表登记、注册资本缴付情况、股东会议情况，单位投资者名录，住所营业场所使用证明等；第三步，去税务窗口获取纳税人识别号和密码；第四步，填写税务登记表，税务机关审核通过后，再填写纳税人税种登记表；第五步，去银行窗口，填写一份开户申请，开户申请通过后，到银行部门完善自己的开户登记；第六步，进行组织架构的安排。

第二节　企业工商注册

一、实习目的与要求

通过实习让学生能够了解工商注册的流程，以及相关单据的填写规范。

二、实习内容

模拟企业要成立公司的第一步，就是要进行工商注册。企业通过平台系统进入到工商局窗口界面，首先要进行企业名称预先核准，就是审核企业申请的公司名称是否有重名。如果有重名，企业必须重新为公司起一个名字；如果名称通过审核，企业就可以进行企业设立登记了。企业登记需要填写：企业设立登记申请书、公司章程、法人代表登记、注册资本缴付情况、董事会成员经理监事任职情况、住所营业场所使用证明、单位投资人名录。当所有资料被工商局审核通过后，工商局会为企业发放营业执照、组织机构代码证。当企业拿到营业执照后，工商注册就完成了。

三、实习步骤

（1）进入生产企业业务主界面，按照企业成立流程，首先进行企业注册。

（2）单击“企业注册”进入到工商局界面，单击“企业登记”菜单，选择“企业名称预先核准”选项卡，进入如图 3-1 所示的界面。

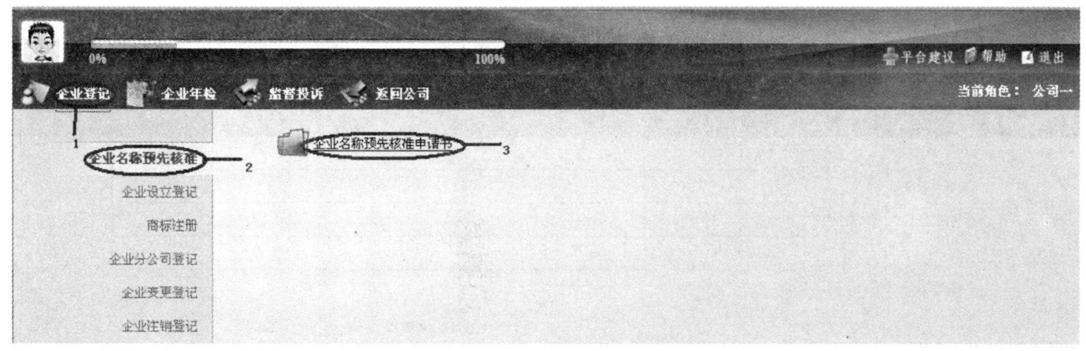

图 3-1　企业名称预先核准界面

注：1—企业登记，工商局为企业设立登记的主要操作都在单击“企业登记”菜单后的左侧菜单中进行；2—企业名称预先核准，是进行企业设立登记的第一步，检查名字是否被占用；3—企业名称预先核准申请书，要进行企业名称预先核准，企业需要首先填写企业名称预先核准申请书并提交到工商局。

（3）首先需要填写企业名称预先核准申请书，单击“企业名称预先核准申请书”超链接开始填写其具体内容，如图 3-2 所示。内容填写完整之后，单击“提交”按钮，如图 3-3 所示。单击“提交”按钮后，通过工商局界面，进入到如图 3-4 所示的界面。

企业名称预先核准申请表

申请企业名称	北京扬子江有限责任公司		
备选企业名称（1）	北京扬子有限责任公司		
备选企业名称（2）			
备选企业名称（3）			
拟申报的住所辖区	北京 市 海淀 区		
企业类型	◉ 有限责任公司 ○ 有限责任公司（国有独资） ○ 股份有限公司 ○ 股份有限公司（上市） ○ 中外合资企业 ○ 中外合作企业 ○ 外商独资企业 ○ 非公司企业 ○ 合伙企业 ○ 个人独资企业		
拟申报注册资本	人民币 币种 1000 （万元）		
拟申请从事行业或经营范围	手机制造业		
投资者的名称或姓名	证照号码	投资额（万元）或股份（万股）	投资或认股比例（%）
杨静芳	130123197508099878	1000	100

图 3-2 企业名称预先核准申请表界面

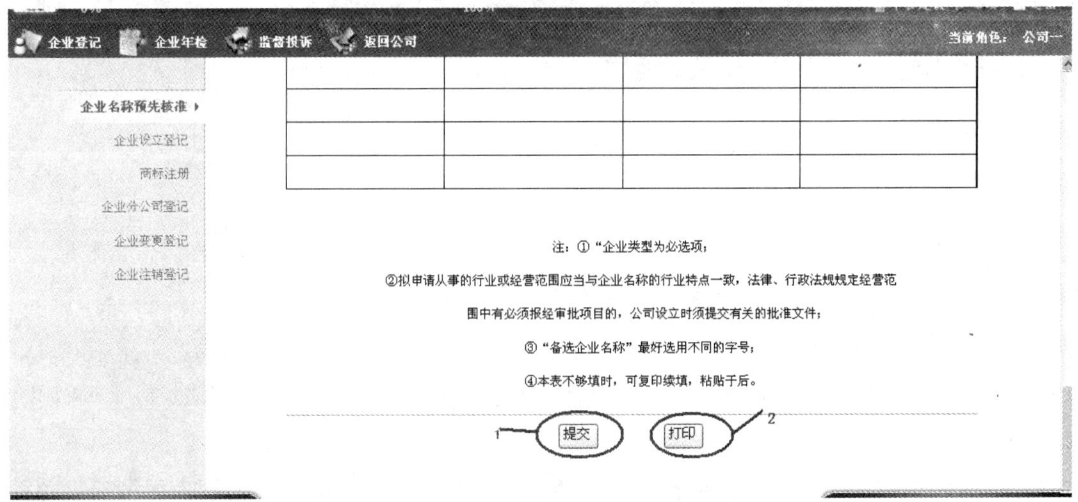

图 3-3 企业名称预先核准提交界面

注：1—提交，企业名称预先核准申请书填写完之后，需要单击该按钮，提交到工商局进行信息审核；2—打印，单击该按钮，可以对此页面进行打印然后手工填写内容。

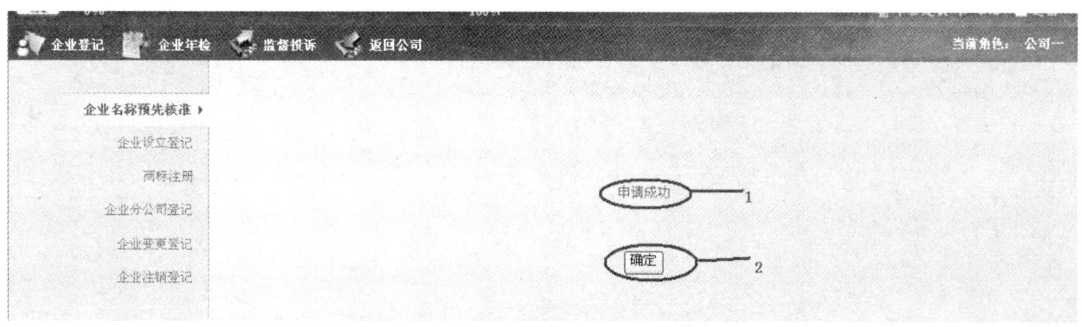

图 3-4　企业名称预先核准审核结果界面

注：1—申请成功，申请书提交后系统会给出该提示信息；2—确定，提交后单击该按钮，进入申请书列表管理界面。

（4）单击图 3-4 中的“确定”按钮，进入到图 3-5 所示的界面。

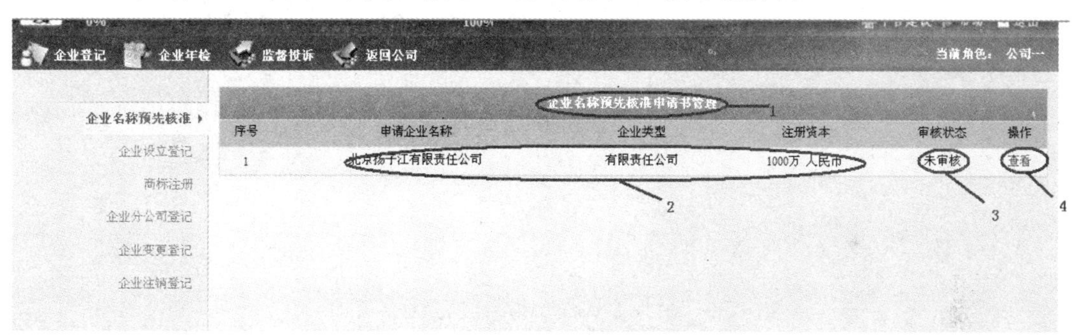

图 3-5　企业名称预先核准申请书管理界面

注：1—企业名称预先核准申请书管理，此界面为企业提交的企业名称预先核准申请书列表管理界面；2—此信息为企业名称预先核准申请书中填写的企业的基本信息；3—未审核，为此时企业名称预先核准申请书所处的审核状态，包含未审核、通过和驳回三种状态；4—查看，可以查看填写的企业名称预先核准申请书的内容。

（5）填写完企业名称预先核准申请书之后，下一步需要进行企业设立登记。如果企业名称预先核准申请书未审核或者被驳回，在模拟企业的“企业设立登记”界面中会显示你不能进行企业设立登记及其他项目。在工商局界面，单击“企业名称预先核准申请书”超链接会显示如图 3-6 所示的界面。

（6）单击“驳回通知书”超链接查看工商局下发的驳回通知书，了解其不通过的原因。

（7）如果企业提交的企业名称预先核准申请书审核通过，则单击“企业名称预先核准申请书”超链接会显示如图 3-7 所示的界面。从中可以查看核准通知书，工商局发放给企业的文字性单据。

（8）企业名称预先核准申请书审核通过后，选择“企业设立登记”选项卡，进入到如图 3-8 所示的界面。

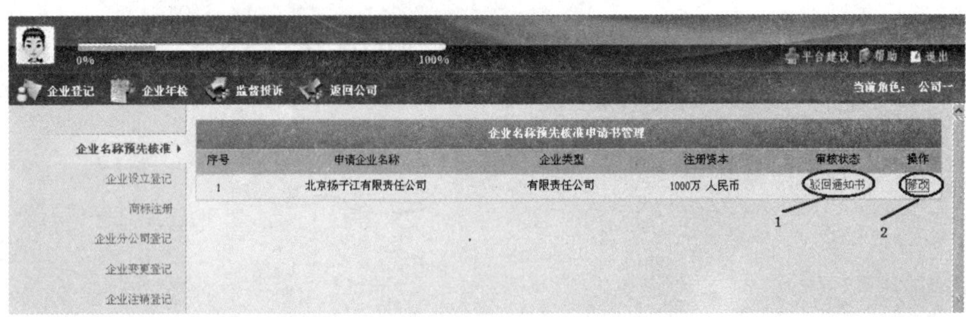

图 3-6　企业名称预先核准驳回通知书界面

注：1—驳回通知书，表明其提交的名称核准申请书被工商局作了驳回处理；2—修改，企业重新修改其申请书内容，再次进行提交，然后其审核状态再次更新为“未审核”，等待工商局的审核。

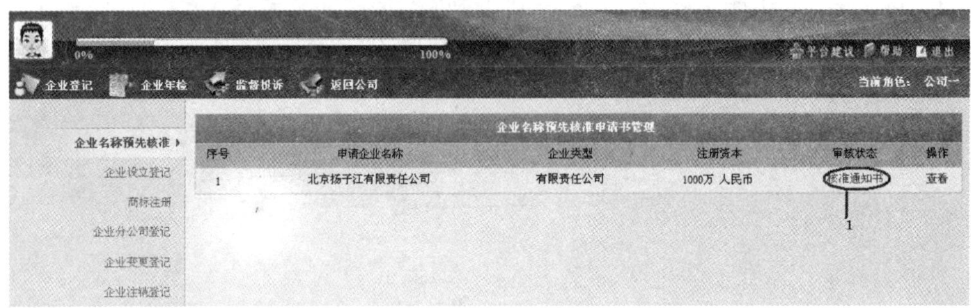

图 3-7　企业名称预先核准通知书管理界面

注：1—核准通知书，企业名称预先核准申请审核通过后，工商局发放给企业的通知书。

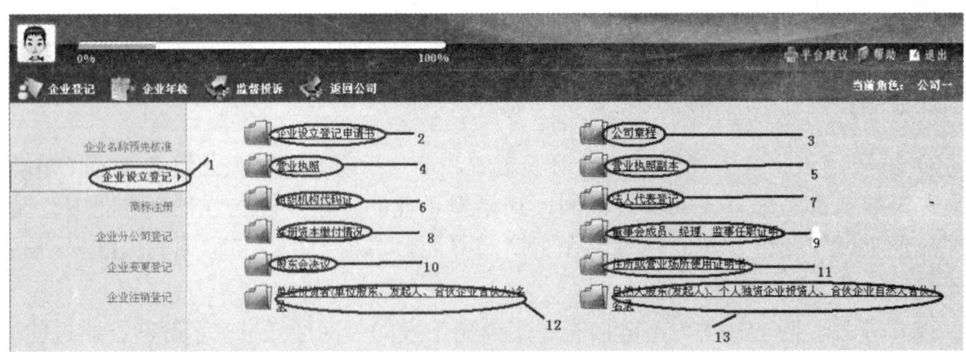

图 3-8　企业设立登记界面

注：1—企业设立登记；2—企业设立登记申请书；3—公司章程；4—营业执照；5—营业执照副本；6—组织结构代码证；7—法人代表登记；8—注册资本缴付情况；9—董事会成员、经理、监事任职证明；10—股东会决议；11—住所或营业场所使用证明书；12—单位投资者（单位股东、发起人、合伙企业合伙人）名录；13—自然人股东（发起人）、个人独资企业投资人、合伙企业自然人合伙人名录。

（9）单击“企业设立登记申请书”超链接，显示如图 3-9 所示的界面。在仔细阅读填表说明的基础上，认真填写企业设计登记申请表中的相关内容，如图 3-10 所示。填写完成后，单击“提交”按钮。

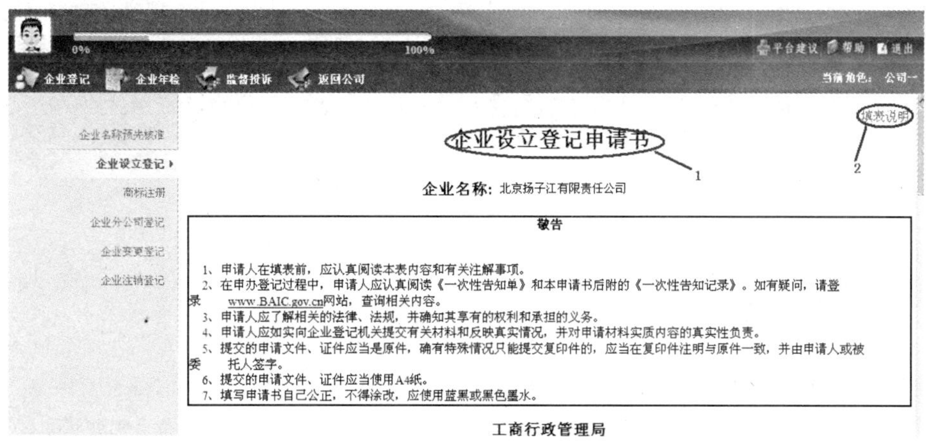

图 3-9 企业设立登记申请书界面

注：1—企业设立登记申请书，填写企业的具体申请信息；2—填表说明，即填写企业设立登记申请书的说明。

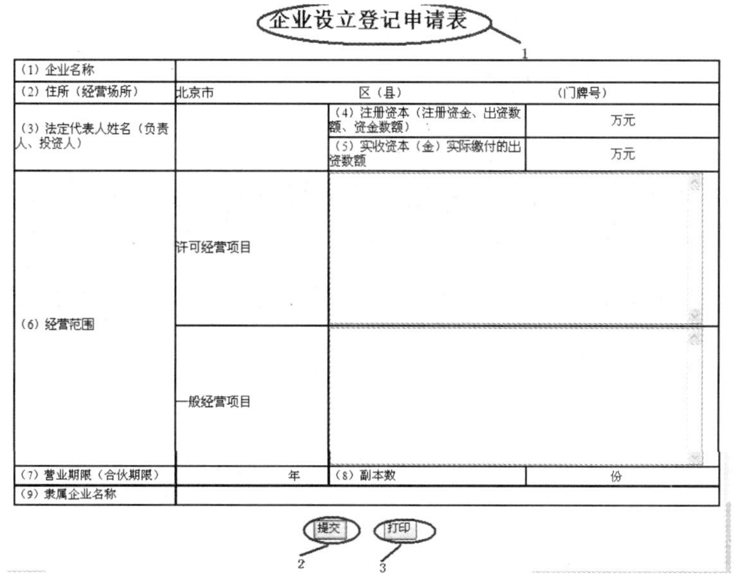

图 3-10 企业设立登记申请表界面

注：1—企业设立登记申请表，即企业进行企业设立登记需填写的具体内容；2—提交，填写完申请表内容后，单击该按钮，等待工商局审核；3—打印，用来对企业设立登记申请表进行打印操作。

（10）单击“企业设立登记申请书”超链接，显示企业设立登记申请书管理列表界面，如图 3-11 所示。

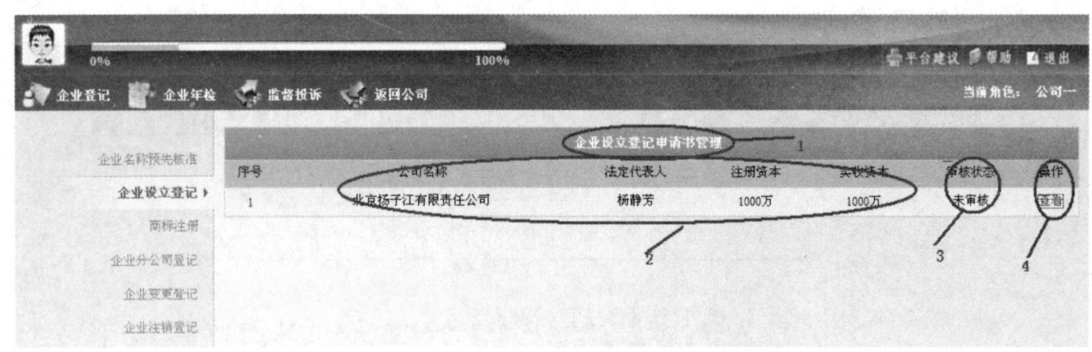

图 3-11　企业设立登记申请书管理界面

注：1—企业设立登记申请书管理，即企业设立登记申请书列表界面；2—企业填写的企业设立登记申请书信息；3—审核状态，显示工商局对企业的企业设立登记申请书的审核情况；4—操作、查看，可以查看企业填写的设立登记申请书信息。

（11）如果工商局审核其企业设立登记申请书未通过，则会给企业发放驳回通知书。企业需对驳回的企业设立登记申请书内容进行修改，重新填写，再进行提交。如果工商局对生产企业的企业设立登记申请书审核通过，则单击“企业设立登记申请书”超链接后显示如图 3-12 所示的界面。单击“准予通知书”超链接，查看准予通知书信息，如图 3-13 所示。

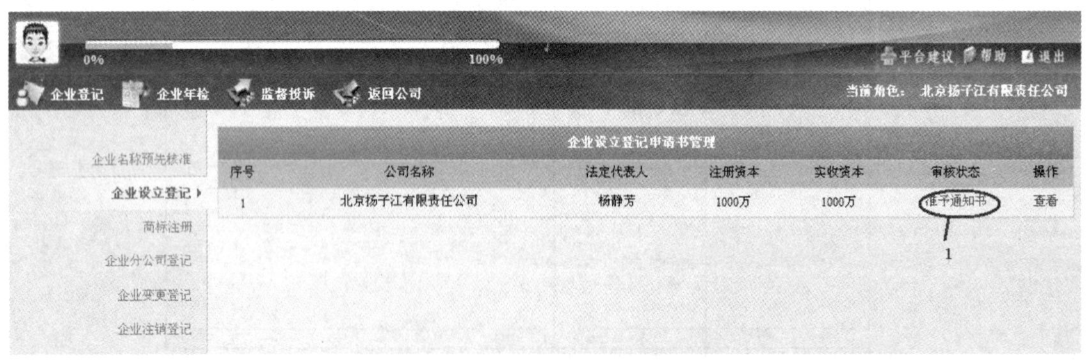

图 3-12　企业设立登记准予通知书管理界面

注：1—准予通知书，单击之后可查看工商局对企业的企业设立登记申请书审核通过，即发放给企业的准予通知书。

（12）“企业设立登记”中的其他业务项，和“企业设立登记申请书”填写的流程相同，都是生产企业进行填写提交到工商局进行审核。这里不再一一赘述。工商局对企业的

企业设立登记申请书审核通过后，则其企业注册流程结束。

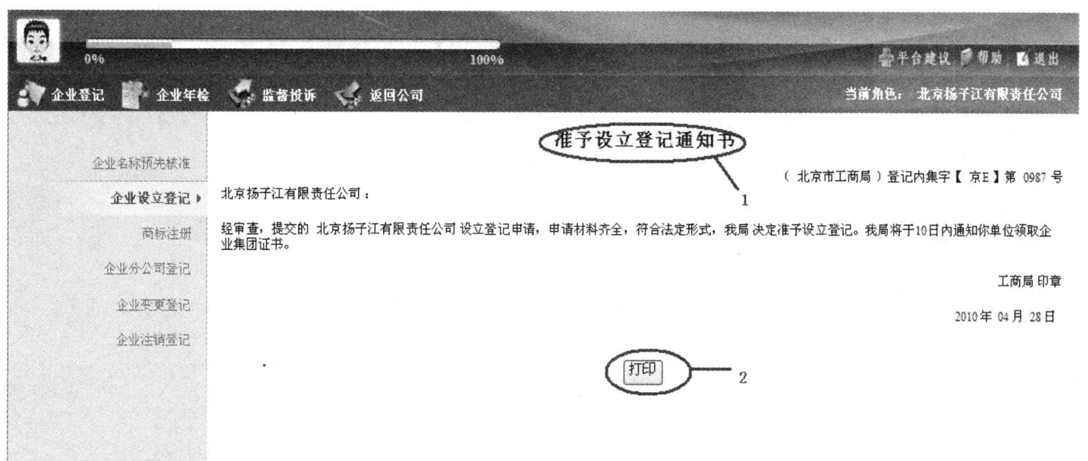

图 3-13　准予设立登记通知书界面

注：1—准予设立登记通知书，即工商局发放给企业的准予设立登记通知书的内容；2—打印，单击该按钮可打印准予设立登记通知书。

第三节　商 标 注 册

一、实习目的与要求

通过实习，让学生了解商标注册的流程，以及相关单据的填写规范。

二、实习内容

工商注册后，企业就可以注册自己公司的商标了。企业通过系统进入到工商窗口界面，填写商标注册申请，由工商局对企业申请注册的商标进行核准，如果核准通过，那么企业商标注册就算完成了。

三、实习步骤

（1）由生产企业业务主界面，选择“企业登记”菜单，然后选择“商标注册”选项卡，进入如图 3-14 所示的界面。

（2）单击“商标注册申请书”超链接，进入其添加界面，如图3-15所示。

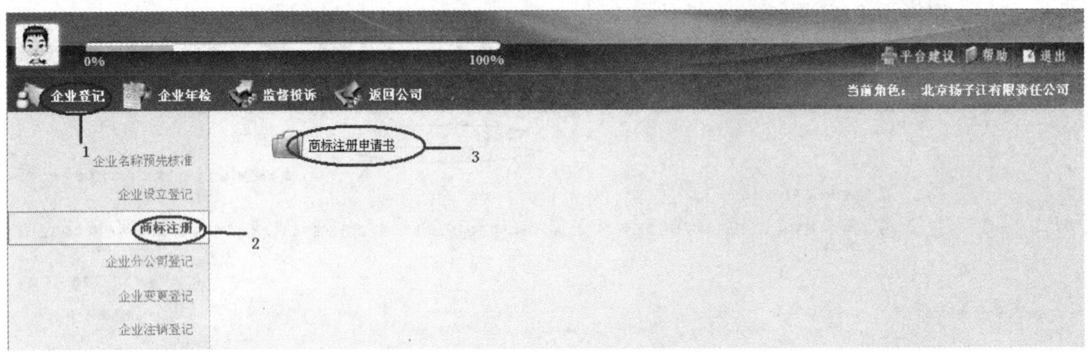

图3-14　商标注册界面

注：1—企业登记；2—商标注册，包含的业务是商标注册申请书；3—商标注册申请书。

0%　100%　平台建议　帮助　退出

企业登记　企业年检　监督投诉　返回公司　当前角色：北京扬子江有限责任公司

企业名称预先核准　企业设立登记　商标注册　企业分公司登记　企业变更登记　企业注销登记

商标注册申请书　1

申请人名称：

是否共同申请：是　否

邮政编码：

电话（含地区号）：

代理组织名称：

商标种类：一般　集体　证明　立体　颜色

商标说明：

类别：

商品／服务项目：

（附页：

申请人章戳（签字）：

注：1、未委托代理的，不需填写代理项目。
2、申请商标的种类在“商标种类”一栏的方框中选择（一般、集体、证明三项只能选其一，立体和颜色可以多选。）
3、共同申请注册同一商标的，申请人名称／地址栏填写代表人名称／地址，同时在“是否共同申请”一栏选择“是”，其他共同申请人在申请表附页填写名称（不需要填写地址）。
4、收费标准：受理商标注册费1000元，10个商品／服务项目以上（不含10个），每超过一个，另加收100元。受理集体商标注册费3000元，受理证明商标注册费3000元。
5、“商标说明”一栏填写内容：商标图样外文的含义、特殊字体的文字表述、立体／颜色商标的说明。

商标注册申请书（附页）

其他共同申请人名义列表：

2　3

提交　打印

图3-15　商标注册申请书界面

注：1—商标注册申请书，企业进行商标注册时需填写此表单内容；2—提交，企业填写完商标注册申请书后，单击该按钮，将其申请提交到工商局进行审核；3—打印，单击该按钮可以对商标注册申请书进行打印操作。

（3）提交成功后，返回到其列表界面，如果工商局对提交的商标注册申请书审核不通过，则显示如图 3-16 所示的界面。工商局会发送驳回通知书到企业。

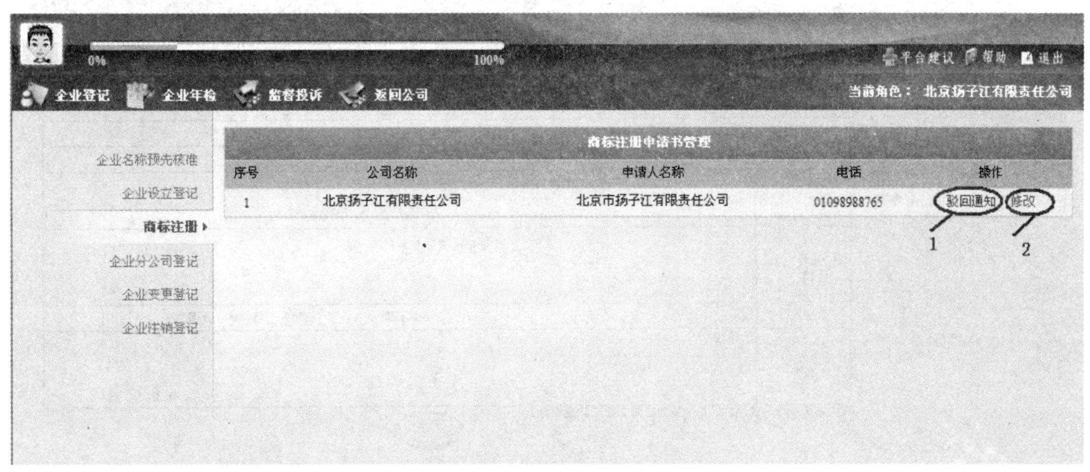

图 3-16　商标注册驳回通知界面

注：1—驳回通知，表示工商局未审核通过其商标注册申请书；2—修改，单击该超链接可以进入申请书修改界面，修改并再次提交后，其申请书状态重新变更为“未审核”。

（4）如果企业提交的商标注册申请书审核通过，则单击“商标注册申请书”超链接，进入到商标注册申请书管理界面，其申请书状态如图 3-17 所示。

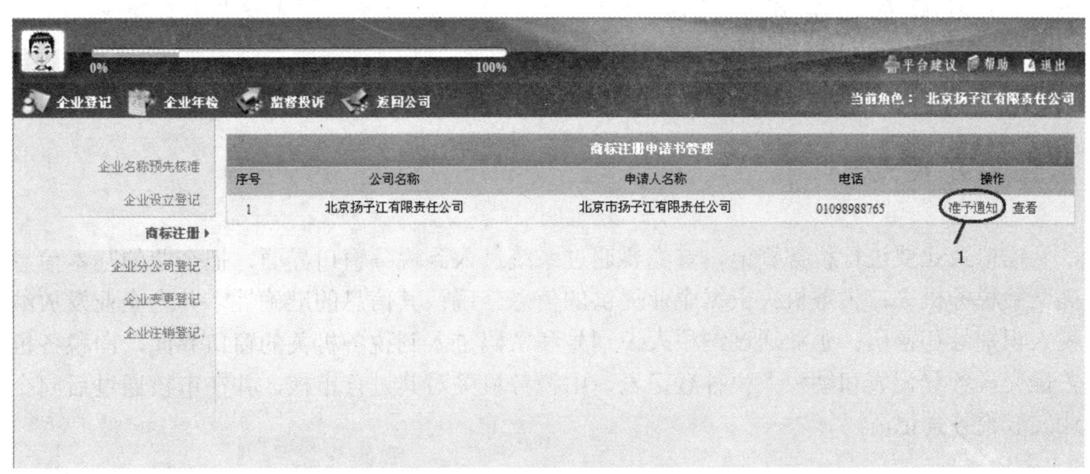

图 3-17　商标注册准予通知界面

注：1—准予通知，表示此商标注册申请书审核通过。

（5）单击“准予通知”超链接，查看其准予通知单，如图 3-18 所示。

申办人	北京市扬子江有限责任公司		
申办日期	2010年4月29日		
申办事项	商标注册		
申办材料清单	公司营业执照及其复印件等。		
受理人员	刘毅	送达日期	2010 年 04 月 29 日
申办人签收	已签收 2010 年 04 月 29 日		

图 3-18　受理通知单界面

注：1—受理通知单，即工商局发放给企业的商标注册受理通知单；2—打印，单击该按钮企业可以打印受理通知单。

第四节　税 务 登 记

一、实习目的与要求

通过实习，让学生了解税务登记的流程，以及相关单据的填写规范。

二、实习内容

模拟企业要进行税务登记，首先要通过系统进入到税务窗口界面，把企业的基本信息提交给税务机关；税务机关根据企业提供的信息，确认其信息的准确性，并为企业发放纳税人识别号和密码；企业通过纳税人识别号和密码进入到税务机关的窗口界面，向税务机关提交税务登记表和纳税人税种登记表，由税务机关对其进行审核，并在审核通过后向企业发放税务登记证。

三、实习步骤

（1）企业开始经营之前需要进行税务登记，在生产企业主界面的财务管理部，单击“税

务登记”选项卡，进入到税务局登录界面，如图 3-19 所示。单击“获取识别码”按钮，然后单击“查看密码”按钮，获得识别号和密码。如果显示如图 3-20 所示的界面，则说明税务局已经为企业分配了识别号和密码。

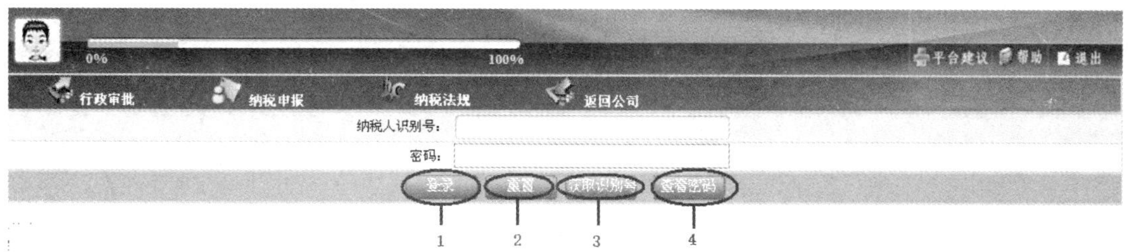

图 3-19　企业税务登记界面

注：1—登录，单击该按钮登录到税务局的主操作页面；2—重置，单击该按钮后可以重新填写纳税人识别号和密码；3—获取识别码，单击该按钮可以获得税务局为各个公司分配的识别码；4—查看密码，单击该按钮可以查看识别码的具体内容。

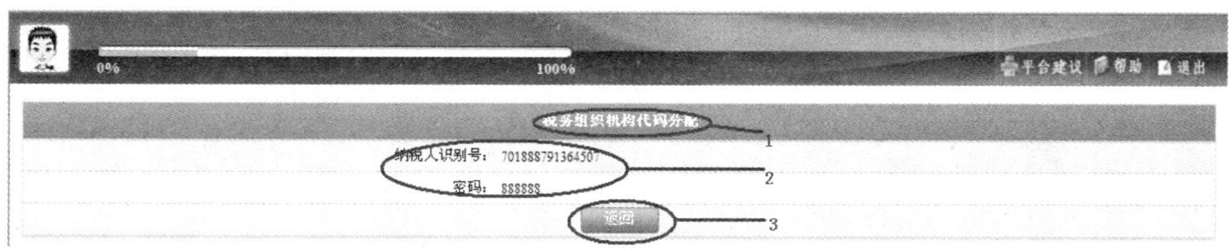

图 3-20　企业税务机构代码分配界面

注：1—税务组织机构代码分配，即为企业分配了识别号和密码；2—具体的识别号和密码；3—返回，单击该按钮可以返回到通过识别号和密码登录的界面。

（2）在登录界面输入识别号和密码，单击“登录”按钮，进入到税务局界面，选择“行政审批”菜单，在打开的界面中选择“税务登记”选项卡，进入图 3-21 所示的界面。

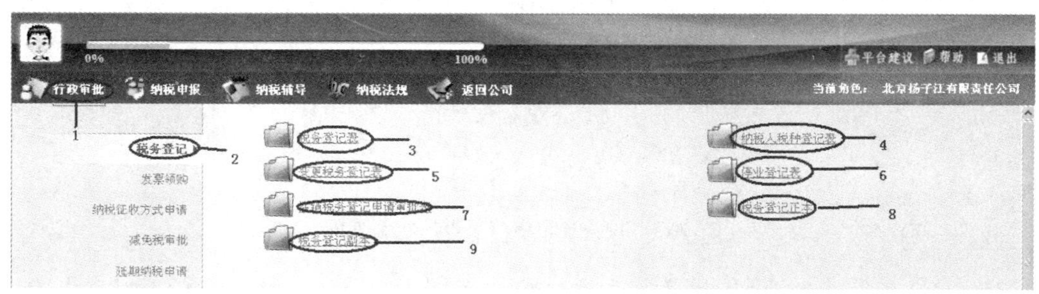

图 3-21　税务登记界面

注：1—行政审批，其中包括税务局进行的税务各方面的业务；2—税务登记，可以在其中为企业办理税务登记；3—税务登记表；4—纳税人税种登记表；5—变更税务登记表；6—停业登记表；7—注销税务登记申请审批表；8—税务登记正本；9—税务登记副本。

（3）生产企业进行税务登记，首先需要填写税务登记表并提交到税务局进行审核。单击“税务登记表”超链接进入到如图 3-22 所示的界面。单击“填表说明”超链接，查看填表时需要注意和遵循的准则，将填写的信息进行提交，等待税务局审核。

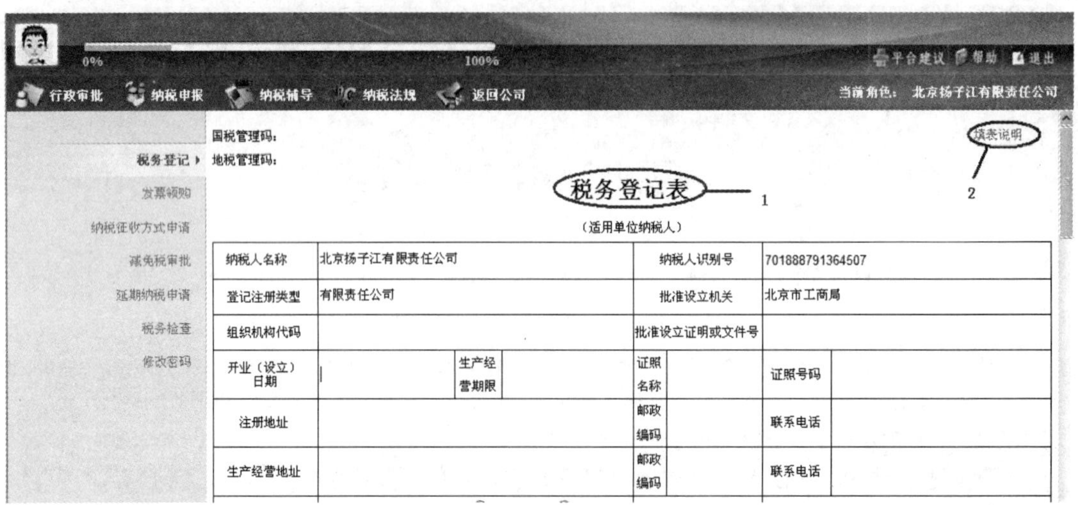

图 3-22　税务登记表界面

注：1—税务登记表，即企业进行税务登记需要填写的内容；2—填表说明，可以查看填写税务登记表时需要注意的事项。

（4）如果申请书被驳回，单击“税务登记申请书”按钮进入的界面将会显示申请被驳回信息，可以修改后重新提交，其状态会更新为“未审核”，如图 3-23 所示。

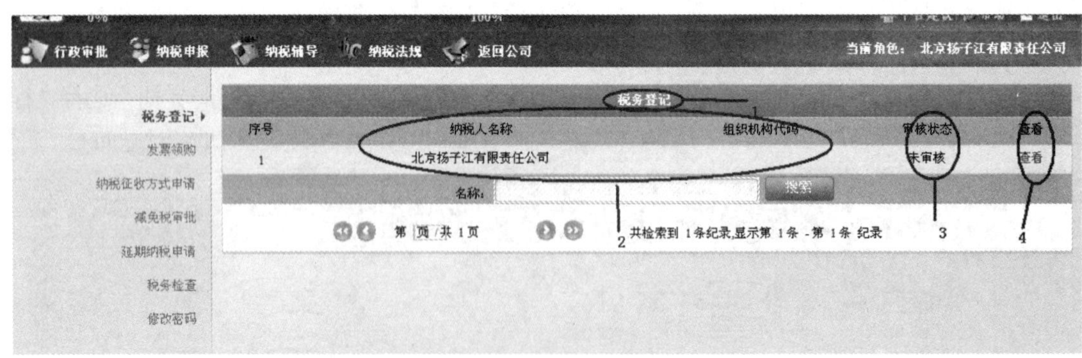

图 3-23　税务登记申请书审核状态界面

注：1—税务登记，即企业填写的税务登记申请书列表；2—企业的基本信息；3—审核状态，显示企业提交的税务登记申请书的审核状态；4—查看，查看企业填写的税务登记申请书信息。

（5）如果申请书通过，单击“税务登记申请书”超链接后会进入如图 3-24 所示的界面，

表示税务登记申请书审核通过。

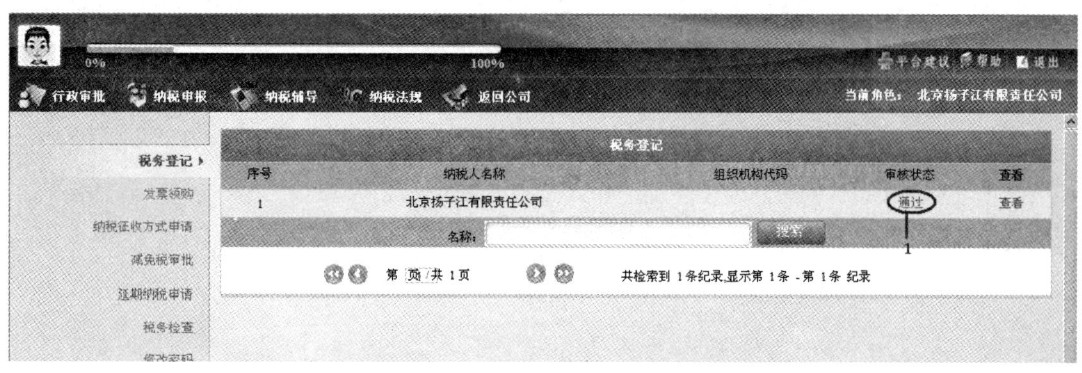

图 3-24 税务登记审核通过界面

（6）税务登记机构的其他操作都和税务登记申请书的流程相同，即填写完内容后提交到税务局进行审核，审核通过，则此次业务结束。再次进入生产企业界面，如果系统信息提示税务登记状态为完成，则说明企业已经完成了税务登记业务。

第五节 银行开户

一、实习目的与要求

通过学习，让学生了解企业银行开户的流程，以及相关单据的填写规范。

二、实习内容

模拟企业要进行银行开户，需要通过系统进入到银行窗口界面，向银行提交一个开户申请，待银行对开户申请进行核实后，由企业人员到银行柜台协助银行业务人员填写银行开户申请单。

三、实习步骤

（1）在生产企业业务主界面，单击“银行开户”，进入到银行操作界面。选择“开户业务”菜单，然后选择“开户申请”选项卡，进入如图 3-25 所示的界面。将相关信息填写完整，单击“提交”按钮，显示开户申请“已发送”的状态。

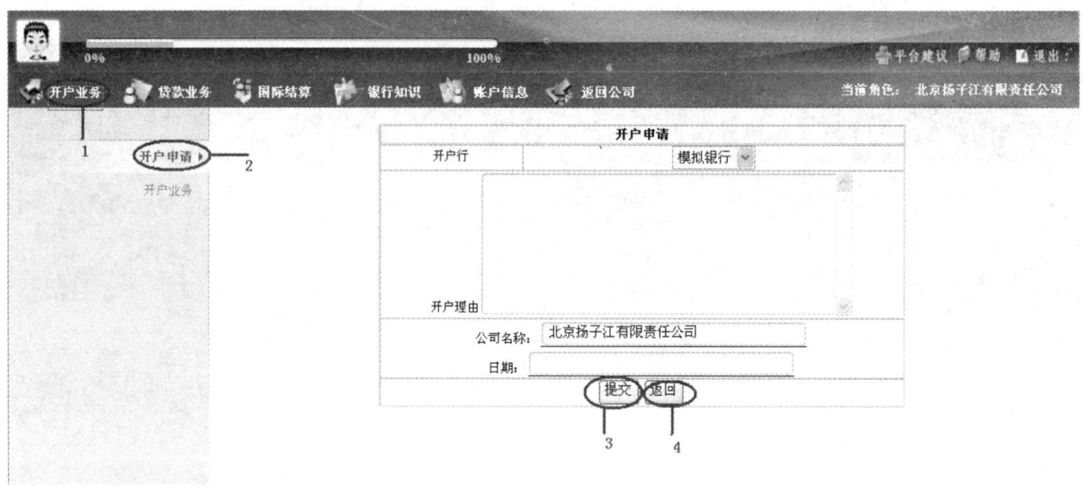

图 3-25　开户申请界面

注：1—开户业务；2—开户申请；3—提交，填写完开户申请书后，单击该按钮，将信息提交到银行进行审核；4—返回，单击该按钮返回到开户申请界面。

（2）如果其提交的开户申请审核通过，则显示如图 3-26 所示的界面。

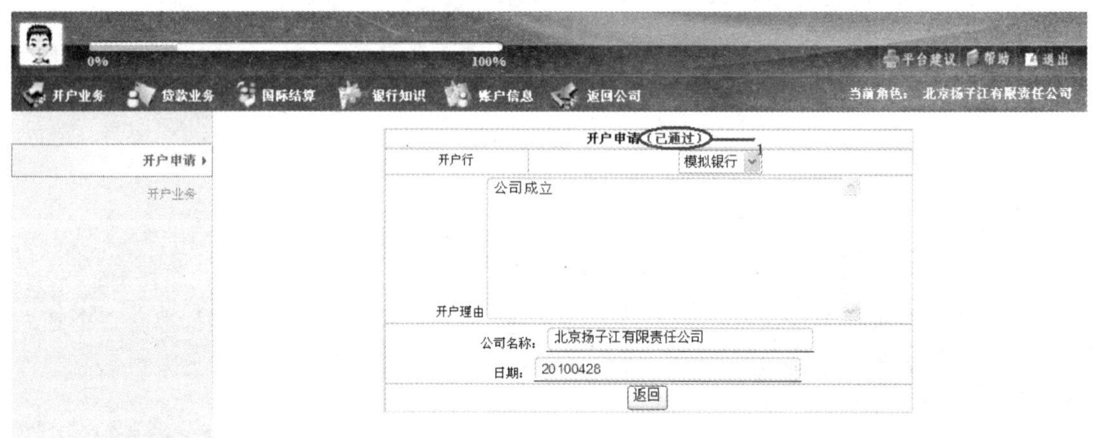

图 3-26　开户审核通过界面

注：1—已通过，表示银行已经审核通过企业的开户申请。

（3）选择“开户业务”选项卡，进入如图 3-27 所示的界面。

（4）去银行办理了具体事宜，并且银行通过后，则企业开户成功。此时选择“开户业务”选项卡，则进入到如图 3-28 所示的界面，从中可以看到“开立单位银行结算账户申请书”，至此银行开户流程结束。

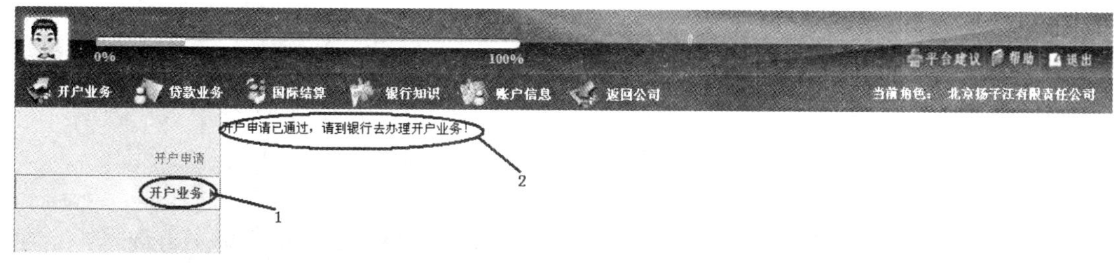

图 3-27　银行开户申请通过界面

注：1—开户业务；2—“开户申请已通过，请到银行去办理开户业务！”为信息提示，此时可以到银行窗口办理业务。

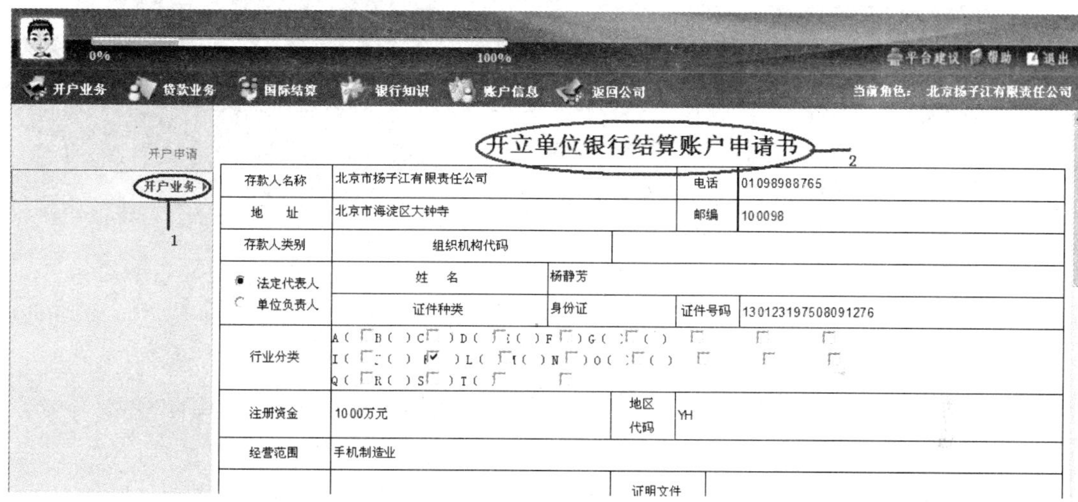

图 3-28　开立单位银行结算账户申请书界面

注：1—开户业务；2—开立单位银行结算账户申请书，即为企业开户的单据。

第六节　组织架构管理

一、实习目的与要求

通过实习，让学生设置公司人员岗位，书写岗位职责说明和公司规章制度，制作公司Logo，锻炼学生的管理能力和创造能力。

二、实习内容

模拟企业要进行组织机构管理，就要通过系统进入财务管理部，设立新的公司岗位，并把企业人员分配到岗位上，分配到岗位上的人员根据任职岗位书写岗位职责说明书，由公司经理制定公司规章制度，公司所有人员通过集体的智慧为公司设计公司 Logo。

三、实习步骤

（1）单击“组织机构”，进入到其操作界面。选择“组织机构”菜单，再选择“企业岗位管理”选项卡，进入如图 3-29 所示的界面。

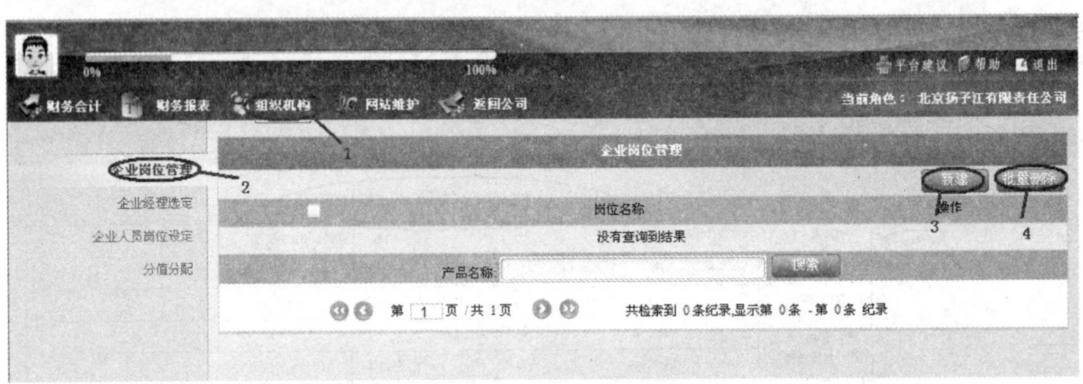

图 3-29　企业组织机构界面

注：1—组织机构，包含的业务有企业岗位管理、企业经理选定、企业人员岗位设定和分值分配；2—企业岗位管理；3—新建，单击该按钮可以为企业新增岗位；4—批量删除，可以对岗位列表的现存岗位进行批量删除。

（2）在企业组织机构界面单击“新建”按钮，进入如图 3-30 所示的界面。

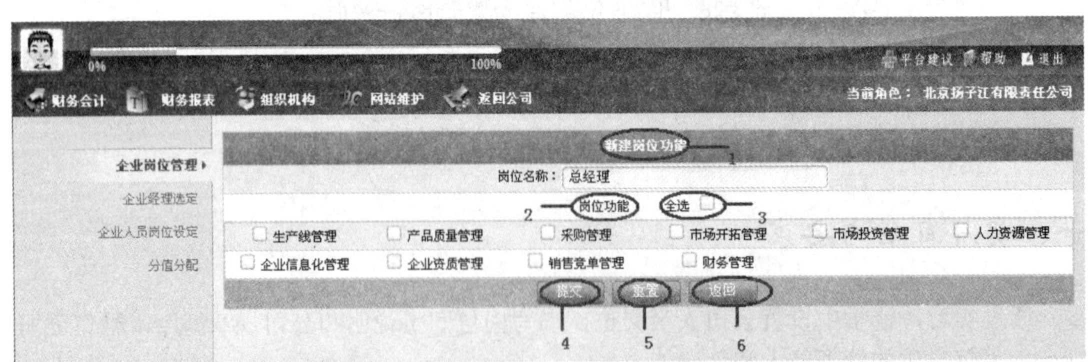

图 3-30　企业组织机构新建岗位功能界面

注：1—新建岗位功能，表明此页面功能；2—岗位功能，此岗位功能包含下面的各个项；3—全选：选中该复选框，将会选中下面的所有功能；4—提交，岗位信息新增完后单击该按钮提交；5—重置，单击该按钮可以使页面信息恢复到初始进入状态；6—返回，单击该按钮返回到企业组织机构界面。

（3）选择“企业经理选定”选项卡，进入如图 3-31 所示的界面。

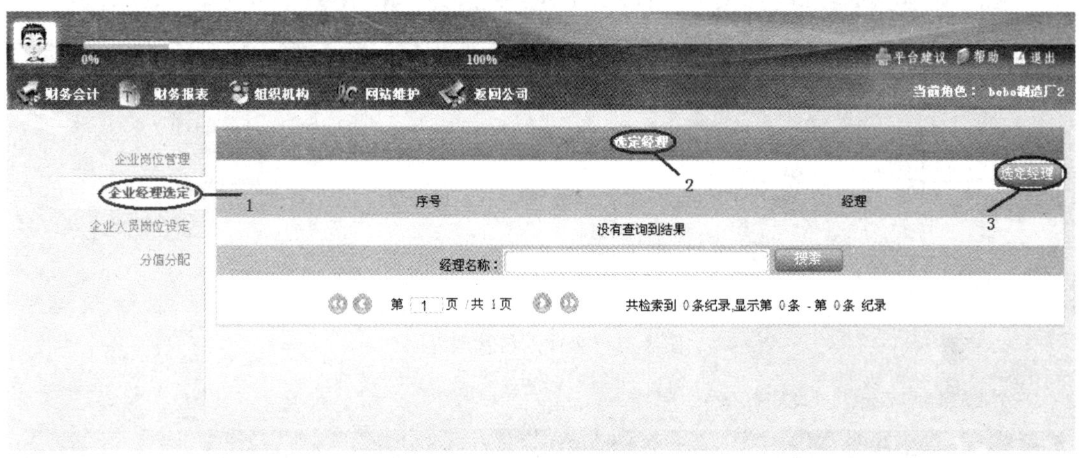

图 3-31　企业经理选定界面

注：1—企业经理选定；2—选定经理，即选定经理界面标题；3—选定经理，单击该按钮可以进行选定经理操作。

（4）在企业经理选定界面中单击“选定经理”按钮，进入如图 3-32 所示的界面。

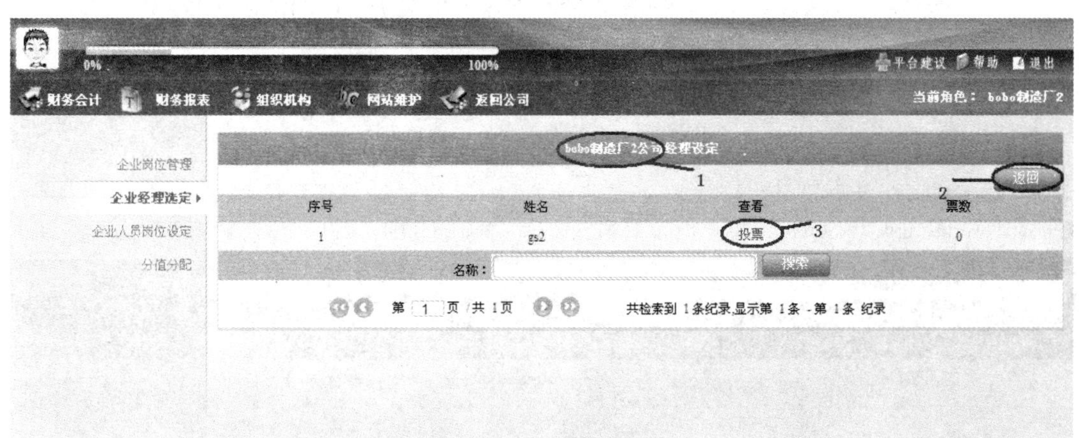

图 3-32　企业选定经理投票界面

注：1—公司名称；2—返回，单击该按钮返回到企业选定经理界面；3—投票，采用投票方式来选定经理，只有超过半数的人对此人进行投票，才能确定此人为经理。

（5）单击“企业人员岗位设定”选项卡，进入如图 3-33 所示的界面。

（6）单击“设置岗位”按钮，进入如图 3-34 所示的界面。

（7）为人员选定了岗位后，返回到企业人员管理界面，如图 3-35 所示，显示相应人员担任不同部门的经理。

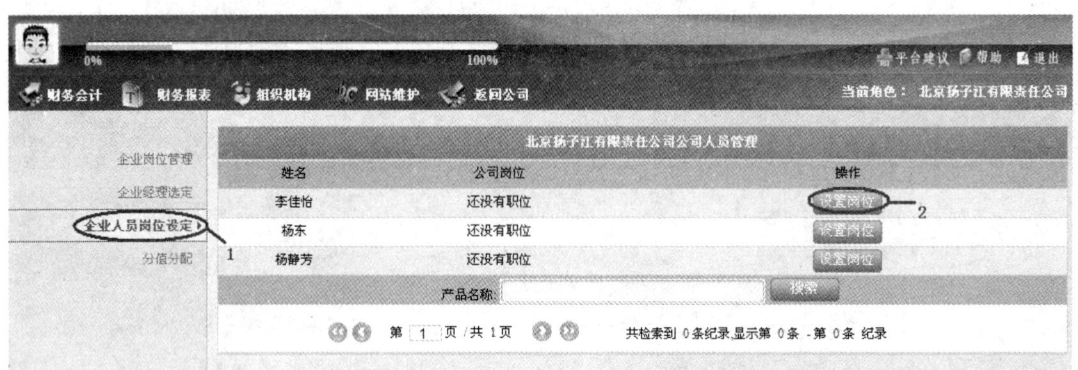

图 3-33　企业人员管理界面

注：1—企业人员岗位设定；2—设置岗位。

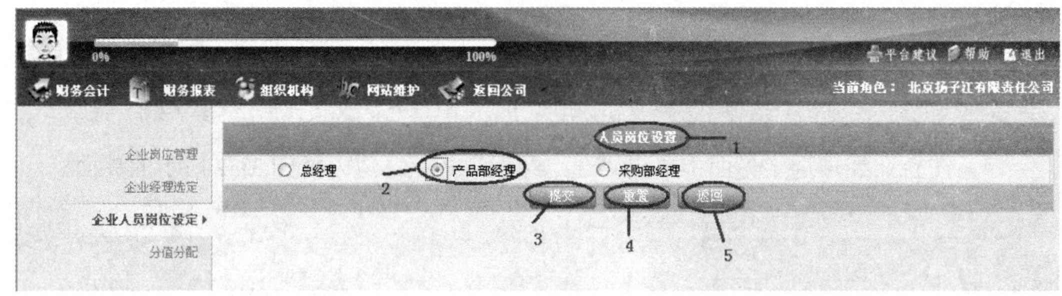

图 3-34　企业人员岗位设置界面

注：1—人员岗位设置，表明此界面实现的功能；2—选择人员指定岗位；3—提交，选择了岗位后，单击该按钮确认其岗位；4—重置，单击该按钮可以恢复到初始进入此界面的状态；5—返回，单击该按钮可以返回到企业人员管理界面。

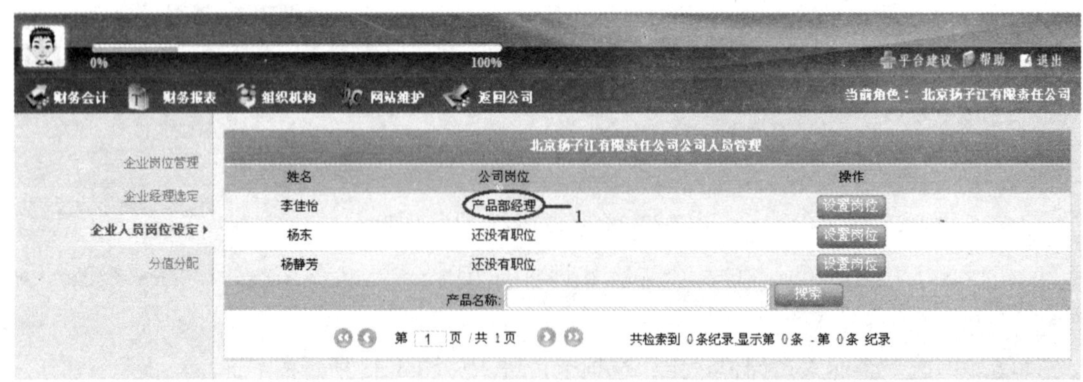

图 3-35　企业人员岗位已设定界面

注：1—产品部经理，即为此人员设置的岗位名称。

第七节 制定部门规章制度

一、实习目的与要求

通过实习，让学生了解各部门的职责。

二、实习内容

模拟企业的所有人员根据自己所在的部门，制定出自己部门的规章制定，并写在 A4 纸上。

三、实习步骤

首先，明确企业的组织结构及其岗位职责。其次，对企业各个业务种类进行汇总，并且预计实习期间的可能性业务。再次，制定企业管理制度的大纲目录。最后，撰写、修改、完善企业各个部门的工作制度并将管理制度进行汇总，按照统一要求编辑排版并提交，最终形成部门公司制度。

第四章 企业经营实验

第一节 业务规则

一、厂区建设业务规则

（一）厂址选址

1．业务概述

企业决定了经营计划后，即可开始筹建产区。在企业筹建中首先需要完成厂区选址，厂区地址的选择将决定企业的本地市场所在地，因此，需要紧密结合企业的营销战略，尽可能地将该厂区建设在主打市场周边。厂区情况概述如表4-1所示。

表4-1 厂区及其基本情况表

所在地区	类型	购买价格（元）	本地市场	代表城市	扩建容量	扩建等级	扩建费用（元）
京津唐地区	小型厂区	150 000	黄河中游	北京	4	2	150 000
京津唐地区	中型厂区	200 000	黄河中游	北京	4	3	200 000
京津唐地区	大型厂区	250 000	黄河中游	北京	4	5	250 000
环渤海地区	小型厂区	150 000	北部沿海	大连	4	3	200 000
环渤海地区	中型厂区	200 000	北部沿海	大连	4	4	350 000
环渤海地区	大型厂区	400 000	北部沿海	大连	4	5	500 000
长江三角洲地区	小型厂区	100 000	长江中游	武汉	4	3	150 000
长江三角洲地区	中型厂区	300 000	长江中游	武汉	4	4	250 000
长江三角洲地区	大型厂区	400 000	长江中游	武汉	4	5	300 000
珠江三角洲地区	小型厂区	100 000	南部沿海	深圳	4	3	150 000
珠江三角洲地区	中型厂区	350 000	南部沿海	深圳	4	4	250 000
珠江三角洲地区	大型厂区	450 000	南部沿海	深圳	4	5	350 000

2．名词解释

产成品库容量：该厂区允许存放的最大产成品数量（可通过厂区扩建增加）。

原材料库容量：该厂区允许存放的最大原材料数量（可通过厂区扩建增加）。

厂房容量：该厂区允许建造厂房的最大数量（可通过厂区扩建增加）。

最大扩建等级：厂区允许扩建的最多次数。

扩建费用：厂区扩建的基本费用，具体厂区扩建花费=扩建费用×扩建等级。

本地市场：当企业选择该厂区后，本地市场不需要支付开拓费用即可拥有。

物流费用：根据具体企业销售的情况，将产成品从厂区运输到客户单位的费用。

3．所在地区

系统为实训者提供了四种不同的区域，即京津唐经济特区、环渤海经济特区、长江三角洲经济特区和珠江三角洲经济特区。每个特区内都有不同类型的大、中、小型厂区。每个企业在整个经营过程中，只能购买一个厂区。因此，在购买厂区时请慎重考虑，对于初学者来说，推荐购买小型厂区，使得在经营初期尽可能地将资金保留在经营上。

4．厂区容量

厂区是企业组建的基础，可以在厂区内建设产成品库、原材料库和厂房。厂区容量的大小，将决定企业能够在自己厂区内建设多少个产成品库、原材料库和厂房。在系统初始阶段，所有类型的厂区的建筑容量分别为允许企业建造产成品库一座、原材料库一座、厂房一座。当企业在经营过程中根据实际需要增加各类建筑数量时，需要将厂区进行扩建，使其能够建造更多的产成品库、原材料库或厂房。

5．厂区扩建

厂区扩建能够增加企业最大建造建筑数量，使企业获得额外的容量。但是，每种不同类型的产区，允许扩建的等级（次数）及每次扩建允许建筑的数量都不相同。企业根据自己企业的具体情况，选择相应的扩建方案。

企业初始阶段的厂区等级为 0 级，每扩建一次等级增长一级，并且扩建费用也增加到原始扩建费用的一倍。因此，企业在扩建厂区的同时一定要在扩建容量内合理地扩建各种建筑（如产成品库、原材料库、厂房），以免发生厂区硬件建设比例倾斜，造成资源浪费。

6．本地市场

每个地区的厂区都有各自相应的本地市场，厂区一旦购买，将自动为企业开拓该市场，并将该市场标记为“本地市场”。被确定为“本地市场”的市场地区，将获得参加竞单的特权，具体特权请参照“销售竞单”。

7．物流费用

当企业在进行订单交付时，需要将产成品从本地运输至客户所在地区。在不同的厂区内，由于市场消费问题，每个厂区内的物流运输费用也不相同，具体如表 4-2 所示。

表 4-2　本地市场物流费用详细信息表

运 输 区 段	运输时间（季度）	运输费用（元）
京津唐地区—北京	1	6 000
长江三角洲地区—武汉	1	5 000
珠江三角洲地区—深圳	1	6 000
环渤海地区—大连	1	5 000

（二）厂区建设

1．业务概述

选择厂区后，企业根据企业规划决策，选择购买或租赁厂房、原材料库、产成品库，这三类库房分别用于存放生产线、原材料和产成品。厂房、原材料库、产成品库的基本信息分别如表 4-3、表 4-4 和表 4-5 所示。另外，每季度对自行建造的库房收取一定数量的维护费用，并对存放在库房中的原材料和产成品收取一定数量的保管费用。

表 4-3　厂房的基本信息表

厂房类型	容量（条）	兴建			租赁
		兴建价格（元）	维护费用（元/季度）	折旧期限（季度）	租赁费（元/季度）
小型厂房	1 条	300 000	1 000	40	65 000
中型厂房	2 条	600 000	2 000	40	85 000
大型厂房	3 条	900 000	5 000	40	150 000

表 4-4　原材料库基本信息表

原材料库类型	容量（个）	兴建			租赁
		兴建价格（元）	维护费用（元/季度）	折旧期限（季度）	租赁费（元/季度）
小型原材料库	6 000	300 000	3 000	40	65 000
中型原材料库	8 000	380 000	6 000	40	88 000
大型原材料库	10 000	780 000	6 000	40	228 000

表 4-5　产成品库基本信息表

产成品库类型	容量（个）	兴建			租赁
		兴建价格（元）	维护费用（元/季度）	折旧期限（季度）	租赁费（元/季度）
小型产成品库	1 000	360 000	5 000	40	66 000
中型产成品库	1 500	660 000	6 000	40	126 000
大型产成品库	2 000	900 000	6 000	40	300 000

2．名词解释

购买价格：企业建造该项建筑需要花费的金额。

租赁价格：企业租赁建筑每季度支付的租赁价格。

最大容量：该类建筑允许存放物品的最大数量。

维修费用：每季度该类建筑需要支付维修费用（租赁方式下不计算）。

折旧年限：按多少个季度对该类固定资产进行折旧（租赁方式下不计算折旧）。

产成品库：存放企业生产（自行生产、外包）产品的容器。

原材料库：企业自行生产需求的原材料的存放容器，生产不同的产成品需要的原材料类型及数量也各有差异。

厂房：企业自行购买生产线的存放容器（租赁生产线的不占厂房容量）。

JIT 生产：只在需要的时候，按需要的量，生产所需的产品，也就是一种追求无库存或库存达到最小的生产系统。

3．自行建设

企业厂区建设的过程中，允许用户在厂区建筑容量范围内，自行建造各种建筑（产成品库、原材料库、厂房），用户购买成功后，可立即投入使用。根据建筑功能的不同，具体划分为三类建筑：产成品库，原材料库，厂房。每种类型的建筑允许存放物品的最大容量不同，购买价格也不相同，当建筑内存放物品的数量超出最大容量时，该建筑将再也无法存放任何物品，直到再次腾出存储空间。建议在经营初期建设小型建筑，以节约资金。

自行建造的建筑在每个季度，都要支付相应的建筑维修费用，以维持建筑的完好。在支付维修费用的同时，对于产成品库和原材料库来说，库内存在的产成品和原材料每个季度也需要按数量支付相应的库存保管费用，因此，在每个经营周期完成之后进入下一周期之前，保持库内剩余物料数量越少，所支付的费用也将越少，从而减少不必要的花费，即保证产成品和原材料的零库存做到 JIT 生产。

4．租赁建设

租赁不同于自行建造，企业决定租赁建筑时，只需要按季度向租赁方支付一定费用，便获得了该建筑的使用权。租赁建筑不需要支付建筑维护费用，但依然需要负责支付物料库存保管费用。

当用户库存决策失误，导致用户生产、购买的物料在入库时发生容量不足的情况时，为了挽救企业损失，系统“惩罚”地的自主为企业租赁一个最贵的建筑以存放物料，直到租赁库内的物料全部清空，再自动退租。

当企业和租赁方确定租赁时间并到期时，如果库内存在物料，经营者也不必担心库内物料丢失，因为在这种情况下，系统会自动将租赁合同延期一个季度，作为临时租赁，直到库内物料完全清空后再回收。

二、生产部业务规则

（一）生产线管理

1．业务概述

生产线是企业生产产品的工具。生产线进行生产时，企业原材料库内的原材料数量和种类必须满足生产所需，否则生产线将无法正常运转。当生产线成功开始生产后，产成品将在下一季度从生产线下线，进入企业产成品库中，入库的产成品便可以开始投入市场进行销售。因此，企业在实际决策过程中，需要合理安排生产线的生产、原材料出库、销售和完工入库的时间，以免发生生产线停工的情况。生产线信息如表 4-6 所示。

表 4-6　生产线信息表

生产线类型	购买价格（元）	外包单件售价比（%）	安装周期（季度）	转产周期（季度）	产量（件/季度）
劳动密集型生产线	10 000	26	1	1	0～1 000
半自动生产线	600 000	30	1	1	400～1 000
全自动生产线	800 000	90	2	0	800～1 000
柔性生产线	1 500 000	56	1	0	700～1 000

2．名词解释

购买价格：购买生产线所需的花费。

外包单件售价比：当生产线采取外包时，支付给外包生产商每件产成品的价格占产品最高售价的比例。例如，某型产品的最高售价为 2 500 元，单件售价比为 26%，即每生产该类产品一件，就需要支付给供应商 2 500×26%=650 元。

安装周期：购买生产线后安装的时间。

转产周期：购买生产线转产的时间，当时间为 0 时表示不需要转产。

额定产能：购买生产线初始产能。

最大产能：购买生产线后通过调入人员进入生产线能达到的最大产能。

3．自建生产线

自行建造的生产线需要在购入生产线后安装在企业的厂房内，并且花费相应的安装时间，即生产线在购入后，是无法立即开始生产的，而需要一定的时间进行安装，安装完毕后才可以开始生产。

在购入生产线时，需要选择生产线默认生产何种产品。如果在企业经营过程中需要让某条生产线由一种产品转向另一种产成品的生产，则需要对该生产线进行转产操作。不同的生产线在进行转产时，花费的时间也不相同。生产线在转产过程中，是无法进行生产的。

生产线购入后，其每季度的产量为默认产能（额定产品）。企业可以通过招聘生产工人，并且将工人调度进入生产线进行生产工作，从而使得生产线的产能得到提高。当产能等于最大产能时，每季度的产量将不再提高。

4．外包生产线

外包生产不同于自主生产，当企业生产能力不足，或者因为企业决策，在某个阶段产生了大量待交付订单时，可以通过外包生产进行产品加工，从而获得产成品。外包生产的方式也不同于自行生产，当用户选择外包生产线时，外包成功后，生产线可以立即开始生产，并且生产线不会占据厂房容量，但是市面上的生产线外包总数是有限制的，每当一家企业选择外包生产线后，就会减少相应数值，当生产线全部被其他企业租赁后，外包将关闭。直到企业外包时间结束，生产线将重新回到可外包状态。

外包生产线的价格不同于普通的租赁，其最终外包价格根据生产线具体生产产成品的数量，按照每单件价格进行支付。即

外包费用=产成品单件售价比×产成品最高允许售价×生产数量

外包生产线不允许进行转产，外包刚开始时是什么类型的产成品生产线就只能一直生产该种产成品，所以企业在租赁时请谨慎外包。

（二）产品研发

1．业务概述

模拟企业开始都可以生产 L 型产品，如果企业想生产新的产品，就要进行产品研发。产品研发分为两种类型：一种是新品研发；另一种是技术研发。新品研发主要包括 H 型、O 型和 S 型三种，研发出这三种类型的新产品后，就可以生产新型的产品，赚取更多的价值。技术研发主要包括智能手机系统、小游戏、高清摄像头、多媒体播放器和环保材料等。技术型研发主要是为了符合招投标中的需求。产品研发信息参见表 4-7 所示。

表 4-7　产品研发信息表

研 发 名 称	研 发 类 型	推荐资金（元）	资金有效期(年)	研发能力要求	市场价（元）
L 型	新品研发	0	4	0	5 000
H 型	新品研发	1 500 000	4	30	8 200
O 型	新品研发	2 000 000	4	40	10 200
S 型	新品研发	2 500 000	4	50	15 200
智能操作系统	技术研发	600 000	2	25	
小游戏	技术研发	150 000	2	30	
高清摄像头	技术研发	150 000	2	0	
多媒体播放器	技术研发	200 000	2	0	
环保材料	技术研发	200 000	2	50	

2．名词解释

研发类型：标明该项研发属于新品研发还是技术研发。

资金有效期：企业投入研发资金能够对研发产生效果的时间。

基本研发能力要求：对应研发人员的研发能力。只有该研发项目的研发人员能力达到该项要求，研发才能开始。

推荐资金：推荐企业在资金有效期内达到的资金已保证研发成功。

$$\text{研发成功率}=\frac{\text{有效研发资金}}{\text{推荐资金}}\times 80\%+\frac{\text{人员研发能力}-\text{基本研发能力要求}}{100}\times 20\%$$

3．新品研发

企业经营初期，能够生产的产品种类非常简单，并且无法进行高价格的销售。想要获得价格更优、性能更卓越的产品，必须通过新品研发来达到目标。新品研发能够为企业提供新的工艺以生产新的产品，不同的产品能够销售的价格也不一。但由于高昂的研发费用，企业在研发时不易投入过多的研发项目，应该根据实际需要选择在合适的时机进行研发。

4．技术研发

技术研发不同于新品研发，研发成功后，并不会让企业获得新的可生产产品，但是可以给应用该项技术的产成品提供额外的性能、质量和等级提升。这种提升可能是多种类的，当企业在运营中出现了多种类产成品并同时投放市场时，技术研发很有可能会带来所有销售产成品的等级提升，从而在竞争中占据有利的地位。

三、采购部业务规则

（一）业务概述

企业自行生产，需要在原材料库中准备足够的原材料后，才能够开始生产。因此，在

开始生产之前，必须采购足够数量和种类的原材料，以保证生产继续进行。因为每种产成品生产时需要的原材料种类及数量有区别，所以在采购时需要仔细查看 BOM 结构，以免发生失误。

当企业采购某种原材料时，系统将会提示用户制定“采购提前期”，当用户确定为 0 时，表示采购订单当季下发，随着数字的增加以此类推。但是，订单的下发和原材料的入库并不是同步的。供应商会在订单下达的下一季度开始为企业供货，具体供货的多少和价格与用户采购原材料的数量及选择采购的供货方案有关。

产品的物料清单结构如图 4-1 所示。

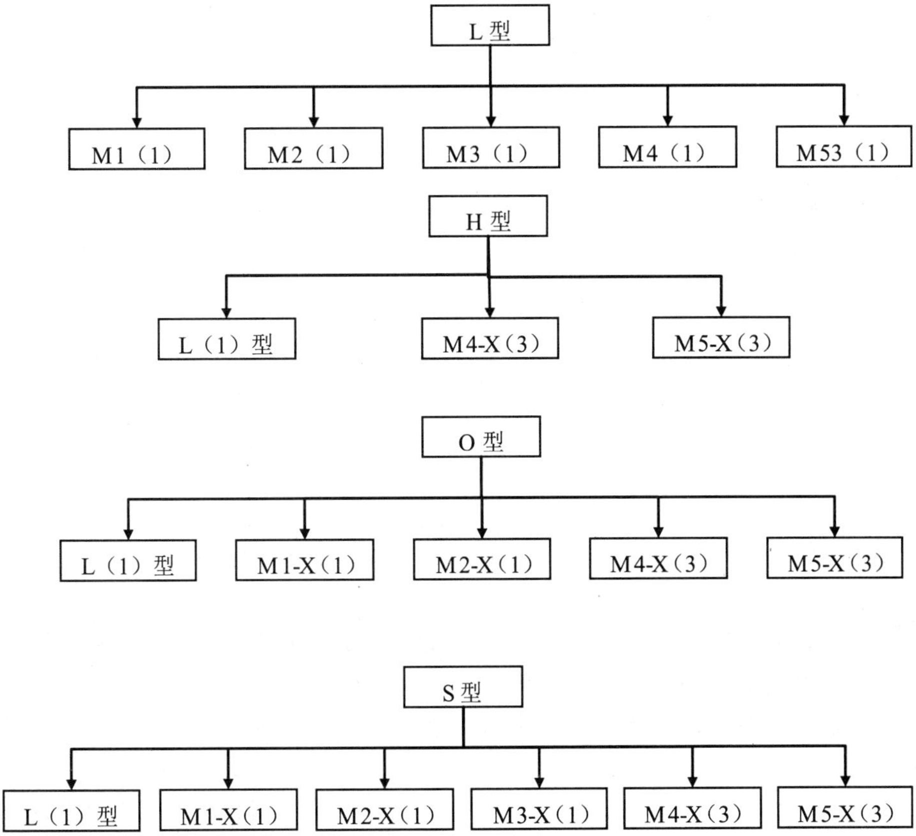

L 型

M1（1）　M2（1）　M3（1）　M4（1）　M53（1）

H 型

L（1）型　M4-X（3）　M5-X（3）

O 型

L（1）型　M1-X（1）　M2-X（1）　M4-X（3）　M5-X（3）

S 型

L（1）型　M1-X（1）　M2-X（1）　M3-X（1）　M4-X（3）　M5-X（3）

图 4-1　物料清单（BOM 结构）图

注：括号中的数字为所需原材料个数。

（二）名词解释

价格：每采购一件原材料的价格。

库存成本：每件原材料在库存中存放一季度的维护保养费用。

采购提前期：物料从下订单到收入仓库所需要的周期。

供货机制：供应商按照比例分批次向企业进行供货的方案。

（三）批量采购

当企业采购原材料时，采购的数量越多，供应商给出的优惠折扣就越高。因此，企业可以通过一次性的大量采购，来减少采购费用，但是买得越多，按照供应商的配送方法，每个季度入库的原材料也会越多，而如果在采购入库后，原材料并没有在该季度内完全使用，即产生了剩余原材料，这些原材料将计算额外的库存维护保养费用。因此，合理分配企业的生产、采购和销售，才能达到成本最低。

四、市场部业务规则

（一）市场开拓

1．业务概述

企业获得发展，需要有不断的订单，而订单来自不同的市场，企业在经营初始除了系统根据厂区的选址而自动开拓的本地市场外，没有任何市场可以使用。由此可见，开拓市场是企业未来发展的关键部分，但是市场的开拓和维护费用是高昂的，所以企业在决定开拓多少市场时一定要谨慎处置，以免每个季度都需要高昂的市场维护费用而导致最终倒闭。

2．名词解释

开拓周期（资金有效期）：开拓市场投入资金累计的计算周期。

开拓有效资金：从本季开始，往前推移开拓周期内的季度，在这些季度内投入的开拓资金总和为有效资金。

最少投入（临时开拓）资金：当开拓有效资金满足该项资金时，下一季度该市场标注为开拓。当有效资金再次少于最少投入时，标注为未开拓。

最高投入（永久开拓）资金：当开拓有效资金满足该项资金时，下一季度该市场标注为开拓。

市场维护费用比（%）：开拓的市场，每个季度都需要支付投入有效资金的百分比作为市场维护费用。

3．临时开拓

企业在资金周转比较困难，但急需市场支持的情况下，可以通过临时开拓模式，即投入最少投入的开拓费用，来使得在下一季度获得市场的开拓。但是，这种开拓不是无限制的，需要在支付开拓费用的同时，每季度支付额外的市场维护费用，直到市场开拓周期结

束、关闭市场为止，或在市场拥有期内，将投入资金增加到最大投入资金，把临时开拓市场变成永久开拓市场。

4．永久开拓

永久开拓只需要企业将投入的开拓有效资金增加到最高投入资金，使该市场在下一季度转化为永久开拓状态。因此，企业利用开拓周期和开拓有效资金，可以通过在不同季度投入相应的费用，将临时开拓的市场转化为永久开拓市场。

5．本地市场

本地市场是根据企业选址而自动绑定的市场。本地市场无须开拓，在选定产区的时候会自动为企业开放。

（二）市场投资

1．业务概述

当企业完成市场开拓后，便可以在该市场内通过“销售竞单”获取订单并组织生产，交付成功后获得营业收入。而市场投资将在整个销售环节中占据非常重要的地位。市场投资也是企业获得市场份额的唯一途径，在“销售竞单”环节，具体市场份额的多少将制约着企业能够以多大的价格优势击败竞争对手，从而获得销售订单。市场投资信息如表 4-8 所示。

表 4-8 市场投资详细信息表

宣 传 手 段	所需时间（季度）	最少投入资金（元）	资金分配比率	投放形式
全球性杂志广告	1	300 000	50%	群体市场
国内促销	1	250 000	100%	个体市场
公益广告	1	300 000	110%	个体市场
全球性促销	1	500 000	60%	群体市场

2．名词解释

周期：当广告费用投入市场后，将在多少个季度后产生市场影响力，并且该影响力持续多少个季度。

有效资金：某市场产生影响力的资金总和。

最少投入：每次投入广告费用的最少投入额。

投放类型：投入广告的类型。

市场影响力：影响力按照百分比计算，企业影响力为企业在某市场的有效资金占所有企业有效资金的比例。

市场分配率：投入资金将会按照分配率进入选中的市场形成有效资金。

投放次数：每季度允许该项广告投放的次数。广告投放次数达到上限时，本季度该类型的广告将无法投放。

3．群体投资

群体投放广告投入时，可以一次性向多个市场投放，只需要投放一次资金。个体投放广告时，投入的广告一次只能面向一个市场。当企业开拓的市场数量比较多时，往往需要大面积的广告投放，而群体投放类型的广告主要解决企业利用有限资金，统一向市场内投放广告，并且产生小部分影响力的问题，以保证企业在竞单中不会丧失过多的特权。

4．个体投资

个体投入的广告一次只能面向一个市场。在投放次数受限制的企业大面积进行单个市场的广告投入的情况下，个体投放将决定企业主要进攻的市场。企业在支付高额的广告费时，要注意收益和支出的平衡，以免造成大量的销售成本，而无法通过盈利来保证企业的正常运营。

5．市场影响力

当企业投入资金进行广告宣传后，系统将在下个季度初期生成企业在该季度每个市场上的影响力分配，并且该影响力在下季度一直存在，直到系统再次生成新的影响力分配。

分配率的调整，关系着影响力的生成，每种类型的市场投资项目都有自己的分配率，当企业投入广告时，真正进入广告市场的资金按照投入资金×各自的分配率计算，然后分别进入各个市场，产生影响力。因此，企业在决定采用哪一种分配率的群体投放类型的广告时，为了保证不造成浪费，应尽可能地保证投放市场数量×分配率≥100%。这样的投资将会扩大效果。

五、企业管理部业务规则

（一）人力资源

1．业务概述

驱动生产线生产、提高研发项目的效率都需要员工，企业通过人力资源招聘各式各样的人才，并且将人员分配到合适的岗位开始工作。每种类型的人员都有各种能力，企业在人才招聘时，要注意能力的搭配，尽可能地在减少人力成本的同时提高工作效率。

2．名词解释

招聘费用：企业招聘需要通过第三方平台，招聘费用为每招聘一人支付给第三分配平台的费用。

工资：每季度支付给员工的工资。

生产能力：每一个员工进入生产线后能够提升的生产线生产的能力。

研发能力：进入研发项目后，提升研发项目的研发能力。

3．提升生产能力

向生产线安排生产类人员是提升生产线额定生产能力的唯一途径。人员安排有多种组合，其主要决策为减少人力成本，提高生产效率。多种组合计算方式为

总提升生产能力=工人生产能力×人数（工人数量）+工人生产能力×生产能力提高百分比（管理人员）×人数（管理人员人数）

4．提升研发能力

研发能力的计算方式与生产能力的计算方式一致，只是在能力计算上使用的是研发能力与研发能力提升百分比。

总提升研发能力=科研人员研发能力×人数（科研人员数量）+科研人员研发能力×研发能力提高率（管理人员）×人数（管理人员人数）

（二）信息化

1．业务概述

企业以企业流程(优化)重组为基础，在一定的深度和广度上利用计算机技术、网络技术和数据库技术，控制和集成化管理企业生产经营活动中的所有信息，实现企业内外部信息的共享和有效利用，以提高企业的经济效益和市场竞争能力。

模拟企业通过信息化的实施，能够从各方面获得能力提升。系统为企业提供了多种信息化实施手段以提高企业竞争力，其中包括生产能力、人力资源水平、销售能力和产品性能。

2．名词解释

提升产品性能（%）：信息化项目完全实施结束，企业所有产品的性能等级按照百分比的数额进行提升。

订单效率提升（%）：企业在参与销售竞单时，竞标扣分将按照效率百分比进行扣除。

产能提升（%）：完成信息化项目建设后，企业所有自购生产线的最大产能将按照百分比提升。

人力资源成本降低（%）：信息化实施结束后，所有人工的工资按百分比降低。

增长曲线：项目开始实施后，每个季度将按照项目曲线进行增长，直到项目实施结束。

3．项目实施

信息化项目实施都有自己的规律，每一个项目并不是一投入便能够立即产生效果的，不同的项目有不同的效果增长曲线，项目在进行过程中按照项目曲线的运行轨迹进行增长，直到项目实施结束，产生整个项目100%的效果。另外，项目实施和产品的购买有着鲜明的特点，在项目实施中，不仅可以一次性付全款，还可以使用分期模式。只要在项目结束时付清全部项目款项，项目就能够按期完成。如果在项目进行过程中，项目资金没有跟进，

则项目立即停止，直到资金再次投入项目组。

（三）资质认证

1．业务概述

质量认证也叫合格评定，是国际上通行的管理产品质量的有效方法。质量认证按认证的对象分为产品质量认证和质量体系认证两类；按认证的作用可分为安全认证和合格认证。

产品质量认证是指依据产品标准和相应的技术要求，经认证机构确认并通过颁发认证证书和认证标志来证明某一产品符合相应的标准和技术要求的活动。

当产品通过质量认证后，在市场竞争中，同价格的产品无形中有着更优越的竞争力。因此，在模拟企业当中，拥有更多质量认证的企业将在“销售竞单”环节获得更大的优势。

2．名词解释

所需时间：认证所需要花费的时间。当资金投入完成且认证通过后，该认证正式获得。

维护费用：当获取认证后，每季度需支付的维护费用。

增加产品等级：一旦认证获取后，会给所有产品提升相应的等级。

总投入：投入资金总和达到该数值开始申请质量认证。

六、销售部业务规则

（一）销售竞单

1．业务概述

竞单是企业获得订单的唯一途径。在整个竞单环节中，各个市场会随机抛出不同产成品需求和数量的订单，但是该订单没有销售价格，企业需要根据自身状况决定是否参与该订单的竞争，并决定企业的竞标价格。系统将根据企业的出价，以及企业市场占有率、质量认证、产品等级最终确定竞标扣分。当订单时间到期时，竞标扣分最低者获得该订单。这种竞单模式通俗称之为“反向拍卖”。

2．名词解释

最高竞价：每种产成品都有最高的竞标价格，企业在竞单时不能超出该价格进行竞价。

交付时间：该订单需要在该日期或者该日期前进行产成品的交付，否则将扣除竞单总价20%的违约金。

竞标扣分：每个订单系统根据企业的出价、市场占有率、产品研发等级、质量认证等级综合计算后的扣除分值。

竞单时间：该订单保持的时间。当时间为零时，竞单结束，此时“竞标扣分”最少的企业将获得该订单；如果订单无人问津，则该订单流失，将不会再出现。

3．本地市场保护策略

在“厂区选址”“市场开拓”“市场投资”中，都曾提及“本地市场”。企业在参与竞单时，可以有选择地进入各个已被成功开拓的市场进行竞单。这些市场中自然包括“本地市场”。“本地市场”保护是指企业在参与竞单时，只有本地市场在没有产生市场影响力（上季度在该市场投入广告）的情况下，能够第一个出价，即在订单还是无人问津状态时，能够出价；反之，非本地市场在无市场影响力、订单无人问津状态的情况下，无法参与竞单，只有该订单有人参与竞单后，才能跟单。

4．订单交付

无论是否到交付时间，只要库存满足订单要求，便可以通过物流和国际货代进行交付产品。交付完成后，订单将变成“绿色”予以标识，并且将在下一季度获得收款。但是，在交付时需要支付相应的物流费用。

5．订单交易

企业与企业之间可以通过市场交易将订单出售给对方。但是订单在未出售完成时（有出售方没有确认交易），依然属于出售订单企业。当订单到期未交付时，依然会扣除企业 20% 的违约金作为惩罚。因此，企业在进行订单交易出售时，一定要在找到买家后再进行出售。如果企业出现误操作，将订单进行了出售，可以通过市场再将订单买回来。当然自己买自己的东西是不会有任何损失的。

第二节　业 务 流 程

一、选址建厂业务流程

（一）业务介绍

在系统中，模拟企业完成公司设立后，就要准备建厂生产了。在建厂前，企业要分别对产品需求和市场需求进行分析，然后根据自己的判断选址建厂。选址后，要在自己的厂址上构建厂房、原材料库、产成品库等。

（二）业务流程介绍

选址建厂分为几个步骤：第一步，分析，模拟企业进入系统中的企业界面，单击上方的概述，查看第一张市场销售量预测分析图和第二张市场需求比例分析图，分析应在何地建厂；第二步，选址，经过分别两张图，对市场需求有了大致的了解，同时考虑到多家企业同时竞争一个市场的情况，在给定的四个市场区域中内选定一个市场，然后选定厂区，并在厂区内建设厂房、原材料库、产成品库，或者对现有的厂区进行扩建。选址建厂流程如图 4-2 所示。

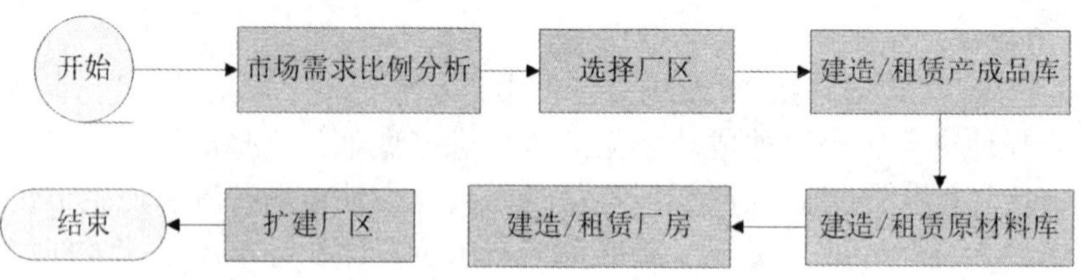

图 4-2 选址建厂流程图

二、安装生产业务流程

（一）业务介绍

模拟企业厂区、厂房、仓库都准备就绪后，就可以准备生产了。生产线包括劳动密集型生产线、半自动生产线、全自动生产线和柔性生产线，各种生产线拥有不同的产能，需要的人员数量也不相同。每种生产线购买以后都不能马上使用，都需要一定的安装周期。每种生产线根据复杂程度的不同，安装周期也就不同。不过一旦生产线安装好后，只要安排了生产工人和准备了足够的原材料，生产线就可以开始生产了。如果不想购买生产线，企业还可以使用系统提供的一种外包生产线的功能。企业通过外包生产线，不用提供原材料和生产工人，只需交纳一定外包费用即可，但是外包的数量不是无限的，随着企业的外包，外包生产线的条数会不断减少，同时外包的费用会不断增加。外包的生产线只能有一个季度的拥有期，一个季度过后，生产的产品自动存放到产成品库中，同时外包的生产线消失，外包价格回落，企业可重新外包一条生产线。

（二）业务流程

模拟企业要开始生产，首先要购买或租赁生产线。如果是租赁的生产线，就可以直接安排生产；如果是购买的生产线，就需要准备招聘生产工人，准备原材料。如果想生产其他类型的生产线，就可以研发。还可以通过信息化来提升生产能力或降低成本。安装生产流程如图 4-3 所示。

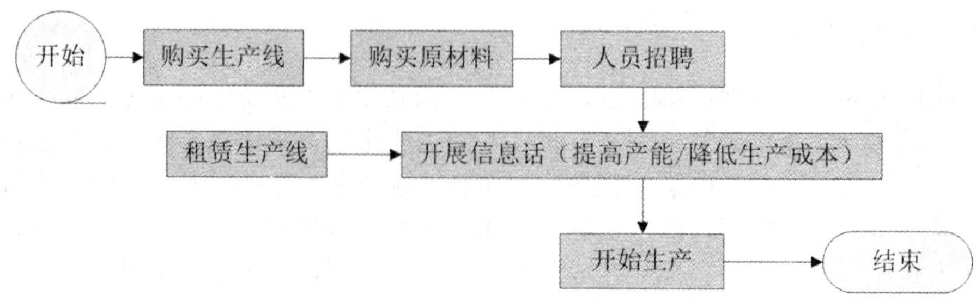

图 4-3 安装生产流程图

三、销售实施业务流程

（一）销售实施

1．业务介绍

在现实生活中，销售竞单是由销售人员跟客户洽谈，谈得好才能拿到订单。在系统中，订单的获取不是靠销售人员与客户谈判，而是系统根据设定在每个市场中不定时抛出数量不一、类型不同的订单，由企业根据自己的生产能力选择。其中，订单的类型分为L型、H型、O型和S型。

2．业务流程

模拟企业生产出产品后，要通过销售把产品卖出。企业可以通过在本地市场获得订单进行销售，如果本地市场上的订单不足以完成销售，企业就要开拓市场，同时通过打广告来提升在市场上拿到订单的能力。

（二）投标竞单

1．业务介绍

招投标，是在市场经济条件下进行大宗货物的买卖，工程建设项目的发包与承包，以及服务项目的采购与提供时所采取的一种交易方式。

招投标活动的原则：公开、公平、公正和诚实信用。

在系统中，招投标是企业拿到订单的另一种方式。如果企业在销售竞单中没有拿到理想的订单数量，就可以通过投标竞单来获取订单。

2．业务流程

投标竞单的主要流程是，先购买标书，然后经过开标、询标、评标，得到中标结果。

四、货物运输业务流程

（一）业务介绍

第三方物流内部的构成一般可分为两类：资产基础供应商和非资产基础供应商。对于资产基础供应商而言，他们有自己的运输工具和仓库，通常实实在在地进行物流操作。而非资产基础供应商则是管理公司，不拥有或租赁资产，只是提供人力资源和先进的物流管理系统，起到专业管理顾客的物流功能。广义的第三方物流可定义为两者结合。

在系统中，当在竞争中获得订单后，就要把货物运输出去以交付订单。这时，要看订单的区域，即看是国内订单还是国际订单，如果是国内订单就要通过第三方物流进行运输。

（二）业务流程

当模拟企业想交付国内订单时，首先要跟物流公司签订一份物流合同，然后提供所运货物的详细信息，最后等待物流公司发货运输即可。物流运输流程如图 4-4 所示。

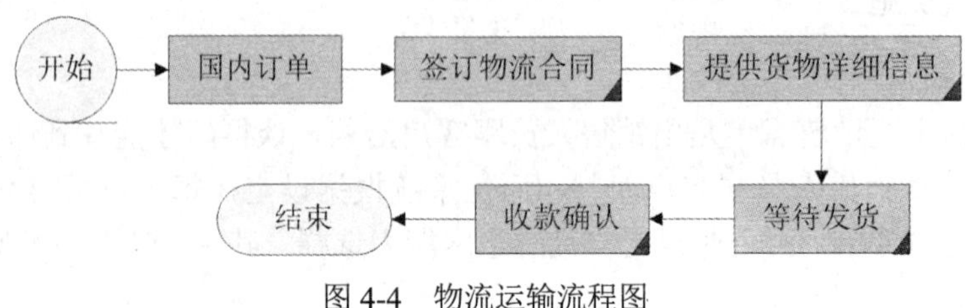

图 4-4　物流运输流程图

注：流程图中带三角（◢）的步骤是需要与服务业交互步骤。

第三节　厂址选择与构建

一、厂区选择

（一）实习内容

模拟企业通过系统进入到厂区的界面中，根据自己对市场的分析，选择要建厂的厂区。

（二）实习步骤

（1）在生产企业业务主界面中，选择“厂区”菜单，进入如图 4-5 所示的界面。

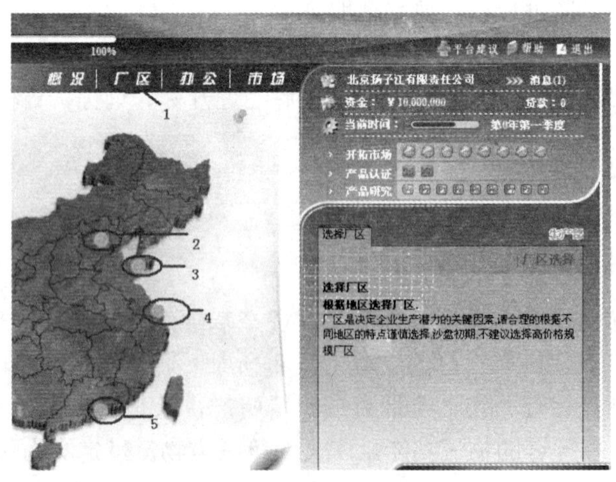

图 4-5　生产企业厂区主界面图

注：1—厂区；2—京津唐经济特区；3—环渤海经济特区；4—长江三角洲经济特区；5—珠江三角洲经济特区。

（2）根据公司制定的经营策略，单击将要建设厂址的厂区，进入如图 4-6 所示的界面。

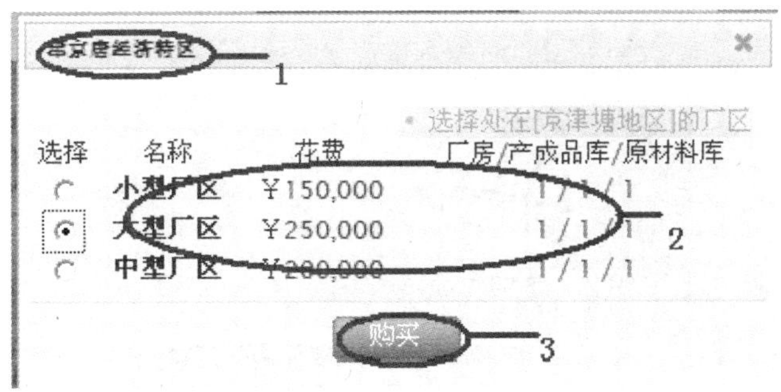

图 4-6　企业厂区购买界面

注：1—所选择的经济特区；2—本经济特区内不同类型厂区的基本信息；3—购买，单击该按钮则可以购买选择的厂区。

二、厂区扩建

（一）实习内容

模拟企业如果感觉厂区不够用，可以通过系统进入厂区界面，对厂区进行扩建。

（二）实习步骤

（1）在生产企业业务界面，选择“厂区”菜单，进入厂区主操作界面，选择“厂区扩建”选项卡，如图 4-7 所示。

图 4-7　企业厂区扩建界面

注：1—厂区；2—厂区扩建，选择该选项卡可以进入厂区扩建界面；3—查看，单击该超链接可以查看本厂区的基本情况。

（2）单击“查看”超链接，进入如图 4-8 所示的界面。

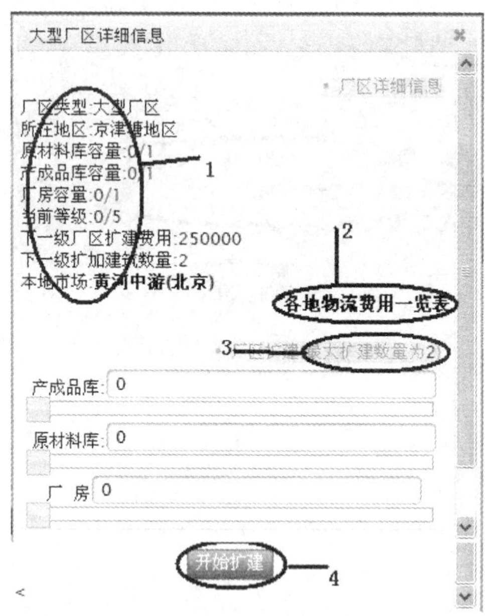

图 4-8　企业厂区扩建信息图

注：1—本厂区的详细信息；2—各地物流费用一览表，单击该超链接可以查看各个地区的物流费用情况；3—标记此次可以扩建的最大数量；4—开始扩建，单击此按钮则开始扩建。

第四节　生 产 准 备

一、生产线安排

（一）实习目的与要求

通过实习，让学生了解生产企业所需的基础设备，并对以后的发展作出决策。

（二）实习内容

生产线是企业生产的基本要素，模拟企业可以在生产部购买或租赁生产线。根据自己的研发情况，企业可以购买或租赁生产各种类型的生产线。

（三）实习步骤

（1）在生产企业业务界面中选择“生产部”办公场景，进入生产部界面，再选择“生

产线”选项卡，进入“生产线”界面，如图 4-9 所示。

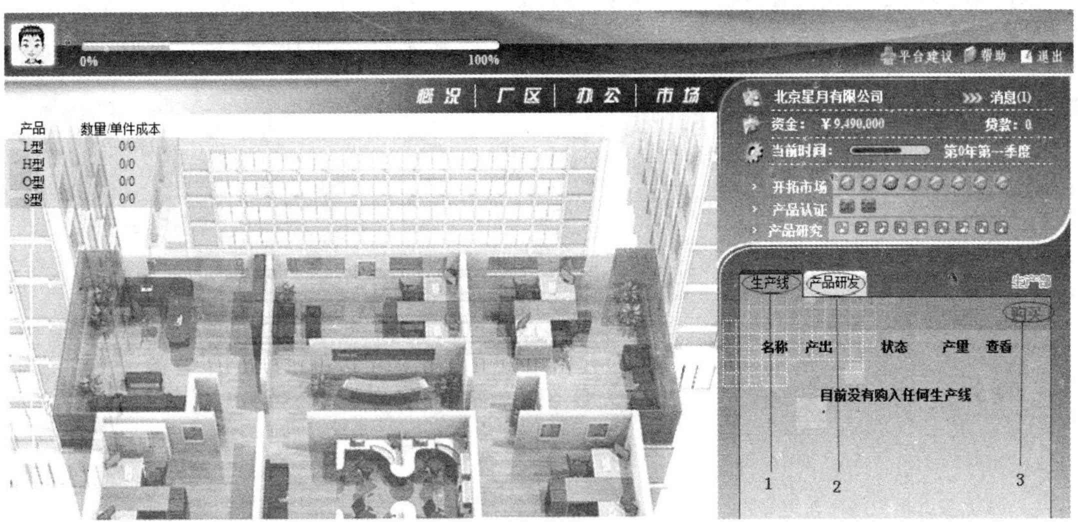

图 4-9　生产部界面

注：1—生产线；2—产品研发；3—购买。

（2）单击“购买”超链接，进入生产线管理界面，如图 4-10 所示。

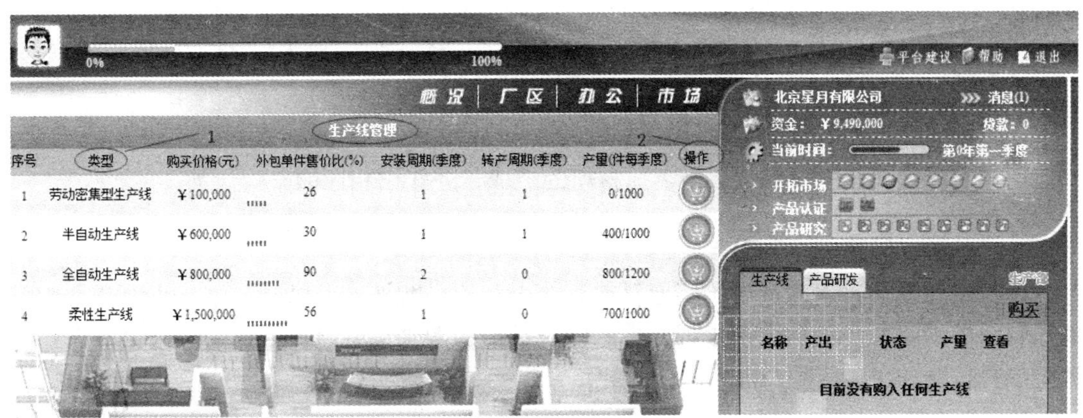

图 4-10　生产线管理界面

注：1—生产线类型，企业根据制订的经营计划选择不同的生产线；2—操作，该项下包括购买和外包，根据自己的经营战略选择不同的生产方式。

（3）如果选择劳动密集型生产线，则单击其所在行的“操作”项下的购物车按钮，打开“购买/外包”对话框，如图 4-11 所示。

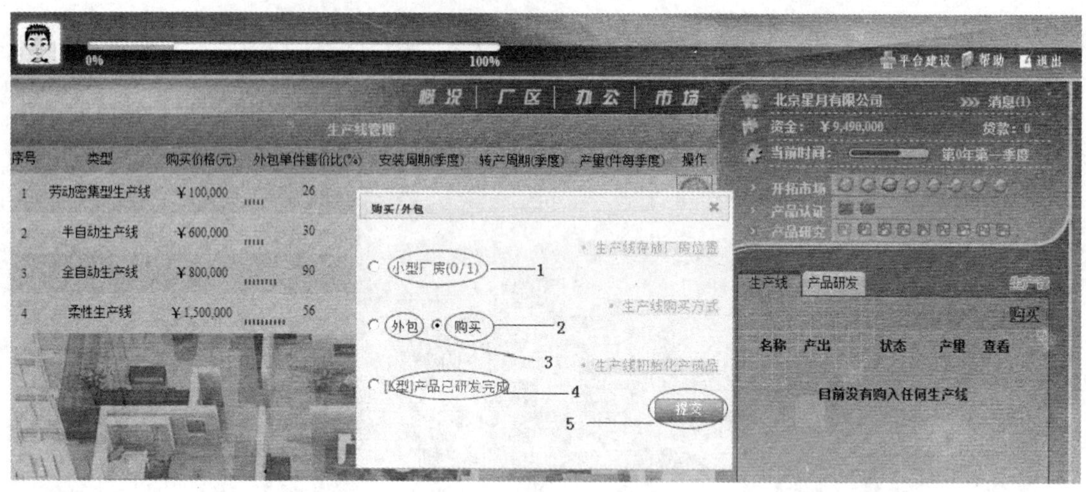

图 4-11 “购买/外包”对话框

注：1—企业已建造好的厂房，用于存放生产线；2—外包，选中该单选按钮表示外包选择的生产线；3—购买，选中该单选按钮表示购买选择的生产线；4—已经研发完成的产品，可以用于生产；5—提交。

（4）选中“小型厂房（0/1）”、“[L 型]产品已研发完成”、“购买”或“外包”单选按钮，最后单击“提交”按钮，生产线的购买或外包操作完成。

二、原材料采购

（一）实习目的与要求

通过实习，让学生了解生产所需原材料的组成，并作出相应的采购计划。

（二）实习内容

模拟企业要自己生产就要购买原材料。在企业的采购部，可以看到生产各种产品所需的原材料的结构图。采购人员根据要生产的产品结构图来采购原材料，同时也要考虑到采购的原材料要和生产的生产能力匹配上。

（三）实习步骤

（1）在生产企业业务主界面中选择“采购部”办公场景进入采购部界面。该界面包含“采购”和“bom 结构图”两部分，如图 4-12 所示。

如果要查看 L 型产品所需物料清单，则单击“L 型物料清单”超链接，进入 L 型物料清单界面。该物料清单提供生产该产品所需要的所有原材料，通过产量计算出所需每种物料的数量，以及与该产品相关的所有信息，如产品价格、库存价格等。

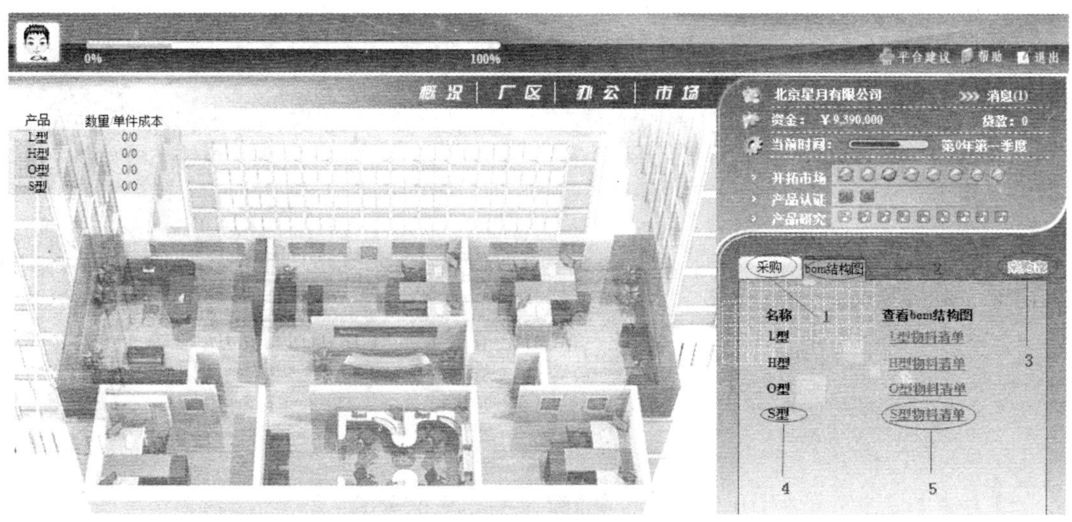

图 4-12　采购部界面

注：1—采购，选择该选项卡可以进入原材料采购界面；2—bom 结构图，选择该选项卡可以浏览所要生产的产品物料清单；3—采购部，即业务窗口名称；4—S 型，即产品名称；5—S 型物料清单，单击该超链接可以查看特定产品物料清单。

（2）在采购部业务界面，选择“采购”选项卡，进入采购界面，如图 4-13 所示。

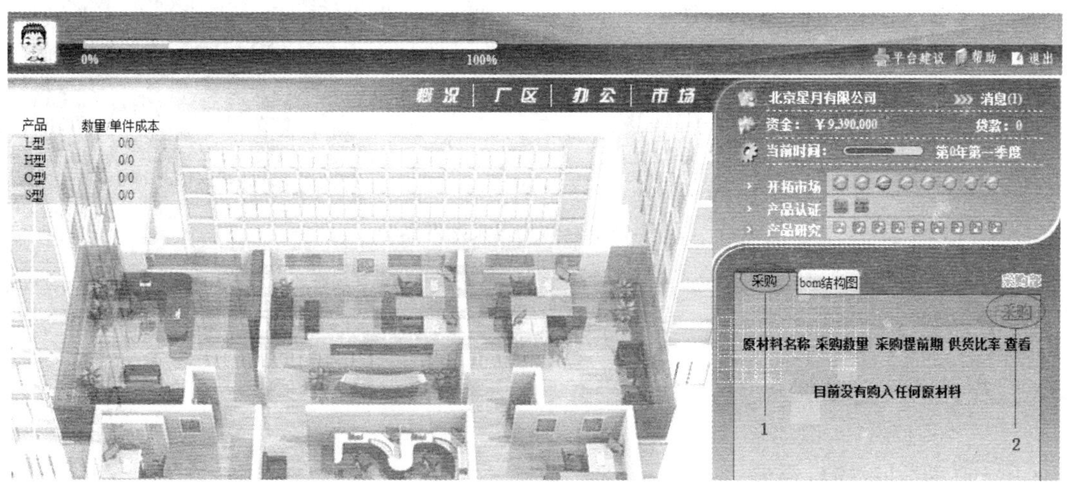

图 4-13　采购选项卡界面

注：1—采购，选择该选项卡可以查看原材料的购买信息；2—采购，该超链接是购买原材料的入口。

（3）在采购界面单击“采购”超链接，进入“采购原材料”界面，如图 4-14 所示。

（4）单击购物车，进入具体物料的详细采购窗口，如图 4-15 所示。

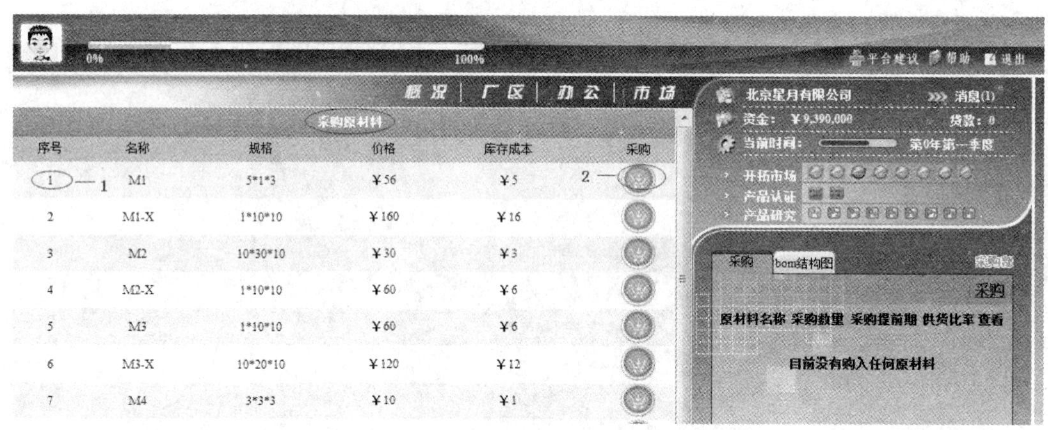

图 4-14　原材料采购界面

注：1—序号，每个序号对应一种原材料；2—购物车，单击该按钮可以完成采购操作。

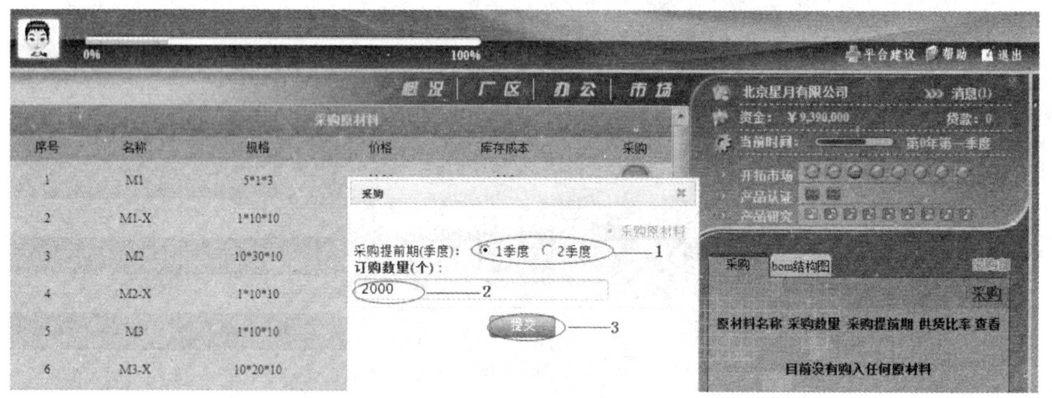

图 4-15　具体物料采购界面

注：1—采购提前期（季度），在该选项组下可以选择提前 1 季度或 2 季度采购；2—订购数量，在该文本框中输入采购的具体数量；3—提交。

三、产品研发实验

（一）实习目的与要求

通过实习，让学生了解产品研发的相应规则，并对是否进行研发作出决策。

（二）实习内容

为了能生产更多种类型的产品，企业就要进行研发。在企业的生产部就可以研发新型的产品，一旦研发成功，企业就可以生产新型的产品了。

（三）实习步骤

（1）在生产企业业务主界面选择“生产部”办公场景，在生产部业务界面选择“产品研发”选项卡，打开产品研发界面，如图 4-16 所示。

图 4-16　产品研发界面图

注：1—状态，图标为彩色表明该产品研发成功，图标为灰色表明该产品未研发成功；2—研发。

（2）单击“研发”超链接，进入研发管理界面，如图 4-17 所示。

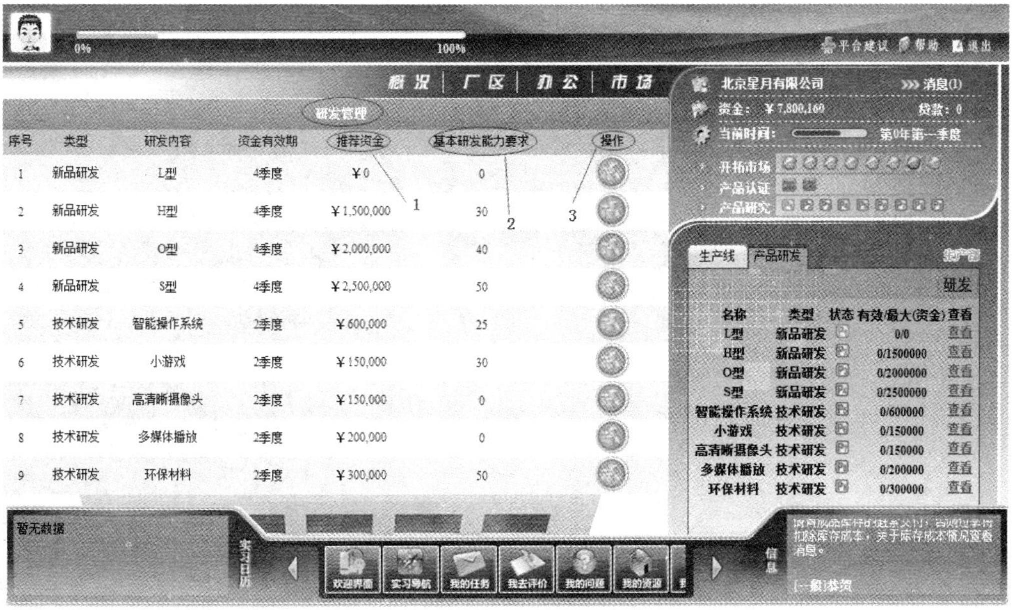

研发管理

序号	类型	研发内容	资金有效期	推荐资金	基本研发能力要求	操作
1	新品研发	L型	4季度	￥0	0	
2	新品研发	H型	4季度	￥1,500,000	30	
3	新品研发	O型	4季度	￥2,000,000	40	
4	新品研发	S型	4季度	￥2,500,000	50	
5	技术研发	智能操作系统	2季度	￥600,000	25	
6	技术研发	小游戏	2季度	￥150,000	30	
7	技术研发	高清晰摄像头	2季度	￥150,000	0	
8	技术研发	多媒体播放	2季度	￥200,000	0	
9	技术研发	环保材料	2季度	￥300,000	50	

名称	类型	状态	有效/最大(资金)	查看
L型	新品研发		0/0	查看
H型	新品研发		0/1500000	查看
O型	新品研发		0/2000000	查看
S型	新品研发		0/2500000	查看
智能操作系统	技术研发		0/600000	查看
小游戏	技术研发		0/150000	查看
高清晰摄像头	技术研发		0/150000	查看
多媒体播放	技术研发		0/200000	查看
环保材料	技术研发		0/300000	查看

图 4-17　研发管理界面

注：1—推荐资金，即研发需要投入的最少资金；2—基本研发能力要求，即研发需要投入的人力；3—操作，对应各研发产品的操作按钮。

（3）单击选定研发内容的“操作”按钮，打开“投入研发”对话框，输入研发该产品所需的研发资金额，单击“提交”按钮，则研发资金投入操作完成，如图 4-18 所示。

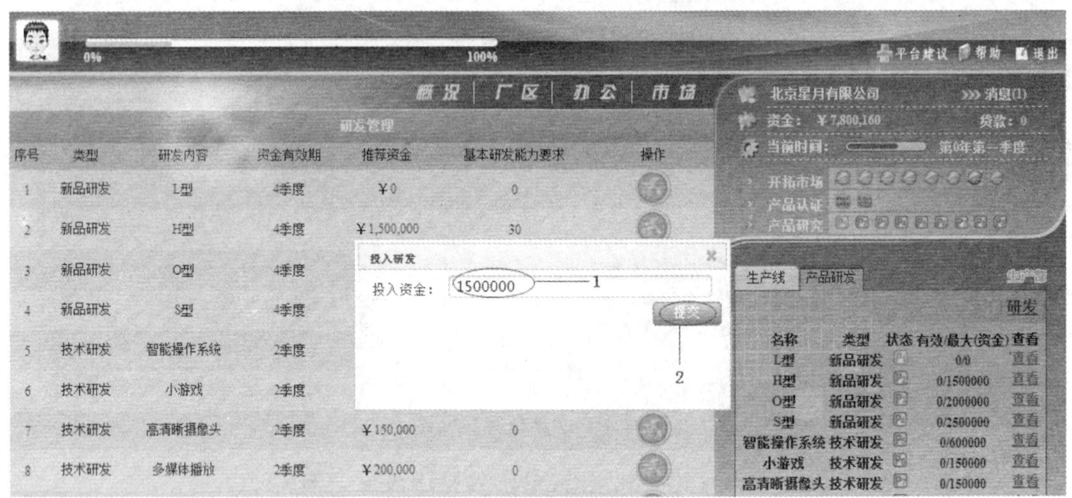

图 4-18　产品研发资金投入界面

注：1—填写研发所需投入的资金额度；2—提交。

（4）在产品研发界面单击要研发产品项后面的“查看”超链接，进入“详细信息”对话框，单击“调度人员”按钮，为研发该产品调度人员，如图 4-19 所示。

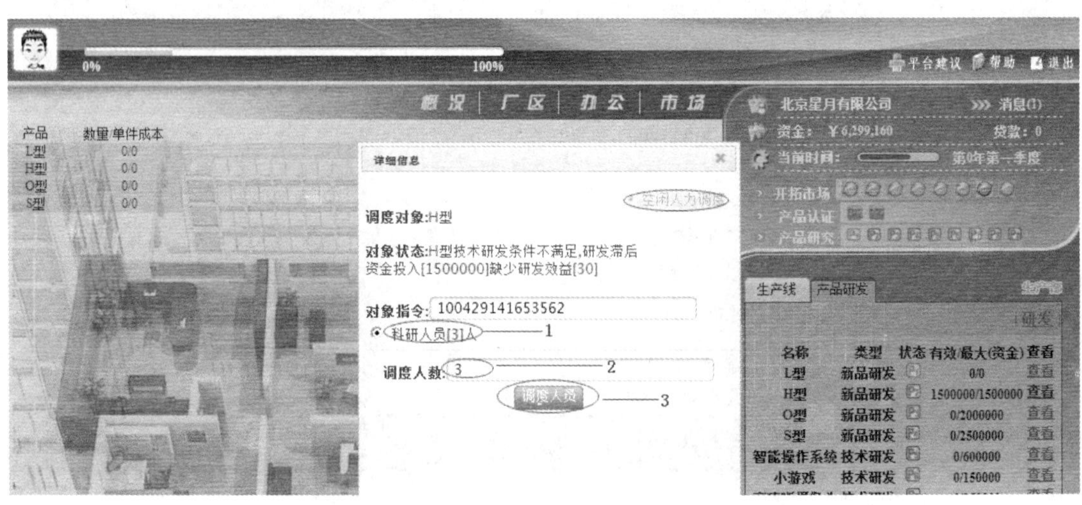

图 4-19　产品研发人员调度界面

注：1—目前闲置人员状况，选中需要调度的研发人员；2—分配调入人数；3—调度人员。

四、信息化建设

（一）实习目的与要求

通过实习，让学生了解开展信息化的流程，并对是否开展信息化作出判断。

（二）实习内容

模拟企业如果想提高销售能力，或提高生产能力，或提高产成品能力，或降低生产成本，可以通过信息化来实现。

（三）实习步骤

（1）在生产企业业务主界面选择“企业管理部”办公场景，进入企业管理部界面。企业管理部的业务包括“人力资源”、“信息化”、“资质认证”和“去工商局”四部分，如图 4-20 所示。

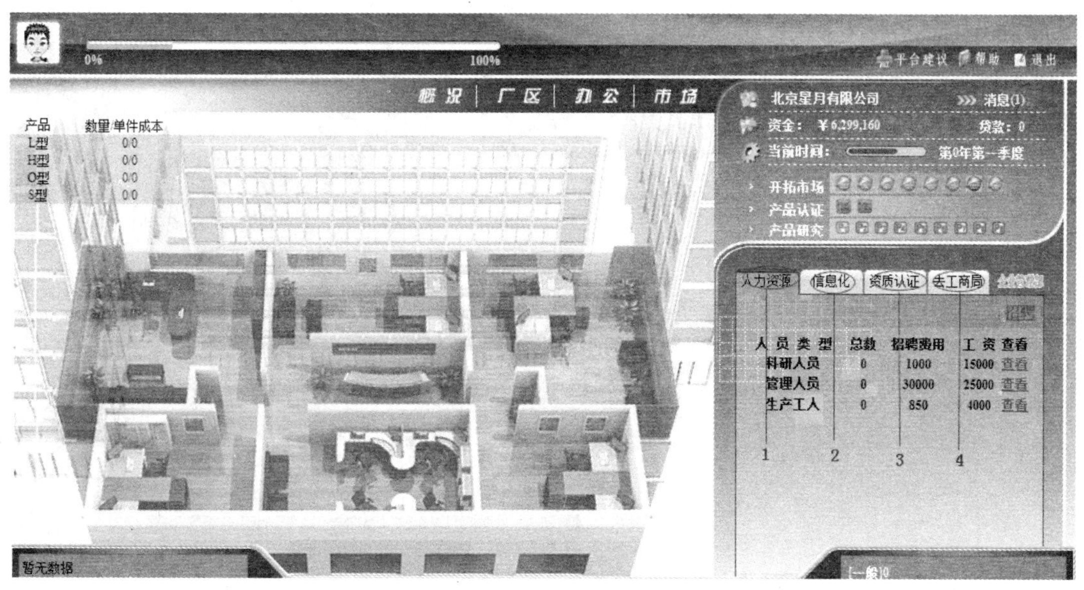

图 4-20　企业管理部界面

注：1—人力资源；2—信息化；3—资质认证；4—去工商局。

（2）在企业管理部界面选择“信息化”选项卡，进入信息化界面。若企业已经开展了某信息化项目，可以看到信息化项目的信息。

（3）单击“开展信息化”超链接，进入信息化项目管理界面。

（4）单击要进行的信息化项目后的“操作”按钮，打开“信息化项目实施”对话框，填写实施该项目所需的资金金额，单击“提交”按钮，完成信息化项目实施操作。

五、资质认证

（一）实习目的与要求

通过实习，让学生了解资质认证的流程，并对是否进行资质认证作出决策。

（二）实习内容

模拟企业要进行招投标活动时，如果招投标公司要求必须通过 ISO 认证，那么就要由企业管理部进行资质认证。

（三）实习步骤

（1）由生产企业业务主界面进入企业管理部界面，选择“资质认证”选项卡，进入资质认证界面，可以看到所有的认证项目信息，如图 4-21 所示。

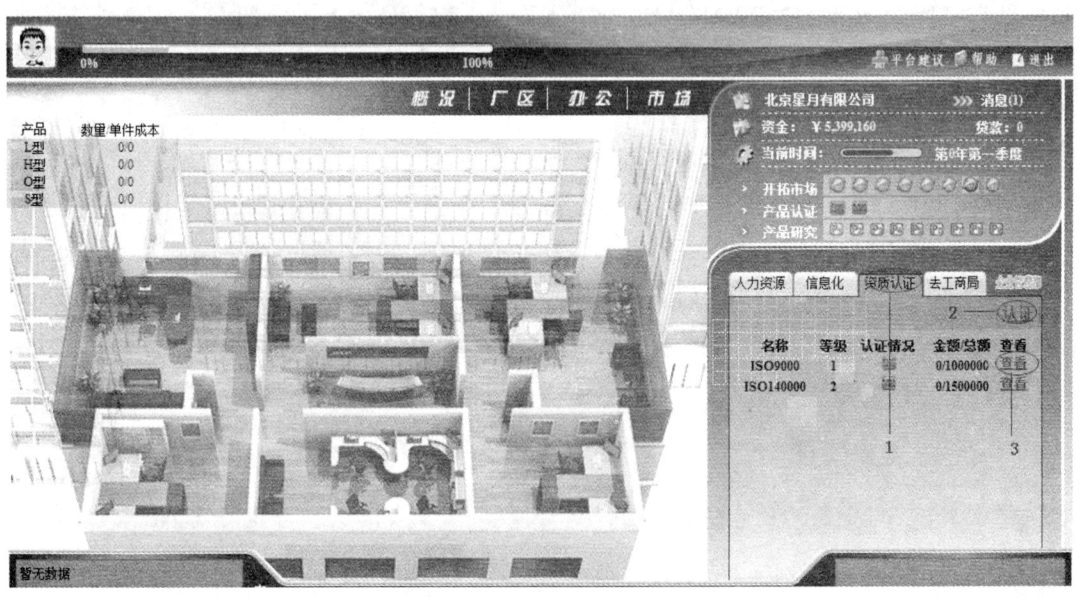

图 4-21　资质认证界面

注：1—资质认证；2—认证，单击该超链接可以进入认证管理界面；3—查看，单击该超链接可以查看认证项目的详细信息。

（2）单击“认证”超链接，进入认证管理界面。

（3）单击选定认证内容的“操作”按钮，打开“开拓认证”对话框，填写开拓认证需

要的资金金额，单击“提交”按钮，完成资质认证操作，如图 4-22 所示。

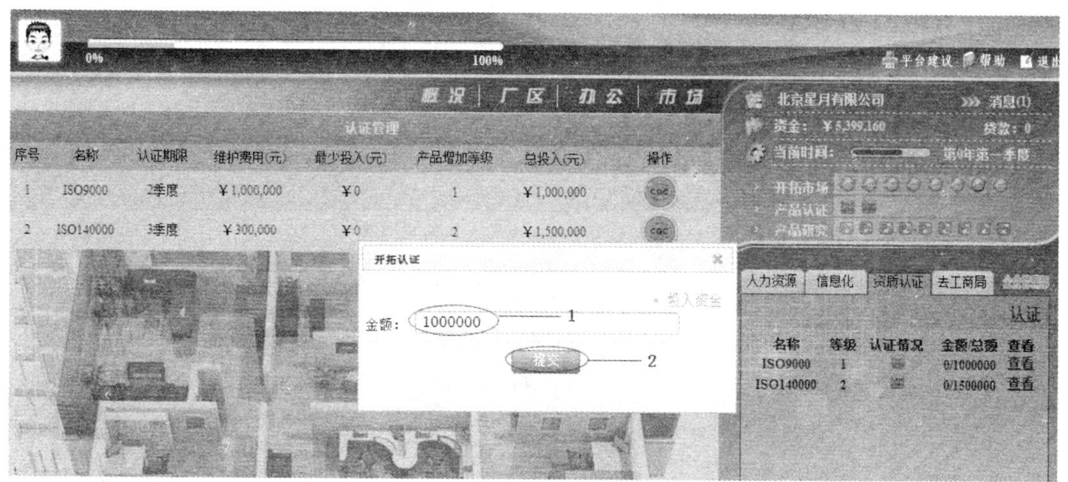

图 4-22　开拓认证界面

注：1—填写开拓认证的资金金额；2—提交。

第五节　销售准备

一、开拓市场

（一）实习目的与要求

通过实习，让学生了解市场，并作出是否开拓市场的决策。

（二）实习内容

模拟企业要扩大销售规模，就要到市场部进行市场开拓。其中，除了拥有的本地市场以外，还有国内、国际等七个市场可以开拓。

（三）实习步骤

（1）在生产企业业务主界面中选择“市场部”办公场景，进入市场部界面，选择“市场开拓”选项卡，进入如图 4-23 所示的界面。

（2）单击“开拓市场”超链接进入开拓市场相关界面。界面会显示所有可以开拓的市场、市场开拓期限、临时开拓有效资金、永久开拓有效资金、维护费用比例等信息。

（3）根据对市场的判断来决定开拓哪个市场，以及是临时性开拓还是永久性开拓。决

定以后通过“操作”按钮来投入资金开拓该市场。开拓市场有时限性，这个季度开拓的市场要到下个季度才可以进入。

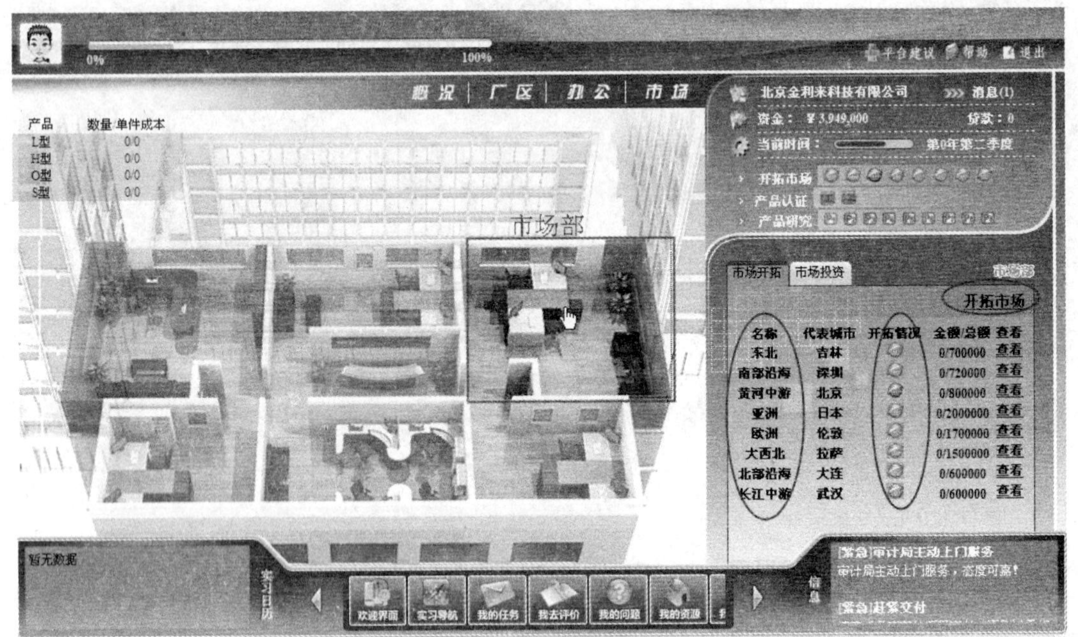

图 4-23　市场开拓界面图

注：1—显示出所有可以开拓的市场名称；2—开拓情况，图标颜色显示灰色的表示该市场尚未开拓；3—开拓市场。

（4）在投入开拓市场资金以后，就可以在该市场进行销售竞单了。开拓完成以后该市场的开拓情况图标会变为亮色。

市场工作人员可以开拓如下市场：东北市场、南部沿海市场、黄河中游市场、亚洲市场、欧洲市场、大西北市场、北部沿海市场、长江中游市场等。

二、市场投资

（一）实习目的与要求

通过实习，让学生了解市场投资的方式，并对是否进行市场投资作出决策。

（二）实习内容

模拟企业如果想在市场上拿到订单，就要到市场部进行市场投资，也就是说要在市场上打广告，这样能提升自己公司的品牌知名度，从而能更容易拿到订单。

（三）实习步骤

（1）在生产企业业务主界面中选择“市场部”办公场景进入市场部界面，选择“市场投资”选项卡，进入如图 4-24 所示的界面。

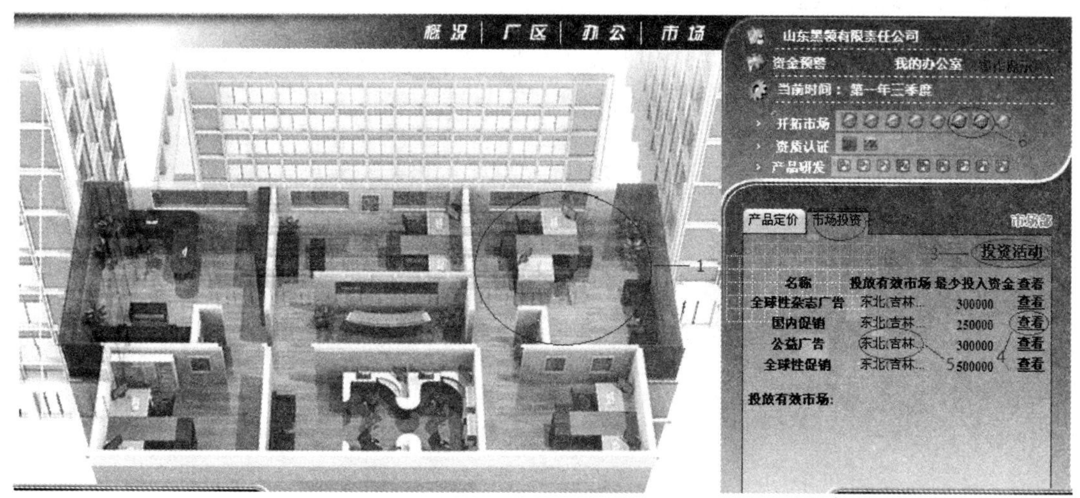

图 4-24　市场投资界面

注：1—市场部；2—市场投资；3—投资活动，单击该超链接可以进行市场投资操作；4—查看，单击该超链接可以查看该企业在本投资项上的投入情况；5—投资有效市场，显示的是此投资项可以投放的有效市场；6—此企业占有的市场标志，这里会显示为蓝色。

（2）单击“投资活动”超链接，进入如图 4-25 所示的界面。

市场投资

序号	宣传手段	所需时间	最少投入资金	资金分配比重	投放形式	投放资金
1	全球性杂志广告	1	¥300,000	50%	投放群体市场	
2	国内促销	1	¥250,000	100%	投放个体市场	
3	公益广告	1	¥300,000	110%	投放个体市场	
4	全球性促销	1	¥500,000	60%	投放群体市场	
5	报纸媒体	2	¥1	2%	投放群体市场	

图 4-25　市场投资管理界面

注：1—市场投资；2—宣传手段种类；3—投放资金，单击该按钮可以对选择的投资种类投放资金。

（3）单击选定的宣传手段的“投放资金”按钮，确定投放资金，选择需要投放的市场。

三、销售竞单

（一）实习目的与要求

通过企业间的对抗，让学生检验自己的经营决策结果，并作出更好的决策。

（二）实习内容

当模拟企业竞争开始后，所有企业都要到销售部进行销售竞单，就是在各个市场上抢夺订单，以满足自己的销售任务。

（三）实习步骤

（1）从第 0 年的第二季度开始的每个季度，市场上都会有不定数的订单出现，企业可以去进行竞单。

（2）由生产企业业务主界面选择“销售部”办公场景，进入销售部界面，选择“销售竞单”选项卡，进入如图 4-26 所示的界面。

图 4-26　销售竞单界面

注：1—销售部；2—“销售竞单”选项卡；3—“销售竞单”超链接；4—显示此列表没有任何销售订单记录。

（3）单击“销售竞单”超链接进入如图 4-27 所示的界面开始进行竞单操作。

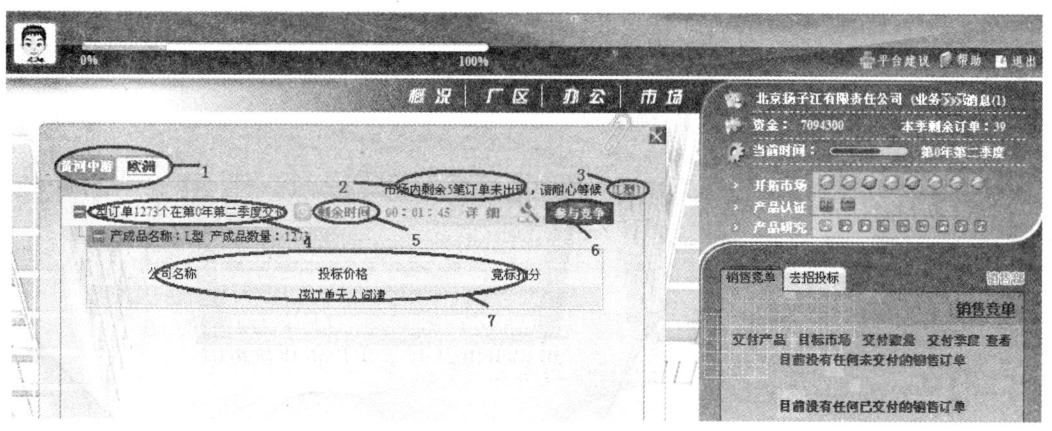

图 4-27　销售竞单管理界面

注：1—企业已经拥有的市场；2—本市场有多少笔订单；3—市场订单的产品类型；4—某笔订单的具体信息；5—订单的剩余时间；6—参与竞争，单击该按钮参与此笔订单的竞争；7—此笔订单的竞争公司列表。

（4）竞单成功后，此订单信息会添加到销售竞单界面中，如图 4-28 所示。

图 4-28　销售竞单结果图

注：1—竞单成功的订单列表信息。

四、人员招聘及生产配备

（一）实习目的与要求

通过实习，让学生了解人员招聘的相关流程和规则，学会如何向生产线中添加人员。

（二）实习内容

在企业管理部，我们可以招聘到生产工人、管理人员和科研人员三种人员。其中，生产工人和管理人员是需要安排到生产线中提高产能的；科研人员可以帮助企业研发新产品。

（三）实习步骤

（1）在生产企业业务主界面中选择“企业管理部”办公场景，进入企业管理部界面，选择“人力资源”选项卡。

（2）在人力资源界面中单击“招聘”超链接，进入人力资源管理界面，如图 4-29 所示。

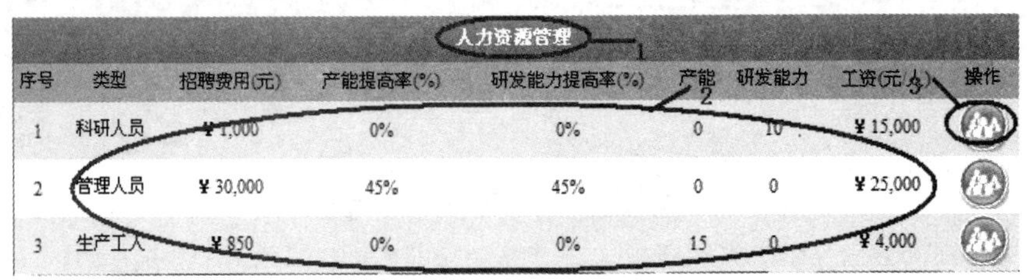

序号	类型	招聘费用(元)	产能提高率(%)	研发能力提高率(%)	产能	研发能力	工资(元)	操作
1	科研人员	¥1,000	0%	0%	0	10	¥15,000	
2	管理人员	¥30,000	45%	45%	0	0	¥25,000	
3	生产工人	¥850	0%	0%	15	0	¥4,000	

图 4-29　人力资源管理界面

注：1—人力资源管理；2—各类人员的基本信息；3—操作按钮，单击该按钮开始招聘人员。

（3）单击选定的招聘的人员类型的“操作”按钮，在打开的对话框中确定招聘人数。

（4）单击“提交”按钮后，将会显示招聘成功。

（5）返回人力资源界面，单击“查看”超链接，查看各类人员的具体安置情况。

五、库存管理

（一）实习目的与要求

通过实习，让学生了解货物存放的位置、数量及如何移动。

（二）实习内容

模拟企业采购了原材料或生产出了产品之后，就可以到厂区中查看货物了。如果有两个或两个以上的库房，还可以把货物从一个库房移动到另一个库房。

（三）实习步骤

（1）在生产企业业务主界面中选择“厂区”菜单，再选择“原材料库”选项卡，进入如图 4-30 所示的界面。

图 4-30　原材料库界面

注：1—厂区；2—原材料库；3—查看。

（2）单击“查看”超链接，查看此材料库中的库存情况。

（3）将原材料进行移库操作，单击“移库”超链接，进入如图 4-31 所示界面。

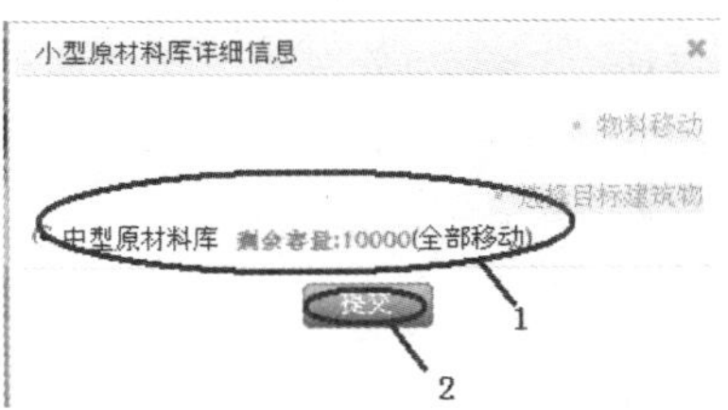

图 4-31　移库操作界面

注：1—选择需要移入的库中；2—提交，单击该按钮确定进行移库操作。

第六节　货物运输

一、国内订单交付

（一）实习目的与要求

通过实习，让学生了解国内物流运输的流程。

（二）实习内容

当模拟企业拿到国内订单，并且生产出了足够的产品时，模拟企业的销售部需要通过与物流公司签订合同，把订单货物运输出去。

（三）实习步骤

（1）在生产企业业务主界面中选择“销售部”办公场景，进入销售部界面，选择“销售竞单”选项卡，再单击“查看”超链接，如图 4-32 所示。

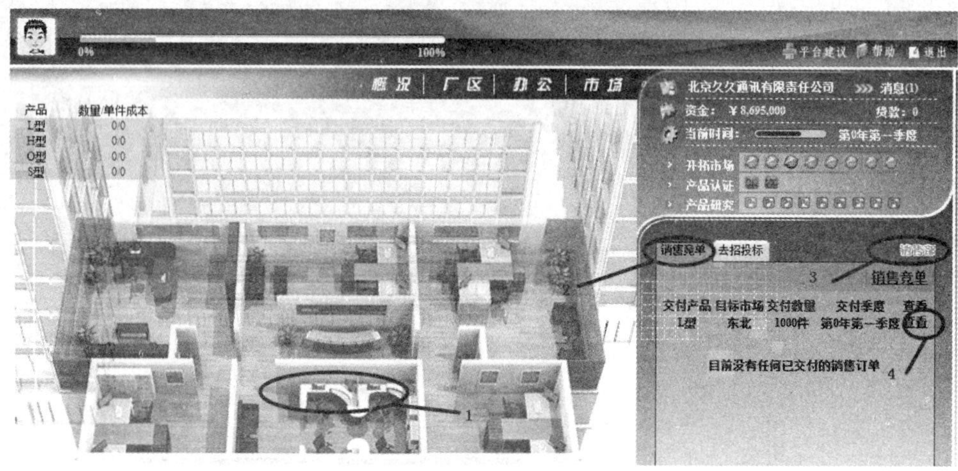

图 4-32 销售竞单界面

注：1—销售部办公区域；2—销售竞单；3—销售部；4—查看。

（2）单击“查看”超链接后将会看到订单的具体信息，选择区域地点后，单击“物流交付”按钮，如图 4-33 所示。

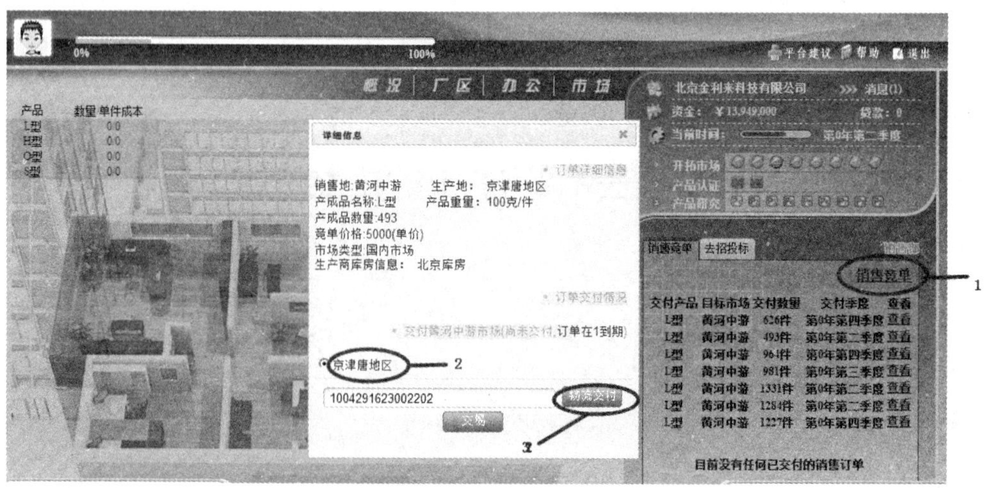

图 4-33 物流交付界面

注：1—销售竞单；2—交货地点；3—物流交付。

（3）继续上一步的操作，会进入如图 4-34 的界面，单击“签订合同”超链接。

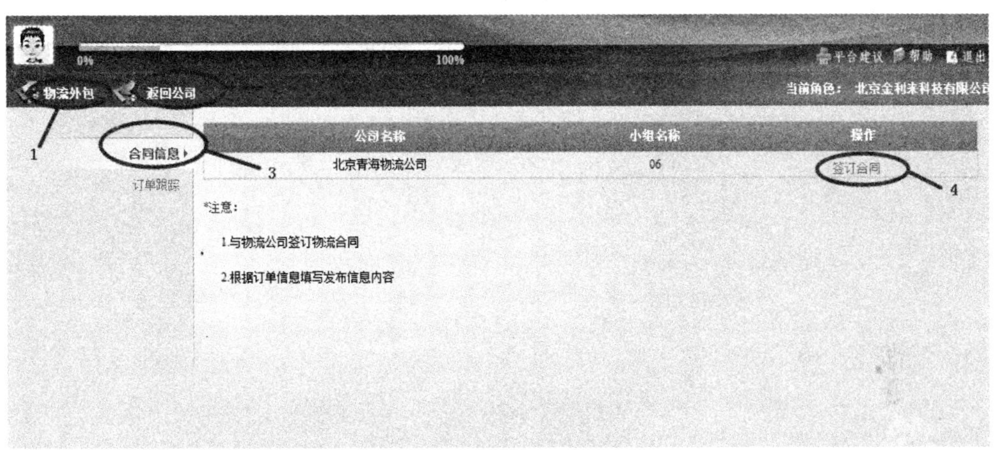

图 4-34　物流合同管理界面

注：1—物流外包；2—返回公司；3—合同信息；4—签订合同。

（4）在打开的界面中填写国内货物运输协议，完成后单击“提交”按钮，等待物流公司的确认，如图 4-35 所示。

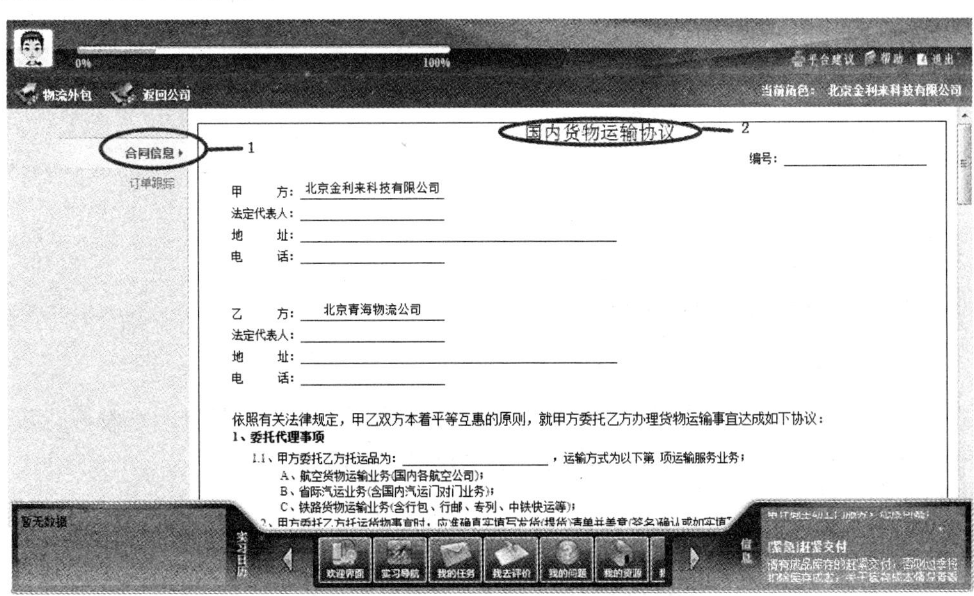

图 4-35　国内货物运输协议签订界面

注：1—合同信息；2—国内货物运输协议。

（5）完成上面操作后，再单击“发布信息”超链接，如图 4-36 所示。

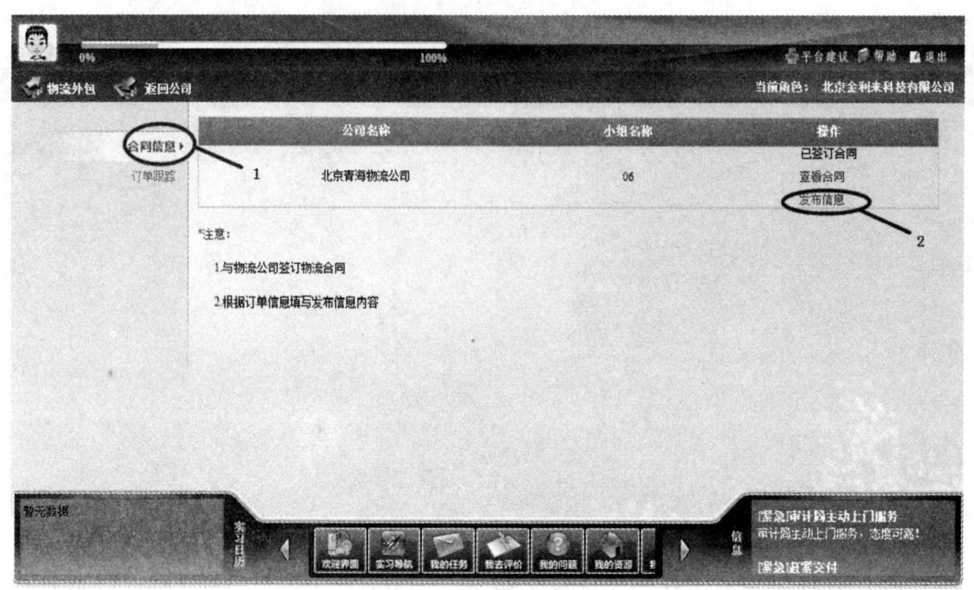

图 4-36　订单发布界面

注：1—合同信息；2—发布信息。

（6）订单完成交付后，订单变成绿色，即交付成功。

二、货物交易

（一）实习目的与要求

通过实习，锻炼学生与人沟通的能力。

（二）实习内容

当两个企业间要发生货物交易时，模拟企业便可到厂区中找到货物，查看好货量，算好价格，然后放到市场上，由买方企业到市场上查看，并购买产品。

（三）卖出实习步骤

（1）在生产企业业务主界面中，选择“厂区”菜单，再选择“产成品库”选项卡。

（2）在进入的产成品库界面中单击“查看”超链接，进入到如图 4-37 所示的界面。

（3）单击“产成品交易”按钮，可以将产成品在各个企业之间进行买卖交易。

（4）单击“提交”按钮，确定进行此次交易。

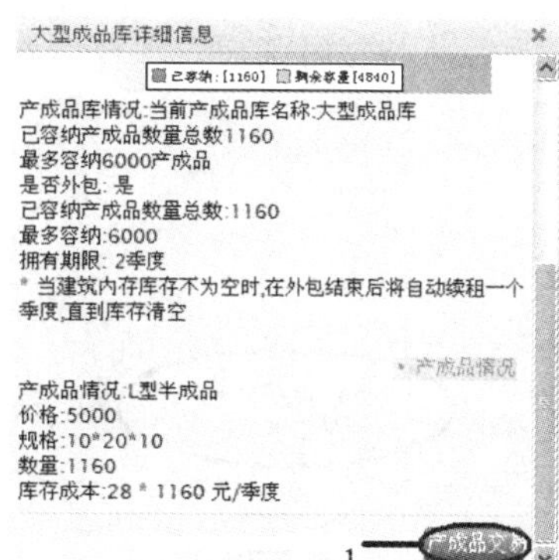

图 4-37　产成品库查看信息

注：1—产成品交易。

（5）选择“市场”菜单，进入到如图 4-38 所示的界面。

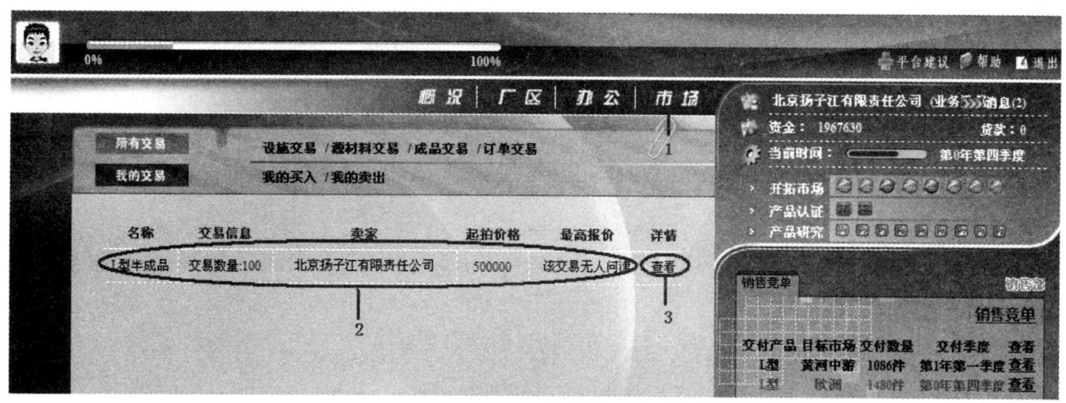

图 4-38　市场界面

注：1—市场；2—各个公司提交的市场交易记录；3—查看。

（6）单击“查看”超链接，查看各个购买公司的名称和竞争价格，进入到如图 4-39 所示的界面。

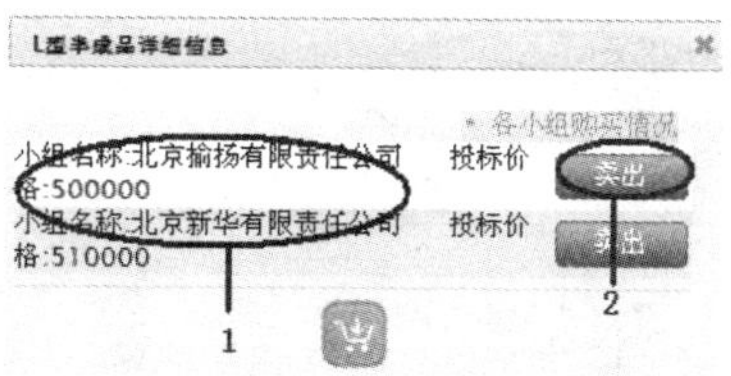

图 4-39　购买公司市场竞价界面

注：1—购买公司；2—卖出，单击该按钮，确认是否卖出。

（7）卖出后，交易资金会直接进入公司账户，如图 4-40 所示。

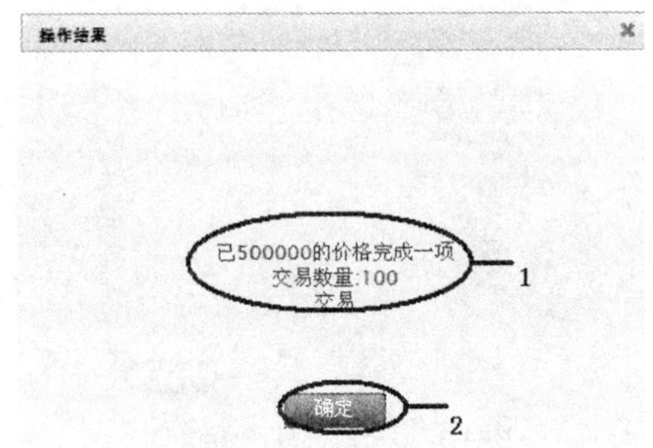

图 4-40　交易结束界面

注：1—交易已经完成的提示信息；2—确定，单击该按钮返回到市场交易界面。

（四）买入实习步骤

（1）选择“市场”菜单，进入市场界面，如图 4-38 所示。

（2）单击“查看”超链接，进入销售商品信息界面，如图 4-41 所示。

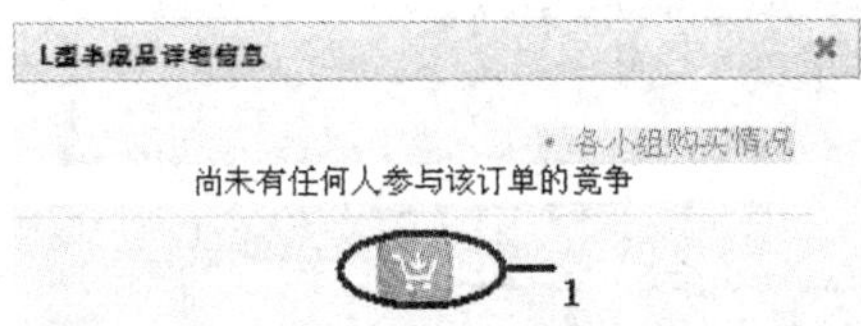

图 4-41　市场销售商品信息界面

注：1—购买。

（3）单击“购买”按钮，打开“购买”对话框，填写购买价格，如图 4-42 所示。

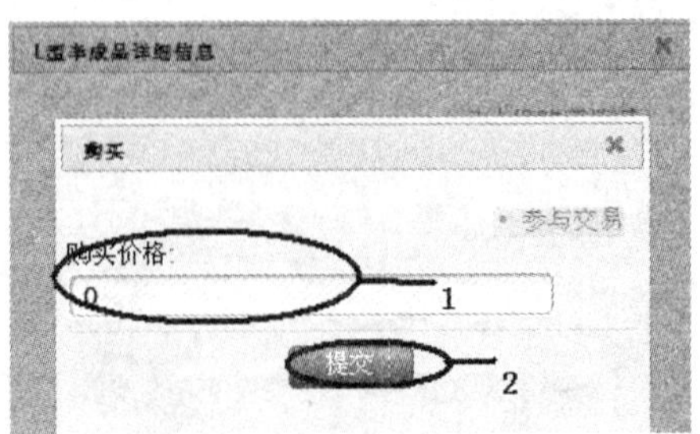

图 4-42　“购买”对话框

注：1—填写购买价格；2—提交，单击该按钮可以确认购买。

（4）如果确认购买此成品，单击“提交”按钮，结果如图 4-43 所示。

操作结果

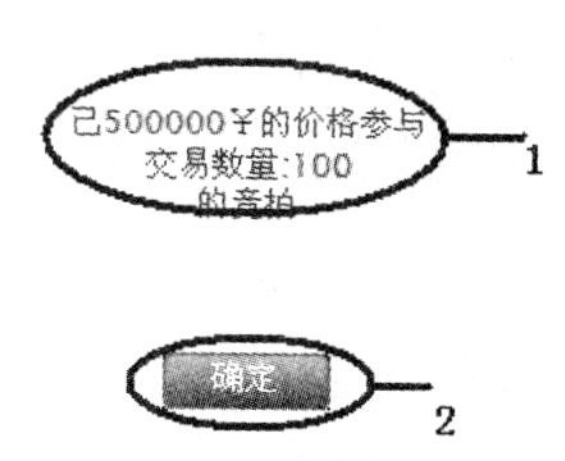

图 4-43　成功竞拍商品界面

注：1—确认此公司参与了竞拍；2—确定，单击该按钮返回到市场操作界面。

第七节　银 行 贷 款

一、实习目的与要求

通过实习，让学生了解银行贷款的流程，同时让学生决策什么时候该向银行贷款，贷款多少。

二、实习内容

模拟企业要进行银行贷款业务，就要通过系统进入模拟企业的财务部进行贷款业务。模拟企业可以选择长期贷款或短期贷款，通过银行发放的账户登录，填写贷款申请书、抵押合同、贷款合同，经银行审批通过后，就会收到贷款。

三、实习步骤

（1）在生产企业业务主界面中，单击“财务部”办公场景，选择“去银行”选项卡，在打开的界面中选择“贷款业务”菜单，选择左侧的“申请贷款”选项卡，进入如图 4-44 所示的界面。

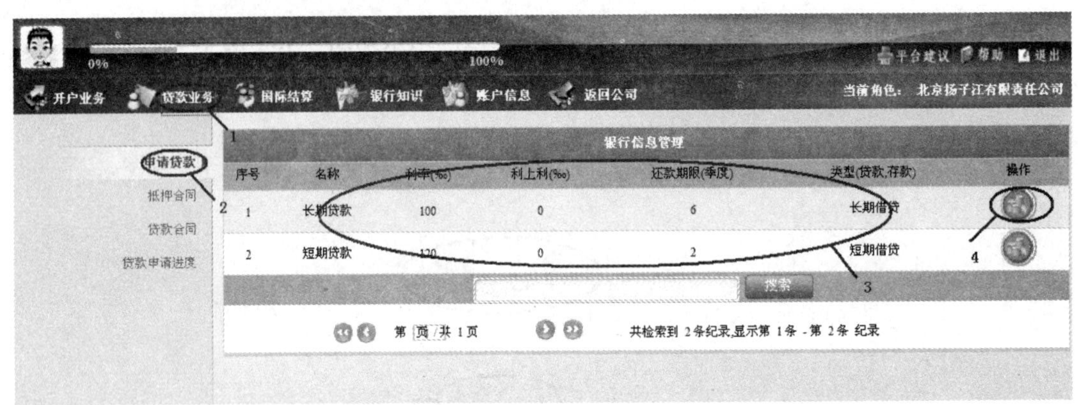

图 4-44　申请贷款界面

注：1—贷款业务；2—申请贷款；3—贷款分类，即贷款的基本信息；4—“操作”按钮，单击该按钮后可以进行借贷。

（2）单击选定的借贷种类的“操作”按钮，在进入的界面中填写贷款申请书，并在抵押、质押和信用三种贷款类型中选择一种。下面以抵押贷款为例说明。

（3）企业派业务员到银行，请求银行审核，并填写调查报告。

（4）选择“抵押合同”选项卡，填写并签订借款抵押合同，提交后进入如图 4-45 所示的界面。

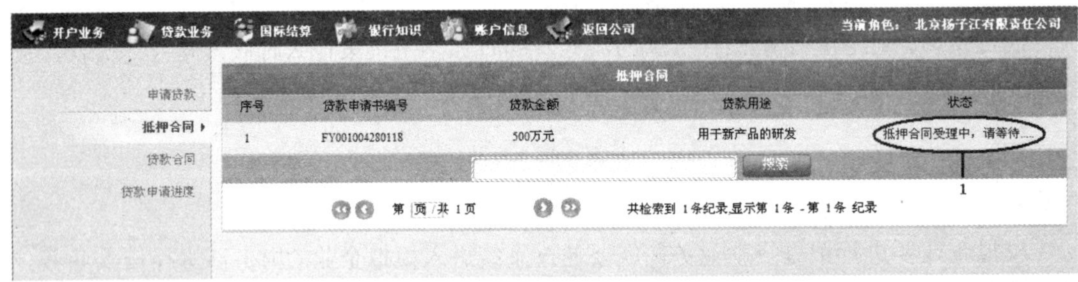

图 4-45　抵押合同界面

（5）如果抵押合同被银行驳回，可以在“抵押合同”选项卡下修改抵押合同，重新提交，其状态会更新为“抵押合同受理中，请等待……”

（6）如果抵押合同审核通过，选择“贷款合同”选项卡，单击“签订贷款合同”超链接，进入如图 4-46 所示的界面。

（7）如果银行对其贷款合同审核不通过，则可以在“贷款合同”选项卡下修改贷款合同，并重新提交，其状态会更新为“贷款合同受理中，请等待……”

（8）如果银行对贷款合同审核通过，则选择“贷款合同”选项卡会进入如图 4-47 所示的界面。

0%　100%　平台建议　帮助　退出

开户业务　贷款业务　国际结算　银行知识　账户信息　返回公司　当前角色：北京扬子江有限责任公司

申请贷款
抵押合同
贷款合同
贷款申请进度

人民币资金借贷合同　1

项目：
合同编号：
贷款种类：
借贷人（甲方）：北京扬子江有限责任公司
住址：　邮编：
法定代表人：
传真：　电话：
贷款人（乙方）：
住址：
负责人：　邮编：
传真：　电话：
借款金额：
借款用途：
借款期限：　借款利率：
贷款种类：
违约责任：　罚金利率

2 提交　3 打印　4 返回

图 4-46　人民币资金借贷界面

注：1—人民币资金借贷合同；2—提交，企业填写完借贷合同后，单击该按钮将合同提交到银行，由银行进行信息审核；3—打印，单击该按钮对借贷合同进行打印操作；4—返回，单击该按钮返回到贷款合同界面。

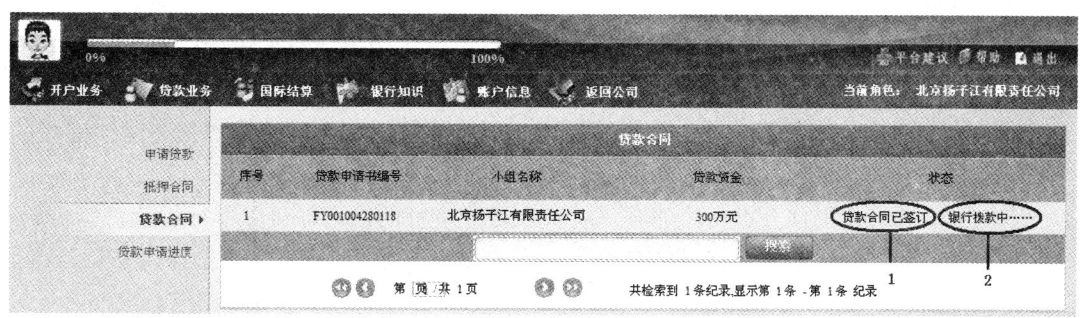

图 4-47　贷款合同审核通过图

注：1—贷款状态，这里为贷款合同已签订；2—银行拨款中，其下一步操作就是等待银行的拨款。

（9）贷款合同签订后，等待银行发放贷款。

第五章 银行业务实验

银行是通过存款、贷款、汇兑、储蓄等业务，承担信用中介的金融机构。它主要的业务包括吸收公众存款、发放贷款及办理各种票据贴现等。在我国，中国人民银行是我国的中央银行。银行在仿真实验环境中对企业的资金进行管理，并为企业提供贷款业务，同时对其业务提供必要的支持。

第一节　银行业务规则

一、业务总则

根据银行在仿真实验环境中的地位和作用特制定本章程。银行全体工作人员必须根据本章程的各项规定开展工作。

第一条　银行的宗旨是为仿真实验环境中所有单位、团体和个人提供资金支持，并且保证给客户优质的服务。

第二条　银行必须坚持公平、公正的原则，严格执行国家金融政策和有关法律法规的规定，不得随意泄露客户信息。

第三条　凡是在银行开设账户的客户，都要遵守本行的规定，接受本行的监督。

第四条　银行有权监督贷款单位对所贷款项的使用情况。

二、业务细则

银行在仿真实验环境中的主要业务及其规则如下：

第一条　银行为客户提供开户管理。

第二条　银行提供贷款管理。贷款分为流动资金贷款和固定资产贷款两大类。流动资

金贷款按季收取利息，固定资产贷款按合同约定时间收取利息。同时贷款额度须由银行经过调查后商议决定。

第三条　为客户提供银行询证函，并且为客户进行转账服务。

第四条　为客户提供国际结算。

第五条　银行可以查看企业经营状况。

第二节　银行业务流程

根据银行在仿真实验中的作用，银行主要涉及开户和贷款两个业务，另外还要承担银行询证函和国际结算业务。银行在仿真实习平台的操作主界面如图 5-1 所示。

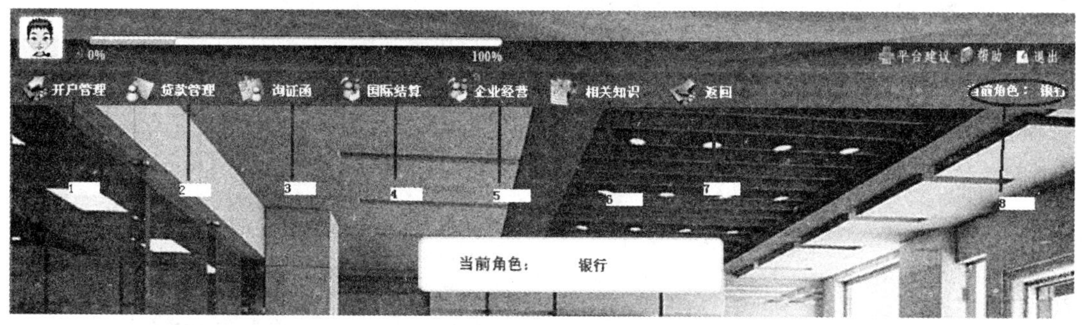

图 5-1　银行操作界面

注：1—开户管理，包括开户申请书管理、开户银行管理、人民银行管理；2—货款管理，可以进行调查报告管理、抵押合同管理、贷款合同管理、还款情况查看、企业资金查看；3—询证函，进行银行询证函、银行转账、转账历史记录；4—国际结算，进行信用证开证、查看信用证；5—企业经营，包括业务数据、财务报表；6—相关知识，即银行的业务操作流程和相关知识；7—返回，返回银行大厅；8—当前角色，显示登录企业或者当前用户的身份。

一、银行开户

银行开户是指投资者开设证券账户和资金账户的行为。公司在领取营业执照并刻制公章之后，即可到银行办理开户手续，开立银行结算账户。

（一）银行开户需提交的材料

（1）营业执照副本及其复印件。

（2）组织机构代码证副本及其复印件。

（3）法定代表人身份证复印件。

（4）留存印鉴非法定代表人的，需要签署相应的授权书。

（5）公章、财务专用章及预留人名章。

（6）经办人身份证复印件（通常工商银行需要）。

（7）公司税务登记证（含国税及地税）副本的复印件（通常招商银行需要）。

（8）房屋租赁协议（一般基本户开户行需要）。

（9）其他需要的证明文件。

（二）开户业务流程

生产企业首先向银行发送开户申请书，由银行进行确认。如果确认通过，则企业填写开立银行结算账户申请书并发送到银行，由银行对申请书进行审核。如果审核通过，再提交到人民银行作最后的审核确认，如果再审核通过，则开户成功。如果其中任何一个审核环节审核不通过，则其申请都需要重新开始。

生产企业在银行办理银行开户的主要业务流程如图 5-2 所示。

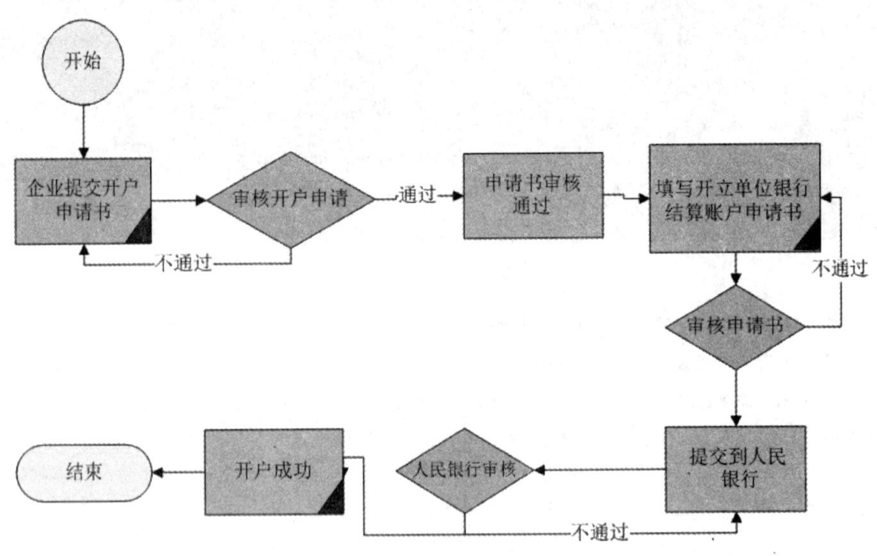

图 5-2　银行开户流程图

注：流程图中带三角（◢）的步骤为与生产企业交叉业务部分。

二、贷款办理

银行贷款是指银行根据国家政策以一定的利率将资金贷放给资金需要者，并约定期限归还的一种经济行为。而且，在不同的国家和一个国家的不同发展时期，按各种标准划分出的贷款类型也是有差异的。比如，美国的工商贷款主要有普通贷款限额、营运资本贷款、

备用贷款承诺、项目贷款等几种类型，而英国的工商贷款多采用票据贴现、信贷账户和透支账户等形式。

（一）贷款流程介绍

1．建立信贷关系

申请建立信贷关系时企业须提交《建立信贷关系申请书》一式两份。银行在接到企业提交的申请书后，要指派信贷员进行调查。调查内容主要包括：

（1）企业经营的合法性。企业是否具有法人资格必需的有关条件。对具有法人资格的企业应检查营业执照批准的营业范围与实际经营范围是否相符。

（2）企业经营的独立性。企业是否实行独立经济核算，单独计算盈亏，有独立的财务计划、会计报表。

（3）企业及其生产的主要产品是否属于国家产业政策发展序列。

（4）企业经营的效益性。企业会计决算是否准确，是否符合有关规定；财务成果现状及趋势如何。

（5）企业资金使用的合理性。企业流动资金、固定资金是否分口管理；流动资金占用水平及结构是否合理，有无被挤占、挪用。

（6）新建扩建企业。扩大能力部分所需流动资金的30%是否已筹足。如暂时不足，是否已制订在短期内补足的计划。

信贷员对上述情况调查了解后，要写出书面报告，并签署是否建立信贷关系的意见，提交科（股）长、行长（主任）逐级审查批准。经行长（主任）同意与企业建立信贷关系后，银企双方应签订《建立信贷关系契约》。

2．提出贷款申请

已建立信贷关系的企业，可根据其生产经营过程中合理的流动资金需要，向银行申请流动资金贷款。以工业生产企业为例，申请贷款时必须提交《工业生产企业流动资金借款申请书》。银行依据国家产业政策、信贷政策及有关制度，并结合上级行批准的信贷规模计划和信贷资金来源对企业借款申请进行认真审查。

3．贷款审查

贷款审查的主要内容有：

（1）贷款的直接用途。符合工业企业流动资金贷款支持范围的直接用途有：合理进货支付货款；承付应付票据；经银行批准的预付货款；各专项贷款按规定的用途使用；其他符合规定的用途。

（2）企业近期经营状况。主要包括：物资购、耗、存及产品供、产、销状况；流动资金占用水平及结构状况；信誉状况；经济效益状况等。

（3）企业挖潜计划、流动资金周转加速计划和流动资金补充计划的执行情况。

（4）企业发展前景。主要指企业所属行业的发展前景，企业发展方向，主要产品结构、寿命周期和新产品开发能力，主要领导人实际工作能力，经营决策水平及开拓、创新能力。

（5）企业负债能力。主要指企业自有流动资金实有额及流动资产负债状况，一般可用自有流动资金占全部流动资金的比例和企业流动资产负债率两项指标分析。

4．签订借款合同

借款合同是贷款人将一定数量的货币交付给借款人按约定的用途使用，借款人到期还本付息的协议，是一种经济合同。借款合同有自己的特征，合同标的是货币，贷款方一般是国家银行或其他金融组织，贷款利息由国家规定，当事人不能随意商定。当事人双方依法就借款合同的主要条款经过协商，达成协议。由借款方提出申请，经贷款方审查认可后，即可签订借款合同。

借款合同应具备下列条款：借款种类；借款用途；借款金额；借款利率；借款期限；还款资金来源及还款方式；保证条款；违约责任；当事人双方商定的其他条款。

借款合同必须由当事人双方代表或凭法定代表授权证明的经办人签章，并加盖公章。

5．发放贷款

企业申请贷款经审查批准后，应由银行和企业双方根据贷款种类签订相关种类的借款合同。签订合同时应注意项目填写准确，文字清楚工整，不能涂改；借、贷、保三方公章及法人代表签章齐全无误。

借款方需立借据。借款借据是书面借款凭证，可与借款合同同时签订，也可在合同规定的额度和有效时间内，一次或分次订立。

银行经办人员应认真审查核对借款申请书的各项内容是否无误，是否与借款合同相符。借款申请书审查无误后，填制放款放出通知单，由信贷员、科（股）长“两签”或行长（主任）“三签”送银行会计部门办理贷款拨入借款方账户的手续。借款申请书及放款放出通知单经会计部门入账后，最后一联返回信贷部门作为登记贷款台账凭证。

（二）贷款流程图

首先，企业向银行提出贷款申请书，由银行进行调查，填写调查报告，审核通过之后则可以进行下一步。银行和企业签订抵押合同，相互确认后签订贷款合同，最后确认发放贷款。银行贷款流程如图 5-3 所示。

三、询证函管理

询证函是由审计师（或其他鉴证业务执行人）以被审计者的名义向被询证人发出的，

用以获取被询证人对于被审计者相关信息或现存状况的声明。

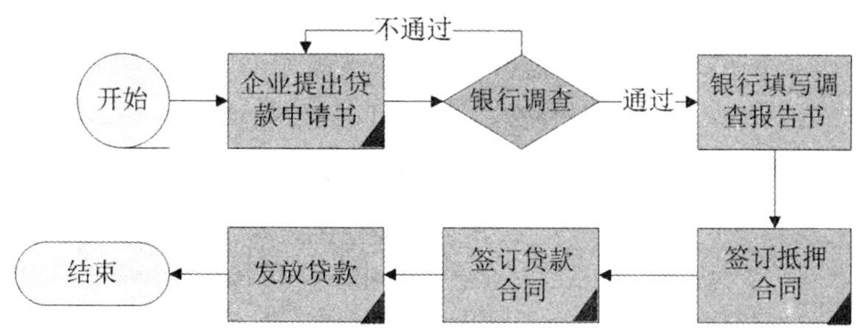

图 5-3　银行贷款流程图

注：流程图中带三角（◢）的步骤为与生产企业交叉业务部分。

按照相关准则的要求，询证函必须由审计师亲自寄发，不可由被审计者代为寄发。被审计者可以帮助填写询证函的内容并提供被询证人的地址等信息，但是审计师必须对上述信息进行检查核对。询证函是审计师审计工作底稿的重要组成部分。

寄发询证函以获取审计证据的审计程序称为函证。按照审计准则的规定，所有的银行账户，包括审计期间内销户的账户都应当进行函证，同时对于重要的往来对象应当予以函证。

银行询证函是指会计师（审计）事务所在执行审计过程中，以被审计企业名义向银行发出的，用以验证该企业的银行存款与借款、投资人（股东）出资情况及担保、承诺、信用证、保函等其他事项是否真实、合法、完整的询证性书面文件。

完整的银行询证函一般包括存款、借款、销户情况、委托存款、委托贷款、担保、承兑汇票、贴现票据、托收票据、信用证、外汇合约、存托证券及其他重大事项。

（一）提交材料

（1）会计师事务所、审计师事务所直接向本行邮寄《银行询证函》或直接到柜台办理的，银行询证函上需有被函证单位的公章，被函证单位还需出具授权委托书。

（2）单位直接到本行办理的，需持《企业法人营业执照》副本或《事业单位登记证》或《社会团体登记证书》、加盖单位公章的银行询证函、法定代表人或经法定代表人授权委托代理人的有效身份证件。

（二）银行询证函流程

首先企业和会计师事务所签订验资合同，然后由企业向银行发送询证函请求。银行确认成功后，发送询证函给会计师事务所，会计师事务所看到询证函后，给企业发送验资报告。银行询证函是给会计师事务所一个企业资产的凭证。会计事务所得到银行询证函的流程如图 5-4 所示。

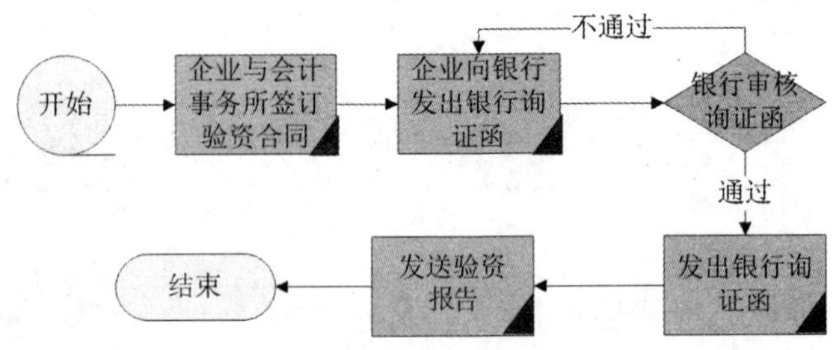

图 5-4 银行询证函流程图

注：流程图中带三角（◢）的步骤为与生产企业交叉业务部分

四、银行转账

（一）业务介绍

不直接使用现金，而是通过银行将款项从付款单位账户划转到收款单位账户完成货币收付的一种结算方式。它是随着银行业的发展而逐步发展起来的。当结算金额大、空间距离远时，使用转账结算，可以做到更安全、快速。在现代社会，绝大多数商品交易和货币支付都通过转账结算的方式进行。

转账结算的方式很多，主要可分为同城结算和异地结算两大类。同城结算包括支票结算、付款委托书结算、同城托收承付结算、托收无承付结算和限额支票结算等；异地结算包括异地托收承付结算、异地委托收款结算、汇兑结算、信用证结算和限额结算等。

银行办理转账结算和在银行办理转账结算的单位应遵循钱货两清、维护收付双方的正当权益、银行不予垫款的原则。

（二）银行转账流程

首先企业携带现金或者支票到银行，填写汇款单，然后出具办理人的身份证明文件，银行审核通过后即可办理转账操作，等收款方收到钱时，此次交易结束。银行转账流程如图 5-5 所示。

五、国际结算

（一）业务介绍

国际结算是指国际间由于政治、经济、文化、外交、军事等方面的来往或联系，而发

生的以货币表示债权债务的清偿行为或资金转移行为。国际结算分为有形贸易和无形贸易两种。有形贸易引起的国际结算为国际贸易结算。无形贸易引起的国际结算为非贸易结算。

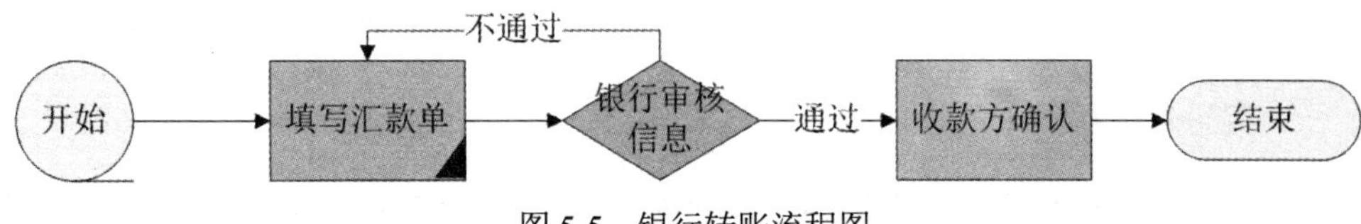

图 5-5 银行转账流程图

注：流程图中带三角（◢）的步骤为与生产企业交叉业务部分。

仿真市场中使用的主要结算方式是信用证结算。

信用证（Letter of Credit，L/C），是指开证银行应申请人的要求并按其指示向第三方开立的载有一定金额的、在一定的期限内凭符合规定的单据付款的书面保证文件。信用证是国际贸易中最主要、最常用的支付方式。

（二）提交材料

（1）信用证底稿；

（2）出口合同；

（3）信用证和合同相互匹配。

（三）国际结算业务流程

国际结算的业务流程如图 5-6 所示。

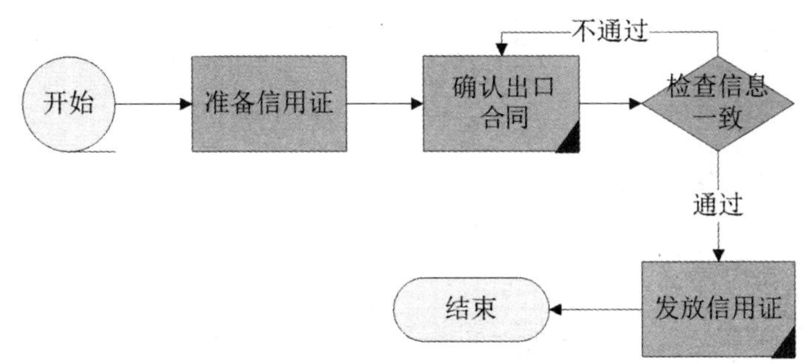

图 5-6 国际结算业务流程图

注：流程图中带三角（◢）的步骤为与生产企业交叉业务部分。

第三节　银行实验项目

一、团队构建与组织设计

（一）实习目的和要求

通过实习，熟悉组织设计的相关知识，了解银行的业务类型和工作流程。实习学生在专业教师的指导下，组建一个4～6人的工作团队，完成银行组织结构图、岗位职责说明书、和管理人员分工明细表的设计。

（二）实习内容

（1）根据跨专业综合实习平台涉及的银行业务，列出银行业务清单。

（2）根据业务清单进行岗位分工，注意分工的要求。

（3）银行领导进行岗位人员分工。

（4）根据岗位划分，按照组织结构设计的准则和注意事项，进行银行组织结构设计。

（三）实习步骤

（1）根据银行部门的性质和业务类型，构建银行部门实习团队，组建仿真银行。

（2）了解银行的背景及主要业务。

（3）进行银行内部的组织机构设置，组建部门，确定职责。

（4）划分层次，分配权力。

（5）设计银行的组织结构。

（6）编写银行各岗位职责说明书。

（7）配备人员。

二、工作制度制定

（一）实习目的和要求

通过实习，了解企业工作制度制定的基本要求。实习学生在专业教师的指导下，根据银行岗位职责制定相应的工作制度和人员考核制度。

（二）实习内容

（1）了解企业制定制度的规则和要求。

（2）根据银行的岗位划分，来制定不同岗位的规章制度，以及各个部门和岗位对业务人员的规则要求。

（三）实习步骤

（1）明确银行部门的性质、组织结构及岗位职责。
（2）理清银行部门的各项业务种类，预计在实习期间可能发生的业务类型。
（3）制定银行部门管理制度的大纲目录。
（4）撰写、修改、完善银行部门的各项管理制度。
（5）将银行部门管理制度汇总，按照统一要求编辑排版并提交。

三、银行开户

（一）实习目的和要求

通过实习，了解和掌握银行的开户流程及相关知识。实习学生在专业教师的指导下，了解银行办理开户的相关流程，并准备好开户申请书、开立单位银行结算账户申请书等相关的纸质文件和表格。

（二）实习内容

（1）银行对开户申请进行审核，如果审核通过，则生产企业可以进行开户的下一步操作；如果审核不通过，则生产企业需要重新申请。

（2）银行对开立单位银行结算账户申请书进行审核，如果审核通过，则同意其进行开户；如果审核不通过，则驳回，由企业重新进行申请。

（3）银行对其开立单位银行结算账户申请书审核通过后，需要提交到人民银行，进行最后的确认。人民银行通过后，则其开户成功。

（三）实习步骤

（1）在银行业务主界面中选择“开户管理”菜单，在打开的界面中选择“开户申请书管理”选项卡，进入开户申请书管理界面。当企业填写过开户申请书后，银行人员就会在开户申请书管理界面看到所有企业申请的列表，如图 5-7 所示。

（2）单击“处理”超链接后，界面上的“操作”项下的超链接会变为“审核”“查看”“处理中”。单击“审核”超链接，进入如图 5-8 所示的界面。

（3）查看企业申请书信息，如果不符合审批标准，则选中“驳回”单选按钮，单击“提交”按钮返回企业，让企业重新填写银行开户申请书；如果符合审批标准，则选中“通过”单选按钮，然后单击“提交”按钮，审核操作完成。

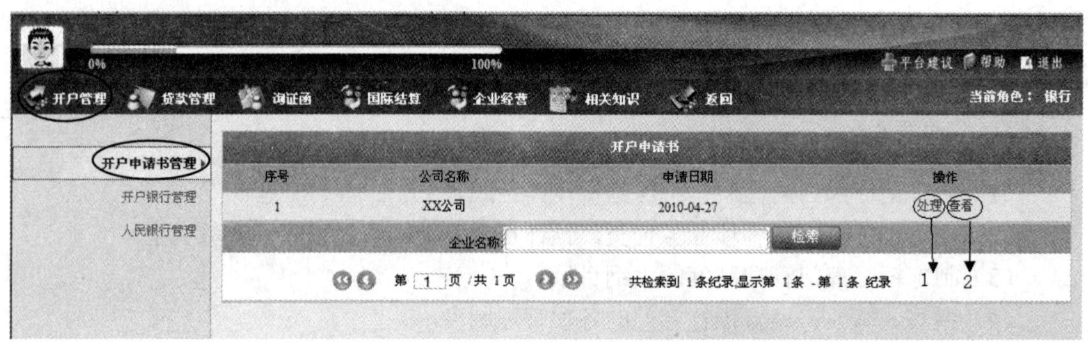

图 5-7 开户申请书管理界面

注：1—处理，表示企业填写了开户申请书，银行还未处理；2—查看，单击该超链接可以查看企业填写的申请书内容。

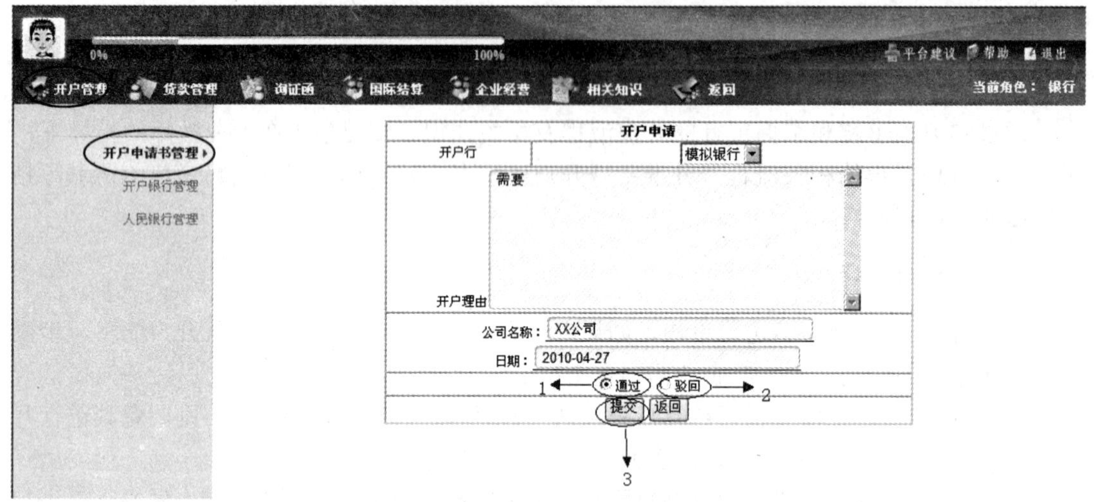

图 5-8 开户申请书审核界面

注：1—通过；2—驳回；3—提交。

（4）在银行业务主界面中选择“开户管理”菜单，在打开的界面中选择“开户银行管理”选项卡，进入开户银行管理界面。当企业填写的开户申请书通过审核后，银行人员在开户银行管理界面就会看到该公司的信息，如图 5-9 所示。

（5）单击“处理”超链接后，界面上的“操作”项的超链接会变为“填写表单”“查看”和“处理中”。单击“填写表单”超链接，进入如图 5-10 所示的界面。

（6）在银行业务主界面中选择“开户管理”菜单，在打开的界面中选择“人民银行管理选项卡”，进入人民银行管理界面。当企业的开户申请书填写完毕后，银行人员在人民银行管理界面就会看到该公司的信息，如图 5-11 所示。

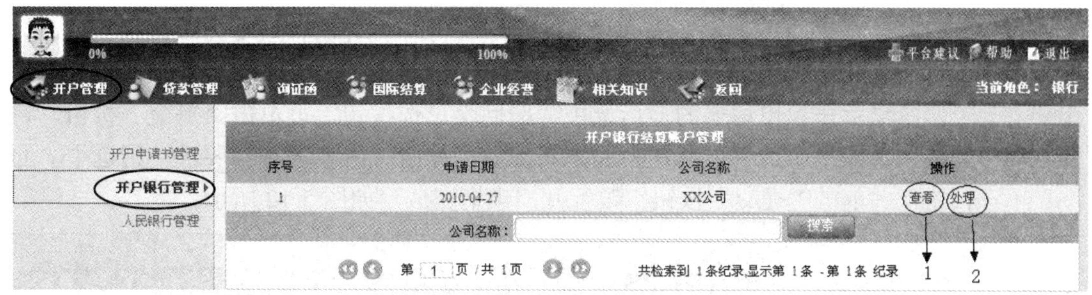

图 5-9 开户银行管理界面

注：1—查看；2—处理。

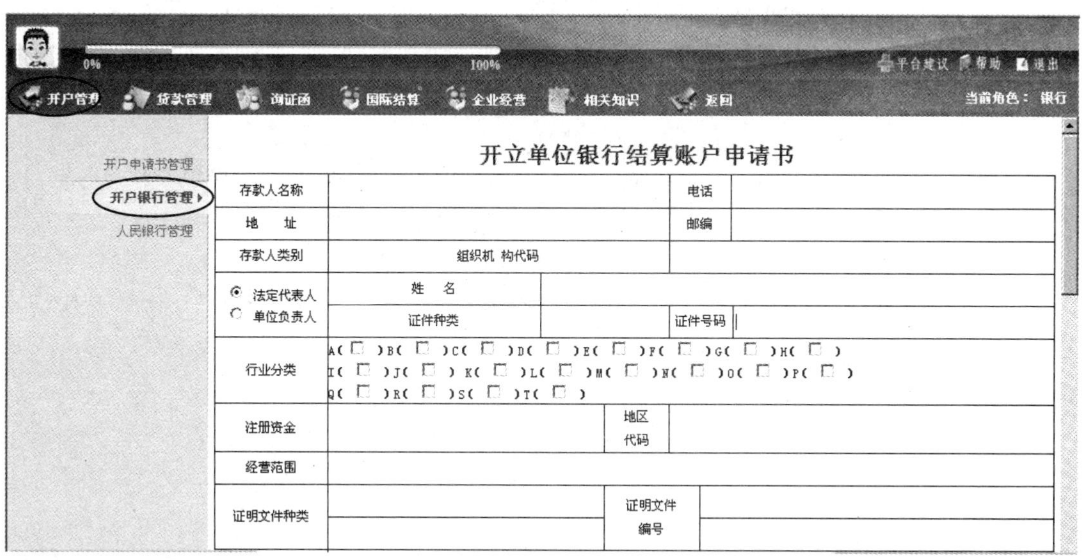

图 5-10 开户单位银行结算账户申请书界面

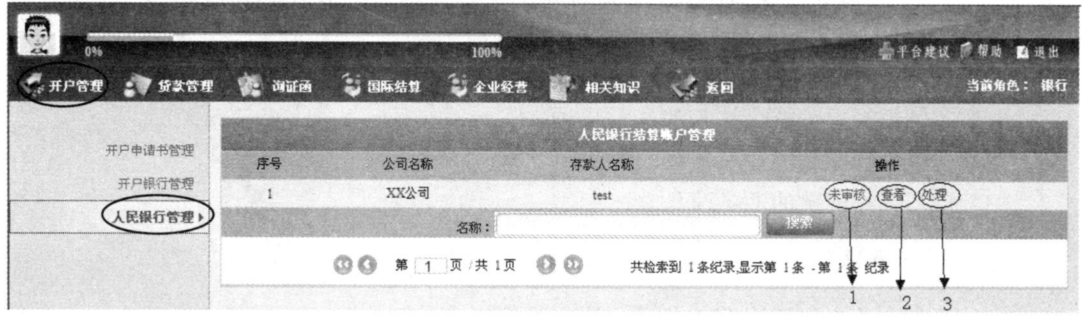

图 5-11 人民银行管理界面

注：1—未审核；2—查看；3—处理。

（7）单击“处理”超链接后，界面上的“操作”项下的超链接会变为“审核”“查看”“处理中”。单击“审核”超链接进入人民银行审核处理界面，如有不符合要求的内容，则在开立单位银行结算账户申请书的最后选中“驳回”单选按钮，再单击“提交”按钮，将开立单位银行结算账户申请书退回让企业重新修改；如所有内容都符合要求，则选中“通过”单选按钮，并单击“提交”按钮，银行开户申请完成，如图 5-12 所示。

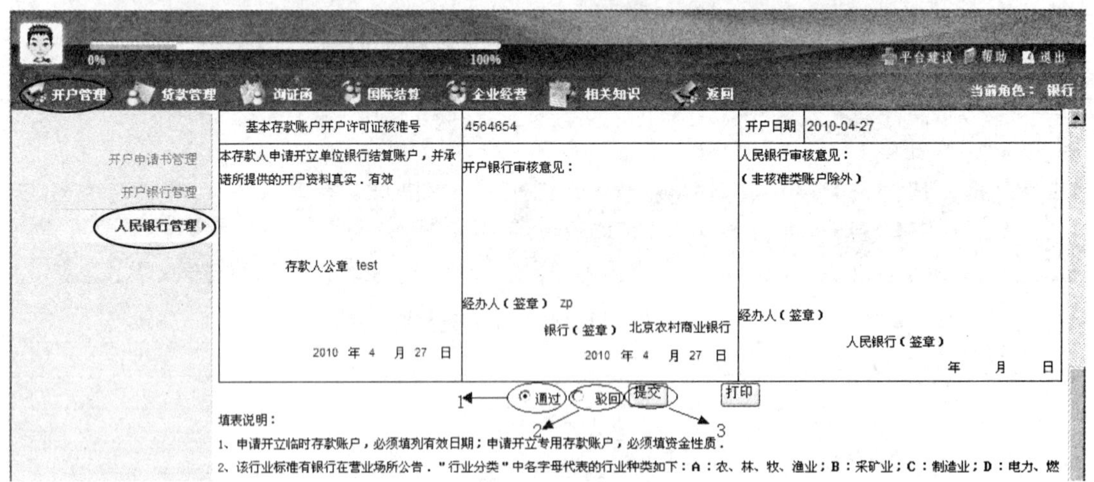

图 5-12 人民银行审核处理界面

注：1—通过；2—驳回；3—提交。

四、资金往来

（一）实习目的和要求

通过实习，了解并掌握银行办理资金往来的流程及相关知识。

（二）实习内容

（1）了解银行办理资金往来的注意事项。
（2）模拟银行存款的业务流程。
（3）模拟银行取款的业务流程。

（三）实习步骤

（1）生产企业小组填写存款单据，提交给银行。
（2）银行小组成员审核企业提交的存款单据，处理存款业务。

（3）生产企业小组填写取款单据，提交给银行。

（4）银行小组成员审核企业提交的取款单据，处理取款业务。

五、银行贷款

（一）实习目的和要求

通过实习，了解银行办理贷款的相关知识和流程。实习学生在专业教师的指导下，学习并掌握银行办理贷款的流程，以及贷款调查报告、贷款申请书等相关表格的填写方法。

（二）实习内容

（1）银行对企业贷款申请书进行处理。

（2）银行根据企业的贷款理由、贷款金额、贷款用途对企业的经营情况及财务情况进行调查，填写调查报告及调查结果。如果审核通过，则可进行后续的信用合同、质押合同或抵押合同的签订工作；如果审核不通过，则需要生产企业重新申请。

（三）实习步骤

（1）在银行业务主界面中选择“贷款管理”菜单，在进入的界面中选择“调查报告管理”选项卡，进入调查报告管理界面，如图 5-13 所示。

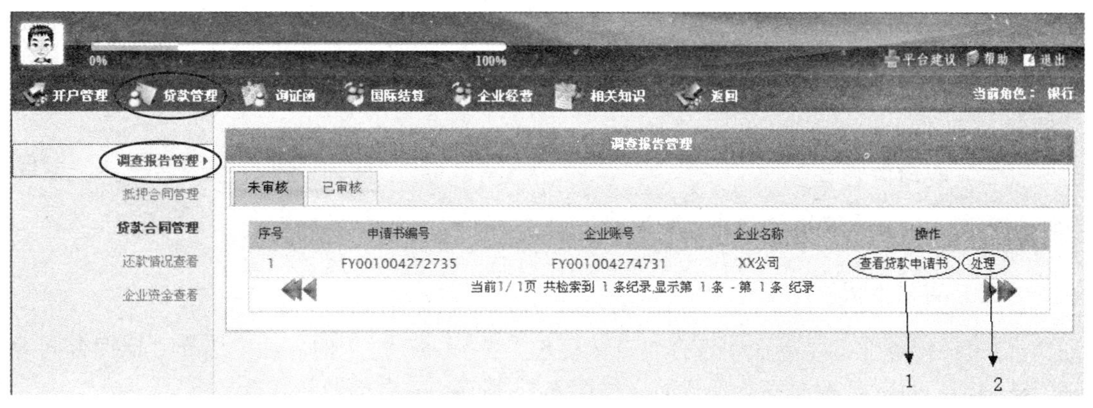

图 5-13　调查报告管理界面

注：1—查看贷款申请书；2—处理。

（2）单击“处理”超链接后，界面上的“操作”项下的超链接会变为“填写调查报告”“查看贷款申请书”“处理中”。单击“填写调查报告”超链接，进入如图 5-14 所示的界面，填写调查报告，并给出调查结论。

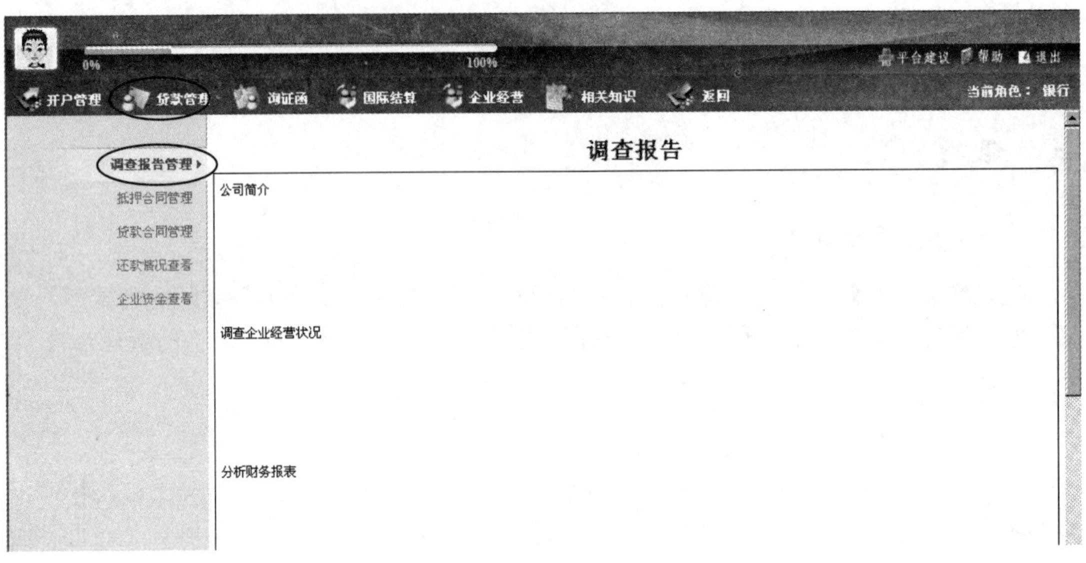

图 5-14　调查报告界面

六、抵押合同

（一）实习目的和要求

通过实习，了解银行办理抵押合同的业务流程和相关知识。实习学生在专业教师的指导下，学习并掌握如何与企业签订抵押合同（信用合同、质押合同的签订流程与抵押合同相同）。

（二）实习内容

银行对企业的抵押合同申请进行处理，并与企业签订抵押合同。

（三）实习步骤

（1）在银行业务主界面中选择“贷款管理”菜单，在进入的界面中选择“抵押合同管理”选项卡，进入抵押合同管理界面，如图 5-15 所示。

（2）单击“处理”超链接，界面上“操作”项下的超链接会变为“签订合同”“查看”“处理中”。单击“签订合同”超链接进入抵押合同签订界面。银行人员查看企业填写的抵押合同，如果有不符合要求的内容，则选中“通过”单选按钮，然后单击“提交”按钮返给企业重新申请；如果没有不符合要求的内容，则选中“通过”单选按钮，单击“提交”按钮，审核完成，如图 5-16 所示。

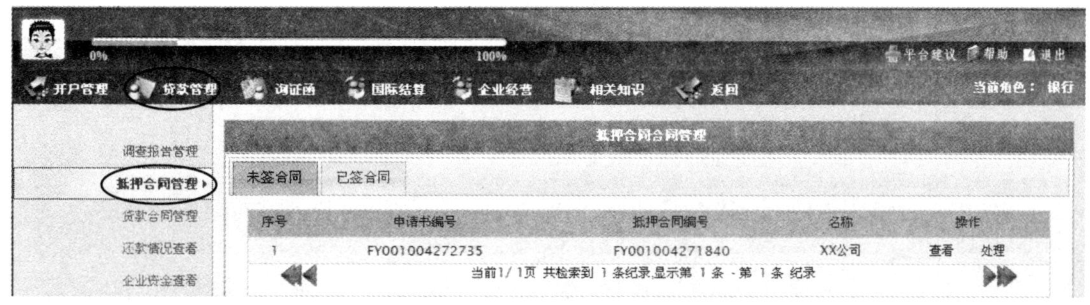

图 5-15　抵押合同管理界面

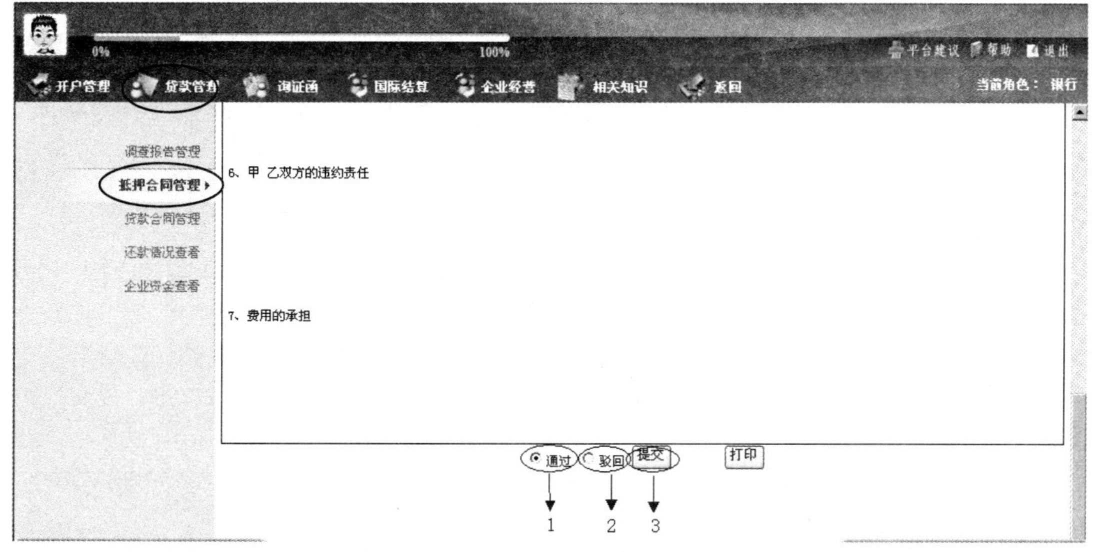

图 5-16　抵押合同签订界面

注：1—通过；2—驳回；3—提交。

七、贷款合同

（一）实习目的和要求

通过实习，了解贷款时签订贷款合同的业务流程和相关知识。实习学生在专业教师的指导下，学习并掌握如何与企业签订贷款合同。

（二）实习内容

银行对企业的贷款合同申请进行处理。如果审核通过，则和企业签订贷款合同。

（三）实习步骤

（1）在银行业务主界面中选择“贷款管理”菜单，在进入的界面中选择“贷款合同管理”选项卡，进入贷款合同管理界面，如图 5-17 所示。

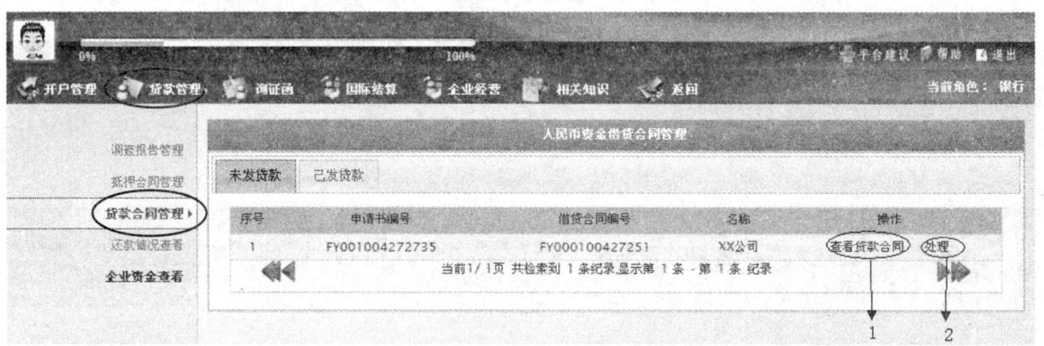

图 5-17　贷款合同管理界面

注：1—查看贷款合同；2—处理。

（2）单击“处理”超链接，界面上的“操作”项下的超链接会变为“签订合同”“查看贷款合同”“处理中”。单击“签订合同”超链接，进入签订贷款合同界面。如果贷款合同中有不符合要求的内容，则选中“驳回”单选按钮，然后单击“提交”按钮，返给企业重新申请；如果没有不符合要求的内容，则选中“通过”单选按钮，然后单击“提交”按钮，申请通过，如图 5-18 所示。

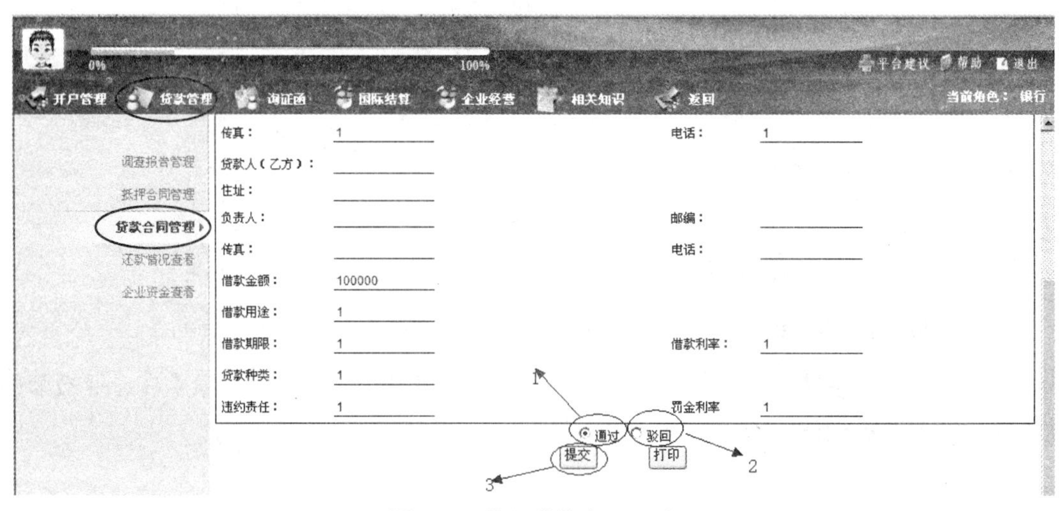

图 5-18　签订贷款合同界面

注：1—通过；2—驳回；3—提交。

八、发放贷款

（一）实习目的和要求

通过实习，了解银行发放贷款的流程。实习学生在专业教师的指导下，学习并掌握银行发放贷款的流程和注意事项。

（二）实习内容

银行对企业发放贷款。

（三）实习步骤

在银行业务主界面中，选择“贷款管理”菜单，在进入的界面中选择“贷款合同管理”选项卡，进入贷款合同管理界面，如图 5-19 所示。单击“发放贷款”超链接，然后单击“确认”按钮，就完成了贷款业务，在企业业务界面就能看到企业申请的贷款到位。

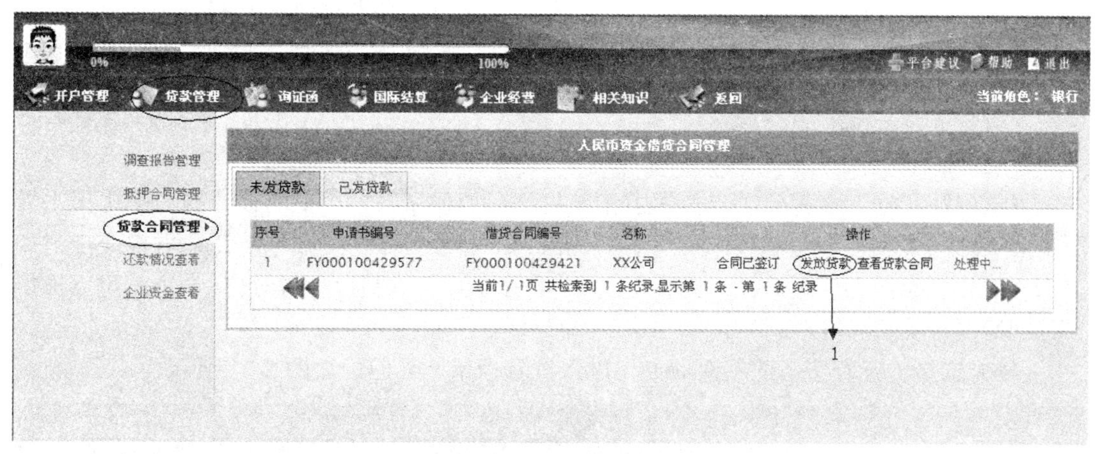

图 5-19　发放贷款界面

注：1—发放贷款。

九、国际结算

（一）实习目的和要求

通过实习，了解办理国际结算的相关知识和流程。实习学生在专业教师的指导下，学习办理国际结算的业务流程，并掌握如何正确填写信用证。

（二）实习内容

银行为需要信用证的企业准备好信用证并进行审核。对企业出口合同进行审核，如果审核通过，则向企业发放信用证；如果审核不通过，则需要企业重新申请。

（三）实习步骤

（1）在银行业务主界面中选择“国际结算”菜单，在进入的界面中选择“信用证开证”选项卡，将进入信用证开证界面，如图 5-20 所示。

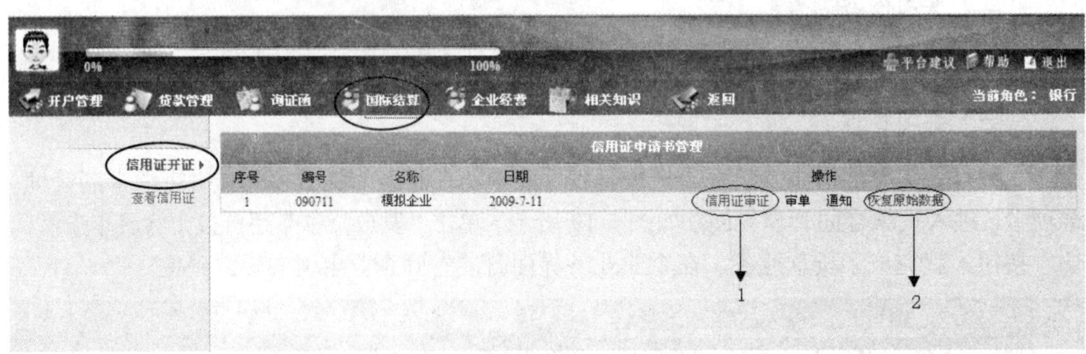

图 5-20　信用证开证界面

注：1—信用证审查；2—恢复原始数据。

“信用证开证”这部分内容是为了让学生练习如何填写信用证而设计的。学生单击界面中的“信用证审证”超链接，填写信用证内容，然后单击“提交”按钮即可提交申请；单击“恢复原始数据”超链接，则会把刚才填写的信用证内容清空，这样学生就可以根据自己的情况来反复练习。

（2）选择“查看信用证”选项卡，进入查看信用证界面，如图 5-21 所示。

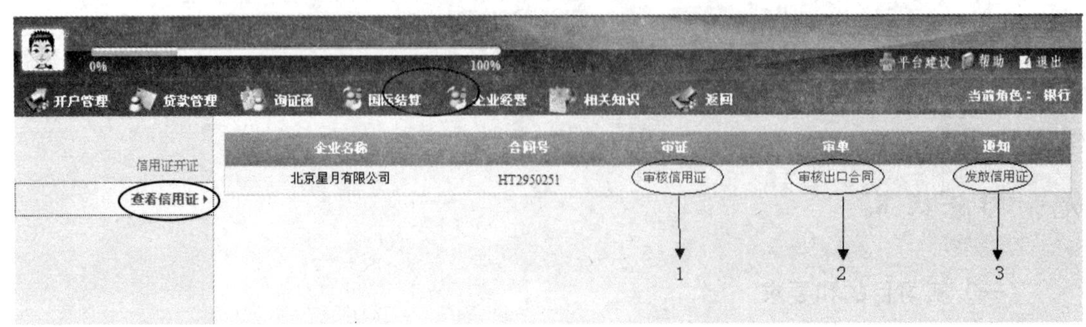

图 5-21　查看信用证界面

注：1—审核信用证；2—审核出口合同；3—发放信用证。

“审核信用证”和“审核出口合同”这些都是由国外银行（收货方的开户银行）填写并发回的一些单据，银行人员可以查看其内容，没有实际的操作业务；学生只需单击“发放信用证”超链接把信用证发给对应的企业。

十、询证函和转账管理

（一）实习目的和要求

通过实习，了解银行询证函发送和转账操作的业务流程及相关知识。实习学生在专业教师的指导下，学习如何正确填写询证函、如何办理转账操作等银行业务。

（二）实习内容

（1）银行给企业发放询证函，协助会计师事务所进行验资操作。

（2）银行在各企业之间进行转账操作。

（3）使学生了解现金转账和支票转账的不同。

（三）实习步骤

（1）在银行业务主界面中选择“询征函”菜单，进入银行询征函界面，如图 5-22 所示。

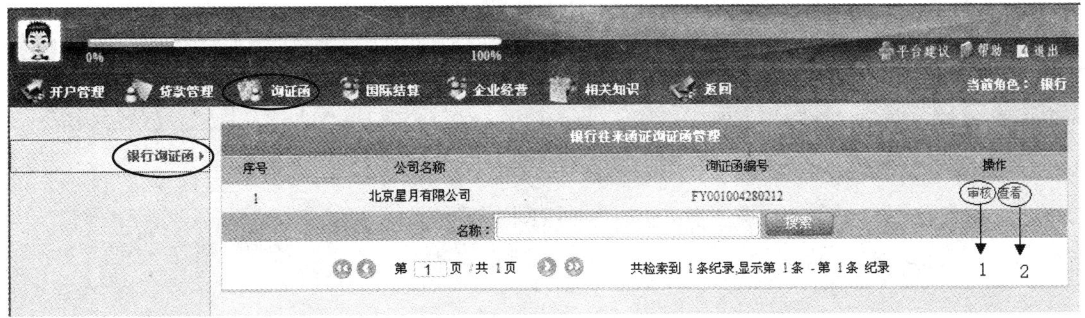

图 5-22 银行询证函界面

注：1—审核；2—查看。

（2）单击“审核”超链接，则进入询证函填写界面，填写完询证函内容后，单击界面下方的“提交”按钮，完成审核。

（3）选择“银行转账”选项卡，进入银行转账界面，分别在“转账企业”和“入账企业”下拉列表框中选择转账的企业和要转入的企业名称，输入转账金额，单击“提交”按钮，完成转账操作，如图 5-23 所示。

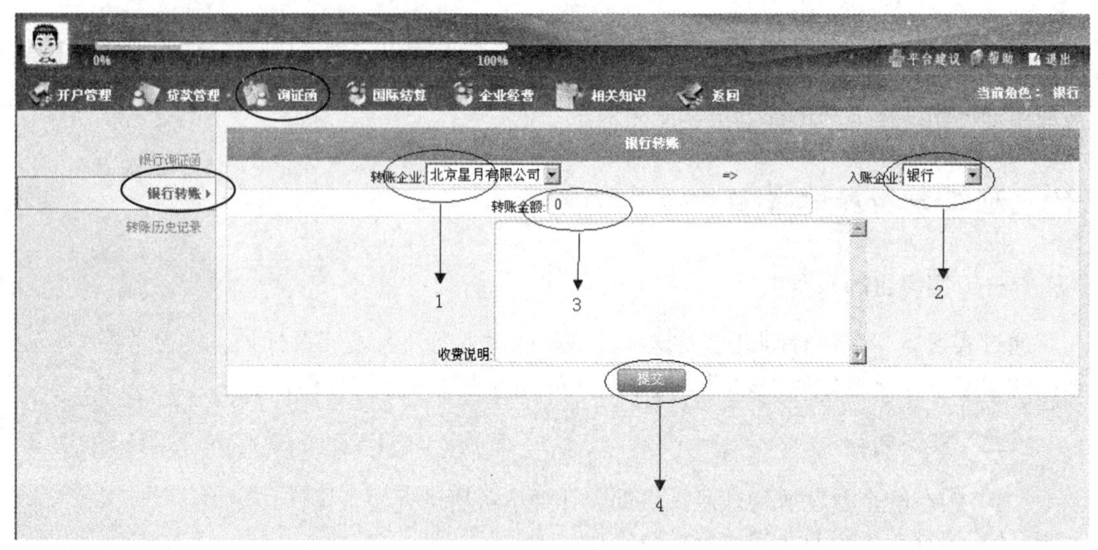

图 5-23　银行转账界面

注：1—转账企业；2—入账企业；3—转账金额；4—提交。

（4）选择“转账历史记录”选项卡，进入转账历史记录界面，如图 5-24 所示。该页面主要用于银行业务员查看与核对账目，没有实际的操作业务。

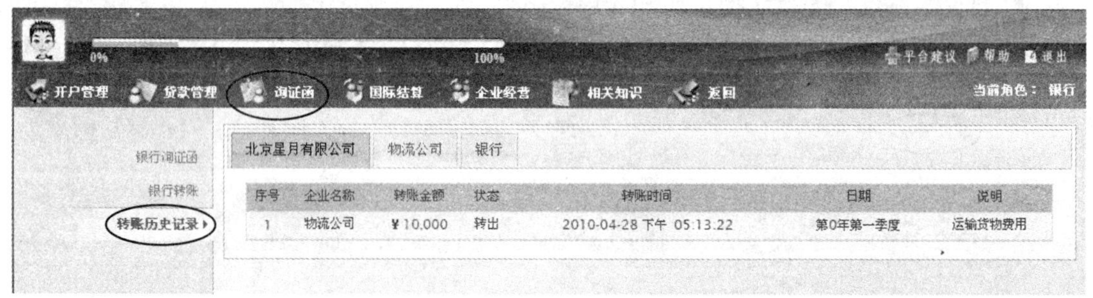

图 5-24　转账历史记录界面

十一、工作总结

（一）实习目的和要求

通过对银行工作经历的回顾和总结，让学生对银行的主要职责和主要业务有一个全面的了解，为未来的创业奠定一个良好的基础。

（二）实习内容

（1）总结银行所有业务及其流程。
（2）总结实习期间小组人员的表现。
（3）小组成员完成个人工作总结报告。

（三）实习步骤

（1）收集整理小组成员个人总结报告。
（2）总结银行岗位职责及其要求。
（3）总结整个团队的银行工作过程，完成小组总结报告（PPT）。
（4）对实习小组成员的实习表现进行评价。

第六章

工商局业务实验

工商行政管理，是国家为了建立和维护市场经济秩序，通过市场监督管理和行政执法等机关，运用行政和法律手段，对市场经营主体及其市场行为进行的监督管理。

工商行政管理部门在实习平台中的主要作用是给企业的成立和生产运营提供良好的市场环境，并对企业的运营进行检查和监督管理。

第一节　工商局业务规则

一、业务总则

根据工商行政管理部门在仿真市场环境中的地位和作用特制定本章程。工商行政管理部门的全体工作人员必须根据本章程的各项规定开展工作。

第一条　工商行政管理部门是仿真实验中的管理机构，监督仿真市场的运行，维护仿真实习环境的经济秩序和工作秩序，促进仿真市场经济的健康发展。

第二条　工商行政管理部门是虚拟的职能机构，主管市场监督管理和行政执法。

第三条　工商行政管理部门的基本任务是：确认市场主体资格，规范市场主体行为，维护市场经济秩序，保护商品生产经营者和消费者的合法权益；参与市场体系的规划、培育；负责商标的统一注册和管理；实施对广告活动的监督管理；监督管理仿真市场的正常有序运行。

第四条　工商行政管理部门行使职权，要坚持依法、公正、效率、廉洁的原则。

第五条　工商行政管理部门依法独立行使职权，不受非法干预。

第六条　工商行政管理部门实行执法监督制度，并接受仿真实习环境公众的监督。

二、业务细则

根据工商行政管理部门的业务总则，工商行政管理部门在仿真实验环境中的主要业务及其规则如下：

第一条　工商行政管理部门负责仿真实验中商品生产、经营活动的各类企业（简称经营者，下同）的法人资格或合法经营地位。它受理经营者的设立、变更、分公司和注销登记申请，并依照法律、法规规定的原则和程序，审查是否予以核准登记。

第二条　工商行政管理部门受理各个经营者的商标注册申请。

第三条　工商行政管理部门负责对已成立公司和其分公司的年度检查任务，对各个经营者的登记注册及其相关活动进行监督管理。

第四条　工商行政管理部门还具有接受仿真实验中任何组织和个人的举报、申诉登记，并对其进行记录、查证、处理，同时保护投诉人、保证不泄露投诉内容的义务。

第五条　工商行政管理部门还可对各个仿真企业的违法行为进行罚款处理，根据其触犯情况的严重程度，对其进行不同数额的罚款。

第二节　工商局业务流程

工商局在仿真实验中的主要工作是，对仿真企业的注册、设立和年度检查进行管理，同时接受企业的监督投诉。工商局在仿真实验中的界面如图 6-1 所示。

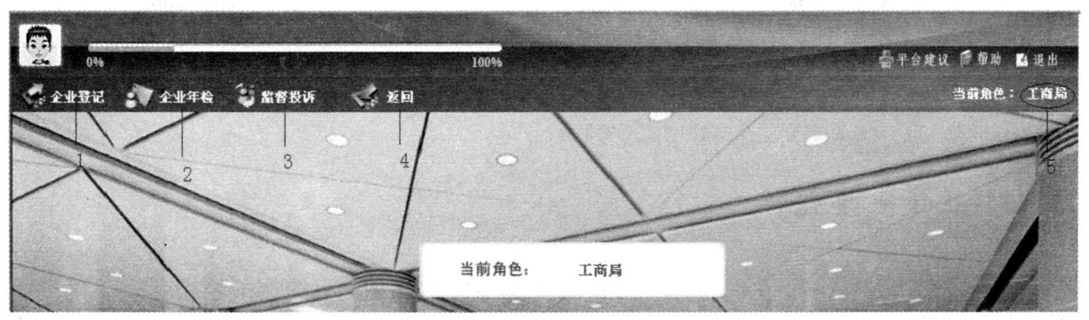

图 6-1　工商局界面

注：1—企业登记，主要包括企业名称预先核准登记通知书、企业设立登记申请书、商标注册、企业分公司登记申请书、企业变更登记申请书、企业注销登记申请书；2—企业年检，包括企业年检、企业分支机构年检两部分；3—监督投诉，接受企业的监督投诉，有举报登记单、申诉登记单；4—返回，返回工商局主页面；5—当前角色，显示当前的身份角色，图中的角色是“工商局”。

一、企业名称预先核准

企业名称预先核准业务，是对企业拟申请的公司名称进行审核，如果拟申请的公司名称已经存在，企业需要重新设定公司名称。

（一）办理企业名称预先核准需要向工商局提交的材料

（1）企业名称预先核准申请书。

（2）指定代表或委托代理机构及委托代理人的身份证明、企业法人资格证明及受托资格证明。

（3）全体投资人的法人资格证明或身份证明。

（二）企业名称预先核准流程

企业向工商部门递交企业名称预先核准申请书，等待工商局进行审核。如果该名称不符合要求或已被使用，则不予以批准，发放驳回通知书给申请单位；如果审核通过，则发放名称预先核准通知书给申请单位。企业名称预先核准流程如图 6-2 所示。

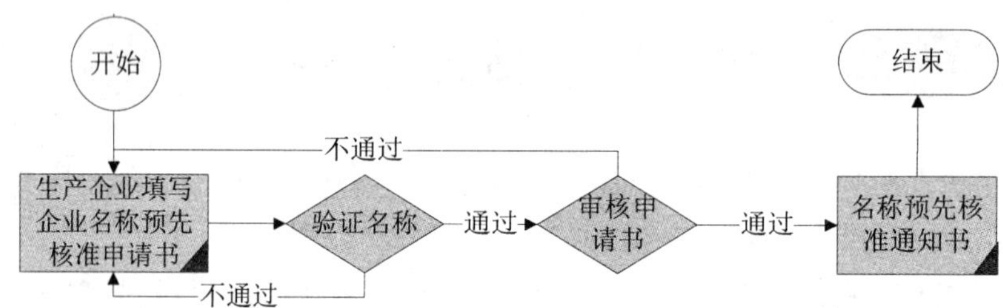

图 6-2　企业名称预先核准流程图

注：流程图中带三角（◢）的步骤为与生产企业交叉业务部分。

二、企业设立登记

企业名称预先核准审核通过后，企业即可填写企业设立登记的相关表格，待工商局审核通过，企业才能正式成立。企业设立登记需要填写的表格包括企业设立登记申请书、企业章程、验资证明、股东会决议和营业场所证明。

（一）提交材料（以股份有限公司为例，下同）

到工商局办理企业设立登记时，企业需要提交的材料包括：

（1）公司法定代表人签署的《公司设立登记申请书》。

（2）董事会签署的《指定代表或者共同委托代理人的证明》（由全体董事签字）及指定代表或委托代理人的身份证件复印件，应标明指定代表或者共同委托代理人的办理事项、权限、授权期限。

（3）由发起人签署或由会议主持人和出席会议的董事签字的股东大会或者创立大会会议记录（募集设立的提交）。

（4）全体发起人签署或者全体董事签字的公司章程。

（5）发起人的主体资格证明或者自然人身份证件复印件。发起人为企业的，提交营业执照副本复印件；发起人为事业法人的，提交事业法人登记证书复印件；发起人股东为社团法人的，提交社团法人登记证复印件；发起人为民办非企业单位的，提交民办非企业单位证书复印件；发起人为自然人的，提交身份证件复印件；其他发起人提交有关法律法规规定的资格证明。

（6）依法设立的验资机构出具的验资证明。

（7）发起人首次出资是非货币财产的，提交已办理财产权转移手续的证明文件。

（8）以股权出资的，提交《股权认缴出资承诺书》。

（9）董事、监事和经理的任职文件及身份证件复印件。

依据《中华人民共和国公司法》（以下简称《公司法》）和公司章程的规定与程序，提交由发起人签署或由会议主持人和出席会议的董事签署的股东大会决议（募集设立的提交创立大会的会议记录）、董事会决议或其他相关材料。股东大会决议（创立大会会议记录）可以与第 3 项合并提交，董事会决议由董事签字。

（10）法定代表人任职文件及身份证件复印件。依据《公司法》和公司章程的规定与程序，任职文件提交董事会决议，董事会决议由董事签字。

（11）住所使用证明。自有房产提交房屋产权证复印件；租赁房屋提交租赁协议复印件及出租方的房屋产权证复印件。有关房屋未取得房屋产权证的，属城镇房屋的，提交房地产管理部门的证明或者竣工验收证明、购房合同及房屋销售许可证复印件；属非城镇房屋的，提交当地政府规定的相关证明。出租方为宾馆、饭店的，提交宾馆、饭店的营业执照复印件。使用军队房产作为住所的，提交《军队房地产租赁许可证》复印件。将住宅改变为经营性用房的，属城镇房屋的，还应提交《登记附表——住所（经营场所）登记表》及所在地居民委员会（或业主委员会）出具的有利害关系的业主同意将住宅改变为经营性用房的证明文件；属非城镇房屋的，提交当地政府规定的相关证明。

（12）《企业名称预先核准通知书》。

（13）募集设立的股份有限公司公开发行股票的，还应提交国务院证券监督管理机构的核准文件。

（14）公司申请登记的经营范围中有法律、行政法规和国务院决定规定必须在登记前报经批准的项目的，提交有关的批准文件或者许可证书复印件或许可证明。

（15）法律、行政法规和国务院决定规定设立股份有限公司必须报经批准的，提交有

关的批准文件或者许可证书复印件。

对于以上规定，需要注意以下事项：

（1）依照《公司法》、《公司登记管理条例》设立的股份有限公司申请设立登记适用本规范。

（2）《公司设立登记申请书》、《指定代表或者共同委托代理人的证明》、《登记附表——股权认缴出资承诺书》、《登记附表——住所（经营场所）登记表》可以通过国家工商行政管理总局“中国企业登记网”（http://qyj.saic.gov.cn）下载或者到工商行政管理机关领取。

（3）提交的申请书与其他申请材料应当使用 A4 纸。

（4）以上各项未注明提交复印件的，应当提交原件；提交复印件的，应当注明“与原件一致”，并由发起人签署，或者由发起人指定的代表或委托的代理人加盖公章或者签字。

（5）以上涉及发起人签署的，自然人发起人由本人签字；自然人以外的发起人加盖公章。

（二）企业设立登记的流程

企业办理设立登记时，需向工商局提交公司设立登记申请书、指定代表或者共同委托代理人的证明、公司章程、验资证明、股东身份证复印件、股东会决议、营业场所证明、企业名称预先核准通知书等材料。如果工商局审核通过，则向公司发放营业执照；如果审核不通过，则需要重新申请。企业设立登记流程如图 6-3 所示。

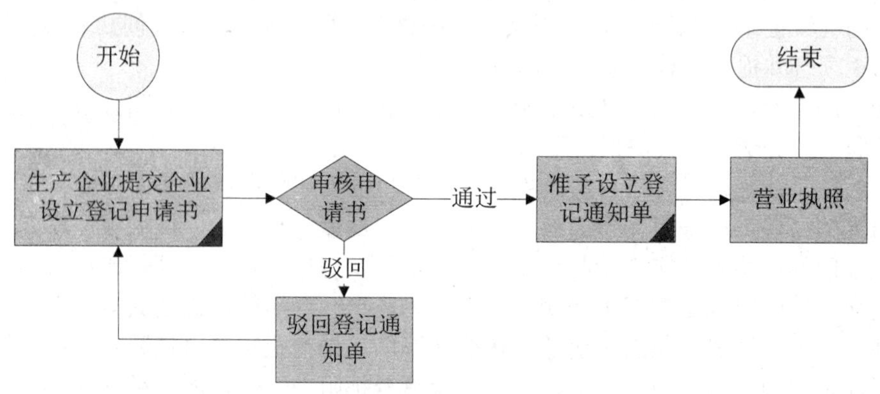

图 6-3　企业设立登记流程图

注：流程图中带三角（◢）的步骤为与生产企业交叉业务部分。

三、商标注册

（一）业务介绍

商标注册是商标使用人取得商标专用权的前提和条件，只有经核准注册的商标，才受

法律保护。商标注册原则是确定商标专用权的基本准则，不同的注册原则，是各国立法者在这一个问题中对法律的确定性和法律的公正性二者关系进行权衡的结果。商标注册申请是商标使用的基础，在商标注册申请过程中，灵活地运用商标注册策略，对保护商标及商标权、开拓国内外市场有着非常重要的作用。

（二）提交材料

到工商行政管理部门进行商标注册时，企业需要提交的材料包括：

（1）如果以自然人名义提出申请，需出示本人身份证并递交本人身份的复印件。如果以企业作为申请人来申请注册，需出示企业《营业执照》副本、经发证机关签章的《营业执照》复印件，以及加盖单位公章及个人签字的填写完整的商标注册申请书。

（2）商标图样 10 张（指定颜色的彩色商标，应交着色图样 10 张，黑白墨稿 1 张）。提供的商标图样必须清晰，便于粘贴，用光洁耐用纸张或用照片代替，长和宽不大于 10 厘米，不小于 5 厘米。商标图样方向不清的，应用箭头标明上下方。申请卷烟、雪茄烟商标的，图样可以与实际使用的同样大小。

（3）准备相应的注册费用。注册商标正常费用是 1 000 元，如果是委托商标代理组织办理，需再交纳 1 000 元左右的商标代理费和商标查询费。

（三）商标注册流程

企业代理人携带商标申请、企业法人营业执照、身份证复印件、申请人签字或盖章的委托书到工商局进行商标申请，如果审核通过，则向企业发放受理通知书，企业需要再次提交商标的 10 寸黑白样表给工商局，如果再次审核通过，企业会收到初步审定公告。如果其中有一个审核不通过，则需要重新申请。商标注册流程如图 6-4 所示。

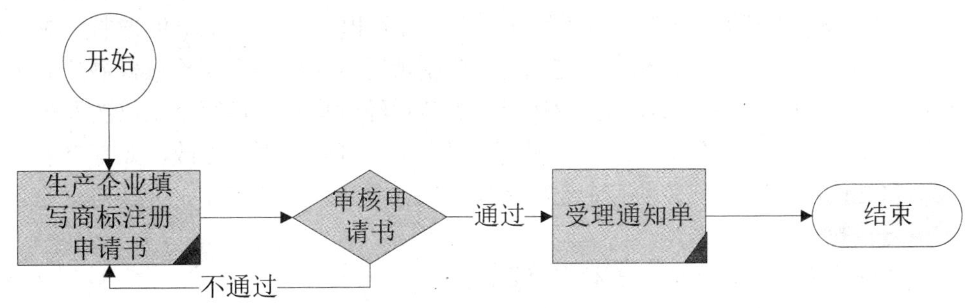

图 6-4　商标注册流程图

注：流程图中带三角（◢）的步骤为与生产企业交叉业务部分。

四、企业及其分支机构年检

（一）业务介绍

企业年度检验是指工商行政管理机关依法按年度对企业进行检查，确认企业继续经营资格的法定制度。

1．年检的范围

凡领取《中华人民共和国企业法人营业执照》、《中华人民共和国营业执照》、《企业法人营业执照》、《营业执照》的有限责任公司及其分公司、股份有限公司、非公司企业法人和其他经营单位，均须参加年检。当年设立登记的企业，自下一年起参加年检。

2．年检的时间

根据《企业年度检验办法》第五条的规定，年检起止日期为每年的3月1日至6月30日。登记主管机关在规定的时间内，对企业上一年度的情况进行检查。企业应当于3月15日前向登记主管机关送报年检材料。

3．年检的主要内容

（1）企业登记事项执行和变动情况。

（2）股东或者出资人的出资或提供合作条件的情况。

（3）企业对外投资的情况。

（4）企业设立分支机构的情况。

（5）企业生产经营的情况。

（二）提交材料

（1）年检报告书。私营公司及其分公司，分别填写《公司年检报告书》（私营）或《分公司年检报告书》（私营）；内资公司及其分公司，分别填写《公司年检报告书》或《分公司年检报告书》；非公司制企业及其分支机构，分别填写《企业法人年检报告书》或《企业法人分支机构年检报告书》；领取《营业执照》的其他经营单位，填写《企业法人分支机构年检报告书》。年检报告书的填写必须用钢笔、签字笔或打印，不得涂改，如有空项一律填写“无”。报送的年检报告书必须有企业法定代表人（负责人）的签字，并加盖企业公章。

（2）营业执照正、副本。

（3）企业法人年度资产负债表和损益表。

（4）其他应当提交的材料。

非法人分支机构，除提交（1）、（2）项所列文件外，还应当提交所属法人营业执照复印件（营业执照复印件应当加盖登记主管机关的公章）；公司和外商投资企业应当提交年度

审计报告；不足一个会计年度新设立的企业法人和按照章程或合同规定出资期限到期的外商投资企业，应当提交验资报告。

（三）年检流程

企业的年检的程序如下：

（1）企业申领、报送年检报告书和其他有关材料。

（2）登记主管机关受理审核年检材料。

（3）企业资产负债表和损益表。

（4）登记主管机关加贴年检标识和加盖年检戳记。

（5）审计报告（如果是外商投资企业）。

（6）登记主管机关发还企业营业执照。

企业年检流程如图 6-5 所示。

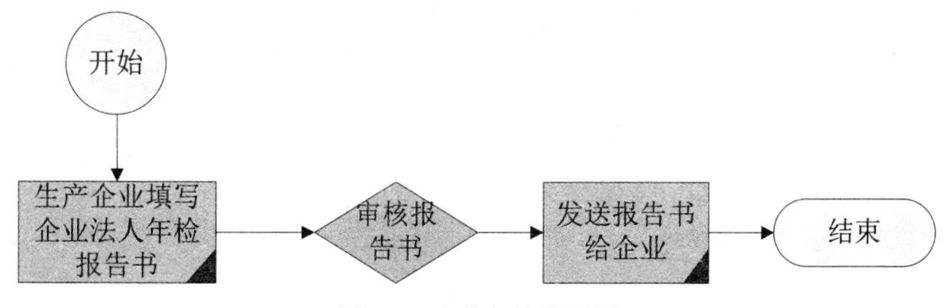

图 6-5　企业年检流程图

注：流程图中带三角（◢）的步骤为与生产企业交叉业务部分。

五、监督投诉

（一）业务介绍

公民、法人或者其他组织认为工商行政管理机关工作人员在履行职责中违反工作纪律的，可以向市工商局监察处或市工商局所属分局监察科来电、来访或来信投诉。

举报，是指公民或者单位向司法机关或者其他有关国家机关和组织检举、控告，违纪、违法、犯罪行为，依法行使其民主权利的行为。

申诉，是指公民或者企业事业等单位，认为对某一问题的处理结果不正确，而向国家的有关机关申述理由，请求重新处理的行为。这里的申诉指的是非诉讼上的申诉，是指公民或者企业事业等单位，因本身的合法权益问题不服行政部门的处理、处罚或纪律处分，而向该部门或其上级机关提出要求重新处理，予以纠正的行为。

工商罚款，指的是工商行政管理部门对企业单位的违法行为，进行罚款处理。

（二）业务流程介绍

举报和申诉流程：由单位或者个人向工商行政管理部门发出举报或者申诉申请书，然后等待工商行政管理部门的审核。如果经过调查取证，证明举报和申诉是正确、合理的，则审核通过；如果不正确，则驳回。

工商行政管理部门对企业的违法行为可以进行罚款处理，对企业发布罚款通知单，并强制企业对其违法行为进行负责。企业举报的业务流程如图 6-6 所示。企业投诉的业务流程与举报流程相同。

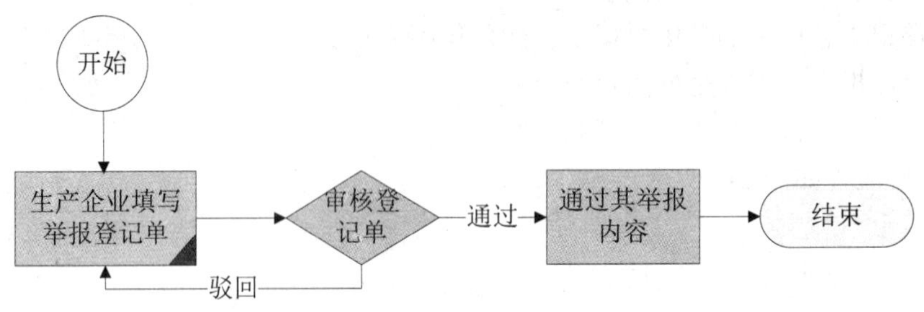

图 6-6　企业举报业务流程图

注：流程图中带三角（◢）的步骤为与生产企业交叉业务部分。

六、企业注销登记

（一）业务介绍

注销登记，是指登记机关依法对解散、被撤销、宣告破产、责令关闭或者其他原因终止营业的企业，收缴营业执照，撤销其注册号，取消其法人资格或经营权的行政执法行为。

公司因下列原因之一的，公司清算组织应当自公司清算结束之日起 30 日内向公司登记机关申请注销登记：

（1）公司被依法宣告破产。

（2）公司章程规定的营业期限届满或者公司章程规定的其他解散事由出现时。

（3）股东会决议解散。

（4）公司因合并分立解散。

（5）公司被依法责令关闭。

公司申请注销登记，应由公司指定或者委托公司员工或者具有资格的代理机构的代理人作为申请人办理注销登记。经登记主管机关核准后，收缴《企业法人营业执照》及副本，收缴公章，撤销其注册号。

企业法人领取《企业法人营业执照》后，满六个月尚未开展经营活动或者停止经营活

动一年的，视同歇业。登记主管机关收缴《企业法人营业执照》及副本；收缴公章，撤销注册号，企业法人失去法人资格。

（二）提交材料

1．公司清算组备案提交的材料

（1）公司清算组负责人签署的《公司备案申请表》（公司加盖公章）。

（2）公司签署的《指定代表或者共同委托代理人的证明》（公司加盖公章）及指定代表或委托代理人的身份证复印件（本人签字），应标明具体委托事项、被委托人的权限、委托期限。

（3）有限责任公司提交股东会关于成立清算组的决议（由代表 2/3 以上表决权的股东签署，股东为自然人的由本人签字，自然人以外的股东加盖公章），股份有限公司提交股东大会关于成立清算组的决议（由代表 2/3 以上表决权的发起人加盖公章或者股东大会会议主持人及出席会议的董事签字确认）。一人有限责任公司提交股东关于成立清算组的书面文件（股东为自然人的由本人签字，法人股东加盖公章），国有独资公司提交出资人或授权部门关于成立清算组的书面文件（加盖出资人或授权部门公章）。

（4）公司《企业法人营业执照》副本复印件。

2．公司注销登记提交的材料

（1）公司清算组负责人签署的《公司注销登记申请书》（公司加盖公章）。

（2）公司签署的《指定代表或者共同委托代理人的证明》（公司加盖公章）及指定代表或委托代理人的身份证复印件（本人签字），应标明具体委托事项、被委托人的权限、委托期限。

（3）清算组成员签署的《备案确认通知书》。

（4）依照《公司法》作出的决议或者决定。

有限责任公司提交股东会决议，股份有限公司提交股东大会决议。有限责任公司由代表 2/3 以上表决权的股东签署（股东为自然人的由本人签字，自然人以外的股东加盖公章），股份有限公司由代表 2/3 以上表决权的发起人加盖公章或者股东大会会议主持人及出席会议的董事签字确认，国有独资有限责任公司提交出资人或出资人授权部门的文件，一人有限责任公司提交股东的书面决定（股东为自然人的由本人签字，法人股东加盖公章）。以上材料内容应当包括公司注销决定、注销原因。

法院裁定解散、破产的，行政机关责令关闭的，应当分别提交法院的裁定文件或行政机关责令关闭的决定。因违反《公司登记管理条例》有关规定被公司登记机关依法撤销公司设立登记的，提交公司登记机关撤销公司设立登记的决定。

（5）经确认的清算报告。有限责任公司提交股东会决议，股份有限公司提交股东大会决议。有限责任公司由代表 2/3 以上表决权的股东签署（股东为自然人的由本人签字，自然人以外的股东加盖公章）；股份有限公司由代表 2/3 以上表决权的发起人加盖公章或者股东大会会议主持人及出席会议的董事签字确认。国有独资有限责任公司提交出资人或出资人授权部门的文件。一人有限责任公司提交股东的书面决定（股东为自然人的由本人签字，法人股东加盖公章）。

（6）刊登注销公告的报纸报样。

（7）法律、行政法规规定应当提交的其他文件。国有独资公司申请注销登记，还应当提交国有资产监督管理机构的决定，其中，国务院确定的重要的国有独资公司，还应当提交本级人民政府的批准文件。有分公司的公司申请注销登记时，还应当提交分公司的注销登记证明。

（8）公司的《企业法人营业执照》正、副本。

（三）企业注销登记流程

企业携带企业注销登记申请书、法院破产裁定、公司决议或者决定、政府机关责令关闭的文件、清算报告、营业报告等材料向工商局进行审核注销。如果审核通过，则填写企业注销登记审核意见表；如果审核不通过，则填写驳回登记通知单。企业注销登记流程如图 6-7 所示。

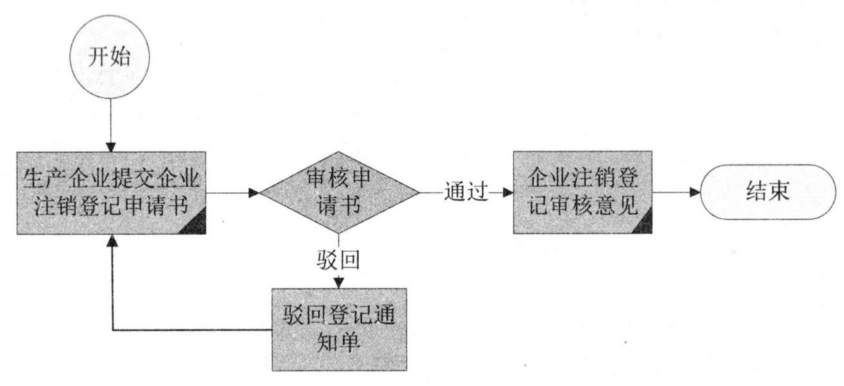

图 6-7　企业注销登记流程图

注：流程图中带三角（◢）的步骤为与生产企业交叉业务部分。

第三节　工商局实验项目

一、团队构建与组织设计

（一）实习目的和要求

通过实习，了解工商行政管理部门的业务类型和工作流程，同时熟悉组织设计的相关

知识。实习学生在专业教师指导下，组建一个4～6人的工商行政管理部门工作团队，并完成部门组织结构图、岗位职责说明书、管理人员分工明细表的设计。

（二）实习内容

（1）根据跨专业综合实习平台涉及的工商业务，列出工商部门业务清单。

（2）根据业务清单进行岗位分工。

（3）工商局领导进行岗位分配。

（4）根据岗位划分，进行工商部门组织结构设计。

（三）实习步骤

（1）根据工商部门的性质和业务类型，分配4～6个学生，构建工商部门实习团队，组建仿真工商局。

（2）注册用户并登录实习平台，进入工商局界面。如图6-8所示。

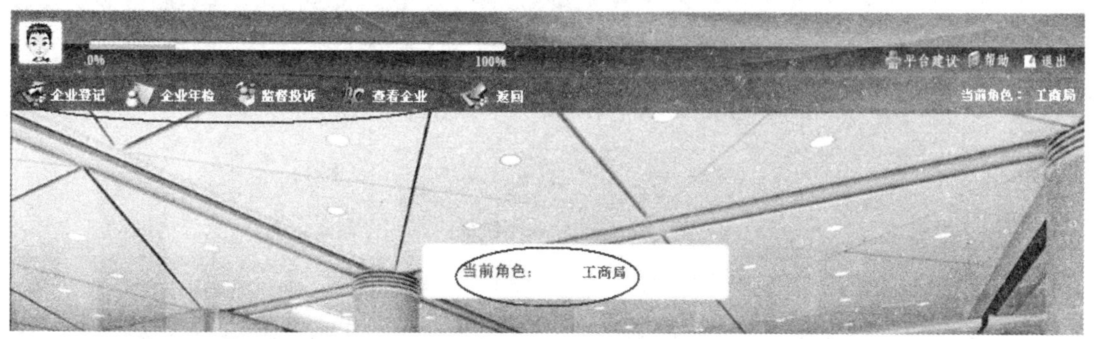

图6-8　工商局实习界面

（3）工商局业务包含四个部分：企业登记、企业年检、监督投诉、查看企业，如图6-9所示。

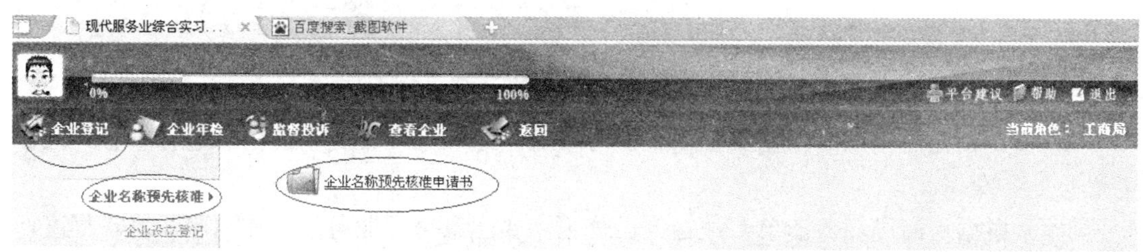

图6-9　工商局业务界面

① 企业登记包含七部分工作内容："企业名称预先核准""企业设立登记""商标注册""企业变更登记""企业分公司登记""企业注销登记""验资报告"，如图6-10所示。

图 6-10　企业登记界面

② 企业年检包括“企业年检”和“企业分支机构年检”，如图 6-11 所示。

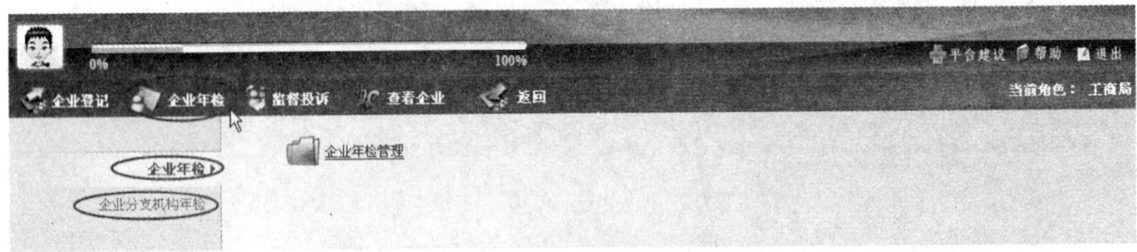

图 6-11　企业年检界面

③ 监督投诉的工作内容如图 6-12 所示。

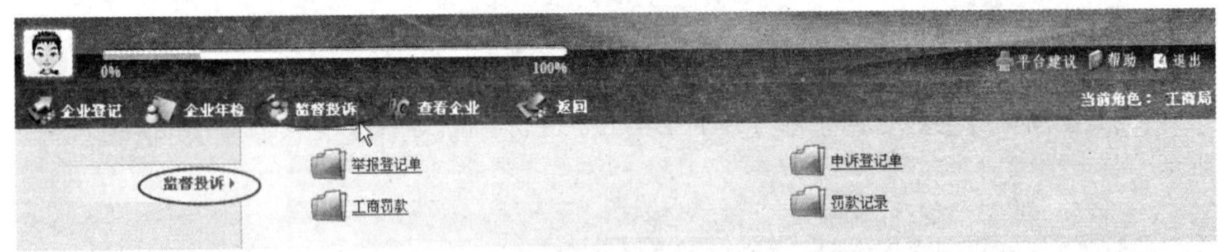

图 6-12　监督投诉界面

④ 查看企业是指工商局相关工作人员可以对已经登记在案的企业信息进行查看，但不能进行业务操作。

（4）根据工商局业务清单，进行人员分工。要注意每项业务的工作内容及难易程度，要合理搭配，同时还要注意业务流程的完整性。

（5）根据工商局业务清单，工商领导分配团队成员的工作岗位和工作职责。

（6）设计工商局组织结构图、岗位职责说明书和管理人员分工明细表。

二、工作制度制定

（一）实习目的和要求

通过实习，了解工作制度制定的基本要求。实习学生在专业教师的指导下，根据工商局岗位职责制定各部门工作制度和人员考核制度。

（二）实习内容

（1）了解制度制定的规则和要求。

（2）根据工商部门的岗位划分，制定不同岗位的规章制度，以及各个部门和岗位对员工的要求。

（三）实习步骤

（1）了解企业里制定规章制度的部门，以及制定规章制度的规则和要求。例如，企业所制定的规章制度必须主体规范，内容合法、合理，且程序完善，不得违反公序良俗，不得与劳动合同和集体合同相冲突。另外，制定规章制度时还需要注意以下细节：

① 要注意法律的一些强制性规定，不得违背。

② 规章制度中应避免没有责任的条款。

③ 规章制度中不能规定本应在合同中约定的事项。虽然新《劳动合同法》从程序上加大了企业制定规章制度的限制，但企业仍然享有比较大的自主权，而劳动合同中的事项却是双方当事人协商确定的事项。因此，两者有着本质的区别。实践中，仲裁机构和法院在衡量企业规章制度的效力时，往往会认为，凡是应当由双方协商确定的事项，如果没有经过协商而由单位单方面在规章制度中进行规定，一般情况下都不会作为审理案件的依据。

④ 明确规章制度的效力范围。规章制度制定时应明确其效力范围，即对哪些人有效，在哪些场合有效，适用于哪些事情，什么时候生效，有无溯及力等。另外，工商局作为国家的职能部门，还要注意所要涉及内容的保密问题等。

（2）登陆实习平台，进入工商局界面。

（3）分析工商部门的组织机构、了解岗位分配情况，以及每个岗位的工作职责及工作内容，分别制定各部门及各岗位工作制度，注意每项制度的合法性、合理性、严谨性和规范性。

三、企业名称预先核准

（一）实习目的和要求

通过实习，了解企业注册中企业名称预先核准的流程及相关知识。实习学生在专业教

师的指导下，了解工商局企业名称预先核准的相关知识，并准备好企业名称预先核准申请书、企业名称预先核准登记通知书、驳回通知书等纸质文件。

（二）实习内容

（1）工商部门对企业填写的企业名称进行名称审核。

（2）企业名称审核通过后，进一步审核企业名称预先核准申请书、全体投资人的法人资格证明或身份证明。如果审核通过，则给企业发放准予通知书；如果审核不通过，则给企业发放驳回通知书，让企业重新填写。

（三）实习步骤

（1）登录实习平台，进入工商局界面。选择“企业登记”菜单，然后选择“企业名称预先核准”选项卡，进入企业名称预先核准界面，如图 6-13 所示。

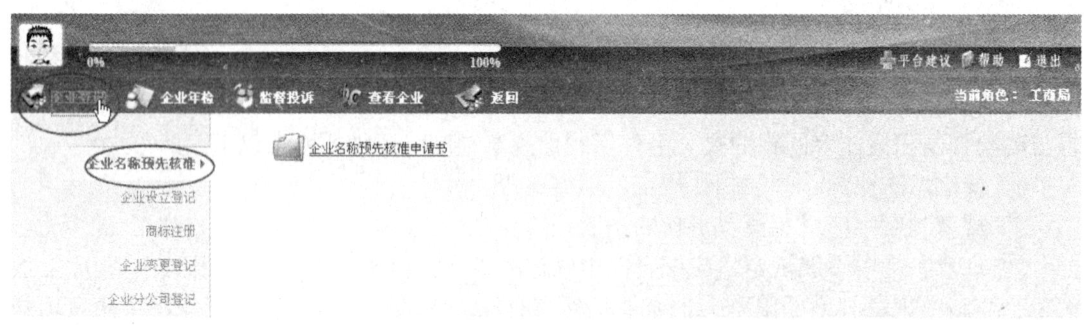

图 6-13　企业名称预先核准界面

（2）单击“企业名称预先核准申请书”超链接，进入企业名称预先核准申请书管理界面，如图 6-14 所示，可以看到所有已经提交申请书的企业列表。工作人员可以进行四种操作：“名称核准”“查看”“受理通知”“驳回通知”。

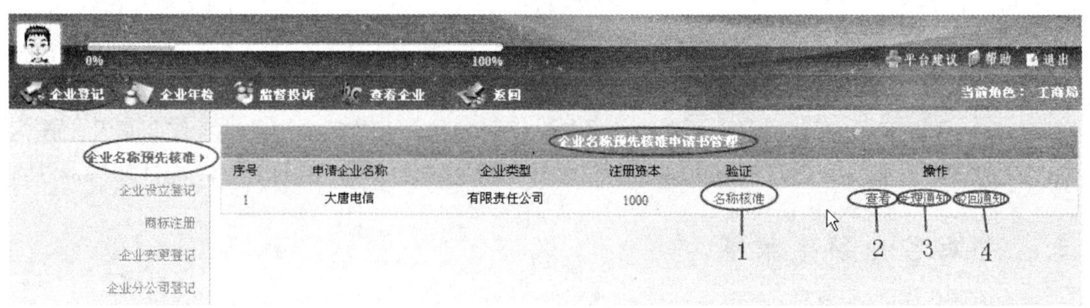

图 6-14　企业名称预先核准申请书管理界面

① 单击“名称核准”超链接，系统会在数据库中查找是否有重复名称存在，如果没有，

系统会提示可以使用，如图 6-15 所示。

图 6-15　企业名称核准界面

② 单击“查看”超链接，可以审核企业提交的企业名称预先核准申请书的内容是否符合规定，但是不能进行相关操作，如图 6-16 所示。

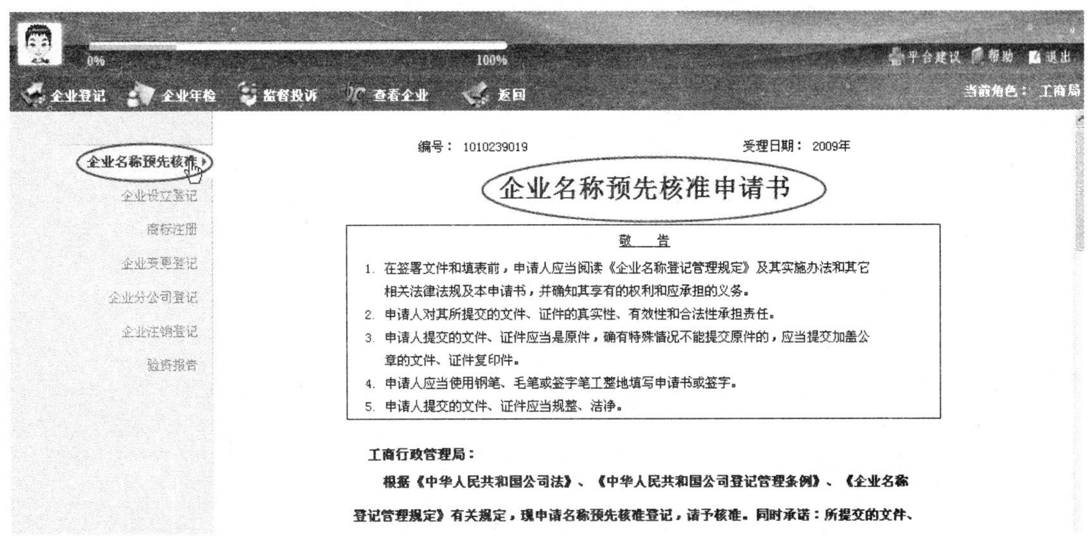

图 6-16　企业名称预先核准申请书界面

③ 单击“受理通知”超链接，进入企业名称预先核准登记通知书界面，填写完成后单击“提交”按钮，向企业发放核准登记通知书，如图 6-17 所示。

④ 如果进行名称核准时，系统提示名称已经存在不能注册，工作人员就要单击“驳回通知”超链接，填写驳回通知单通知企业名称不可用，如图 6-18 所示。企业需重新提交申请书。

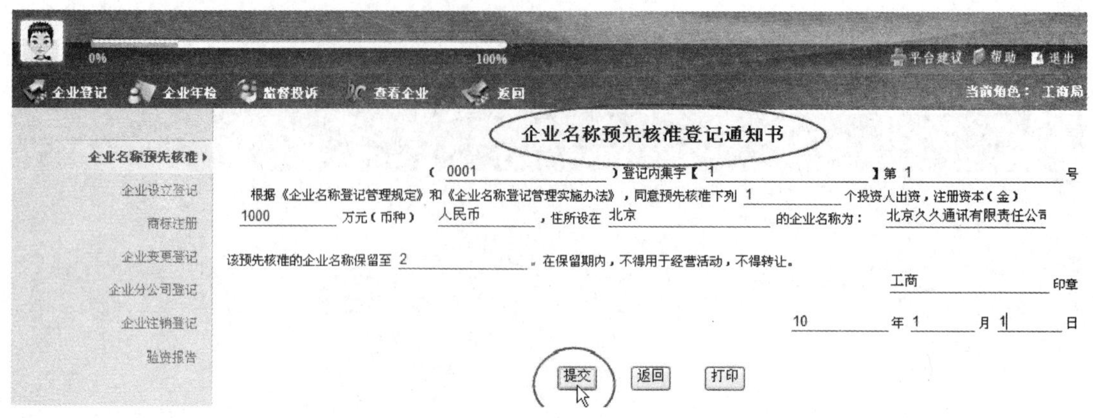

图 6-17　企业名称预先核准登记通知书界面

企业名称预先核准申请书管理

序号	申请企业名称	企业类型	注册资本	验证	操作
1	北京超越手机制造有限责任公司	有限责任公司	1000	名称核准	查看 已发放准予通知书
2	北京商经电器有限责任公司	有限责任公司	1000	名称核准	查看 已发放准予通知书
3	久久通讯股份有限公司	股份有限公司	1000	名称核准	查看 已发放准予通知书
4	曙光科技股份有限公司	股份有限公司	1000	名称核准	查看 已发放准予通知书
5	北京广漠狼图制造股份有限公司	股份有限公司	1000	名称核准	查看 已发放准予通知书
6	宏达制造有限责任公司	有限责任公司	1000	名称核准	查看 已发放准予通知书
7	北京星月有限公司	有限责任公司	1000	名称核准	查看 已发放准予通知书
8	北京久久通讯有限责任公司	有限责任公司	1000	名称核准	查看 受理通知 驳回通知

图 6-18　企业名称预先核准驳回界面

四、企业设立登记

（一）实习目的和要求

通过实习，了解企业设立登记的流程及所需材料。实习学生在专业教师的指导下，熟悉工商局进行企业设立登记的业务流程、所需材料及相关知识，并准备好企业设立登记申请书、准予设立登记通知书、营业执照、营业执照副本、中华人民共和国组织机构代码证等纸质文件。

（二）实习内容

工商部门对企业提交的企业设立登记申请书、公司章程、法人代表登记、营业场所证

明、单位投资者（单位股东、发起人、合伙企业合伙人）名录等资料进行审核。如果审核通过，则给企业发放准予设立登记通知书，并且给企业发放企业营业执照和营业执照副本。

（三）实习步骤

（1）登录实习平台，进入工商局界面，选择“企业登记”菜单，然后选择“企业设立登记”选项卡，进入企业设立登记界面，如图 6-19 所示。

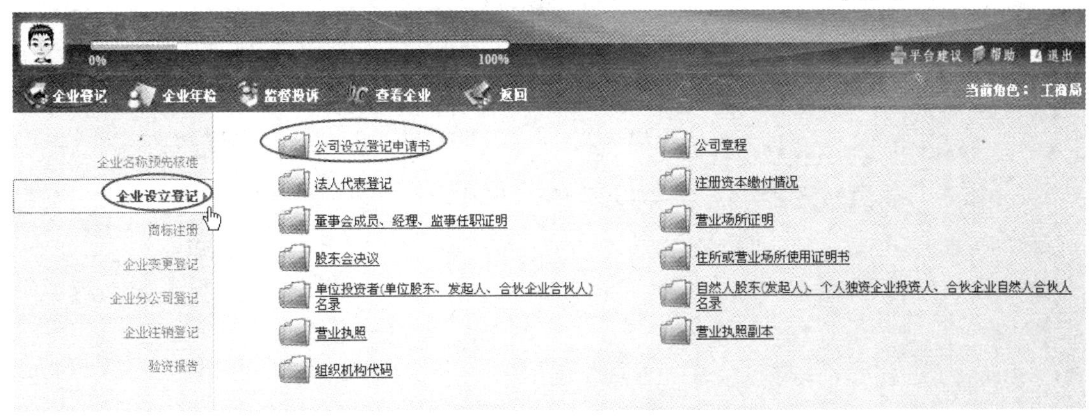

图 6-19　企业设立登记界面

（2）在企业设立登记界面中单击“企业设立登记申请书”超链接，即可以查看所有已经提交企业设立登记申请书的企业列表，如图 6-20 所示。工作人员可以进行如下三种操作：“查看”“受理准予通知”“受理驳回通知”。

序号	公司名称	法定代表人	注册资本	实收资本	操作
1	北京超越手机制造有限责任公司	武欣	1000万	1000万	查看 已发放准予通知
2	北京商经电器有限责任公司	涂帅华	1000万	1000万	查看 已发放准予通知
3	久久通讯股份有限公司	王甲	1000万	1000万	查看 已发放准予通知
4	曙光科技股份有限公司	西望	1000万	1000万	查看 已发放准予通知
5	北京广漠狼图制造股份有限公司	郭红伟	1000万	1000万	查看 已发放准予通知
6	宏达制造有限责任公司	薛笑尘	1000万	1000万	查看 已发放准予通知
7	北京星月有限公司	星星	1000万	1000万	查看 已发放准予通知
8	北京久久通讯有限责任公司	里	1000万	1000万	查看 受理准予通知 受理驳回通知

图 6-20　企业设立登记申请书受理界面

① 单击“查看”超链接，工作人员可以对企业提交的设立登记申请书内容进行查看，但不能进行操作。

② 单击“受理准予通知”超链接，工作人员可以对企业设立登记申请书的内容进行仔细核实。通过后给企业发放受理准予通知书，同时给企业发放营业执照及营业执照副本，如图 6-21 所示。

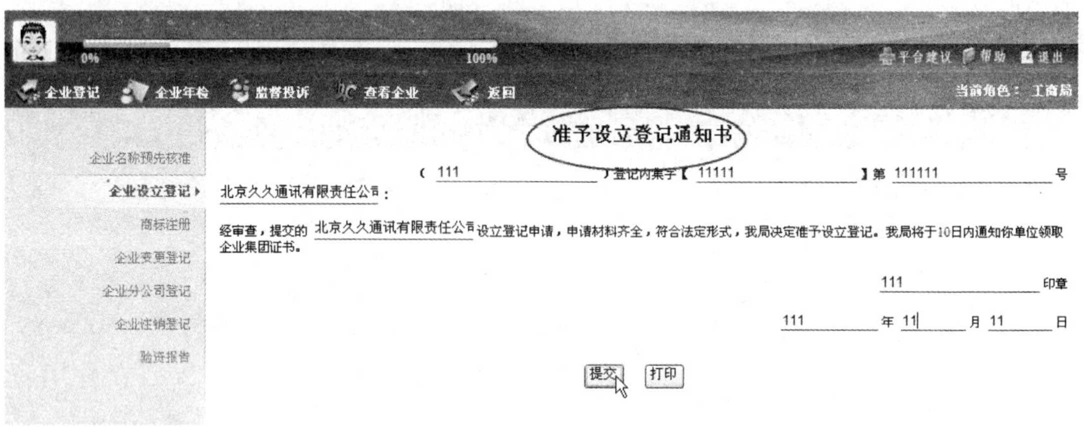

图 6-21　准予设立登记通知书界面

③ 如果企业提交的企业设立登记申请书没有被审核通过，工作人员会通过“受理驳回通知”，通知企业重新填写提交。

五、商标注册

（一）实习目的和要求

通过实习，了解工商部门办理商标注册的流程及相关知识。实习学生在专业教师的指导下，熟悉工商办理商标注册的流程和操作时的注意事项，并准备好商标注册申请书、受理通知单等纸质文件。

（二）实习内容

工商部门对企业提交的商标注册申请书进行审核，如果审核通过则向企业发放受理通知书；如果审核不通过，则发放驳回通知书。

（三）实习步骤

（1）登录实习平台工商局界面，选择“企业登记”菜单，然后选择“商标注册”选项卡，进入商标注册界面，如图 6-22 所示。

图 6-22　商标注册申请界面

（2）单击“商标注册申请书”超链接，进入商标注册申请书管理界面，如图 6-23 所示。单击“受理申请”超链接，对企业填写的商标注册申请书进行审核，根据审核结果作出通过或驳回通知。

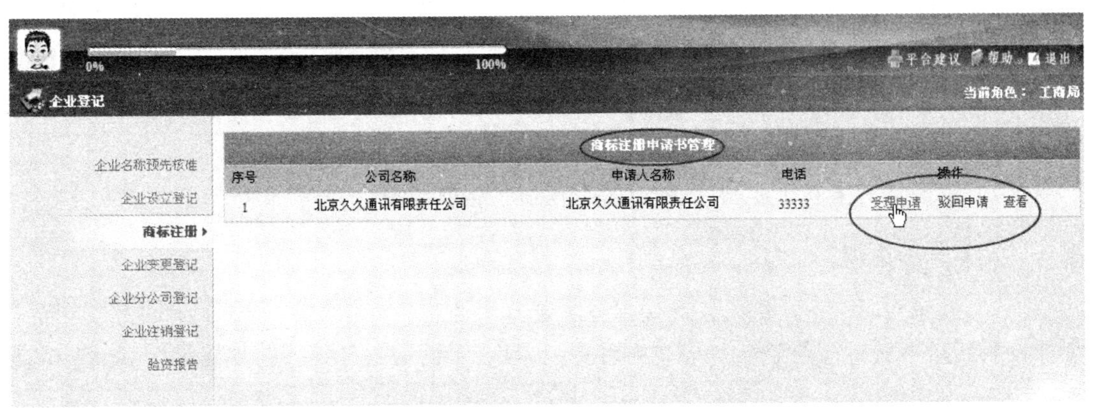

图 6-23　商标注册申请书管理界面

（3）如果企业提交的申请书内容规范无误，则发放受理通知单，如图 6-24 所示。如果申请书的内容不符合规定，则单击“驳回申请”超链接发放驳回通知，让企业重新申请。

六、监督投诉与工商罚款

（一）实习目的和要求

通过实习，了解工商部门监督投诉的流程、注意事项，以及工商部门罚款的流程及相关知识。实习学生在专业教师的指导下，掌握工商部门处理监督、投诉、工商罚款的业务

流程和所需材料，并准备好举报登记单、申诉登记单、罚款单等纸质文件。

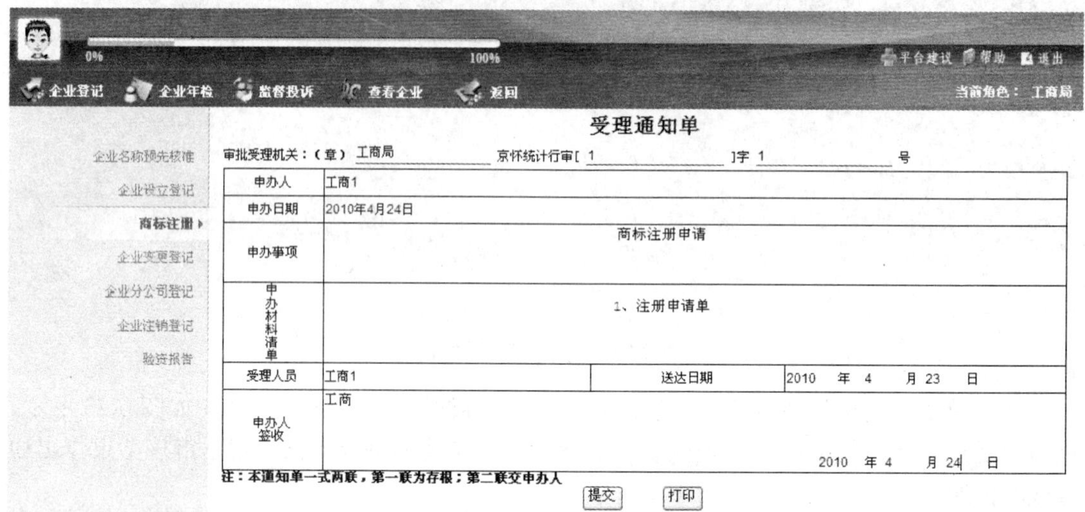

图 6-24　商标注册受理通知单界面

（二）实习内容

（1）工商局对举报登记和申诉登记审核确认，并予以处理。

（2）工商局对生产企业的违法、违规行为进行罚款处理。

（三）实习步骤

（1）登录实习平台，进入工商局界面。选择“监督投诉”菜单，进入监督投诉界面，界面内有四项业务：“举报登记单”“申诉登记单”“工商罚款”和“罚款记录”，如图 6-25 所示。

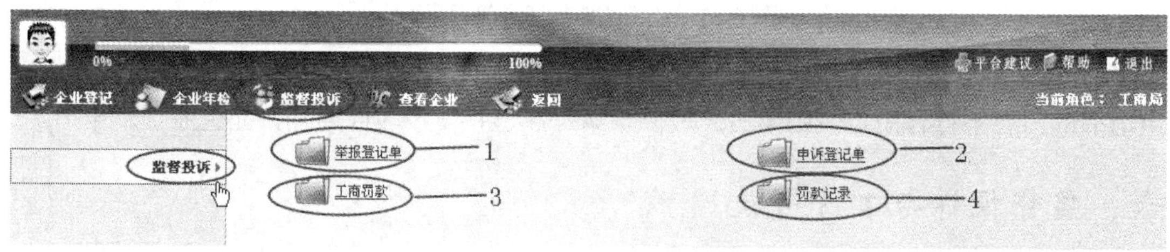

图 6-25　监督投诉界面

注：1—举报登记单，如果发现企业有违规行为，可以通过填写举报登记单对相关违规企业进行举报；2—申诉登记单，如果有消费者对所购买的产品或服务不满意，可以通过填写申诉登记单到工商局进行申诉；3—工商罚款，对于被举报或申诉的企业，工商局可作出罚款决定，并通知企业；4—罚款记录，记录工商局对企业进行罚款决定的详细信息。

（2）单击“举报登记单”超链接进入举报登记界面，可以看到所有已提交的举报信息。如果信息处于未审核状态需要单击“审核”超链接进行处理，如图 6-26 所示。如果举报信息为真，则选中“通过”单选按钮，否则选中“驳回”单选按钮，最后单击“提交”按钮即可，如图 6-27 所示。

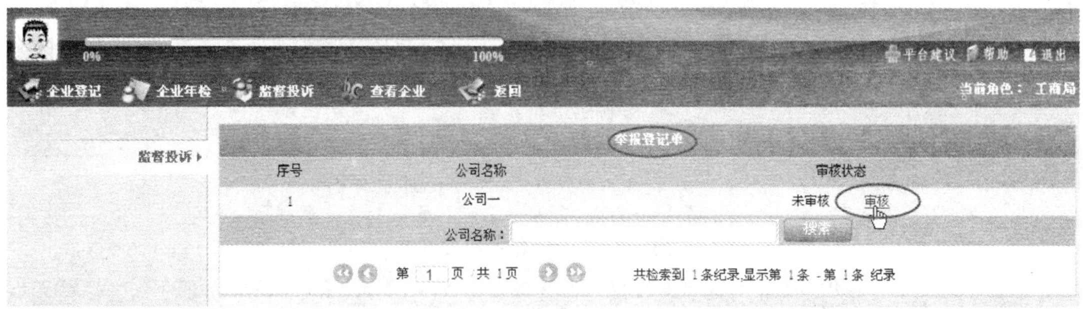

图 6-26　举报登记单界面

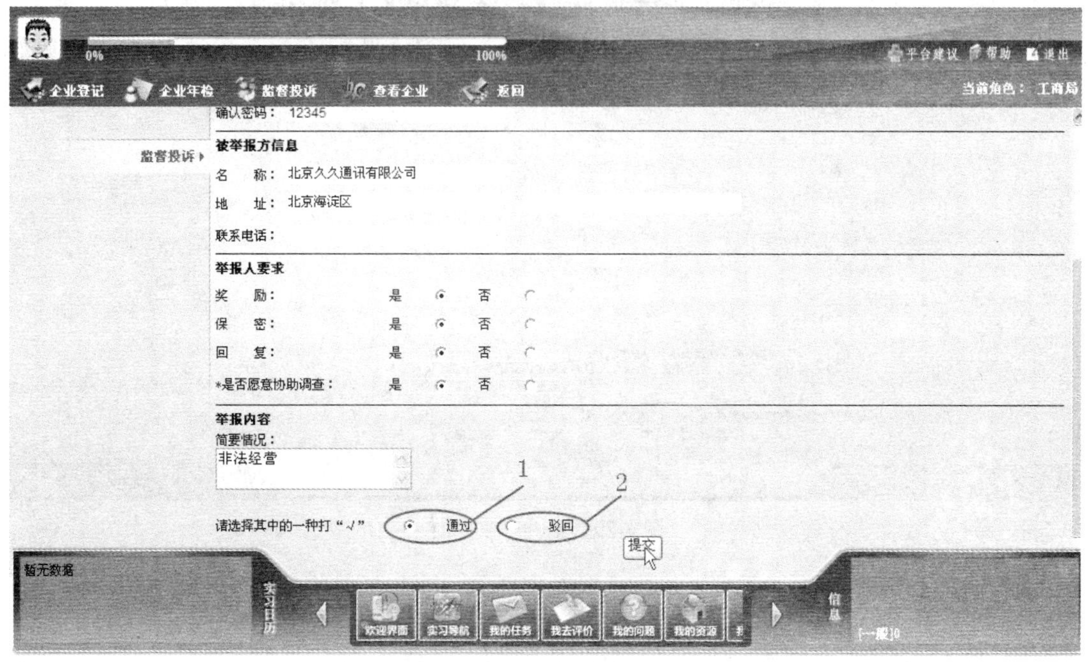

图 6-27　举报审核界面

注：1—通过，确认举报信息属实，通过举报并通知企业；2—驳回，经审核确认举报信息存疑，驳回给企业待确认后再重新填写。

（3）单击“申诉登记单”超链接，进入申诉登记单界面，可以看到所有已提交的申诉信息。如果信息处于未审核状态就要单击“审核”超链接进行处理，如图 6-28 所示。如果举报信息为真，则选中“通过”单选按钮，否则选中“驳回”单选按钮，最后单击“提交”按钮，如图 6-29 所示。

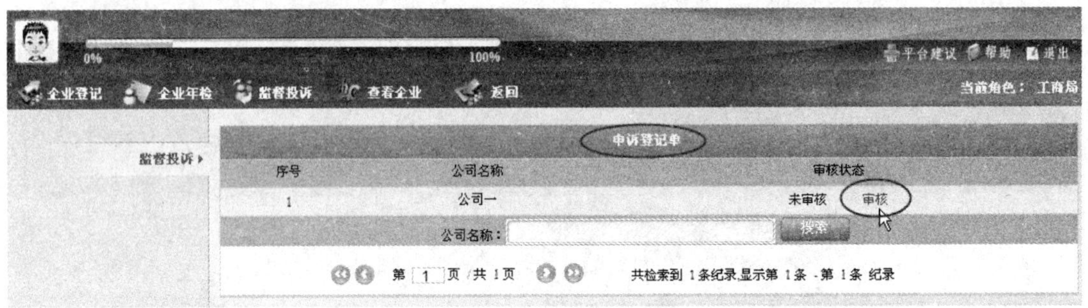

图 6-28　申诉登记单界面

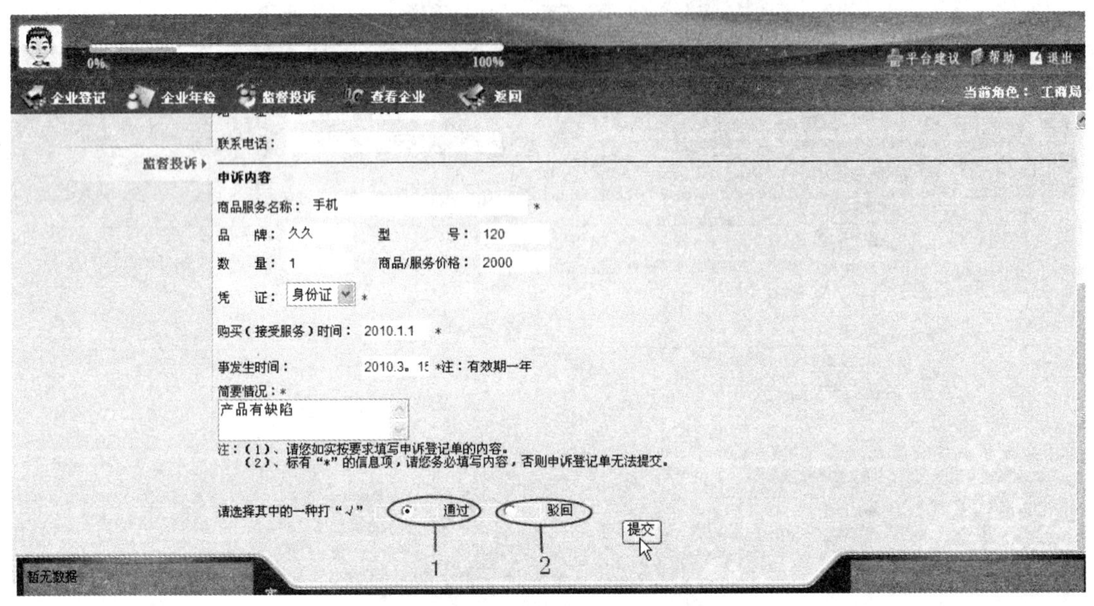

图 6-29　申诉审核界面

注：1—通过，确认申诉信息属实，通过申诉并通知申诉人；2—驳回，经审核确认申诉信息存疑，驳回给申诉者待确认后再重新填写。

（4）根据举报或申诉处理结果，工商部门作出工商罚款处理决定。单击“工商罚款”超链接，进入罚款单填写界面。从“选择小组”下拉列表框中选择要罚款的企业，输入罚款金额，然后根据举报或申诉情况，说明罚款原因最后提交罚款单并通知到企业，如图 6-30 所示。

（5）工商局工作人员可以通过单击“罚款记录”超链接进入罚款记录界面，来查看企

业以往的罚款信息，从而对企业的信誉作出判断。

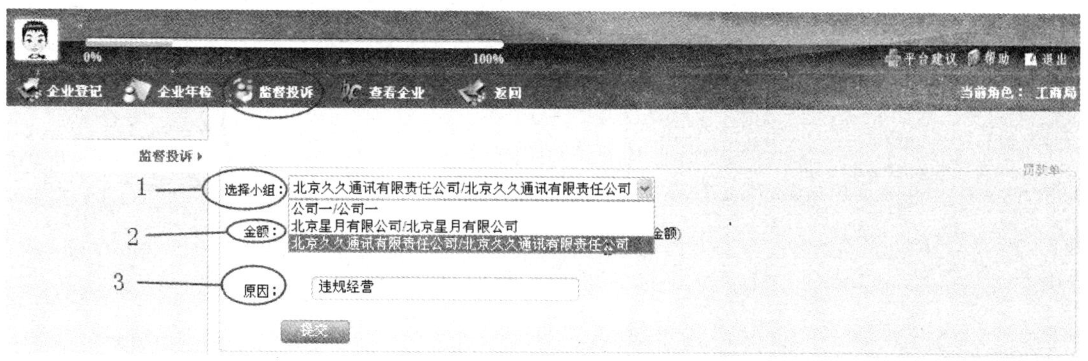

图 6-30　罚款单填写界面

七、企业注销登记

（一）实习目的和要求

通过实习，了解工商部门办理企业注销的流程及相关知识。实习学生在专业教师的指导下，掌握企业注销所需材料、业务流程和注意事项，并准备好企业注销登记申请书、清算报告等纸质文件。

（二）实习内容

（1）工商局对企业的企业注销登记申请书进行审核。

（2）如果企业提交的资料有错或不完整，工商局可以给企业发送一次性告知记录。

（3）工商局填写企业注销登记审核意见表并将其发送给企业。

（4）工商局填写接待情况记录单并回传给企业。

（5）工商局对生产企业责令停业，并发送责令通知单给生产企业。

（三）实习步骤

（1）登录实习平台，进入工商局界面，选择“企业登记”中的“企业注销登记”选项卡，进入企业注销登记界面，如图 6-31 所示。

（2）单击“企业注销登记申请书”超链接，进入企业注销登记申请书界面，可以看到所有已提交的企业注销登记申请，如图 6-32 所示。工商局工作人员可有三种操作选择：“填写审核意见表”、“驳回通知”或者“查看”。

① 单击“填写审核意见表”超链接，进入图 6-33 所示的界面，由工商局工作人员针对企业提交的企业注销登记申请书作出审核意见并通知到企业。

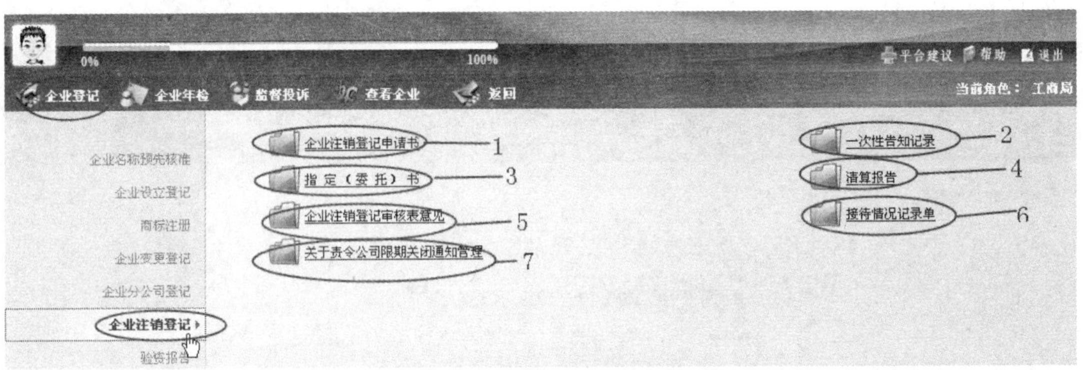

图 6-31　企业注销登记界面

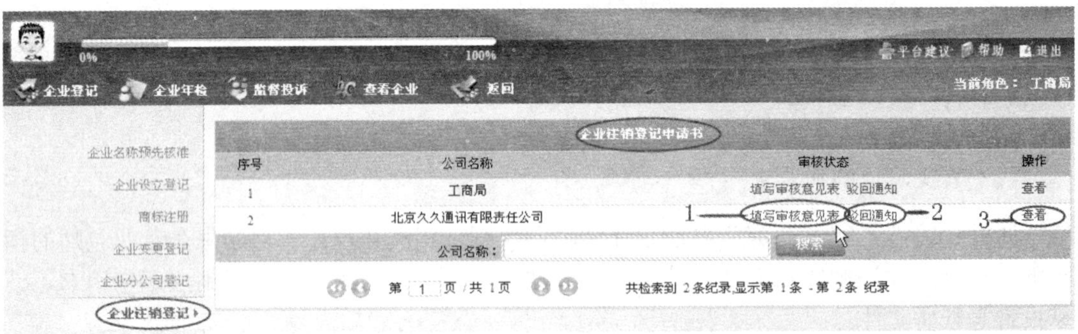

图 6-32　企业注销登记申请书界面

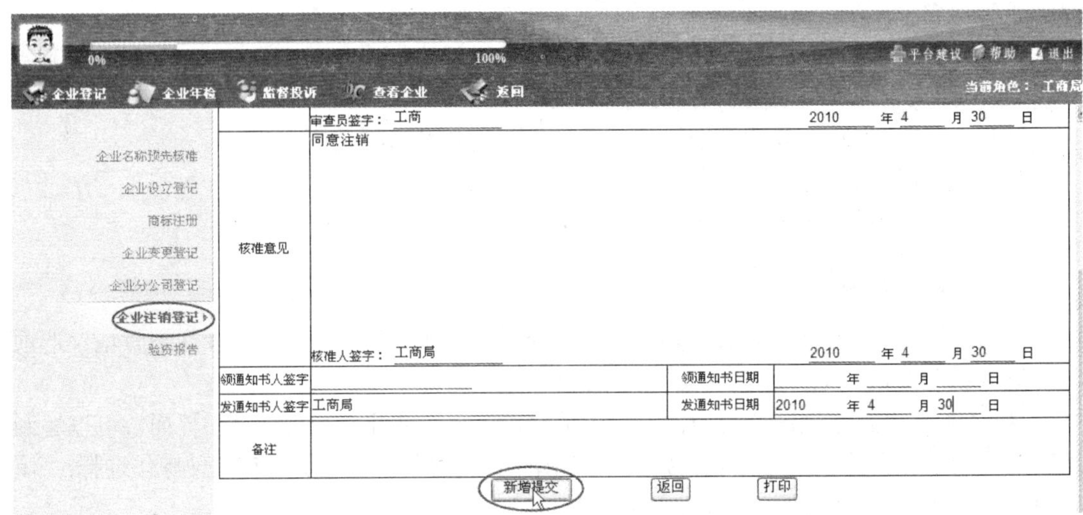

图 6-33　审核意见表界面

② 如果企业提交的企业注销登记申请书不符合相关规定，工商局工作人员可以单击“驳

回通知”超链接，进入登记驳回通知书界面，填写驳回理由，让企业重新申请，如图 6-34 所示。

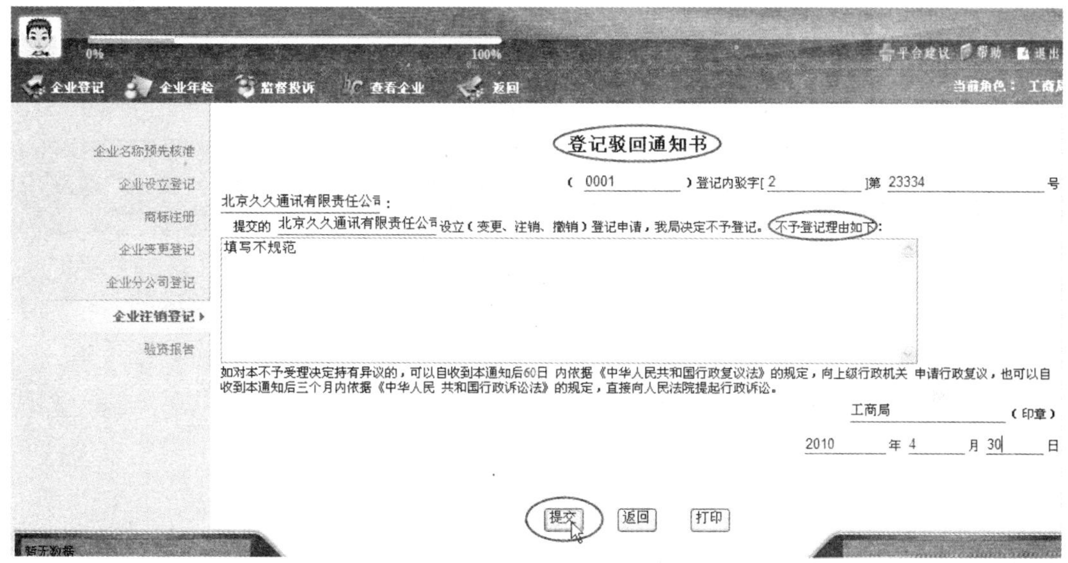

图 6-34　登记驳回通知书界面

③ 单击“查看”超链接，工商局工作人员可以在进入的界面中查看企业提交的企业注销登记申请书，但是不能做任何操作。

（3）如果企业提交的企业注销登记申请资料不全，工商相关部门要向企业发送《一次性告知记录》通知企业补齐相关资料，如图 6-35 所示。

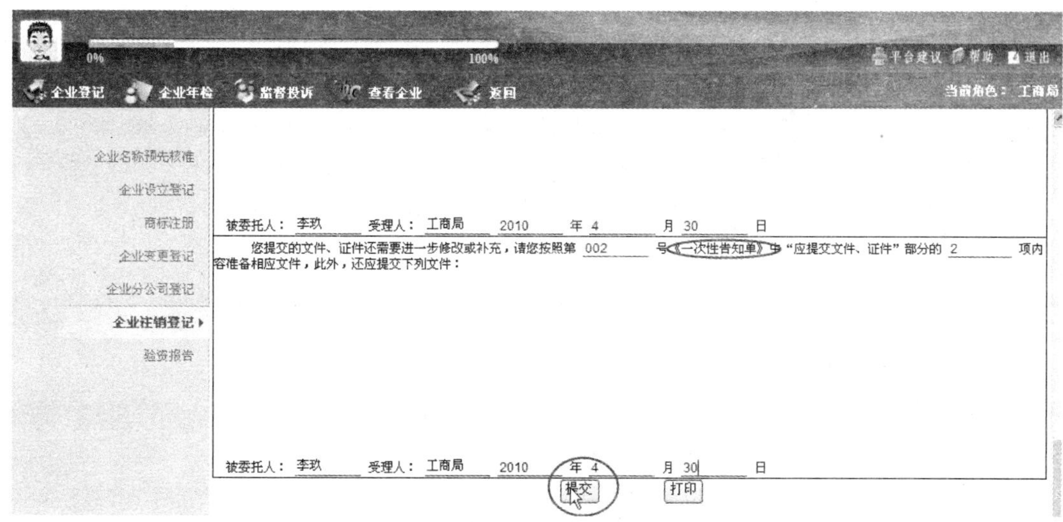

图 6-35　一次性告知记录界面

（4）如果企业委托别人代办企业注销登记申请，需要提交一份指定委托书到工商局，在获得工商局审核认可后方可进行下一步工作。单击“指定（委托）书”超链接，进入如图 6-36 所示的界面，可以看到所有已提交的指定委托书及其审核状态。工商局工作人员可以单击“审核”超链接进入如图 6-37 所示的界面进行审核。

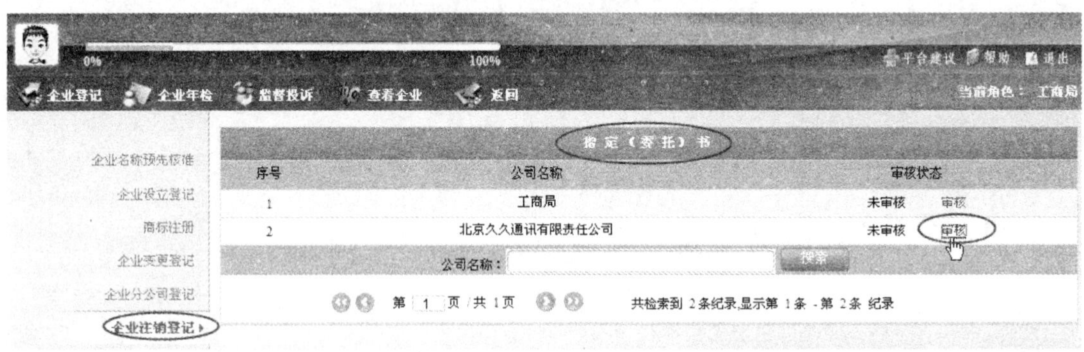

图 6-36　指定委托书界面

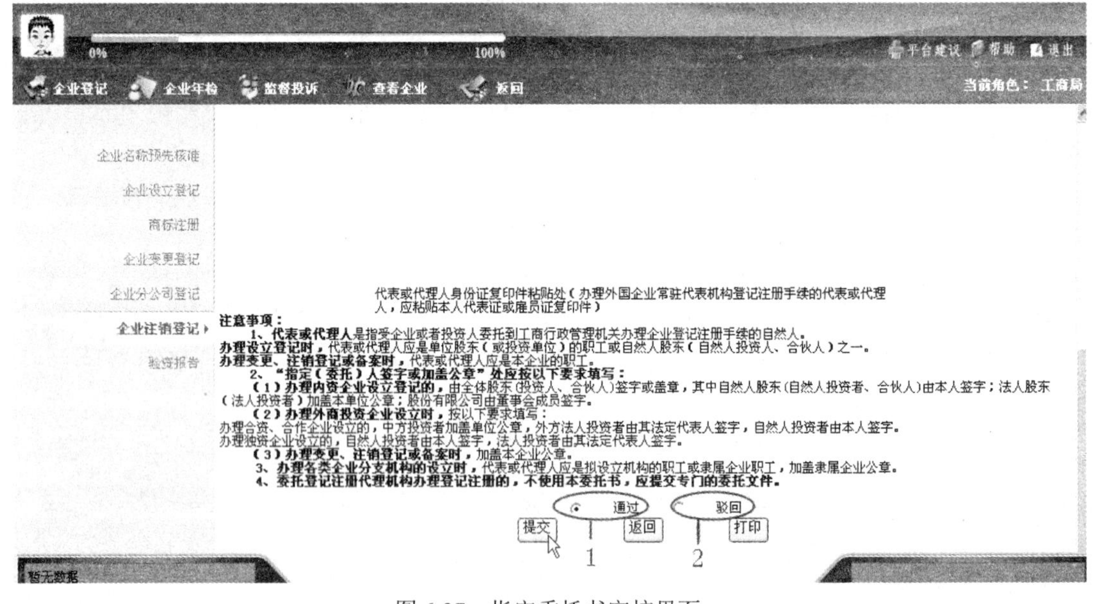

图 6-37　指定委托书审核界面

注：1—通过，如果企业提交的指定委托书符合规定，工作人员则选中该单选按钮并通知企业；2—驳回，如果企业提交的指定委托书不符合相关规定，工作人员则选中该单选按钮并通知企业重新申请。

（5）企业办理企业注销登记申请时需提交清算报告到工商局，获得工商局审核认可后方可进行下一步工作。单击“清算报告”超链接，进入如图 6-38 所示的界面，可以看到所

有已经提交的清算报告及其审核状态。单击“审核”超链接，进入清算报告审核界面进行审核，如图 6-39 所示。

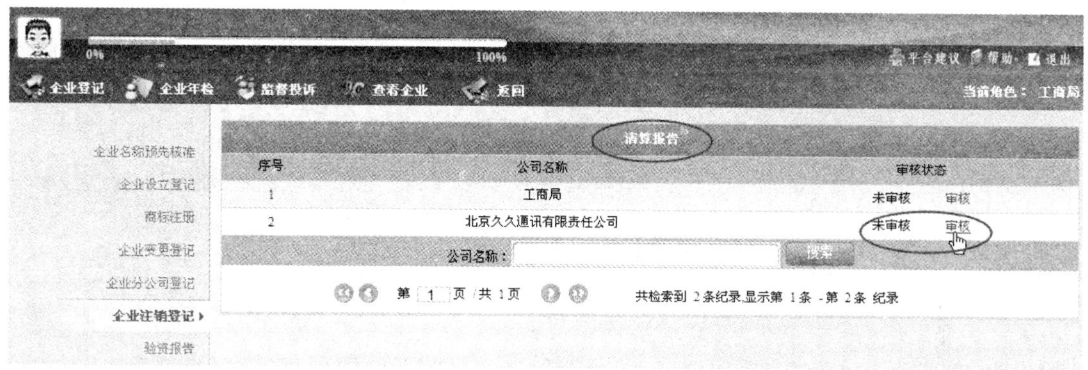

图 6-38　清算报告界面

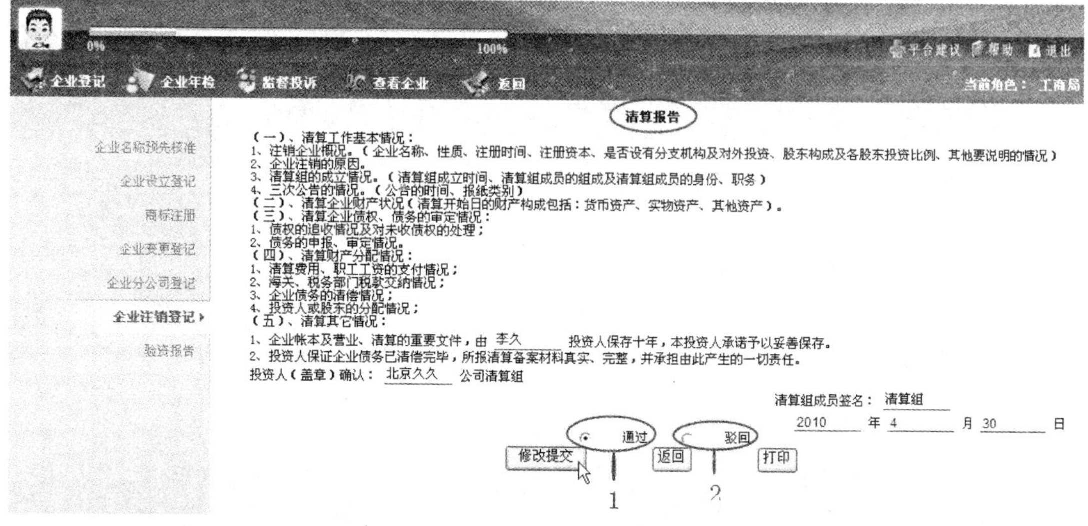

图 6-39　清算报告审核界面

注：1—通过，如果企业提交的清算报告符合规定，工作人员则选中该单选按钮并通知企业；2—驳回，如果企业提交的清算报告不符合相关规定，工作人员则选中该单选按钮，并通知企业重新填写。

（6）工商局工作人员对企业提交的企业注销登记申请发布审核意见，并把审核意见通知企业，让企业确认，如图 6-40 所示。

（7）单击“接待情况记录单”超链接，进入如图 6-41 所示的界面，单击“受理接待通知单”超链接，填写具体信息。

（8）单击“关于责令公司限期关闭通知管理”超链接，在进入的界面中可以看到已通

过企业注销登记申请审核的所有企业信息，如图 6-42 所示。选择相关企业，并单击其“操作”项下的“发送责令”超链接，在进入的界面中填写通知内容后，单击“提交”按钮，如图 6-43 所示，然后企业会收到责令限期关闭通知。

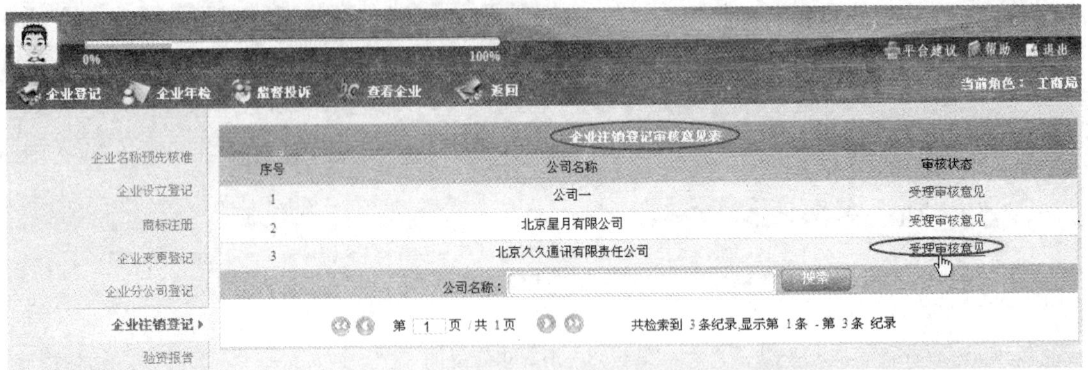

图 6-40　企业注销登记审核意见表界面

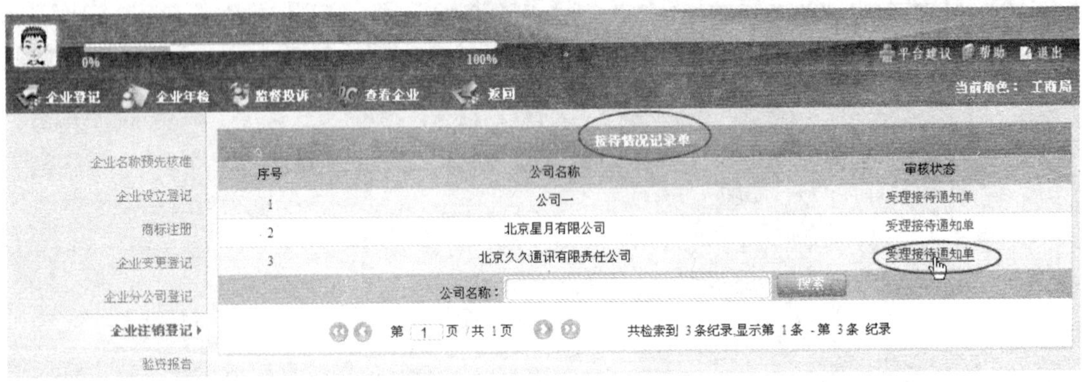

图 6-41　接待情况记录单界面

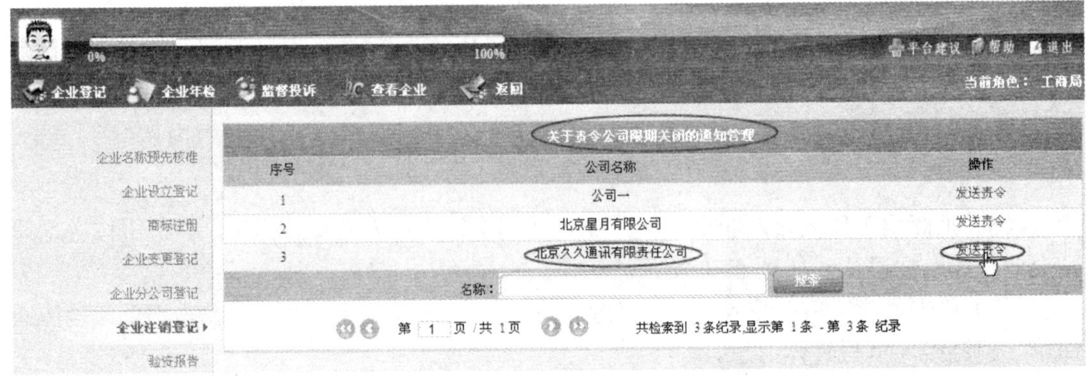

图 6-42　关于责令公司限期关闭通知管理界面

0%　100%　平台建议　帮助　退出

企业登记　企业年检　监督投诉　查看企业　返回　当前角色：工商局

企业名称预先核准
企业设立登记
商标注册
企业变更登记
企业分公司登记
企业注销登记
验资报告

关于责令 京久久通讯 公司限期关闭的通知

你公司的注销申请已通过审核并生效，限你公司与2010年5月1日前关闭公司。

北京市 政府

2010 年 4 月 30 日

提交　打印

图 6-43　责令公司限期关闭通知填写界面

八、工作总结

（一）实习目的和要求

通过实习掌握工商局的主要职责和业务，了解各个业务的操作流程，对工商局的工作和职责进行总结。

（二）实习内容

（1）总结工商部门的所有业务及其流程。

（2）总结工商部门的职责和要求。

（3）总结实习小组成员的表现。

（三）实习步骤

（1）小组成员总结自己所负责的业务的详细内容。

（2）归纳出工商部门的工作职责和要求。

（3）小组成员总结自己在实习过程中的工作表现及对业务的认知情况，总结实习过程中出现的问题及获得的成果，并完成总结 PPT。

第七章

税务局业务实验

第一节 业务规则

一、业务总则

税务局在仿真实习环境中的主要职责是对企业进行税收管理并对企业缴税纳税情况进行监督。仿真实习环境中的税务局全体工作人员必须根据本章程的各项规定开展工作。

第一条　税务部门是仿真实习环境中办理各项税收业务的虚拟机构，是执行国家、地方有关税收政策的唯一合法组织。

第二条　税务部门不分设国家税务局和地方税务局，仿真实习环境中所有公司的各项涉税业务均由税务部门办理。

第三条　本规则中税务部门的内部机构设置及工作流程主要参考当前实际税务机关的做法，并结合仿真实习环境的具体情况而制定。

第四条　税务部门是仿真实习环境中的管理与服务机构。一方面要行使税收管理职责，完成税收业务；另一方面要体现服务社会的职能，积极为各个仿真公司（即纳税人）服务。

二、业务细则

税务局在仿真实习环境中的主要业务及规则如下：

第一条　仿真实习环境中的所有经营者都是纳税义务人，是税务部门的征税对象，所有的纳税义务人都要到税务部门办理税务登记，依法纳税。同时税务部门还负责处理纳税义务人的税务变更、税务注销、停业登记。纳税人必须如实填写税务登记表，并提供相关证件、资料，税务部门对报送表格、资料于一个月审核完毕（仿真系统中为 1～2 个

小时）。

第二条　税务部门对发票进行领购、缴销处理。税务部门要建立纳税人的发票账簿，用于记录、管理、监督纳税人的发票使用情况。

第三条　税务部门对纳税征收方式进行申请、审批管理。办理纳税申报时，办税人员主要审核纳税人各税种纳税申报表填置的合理性和合法性，审核无误后为纳税人填开纳税缴款书。

第四条　企业可以向税务部门提出减免税审批、延期申报申请和延期纳税申请。

第五条　税务部门还具有对企业进行税务检查的义务。主要包含违法案件调查报告、税务行政处罚决定书、税务处理决定书、强制执行决定书、罚款记录。税务部门对检查结果以书面形式发给企业。

第六条　企业有对税务部门的决定提出异议的权利，可以通过复议申请书和申诉书来行使纳税人的权利。纳税人进行复议申诉时，需先执行处罚决定，在处罚决定送达的两个季度内（实际为60天）向上级税务机关申请复议。过期则视为纳税人服从处罚决定，放弃复议诉讼。

第七条　税务部门可以进行纳税申报，包含增值税、消费税、企业所得税等税种的申报管理，以及根据缴款书进行税款缴纳。申报增值税时，纳税人需另附增值税发票的填开及抵扣的明细及原始凭证，以备对专用发票进行稽核。

第八条　企业可以对税务局的工作情况进行评价。评价常用的指标有业务办理的熟练程度和正确率、服务态度、投诉率、出勤率等。

第二节　业务流程

税务局的主要职责是为国家征收各种税收，并且办理各种税务的相关业务。仿真实习环境中主要涉及的税务部门的主要业务包括行政审批和纳税申报。

行政审批主要是对税务登记、发票领购、纳税征收方式申请、减免税审批、延期纳税申请、税务检查等业务进行管理。

纳税申报主要是对增值税、消费税和企业所得税等税种进行申报管理。

税务局的主要功能如图7-1所示。

一、税务登记

（一）业务介绍

税务登记又称纳税登记，是税务机关对纳税人实施税收管理的首要环节和基础工作，是征纳双方法律关系成立的依据和证明，也是纳税人必须依法履行的义务。

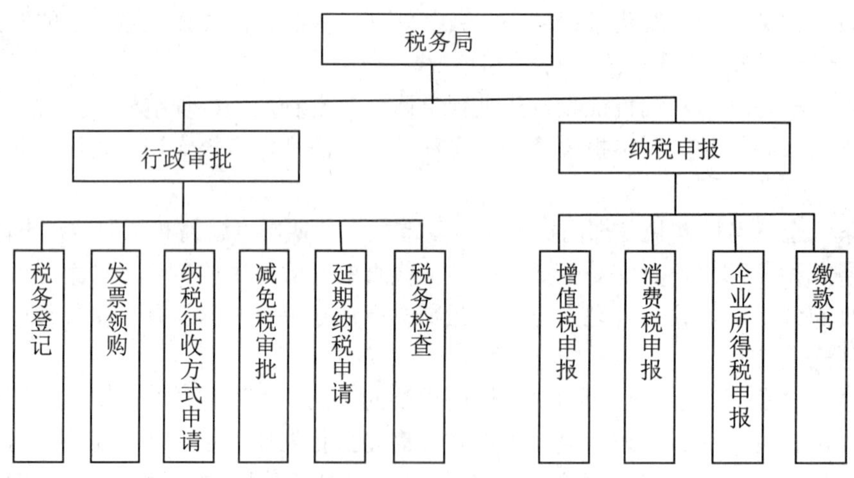

图 7-1　税务局功能

税务登记是指税务机关根据税法规定，对纳税人的生产经营活动进行登记管理的一项基本制度。它的意义在于：有利于税务机关了解纳税人的基本情况，掌握税源，加强征收与管理，防止漏管漏征，建立税务机关与纳税人之间正常的工作联系，强化税收政策和法规的宣传，增强纳税意识等。

（二）业务流程介绍

1．提交材料

纳税人持向税务机关提供的证件和资料，到属地的主管税务机关办税服务厅税务登记窗口申报办理税务登记。经审验符合规定的领取税务登记表（一式三份），填全表中项目并签章后，交原窗口办理。办理税务登记需提供如下材料：营业执照副本或成立批文及其复印件；有关合同、章程、协议书及其复印件；开户行及账号证明及其复印件；法人代表（负责人）、业主居民身份证或其他合法证件及其复印件；验资报告及其复印件；经营场所证及其复印件；代码证书及其复印件；税务机关要求提供的其他证件、资料。

2．税务登记流程

首先由生产企业填写税务登记表和纳税人税种登记表，同时准备好进行税务登记的其他文件、资料和证明，提交给税务部门进行审核。如果审核通过，则纳税人申请登记成功；如果审核不通过，则需要重新进行申请。税务登记流程如图 7-2 所示。

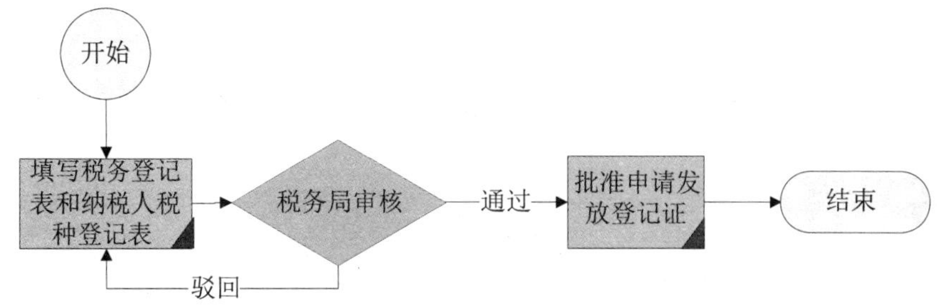

图 7-2　税务登记流程

注：流程图中带三角（◢）的步骤为与生产企业交叉业务部分。

二、发票领购

（一）业务介绍

发票是指一切单位和个人在购销商品、提供劳务或接受劳务、服务及从事其他经营活动，所提供给对方的收付款的书面证明，是财务收支的法定凭证，是会计核算的原始依据，也是审计机关、税务机关执法检查的重要依据。依法办理税务登记的单位和个人，在领取税务登记证件后，向主管税务机关申请领购发票。

（二）业务流程介绍

1．提交材料

初次进行发票领购需要提交的材料有：税务登记证（副本）复印件；购票人员或经办人身份证复印件；加盖有单位“财务专用章”或“发票专用章”印模的《购领发票申请审批表》、《发票使用责任书》、《税务行政许可申请表》。

再次领购发票需要提交的材料有：税务登记证副本；《发票准购（领）证》；购票人员或经办人身份证；已使用过的发票；《纳税人发票验旧情况登记账》。

2．发票领购的业务流程

纳税人税务登记成功后，便可以向税务局领购发票，进行业务往来。首先要判断是不是首次向税务局领购发票，如果是首次领购，则需要填写发票领购申请书，并且通过税务局的审核。审核通过后，税务局给纳税人发放发票领购簿。纳税人需携带发票领购簿和办税人身份证件去税务局领购发票。如果审核通过，则可以顺利拿到发票；如果审核不通过，则需要重新申请。如果不是首次领购发票，则需要携带上已用发票、发票领购簿和办税人身份证明去税务局领购发票；如果审核通过，则向纳税人提供发票。发票领购流程如图 7-3 所示。

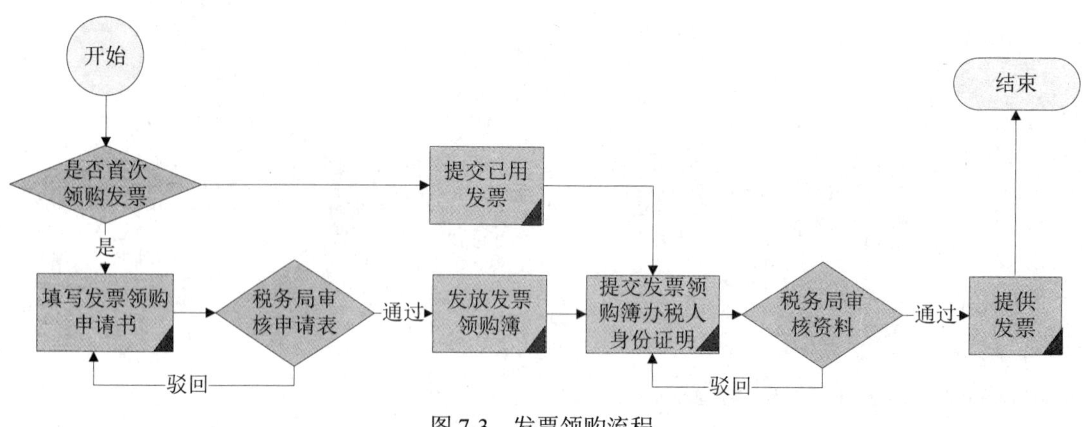

图 7-3　发票领购流程

注：流程图中带三角（◢）的步骤为与生产企业交叉业务部分。

三、纳税征收方式申请

（一）业务介绍

纳税征收方式是税务机关在组织税款入库过程中对纳税人的应纳税款的计算、征收、缴库等所采取的方法和形式。纳税征收方式的确定遵循保证国家税款及时足额入库、方便纳税人、降低税收成本的原则。目前主要有以下几种方式：查账征收、核定征收、定期定额征收、代收代缴、代扣代缴、委托代征、查验征收等。

（二）业务流程介绍

1．提交材料

纳税人申请不同的税款征收方式需要提交的材料有所不同。

申请核定征收（核定征收税款是指由于纳税人的会计账簿不健全，资料残缺难以查账，或者其他原因难以准确确定纳税人应纳税额时，由税务机关采用合理的方法依法核定纳税人应纳税款的一种征收方式，简称核定征收）时除应提交填写好的《核定征收方式申请表》外，还应当根据申请的核定征收的类型分别提供以下证件资料，所提供资料原件用于税务机关审核，复印件留存税务机关。

申请定期定额核定需提供的资料有：纳税人生产经营场所自有房产证明、租赁房产房屋租赁合同或其他证明的原件和复印件；从业人员工资表原件和复印件；最近月份电费的原始单据和复印件；最近月份水费的原始单据和复印件；缴纳增值税纳税人的国税局核定决定（通知）书原件及复印件（缴纳增值税纳税人必须提供）；电话费的原始单据和复印件。

以上资料，如果纳税人提供了第五项资料，可以不用提供其他资料。

申请定期定率核定需提供的资料有：准确核算收入方式方法的书面说明或其他证明材料原件和复印件；纳税人生产经营场所自有房产证明、租赁房产房屋租赁合同或其他证明的原件和复印件；从业人员工资表原件和复印件；最近月份电费的原始单据和复印件；最近月份水费的原始单据和复印件；电话费的原始单据和复印件。

申请核定应税所得率需提供的资料有：准确核算收入或费用方式方法的书面说明或其他证明材料原件和复印件；纳税人生产经营场所自有房产证明、租赁房产房屋租赁合同或其他证明的原件和复印件；从业人员工资表原件和复印件；最近月份电费的原始单据和复印件；最近月份水费的原始单据和复印件；电话费的原始单据和复印件。

除以上所列资料外，纳税人应提供其他材料、成本、费用单据等有助于税务机关准确核定的资料。

2．纳税征收方式申请流程

首先由各个纳税人向税务局递交其纳税征收方式申请审批单，然后税务局根据其实际情况进行调查研究与确认，最后确定纳税人适合的征收方式。纳税征收方式申请的业务流程如图 7-4 所示。

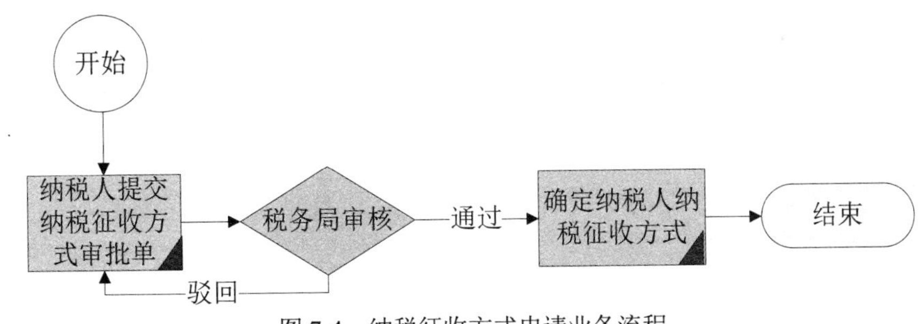

图 7-4　纳税征收方式申请业务流程

注：流程图中带三角（◢）的步骤为与生产企业交叉业务部分。

四、减免税审批

（一）业务介绍

减免税是指税务机关依据税收法律、法规及国家有关税收规定给予纳税人的减税免税。减税免税，主要是对某些纳税人和征税对象采取减少征税或者免予征税的特殊规定。设置减税免税，可以把税收的严肃性和必要的灵活性结合起来，体现因地制宜和因事制宜的原则，更好地贯彻税收政策。

（二）业务流程介绍

1．提交材料

符合减免税条件的纳税人应向主管税务机关提出书面申请，领取并填写《减免税审批表》并附报与减免税相关的资料。税务机关接到上级批准的减免文件后 2 日内将《减免税批准通知书》送达纳税人。企业减免税所需资料有：营业执照副本复印件 3 份；税务登记副本复印件 3 份；《现有服务型企业吸纳下岗失业人员认定证明》3 份；下岗失业人员《再就业优惠证》和身份证复印件 3 份；企业财务报表 3 份；企业工资支付凭证 3 份；减免税申请报告（打字）3 份；减免税申请表 3 份。

2．减免税审批流程

首先由纳税人携带税务登记证、营业执照、减免税项目相关资料向税务局进行提交，如果审核通过，则纳税人到税务局领取减免税申请审批表，然后填写完后提交到税务局审核，审核通过后税务局会通知纳税人领取批复文件和减免税通知书。减免税审批业务流程如图 7-5 所示。

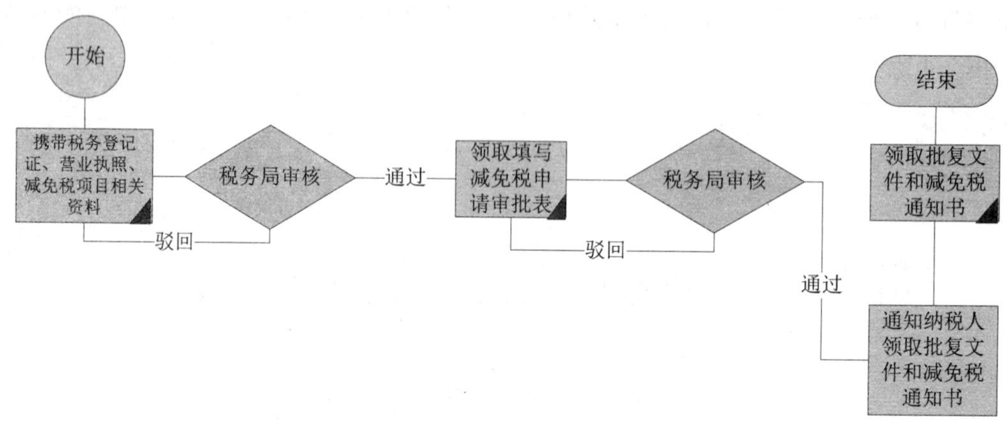

图 7-5　减免税审批业务流程

注：流程图中带三角（◢）的步骤为与生产企业交叉业务部分。

五、延期纳税申请

（一）业务介绍

延期纳税包含两个方面的延期，一指延期申报申请；二指延期缴纳税款。

1．延期申报申请

纳税人、扣缴义务人不能按期办理纳税申报或者报送代扣代缴、代收代缴税款报告表

的，经税务机关核准，可以延期申报。经核准延期办理前款规定的申报、报送事项的，应当在纳税期内按照上期实际缴纳的税额或者税务机关核定的税额预缴税款，并在核准的延期内办理税款结算。

2．延期缴纳税款

纳税人因下列情形之一导致资金困难，不能按期缴纳税款的，可以向税务机关申请延期缴纳税款，并在申请延期缴纳的同时向税务机关提供相关证明资料：水、火、风、雷、海潮、地震等人力不可抗拒的自然灾害，应提供灾情报告；可供纳税的现金、支票及其他财产等遭遇偷盗、抢劫等意外事故，应提供有关公安机关出具的事故证明；国家调整经济政策的直接影响，应提供有关政策调整的依据；短期货款拖欠，应提供货款拖欠情况证明和货款拖欠方不能按期付款的证明材料；根据税收征管实际规定的其他情形。

（二）业务流程介绍

1．提交材料

延期纳税申请需提交材料主要有：延期申报申请核准表；《税务登记证》副本原件；延期缴纳税款申请表；当期货币资金余额情况；上月的资产负债表和全部开户银行对账单原件与复印件；应付未付职工工资和社会保险费等支出预算；灾情报告或公安机关出具的事故证明；政策调整依据，货款拖欠情况说明；地税机关需要的其他资料。

2．延期纳税申请流程

（1）延期申报申请。纳税人首先向税务局提交延期申报申请表，然后经过税务局的审核。如果审核通过，则纳税人可以享受延期申报申请此项规定；如果审核不通过，则纳税人依然要按时进行申报申请。延期申报申请流程如图 7-6 所示。

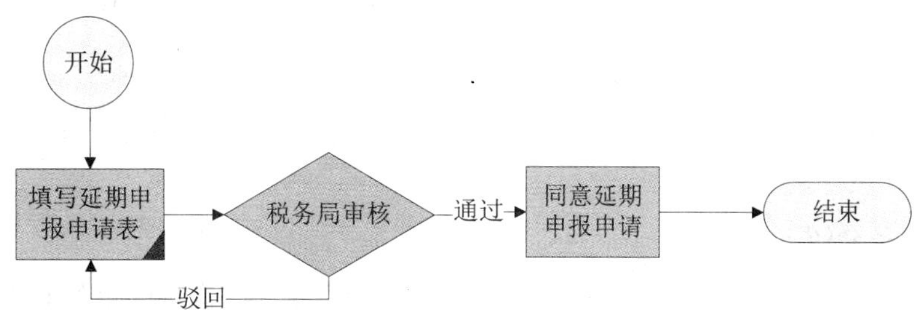

图 7-6　延期申报申请的流程

注：流程图中带三角（◢）的步骤为与生产企业交叉业务部分。

（2）延期缴纳税款。纳税人需要携带资产负债表和延期缴纳税款申请表向税务局进行申报，如果税务局审核通过，则可以延期缴纳税款；如果审核不通过，则要按时缴纳税款。延期缴纳税款的业务流程如图 7-7 所示。

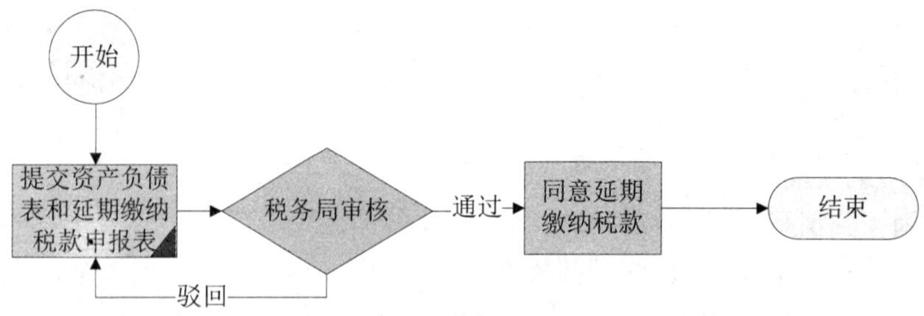

图 7-7　延期缴纳税款业务流程

注：流程图中三角（◢）的步骤为和生产企业交叉业务部分。

六、税务检查

（一）业务介绍

税务检查制度是税务机关根据国家税法和财务会计制度的规定，对纳税人履行纳税义务的情况进行监督、审查的制度。税务检查是税收征收管理的重要内容，也是税务监督的重要组成部分。搞好税务检查，对于加强依法治税、保证国家财政收入有着十分重要的意义。

（二）税务检查流程

税务局进行税务检查，首先查看纳税人有无脱逃税款。如果有脱逃税款，则发放相关决定书，同时由企业进行决定书的审阅。如果企业审阅之后，则补交税款，此次检查结束；如果不认同，则向税务局提交申诉书，由税务局审核，如果税务局审核通过，则继续进行下一项检查。税务检查的流程如图 7-8 所示。

七、增值税申报

（一）业务介绍

增值税是对销售货物或者提供加工、修理修配劳务及进口货物的单位和个人就其实现的增值额征收的一个税种。从计税原理上说，增值税是以商品（含应税劳务）在流转过程中产生的增值额作为计税依据而征收的一种流转税。实行价外税，也就是由消费者负担，有增值才征税，没增值不征税。但在实际当中，商品新增价值或附加值在生产和流通过程中是很难准确计算的。因此，我国也采用国际上的普遍采用的税款抵扣的办法，即根据销售商品或劳务的销售额，按规定的税率计算出销项税额，然后扣除取得该商品或劳务时所支付的增值税款，也就是进项税额，其差额就是增值部分应交的税额。这种计算方法体现

了按增值因素计税的原则。增值税一般纳税人适用的税率有17%、13%、11%、6%、0%等，小规模纳税人适用税率为3%。

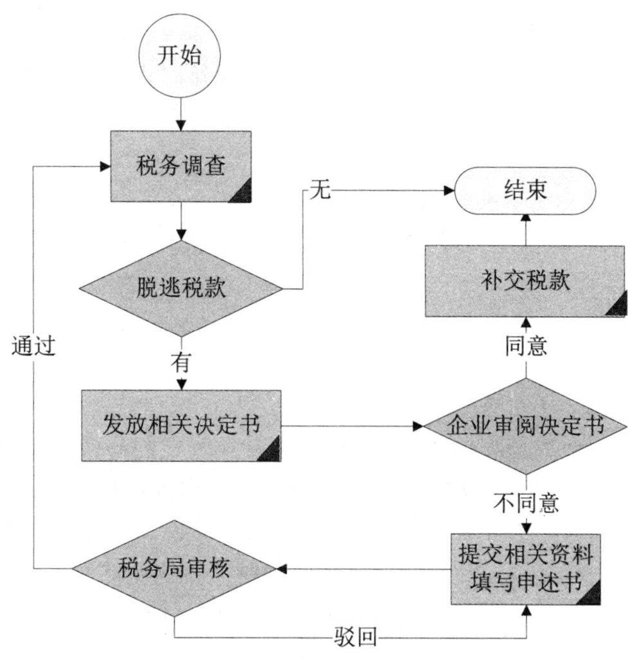

图7-8 税务检查的流程

注：流程图中带三角（◢）的步骤为与生产企业交叉业务部分。

（二）业务流程介绍

1．提交材料

增值税申报需提交材料有：《增值税纳税申报表（适用于增值税一般纳税人）》及其《增值税纳税申报表附列资料（表一）、（表二）、（表三）、（表四）、（表五）》；使用防伪税控系统的纳税人，必须报送记录当期纳税信息的IC卡（明细数据备份在软盘上的纳税人，还须报送备份数据软盘）、《增值税专用发票存根联明细表》及《增值税专用发票抵扣联明细表》；《增值税专用发票存根联明细表》（附表三）和《增值税专用发票抵扣联明细表》（附表四）由防伪税控系统自动生成；资产负债表和损益表；税务机关规定的其他必报资料。

2．增值税申报流程

首先由纳税人自行计算本单位的增值税税额，计算完成后，向税务局提交相关资料，并且填写增值税申报表，由税务局对其进行审核。如果审核通过，则其增值税申报成功，生产企业填写完缴款书后，银行根据缴款书填写金额对其增值税金额进行扣除；如果不通过，则需要重新申报。增值税申报流程如图7-9所示。

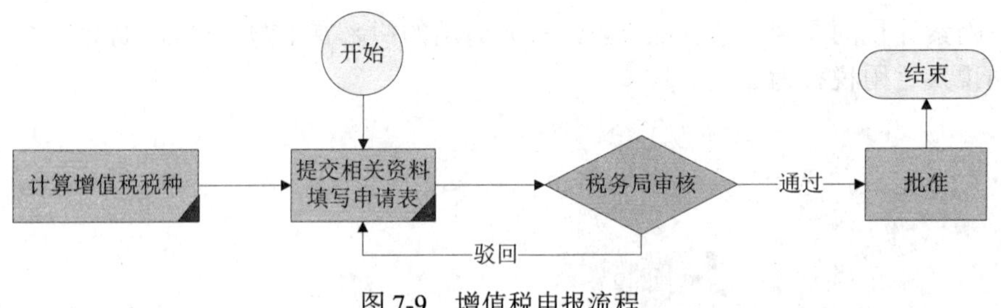

图 7-9　增值税申报流程

注：流程图中带三角（◢）的步骤为与生产企业交叉业务部分。

八、消费税申报

（一）业务介绍

消费税是政府向消费品征收的税项，可从批发商或零售商征收。消费税是 1994 年税制改革在流转税中新设置的一个税种。消费税是在对货物普遍征收增值税的基础上，选择少数消费品再征收的一个税种，主要是为了调节产品结构，引导消费方向，保证国家财政收入。现行消费税的征收范围主要包括烟、酒及酒精、鞭炮、焰火、化妆品、成品油、贵重首饰及珠宝玉石、高尔夫球及球具、高档手表、游艇、木制一次性筷子、实木地板、汽车轮胎、摩托车、小汽车等税目，有的税目还进一步划分若干子目。消费税实行价内税，只在应税消费品的生产、委托加工和进口环节缴纳，在以后的批发、零售等环节，因为价款中已包含消费税，因此不用再缴纳消费税，税款最终由消费者承担。

（二）业务流程介绍

1．提交材料

消费税申报需要提交的材料有：

（1）《消费税纳税申报表》一式三份。

（2）生产企业需上报《生产企业产品销售明细表》和《生产企业生产经营情况表》。

（3）需办理消费税税款抵扣手续的，除应按上述规定提供纳税申报所需资料外，还应当相应地提供以下资料：外购应税消费品连续生产应税消费品的，提供外购应税消费品增值税专用发票（抵扣联）原件和复印件；外购应税消费品的增值税专用发票属于汇总填开的，除提供增值税专用发票（抵扣联）原件和复印件外，还应提供随同增值税专用发票取得的由销售方开具并加盖财务专用章或发票专用章的销货清单原件和复印件。委托加工应税消费品连续生产应税消费品的，提供《代扣代收税款凭证》原件和复印件。进口应税消费品连续生产应税消费品的，提供《海关进口消费税专用缴款书》原件和复印件。

（4）主管税务机关要求报送的其他资料。

2．消费税纳税申报业务流程

首先由纳税人自行计算本单位的消费税税种，计算完成后，向税务局提交相关资料，并且填写消费税申报表。税务局对其进行审核，如果审核通过，则其消费税申报成功，在填写完缴款书后，根据缴款书中所填金额进行消费税扣除；如果不通过，则需要重新申报。消费税纳税申报流程如图7-10所示。

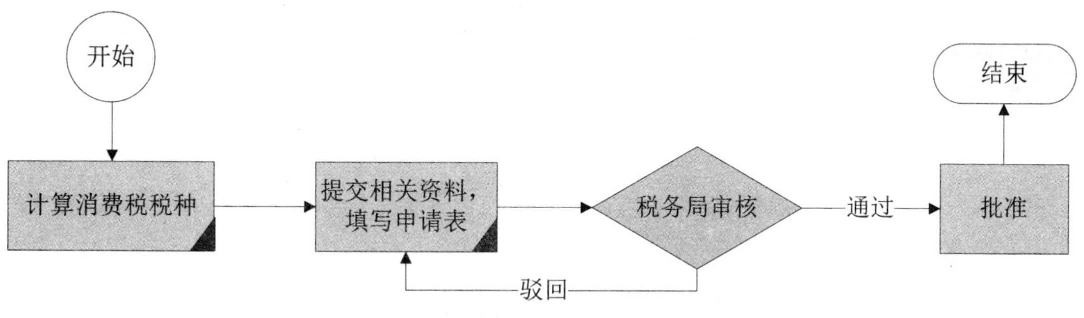

图7-10　消费税纳税申报流程

注：流程图中带三角（◢）的步骤为与生产企业交叉业务部分。

九、企业所得税申报

（一）业务介绍

企业所得税是对我国内资企业和经营单位的生产经营所得和其他所得征收的一种税。企业所得税的征税对象是纳税人取得的所得，包括销售货物所得、提供劳务所得、转让财产所得、股息红利所得、利息所得、租金所得、特许权使用费所得、接受捐赠所得和其他所得。一般企业所得税率为25%，符合条件的小型微利企业减按20%的税率征收企业所得税，需要重点扶持的高新技术企业减按15%的税率征收企业所得税。

（二）业务流程介绍

1．提交材料

企业所得税申报需提交的材料有：企业所得税年度纳税申报表及其附表；企业会计报表（资产负债表、利润表、现金流量表及相关附表）、会计报表附注和财务情况说明书；备案事项的相关资料；主管税务机关要求报送的其他资料。

2．企业所得税申报流程

首先由纳税人自行计算本单位的企业所得税税种，计算完成后，向税务局提交相关资料，并且填写企业所得税申报表。税务局对其进行审核，如果审核通过，则其企业所得税申报成功；如果不通过，则需要重新申报。企业所得税申报流程如图 7-11 所示。

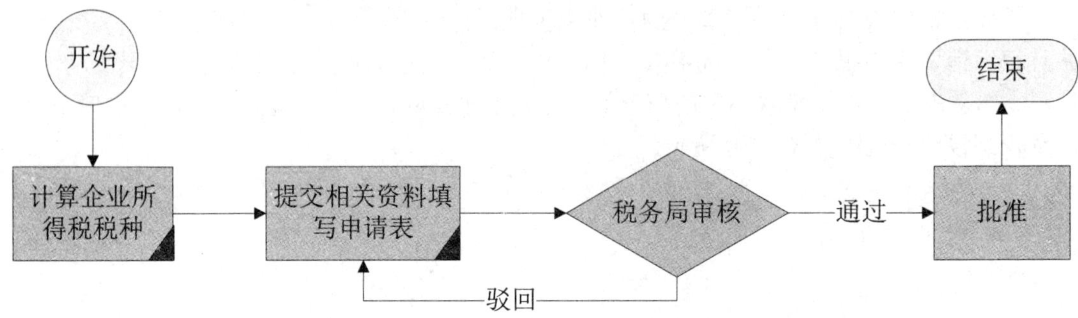

图 7-11　企业所得税申报流程

注：流程图中带三角（◢）的步骤为与生产企业交叉业务部分。

第三节　实 验 项 目

表 7-1　税务局实习项目

序 列 号	实习项目名称	实习项目类别	备　　注
1	税务局团队构建	现场任务类	
2	制定税务局的工作制度	现场任务类	
3	税务登记	流程作业类	
4	发票领购与缴销	流程作业类	
5	纳税征收方式申请	流程作业类	
6	减免税审批	流程作业类	
7	延期纳税申请	流程作业类	
8	税务检查	流程作业类	
9	增值税申报	流程作业类	
10	消费税申报	流程作业类	
11	企业所得税申报	流程作业类	
12	缴款书管理	流程作业类	
13	企业营业检查	流程作业类	
14	税务的变更、注销、停业	流程作业类	
15	税务局工作总结	现场任务类	

一、税务登记

（一）实习目的和要求

通过实习，让学生了解税务登记的流程，掌握办理税务登记所需的材料和流程，对企业提交的申请书认真检查与审核。

（二）实习内容

（1）税务局确认企业信息，如果信息正确，为企业发放纳税人识别号和密码。

（2）税务局核对企业填写的税务登记表，如有问题，发回企业重新填写；如果没有问题，可通过此申请，然后把企业的详细信息维护到系统中。

（3）税务局核对纳税人税种登记，如所填信息无误，可通过申请；如果信息有误，将此登记表发回企业重新填写。

（4）税务局对企业发放税务登记正本及副本。

（三）实习步骤

由税务局业务主界面，选择“行政审批”菜单，再选择“税务登记”选项卡进入税务登记界面。税务登记业务包括：“企业信息确认”“纳税人税种登记表”“税务登记”“税务登记正本”“税务登记副本”“变更税务登记表”“停业登记表”“注销税务登记申请审批表”。

（1）在税务登记界面单击“企业信息确认”超链接，进入企业基本信息界面。企业信息确认是税务机关审核企业基本信息，分配企业机器码的过程。当企业填写过企业注册信息后，税务机关就会在企业基本信息界面看到所有企业申请的列表，如图 7-12 所示。

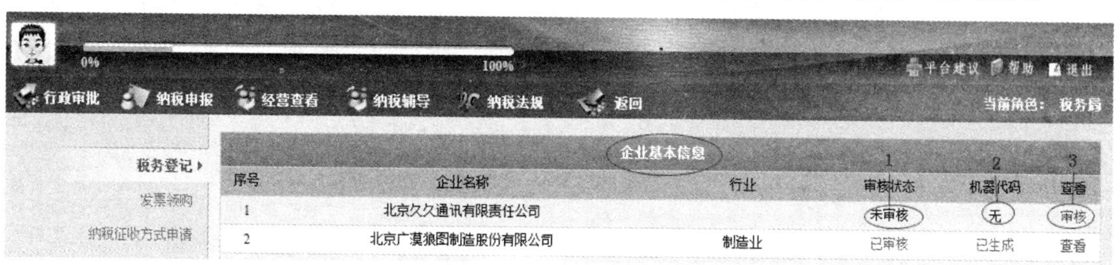

图 7-12　企业基本信息界面

注：1—未审核，表示企业填写了企业注册信息之后提交给税务机关，但税务机关还未受理；2—无，表示税务机关在未审核企业信息时，没有机器代码生成；3—审核，单击该超链接可以进入企业注册信息审核界面。

（2）查看审核状态，如有未审核的企业，单击“审核”超链接，进入企业注册信息审核界面，如图 7-13 所示。

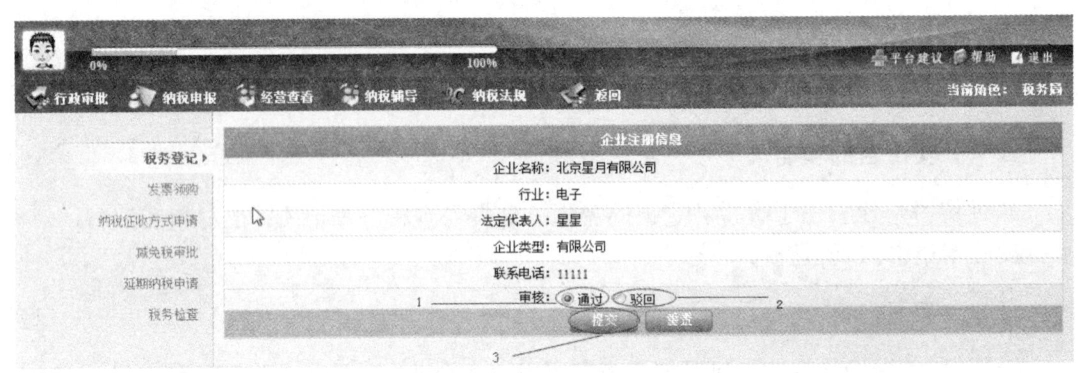

图 7-13　企业注册信息审核界面

注：1—通过；2—驳回；3—提交。

（3）查看企业注册信息，如果不符合审批标准，则选中“驳回”单选按钮，并单击“提交”按钮，返回需要企业重新填写企业注册登记信息；如果符合审批标准，则选中“通过”单选按钮，然后单击“提交”按钮。

（4）审核完成后再进入企业基本信息界面，此时审核状态均为已审核。“机器代码”项如有标记为“生成机器码”超链接，则单击该超链接，为企业自动生成一个纳税人识别号及密码。企业可根据该识别号和密码进行与税务局相关的申报业务。进入界面如图 7-14 所示。

企业基本信息

序号	企业名称	行业	审核状态	机器代码	查看
1	北京商经电器有限责任公司	生产销售	已审核	已生成	查看
2	曙光科技股份有限公司	制造业	已审核	已生成	查看
3	北京超越手机制造有限责任公司	手机制造	已审核	已生成	查看
4	久久通讯股份有限公司	手机制造与销售	已审核	已生成	查看
5	北京星月有限公司	电子	已审核	生成机器码	查看
6	北京广漠狼图制造股份有限公司	制造业	已审核	已生成	查看
7	宏达制造业有限责任公司	制造业	已审核	已生成	查看

名称：　搜索

第 1 页/共 1 页　共检索到 7 条纪录,显示第 1 条 - 第 7 条 纪录

图 7-14　生成机器码界面

注：1—已生成，表示审核完成，且已经生成机器码；2—生成机器码，审核操作完成后，单击该超链接，即为企业自动生成纳税人识别号及密码，企业可根据该识别号和密码进行与税务局相关的业务操作；3—查看，可以查看企业的基本信息。

（5）如有企业进行了税务登记操作，则税务登记界面的“审核状态”项下则为“未审

核”，单击“查看”项下的“审核”超链接，在进入的界面中对企业填写的税务登记表进行审核。税务登记表的内容如有不符合之处，则在界面最后选中“驳回”单选按钮，再单击“提交”按钮，将企业的税务登记表退回给企业重新修改；如所有内容都符合要求，在界面的最后选中“通过”单选按钮，再单击“提交”按钮，则企业税务登记完成，如图 7-15 所示。

0%　100%　平台建议　帮助　退出
行政审批　纳税申报　经营查看　纳税辅导　纳税法规　返回　当前角色：税务局
税务登记　发票领购　纳税征收方式申请　减免税审批　延期纳税申请

税务登记

序号	纳税人名称	纳税人识别号	审核状态	查看	基本信息
1	北京星月有限公司	124521628298585	未审核	审核	无
2	北京超越手机制造有限责任公司	375743204199179	驳回	查看	无
3	宏达制造有限责任公司	268141657651840	通过	查看	新增
4	宏达制造有限责任公司	268141657651840	通过	查看	新增

图 7-15　企业税务登记完成

注：1—未审核，表示企业已经填写了税务登记表，但税务部门还没有进行审核确认；2—审核，可以对企业填写的税务登记表进行内容审核。

（6）当企业填写了纳税人税种登记表后，税务部门应对纳税人税种登记表进行审核。单击“纳税人税种登记表”超链接，进入纳税人税种登记表界面，如图 7-16 所示。单击“审核”超链接，进入纳税人税种登记审核界面进行内容审核。如有不符合的内容，在界面的最后选中“驳回”单选按钮，再单击“提交”按钮，将企业的纳税人税种登记表退回给企业重新修改；如所有内容都符合要求，在界面的最后选中“通过”单选按钮，再单击“提交”按钮，则纳税人税种申报完毕。

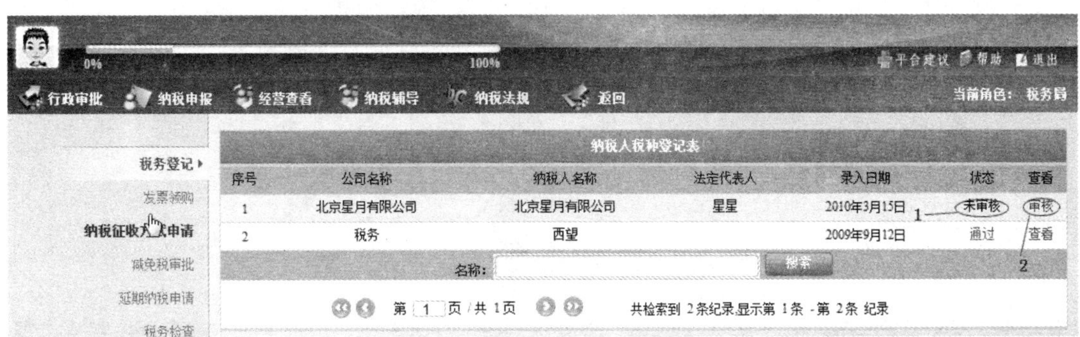

图 7-16　纳税人税种登记表界面

注：1—未审核，表示企业已经填写了纳税人税种登记表，但税务部门还没有进行审核确认；2—审核，税务部门单击此超链接可以对企业填写的纳税人税种登记表进行内容审核。

（7）在税务登记界面单击“税务登记正本”超链接，进入税务登记正本界面，可以看到所有办理过税务登记业务的企业，如图 7-17 所示。单击“查看”超链接，可以查看企业的税务登记证正本，如图 7-18 所示。

0% 100% 平台建议 帮助 退出
行政审批 纳税申报 经营查看 纳税辅导 纳税法规 返回 当前角色：税务局
税务登记 发票领购 纳税征收方式申请 减免税审批 延期纳税申请 税务检查

税务登记正本

序号	企业名称	注册地点	操作
1	工商局	北京房山	查看
2	银行	北京西城	查看
3	公司一	北京市房山区	查看
4	税务	北京工商大学	查看
5	会计师事务所	北京市房山区	查看
6	客户公司	北京市房山区	查看
7	客户公司	北京市房山区	查看
8	北京星月有限公司	北京	查看

企业名称： 检索
第 1 页 / 共 1页 共检索到 8条纪录 显示第 1条 - 第 8条 纪录

图 7-17　税务登记正本界面

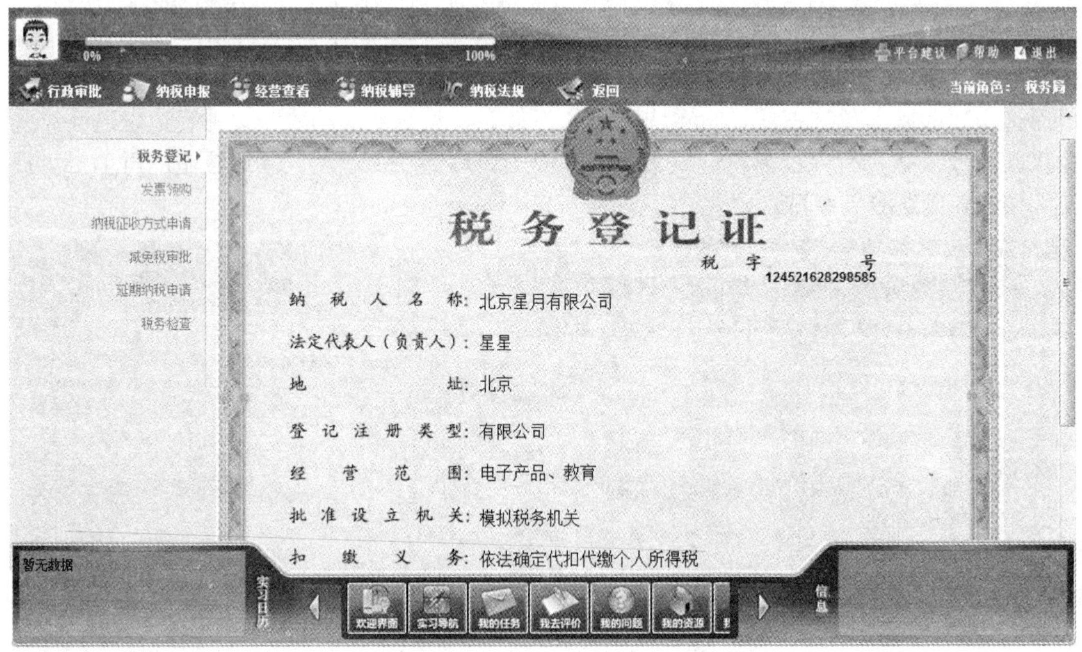

图 7-18　税务登记证正本

（8）在税务登记界面单击“税务登记副本”超链接，进入税务登记副本界面，可以看到所有办理过税务登记业务的企业。单击“查看”超链接，可以查看企业的税务登记证副本，如图 7-19 所示。

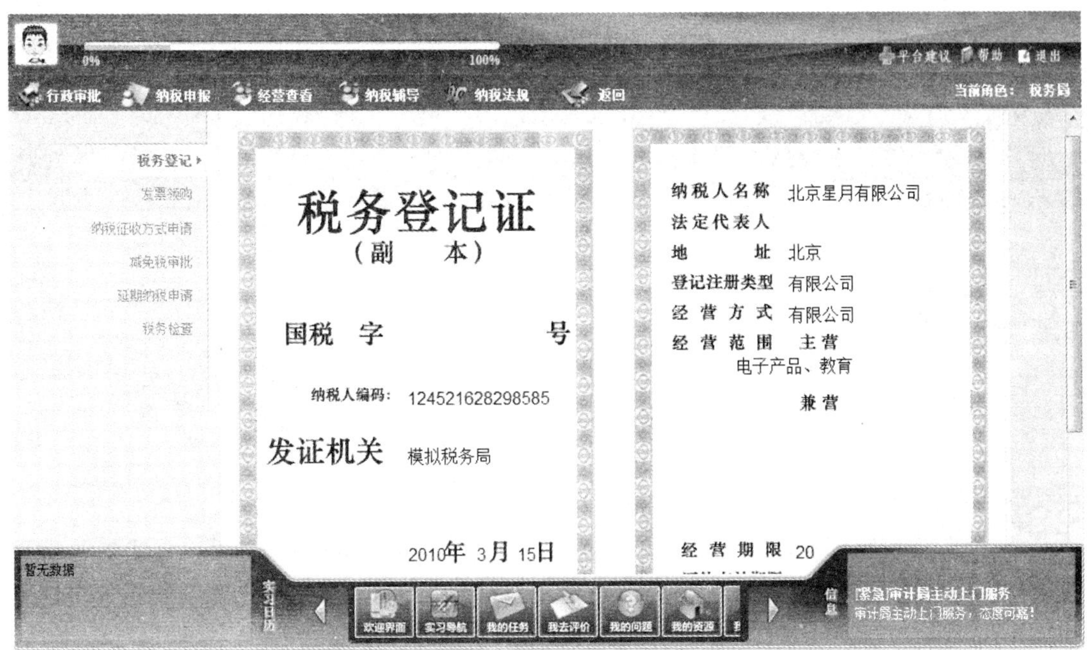

图 7-19　税务登记证副本

二、发票领购与缴销

（一）实习目的和要求

通过实习，让学生了解税务局办理领购发票和发票缴销的流程，以及认识企业会涉及的发票种类和发票模板，掌握办理领购发票所需的材料和流程，并且了解发票缴销的流程。

（二）实习内容

（1）查看发票领购申请是否有误，填写无误，可让此申请通过；如果填写有误，发回企业重新填写。

（2）税务机关人员为企业发放发票领购簿。

（3）如果接受企业发放的发票缴销记录，首先查看是否符合规则，如符合，审批此申请，缴销发票；如不符合，发回重新填写。

（三）实习步骤

（1）在税务局业务主界面，选择“行政审批”菜单，再选择“发票领购”选项卡，进入发票领购界面，如图 7-20 所示。

（2）发票领购项目包括“发票领购申请表”“领购发票记录”“增值税专用发票”“发票缴销记录”，如图 7-20 所示。

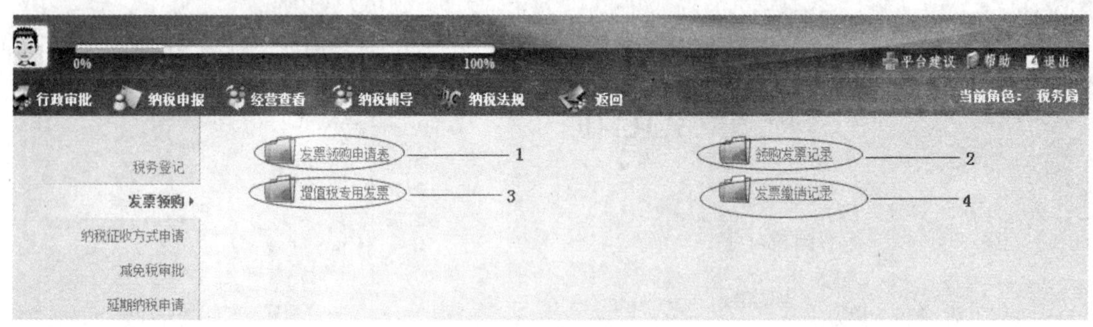

图 7-20　发票领购界面

注：1—发票领购申请表；2—领购发票记录；3—增值税专用发票；4—发票缴销记录。

（3）单击“发票领购申请表”超链接，进入发票领购申请表界面，“审核状态”项下有“未审核”“审核”两种状态，如图 7-21 所示。单击“审核”超链接进入企业提交的发票领购申请表所在界面审核其内容。如内容不符合要求，在界面最后选中“驳回”单选按钮，单击“提交”按钮，退回到企业重新填写；如内容均符合要求，则在界面最后选中“通过”单选按钮，单击“提交”按钮，则发票领购操作结束。

图 7-21　发票领购申请表界面

注：1—审核，单击该超链接可以对企业填写的发票领购申请表进行审核操作；2—查看，单击超链接可以查看企业填写的发票领购申请表。

（4）单击“领购发票记录”超链接，进入发票领购记录界面，如图 7-22 所示。

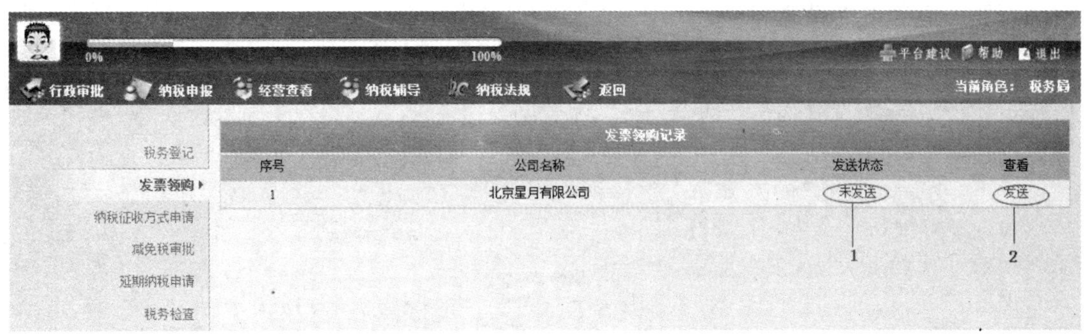

图 7-22　发票领购记录

注：1—未发送，表示审核了发票领购申请表，还没有给企业发送信息；2—发送，单击该超链接生成发票领购簿。

（5）单击“发送”超链接，进入发票领购簿界面。

（6）单击“领购发票记录”超链接，进入了领购发票记录界面，填写完整的发票信息，单击“提交”按钮，将领购发票记录发送给企业，操作完成。

（7）在发票领购界面单击“增值税专用发票”超链接，进入增值税专用发票界面，如图 7-23 所示。

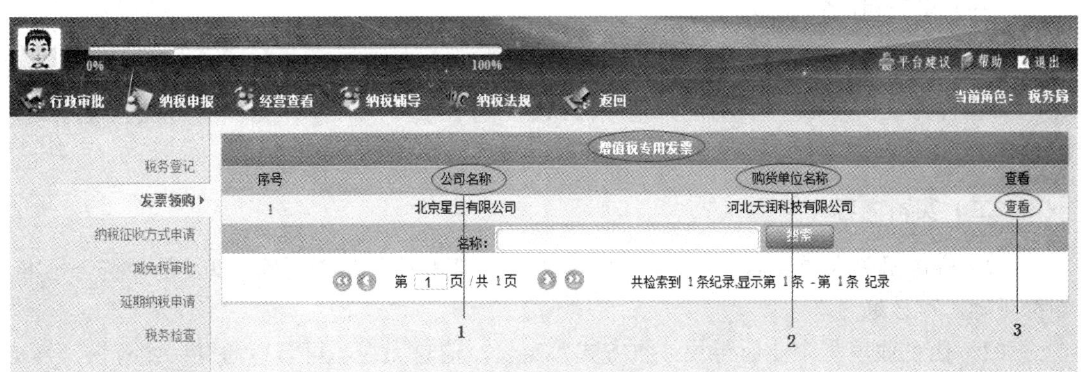

图 7-23　增值税专用发票界面

注：1—公司名称，即经营企业/小组的名称；2—购货单位名称，即采购企业的名称；3—查看，单击该超链接可以打开企业开出的增值税发票进行查看。

（8）在发票领购界面单击“发票缴销记录”超链接，进入发票缴销记录界面，如图 7-24 所示。

（9）单击“审核”超链接，进入发票缴销记录审核界面并审核其内容。如有不符合的内容，在发票缴销记录的最后选中“驳回”单选按钮，再单击“提交”按钮，将发票缴销记录退回给企业重新修改；如所有内容都符合要求，在发票缴销记录的最后选中“通过”单选按钮，再单击“提交”按钮，则发票缴销记录操作完成。

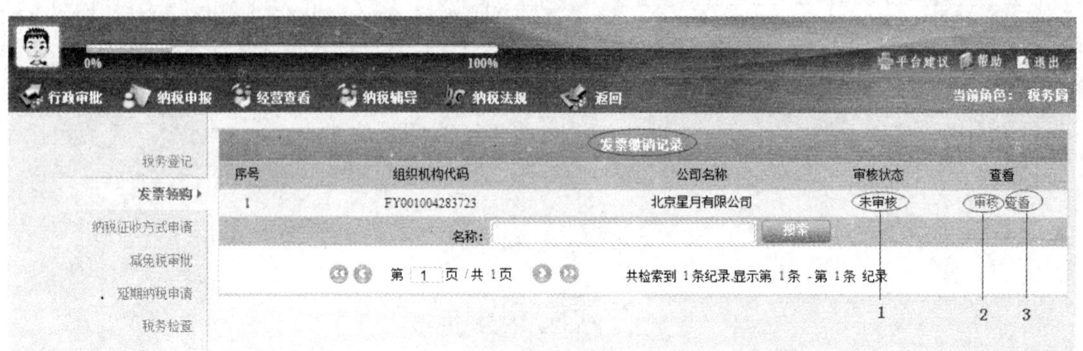

图 7-24　发票缴销记录界面

注：1—未审核，表示企业提交了发票缴销记录，税务部门还没有受理该业务；2—审核，单击该超链接可以进入发票缴销记录审核界面；3—查看，单击该超链接查看企业填写的发票缴销记录的内容。

三、纳税征收方式申请

（一）实习目的和要求

通过实习，让学生了解纳税征收方式申请的流程，以及企业所得税征收方式审核的流程，掌握纳税征收方式申请的流程和操作时的注意事项，同时掌握企业所得税征收方式申请和审批的流程。

（二）实习内容

（1）税务机关人员查看核定征收申请审批表，查看填写是否正确，以及是否符合标准，如都正确，审核通过。

（2）让企业填写企业所得税征收方式鉴定表，信息无误，可审核通过；如有误，需退回企业重新填写。

（三）实习步骤

（1）由税务局业务主界面选择“行政审批”菜单，再选择“纳税征收方式申请”选项卡，进入纳税征收方式申请界面。

（2）纳税征收方式申请业务包括：“核定征收申请审批表”“企业所得税征收方式鉴定表”“企业所得税年度核定征收申请表”，如图 7-25 所示。

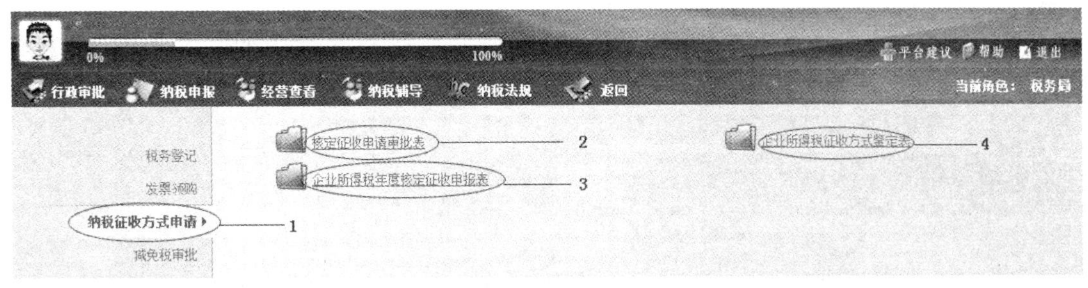

图 7-25　纳税征收方式申请界面

注：1—纳税征收方式申请表；2—核定征收申请审批表；3—企业所得税年度核定征收申报表；4—企业所得税征收方式鉴定表。

（3）单击“核定征收申请审批表”超链接，进入核定征收申请审批表界面，如图 7-26 所示。单击“审核”超链接，进入纳税征收方式申请表审核界面并审核其内容。如有不符合的内容，在界面最后选中“驳回”单选按钮，再单击“提交”按钮，将企业的纳税征收方式申请表退回给企业重新修改；如所有内容都符合要求，在界面最后选中“通过”单选按钮，再单击“提交”按钮，则纳税征收方式申请表审核操作完成。

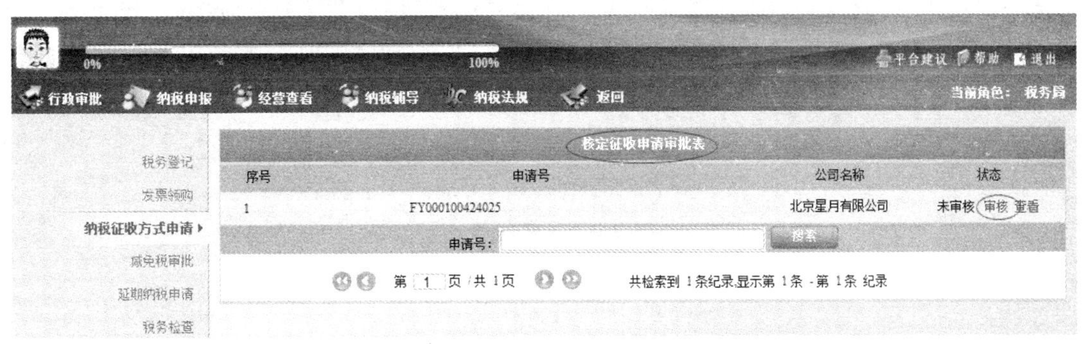

图 7-26　核定征收申请审批表界面

（4）单击“企业所得税年度核定征收申报表”超链接，进入企业所得税年度核定征收申报表界面，如图 7-27 所示。单击“审核”超链接，进入企业所得税年度核定征收申报表审核界面并审核其内容。如有不符合的内容，在界面最后选中“驳回”单选按钮，再单击“提交”按钮，将企业所得税年度核定征收申报表退回给企业重新修改；如所有内容都符合要求，在界面最后选中“通过”单选按钮，再单击“提交”按钮，则企业所得税年度核定征收申报表审核操作完成。

（5）单击“企业所得税征收方式鉴定表”超链接，进入企业所得税征收方式鉴定表界面，如图 7-28 所示。单击“审核”超链接，进入企业所得税征收方式鉴定表审核界面，并审核其内容。如有不符合的内容，在界面最后选中“驳回”单选按钮，再单击“提交”按钮，将企业所得税征收方式鉴定表退回给企业重新修改；如所有内容都符合要求，在界面最后选中“通过”单选按钮，再单击“提交”按钮，则企业所得税征收方式鉴定表审核操作完成。

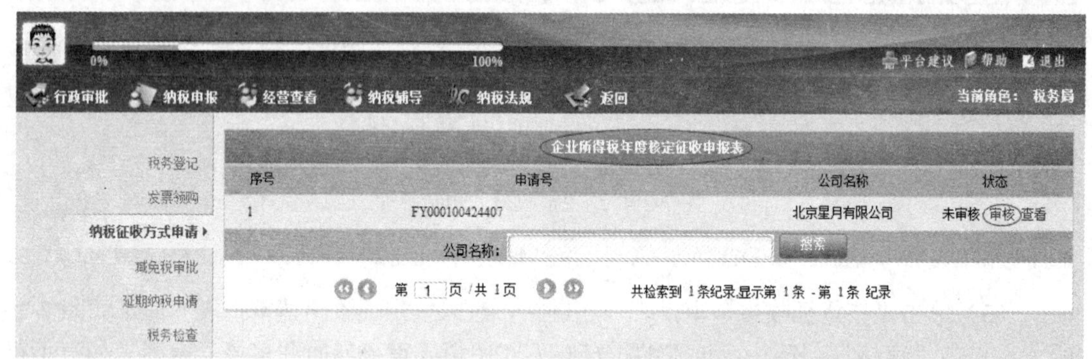

图 7-27　企业所得税年度核定征收申报表界面

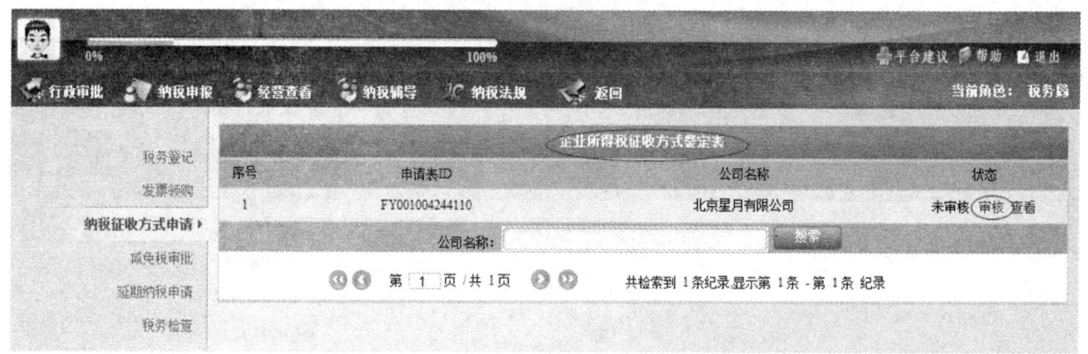

图 7-28　企业所得税征收方式鉴定表界面

四、减免税审批

（一）实习目的和要求

通过实习，让学生掌握减免税审批的相关知识和业务流程。

（二）实习内容

（1）收到纳税人减免税申请审核表后，税务机关要对表单进行审核，并对企业的真实情况进行核实。如确实相符，可将此申请审核通过；如情况不符合事实，将此申请驳回，等待新的申请。

（2）纳税人减免税申请审核通过后，税务机关相关人员为企业发放减免税申请通知书。

（三）实习步骤

（1）由税务局业务主界面选择“行政审批”菜单，再选择“减免税审批”选项卡，进入减免税审批界面。

（2）减免税审批业务包括“纳税人减免税申请审批表”和“减、免税申请通知书”，如图 7-29 所示。

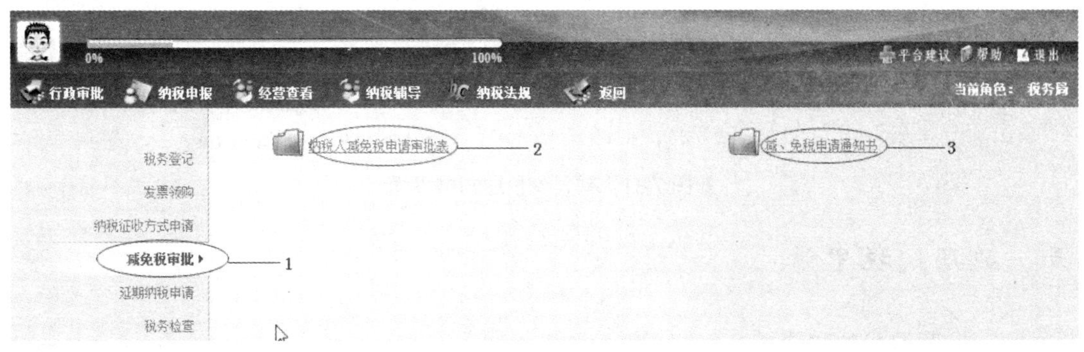

图 7-29　减免税审批界面

注：1—减免税审批；2—纳税人减免税申请审批表；3—减、免税申请通知书。

（3）单击“纳税人减免税申请审批表”超链接，进入纳税人减免税查看界面，如图 7-30 所示。单击“审核”超链接，进入纳税人减免税申请审批表审核界面并审核其内容。如有不符合的内容，在界面最后选中“驳回”单选按钮，再单击“提交”按钮，将纳税人减免税申请审批表退回给企业重新修改；如所有内容都符合要求，在界面最后选中“通过”单选按钮，再单击“提交”按钮，则纳税人减免税申请审批表审核操作完成。

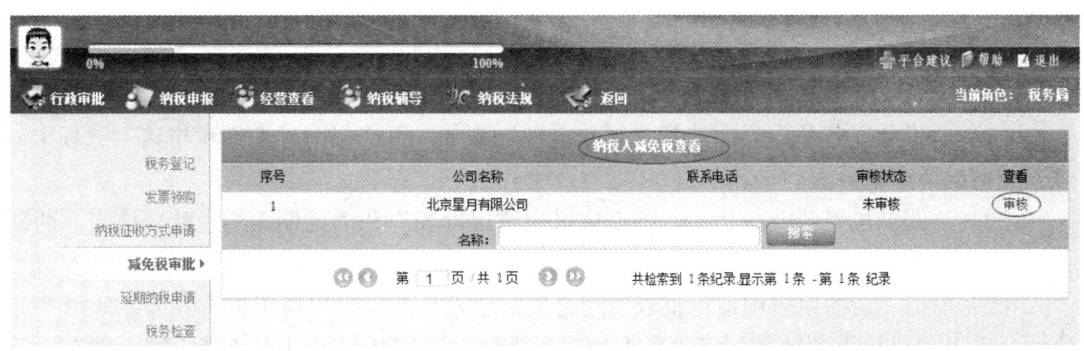

图 7-30　纳税人减免税查看界面

（4）单击“减、免税申请通知书”超链接，进入减、免税通知书界面，如图 7-31 所示。单击“发送通知”超链接，进入减、免税通知书填写界面，由税务部门填写减、免税通知书内容填写完毕后单击“提交”按钮，则减免税审批操作完成。

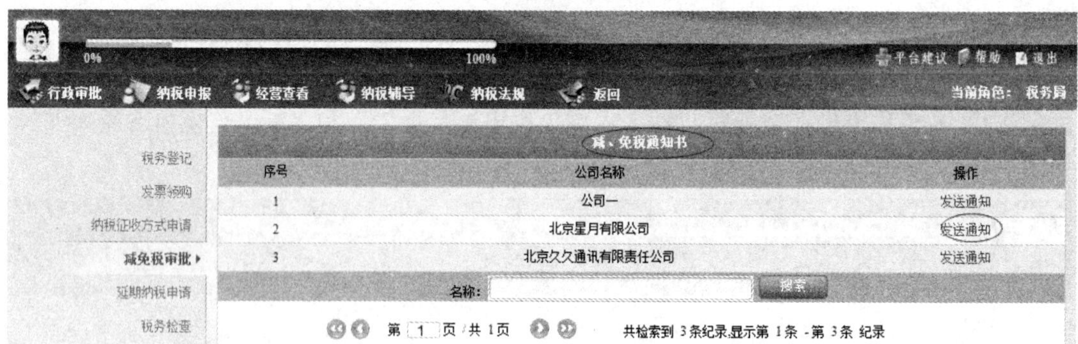

图 7-31　减、免税通知书界面

五、延期纳税申请

（一）实习目的和要求

通过实习，让学生掌握延期申报申请和延期缴纳税款所需的材料和业务操作流程。

（二）实习内容

（1）收到延期申报申请审批表后，税务机关首先要核实表内信息是否正确，派工作人员到企业进行调查。如符合情况，可将申请通过；如不符合情况，将申请驳回，等待新的申请。

（2）延期申报申请通过后，让企业填写延期纳税款申请，填写正确，税务机关人员审核通过后即可；如填写有误需重新填写。

（三）实习步骤

（1）由税务局业务主界面选择“行政审批”菜单，再选择“延期纳税申请”选项卡，进入延期纳税申请界面。

（2）延期纳税申请业务包括“延期申报申请审批表”和“延期缴纳税款申请表”两部分，如图 7-32 所示。

（3）单击“延期申报申请审批表”超链接，进入延期申报申请审批表界面，如图 7-33 所示。单击“审核”超链接，进入延期申报申请审批表审核界面并审核其内容。如有不符合的内容，在界面最后选中“驳回”单选按钮，再单击“提交”按钮，将延期申报申请审批表退回给企业重新修改；如所有内容都符合要求，在界面最后选中“通过”单选按钮，再单击“提交”按钮，则延期申报申请审批操作完成。

图 7-32　延期纳税申请界面

注：1—延期纳税申请；2—延期申报申请审批表；3—延期缴纳税款申请表。

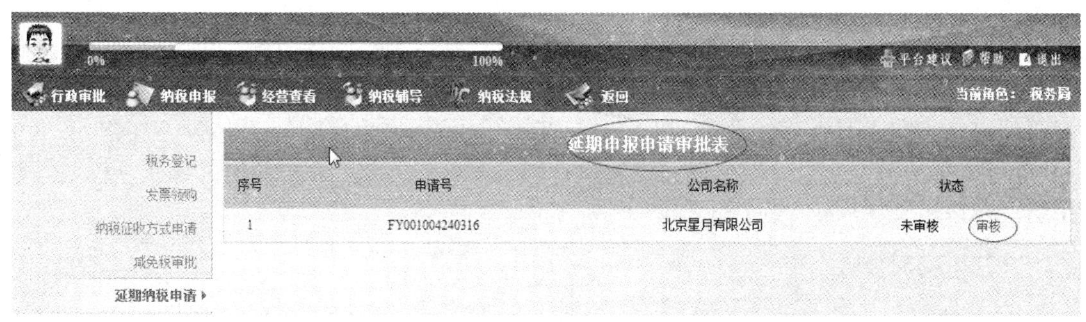

图 7-33　延期申报申请审批表界面

（4）单击“延期缴纳税款申请表”超链接，进入延期缴纳税款申请表界面，如图 7-34 所示。单击“审核”超链接，进入延期缴纳税款申请表审核界面并审核其内容。如有不符合的内容，在界面最后选中“驳回”单选按钮，再单击“提交”按钮，将延期缴纳税款申请表退回给企业重新修改；如所有内容都符合要求，在界面最后选中“通过”单选按钮，再单击“提交”按钮，则延期缴纳税款申请操作完成。

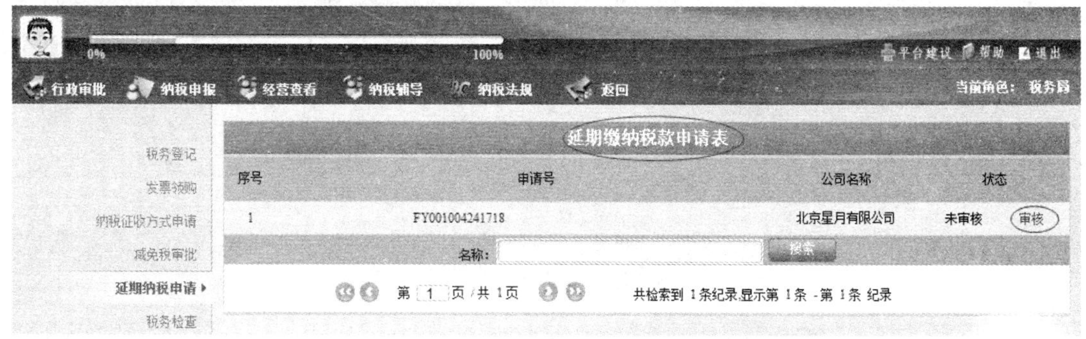

图 7-34　延期缴纳税款申请表界面

六、税务检查

（一）实习目的和要求

通过实习，让学生掌握税务局进行税务检查的业务流程，以及发送各种报告和决定书的不同和注意事项，了解企业复议和申诉的流程。

（二）实习内容

（1）在企业经营过程中，税务机关可定期对企业进行检查，税务机关人员向各个企业发放税务检查通知书，然后税务机关便可到各个企业进行检查，各个企业需配合税务机关人员进行检查。

（2）税务机关如接到个人或企业举报，可针对某些企业进行调查，并由税务机关人员向企业发放税务违法调查报告，然后税务机关便可到该企业进行调查。如确有问题，税务机关要对该企业下发税务行政处罚决定书，并进行相应金额的罚款。

（3）税务机关人员收到申诉书，需派人到企业进行调查，如申述情况属实，可通过此申请，并作出处理；如不属实，驳回申请。

（三）实习步骤

（1）在税务局业务主界面选择“行政审批”菜单，再选择“税务检查”选项卡，进入税务检查界面。

（2）税务检查业务包括“税务检查通知书”“税务行政处罚决定书”“强制执行决定书”“复议申请书”“税务违法调查报告”、税务处理决定书”“申诉书”“罚款记录”“税务罚款”，如图 7-35 所示。

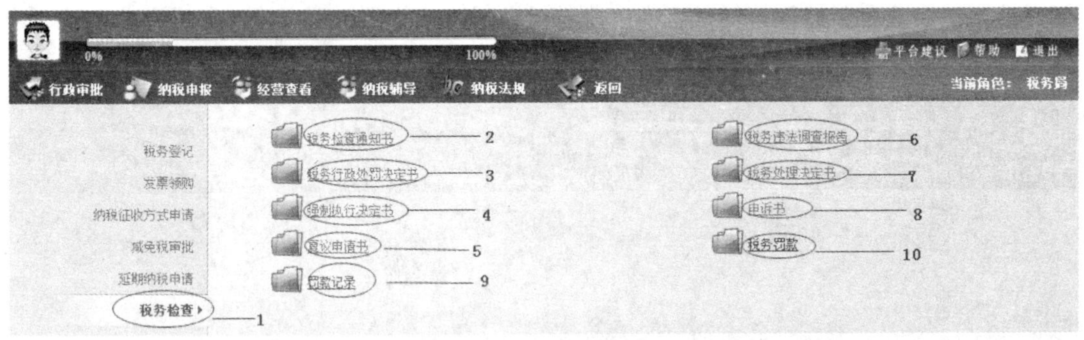

图 7-35 税务检查界面

注：1—税务检查；2—税务检查通知书；3—税务行政处罚决定书；4—强制执行决定书；5—复议申请书；6—税务违法调查报告；7—税务处理决定书；8—申诉书；9—罚款记录；10—税务罚款。

（3）单击“税务检查通知书”超链接，进入税务检查通知书界面，如图 7-36 所示。单击“发送通知”超链接，进入税务检查通知书填写界面。税务检查通知书的内容由税务部门填写，填写完成后单击“提交”按钮，则税务检查通知书发送操作完成。

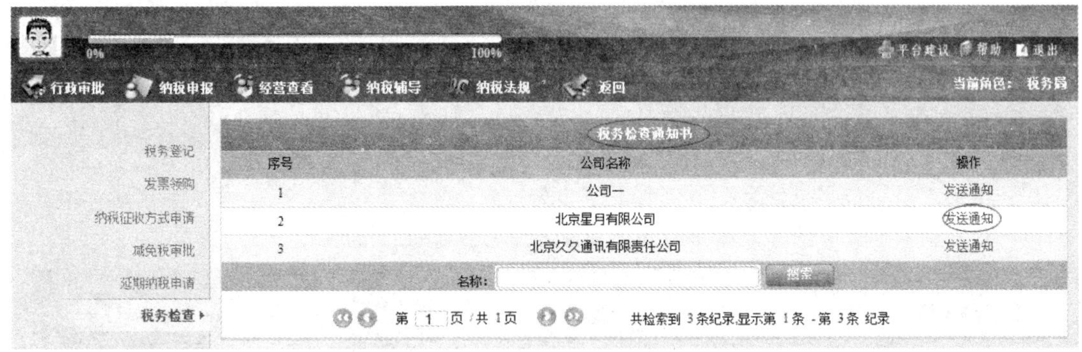

图 7-36 税务检查通知书操作界面

（4）单击“税务行政处罚决定书”超链接，进入税务行政处罚决定书界面，如图 7-37 所示。单击“发送通知”超链接，进入税务行政处罚决定书填写界面。税务行政处罚决定书的内容由税务部门填写，填写完成后单击“提交”按钮，则税务行政处罚决定书发送操作完成。

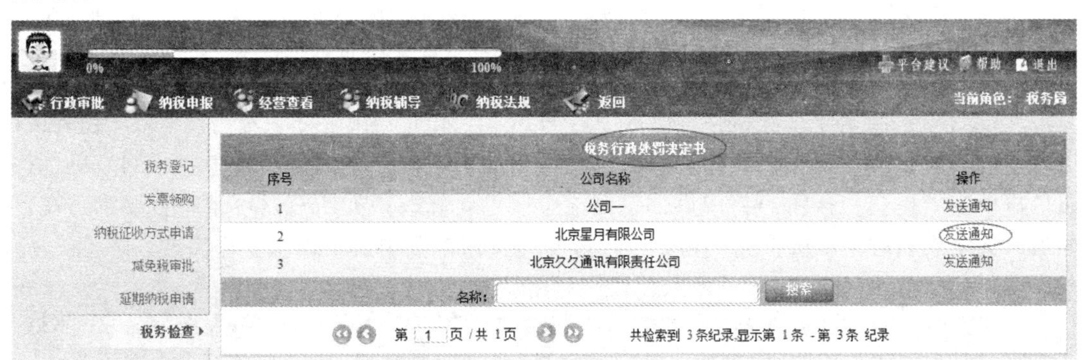

图 7-37 税务行政处罚决定书界面

（5）单击“税务处理决定书”超链接，进入税务处理决定书界面，如图 7-38 所示。单击“发送通知”超链接，进入税务处理决定书填写界面。税务处理决定书的内容由税务部门填写，填写完成后单击“提交”按钮，则税务处理决定书发送操作完成。

（6）单击“强制执行决定书”超链接，进入强制执行决定书界面，如图 7-39 所示。单击“发送通知”超链接，进入强制执行决定书填写界面。强制执行决定书的内容由税务部门填写，填写完成后单击“提交”按钮，则强制执行决定书发送操作完成。

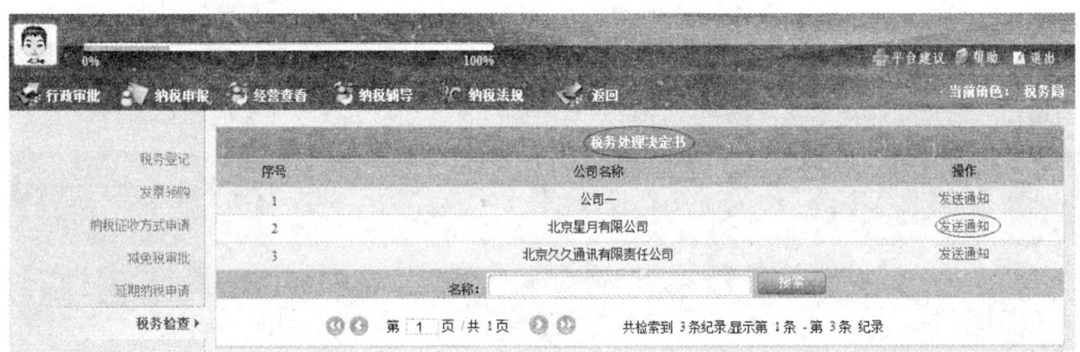

图 7-38　税务处理决定书界面

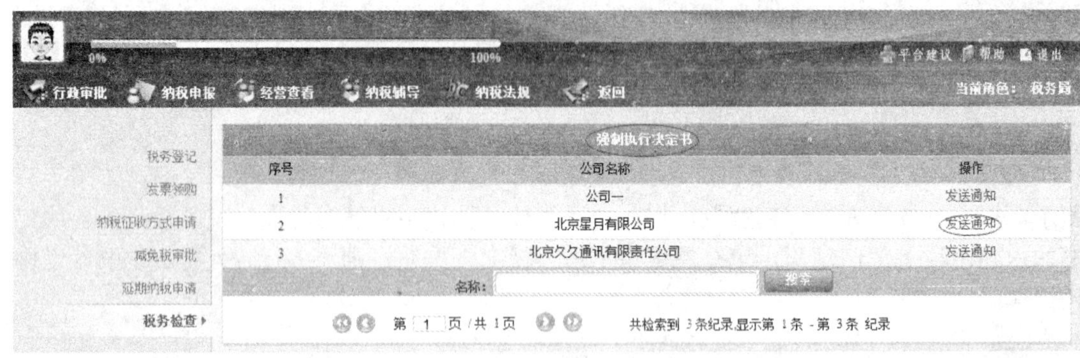

图 7-39　强制执行决定书界面

（7）单击“申诉书”超链接，进入申诉书界面，如图 7-40 所示。单击“审核”超链接，进入申诉书审核界面并审核其内容。如有不符合的内容，在界面最后选中“驳回”单选按钮，再单击“提交”按钮，将申诉书退回给企业重新修改；如所有内容都符合要求，在界面最后选中“通过”单选按钮，再单击“提交”按钮，则申诉书审核操作完成。

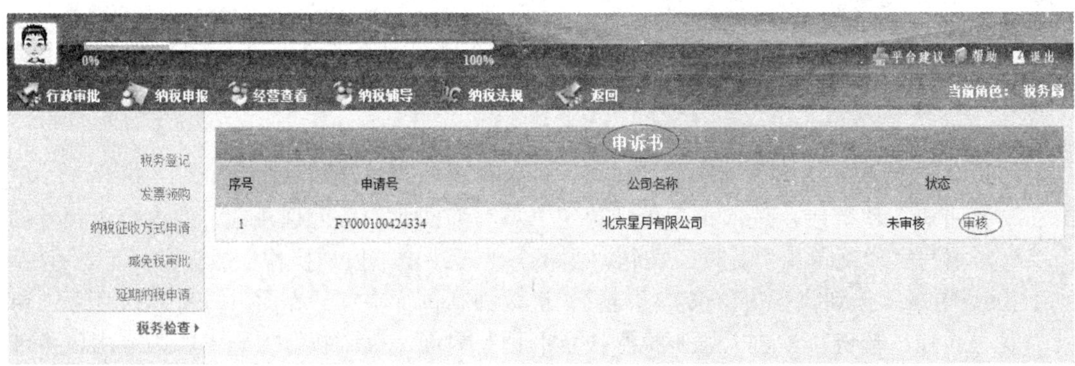

图 7-40　申诉书界面

（8）单击“复议申请书”超链接，进入复议申请书界面，单击“审核”超链接，进入复议申请书审核界面并审核其内容。如有不符合的内容，在界面最后选中“驳回”单选按钮，再单击“提交”按钮，将复议申请书退回给企业重新修改；如所有内容都符合要求，在界面最后选中“通过”单选按钮，再单击“提交”按钮，则复议申请书审核操作完成。

（9）单击“税务罚款”超链接，进入罚款单界面，如图 7-41 所示。在“选择小组”下拉列表框中选择需要罚款的小组名称，填写罚款金额、罚款原因，然后单击“提交”按钮，则税务罚款操作完成。

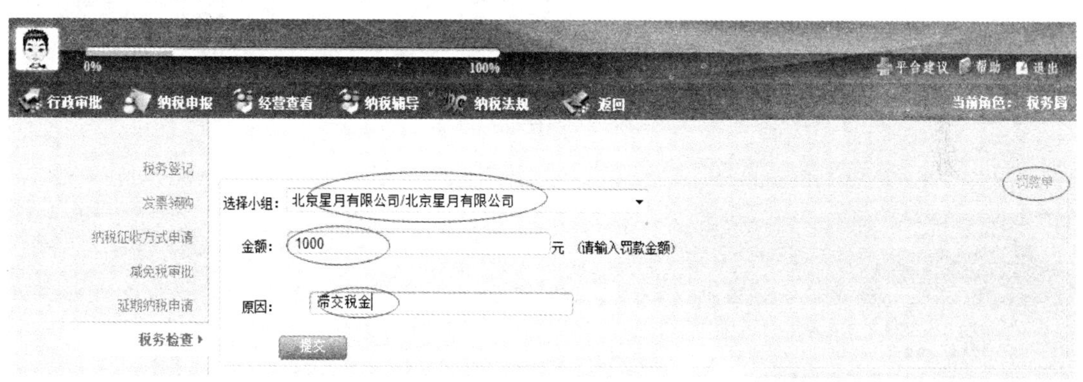

图 7-41　罚款单界面

七、增值税申报

（一）实习目的和要求

通过实习，让学生掌握增值税申报所需的材料和业务流程。

（二）实习内容

（1）税务机关人员收到增值税申报表，税务人员对企业增值税进行核实，如正确，通过此申请；如有误，驳回其申请。

（2）如企业提交增值税纳税申报附表，税务机关也要对其进行审核。

（三）实习步骤

（1）从税务局业务主界面，选择“纳税申报”菜单，进入纳税征期界面。该界面是提示缴纳增值税、消费税、企业所得税的入口，如图 7-42 所示。

（2）通过纳税征期操作界面，单击“进入”超链接，进入增值税申报操作界面。增值税申报包括：“增值税纳税申报表”“增值税纳税申报表附表一”“增值税纳税申报表附表二”

“增值税纳税申报表附表三”“增值税纳税申报表附表四”“增值税纳税申报表（小规模纳税人）”“资产负债表”“损益表”，如图 7-43 所示。

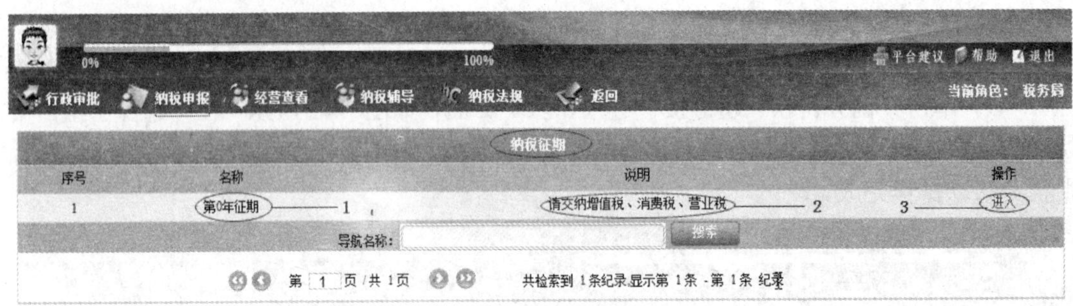

图 7-42　纳税征期界面

注：1—第 N 年征期：经营过程中的征期；2—请交纳增值税、消费税、企业所得税；3—进入：由此进入各种税费申报界面。

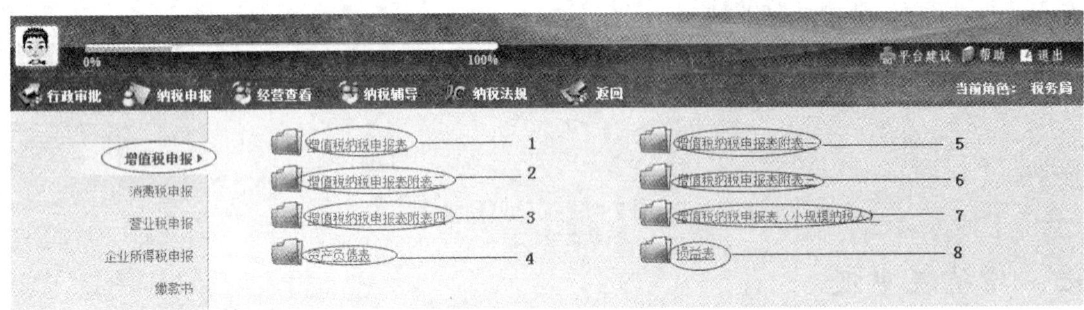

图 7-43　增值税申报界面

注：1—增值税纳税申报表；2—增值税纳税申报表附表二；3—增值税纳税申报表附表四；4—资产负债表；5—增值税纳税申报表附表一；6—增值税纳税申报表附表三；7—增值税纳税申报表（小规模纳税人）；8—损益表。

（3）单击“增值税纳税申报表”超链接，进入增值税纳税申请表管理界面，如图 7-44 所示。单击“审核”超链接，进入增值税纳税申报表审核界面并审核其内容。如有不符合的内容，在界面最后选中“驳回”单选按钮，再单击“提交”按钮，将增值税纳税申报表退回给企业重新修改；如所有内容都符合要求，在界面最后选中“通过”单选按钮，再单击“提交”按钮，则增值税纳税申报表审核操作完成。

（4）通过增值税申报操作界面，单击“增值税纳税申报”超链接，进入增值税纳税申报表附列资料（表一）操作界面，如图 7-45 所示。单击“审核”超链接，进入增值税纳税申报表附列资料（表一）审核界面并审核其内容。如有不符合的内容，在界面最后选中“驳回”单选按钮，再单击“提交”按钮，将增值税纳税申报表附列资料（表一）退回给企业重新修改；如所有内容都符合要求，在增值税纳税申报表附列资料（表一）的最后选中“通过”单选按钮，再单击“提交”按钮，则增值税纳税申报表附列资料（表一）审核操作完成。

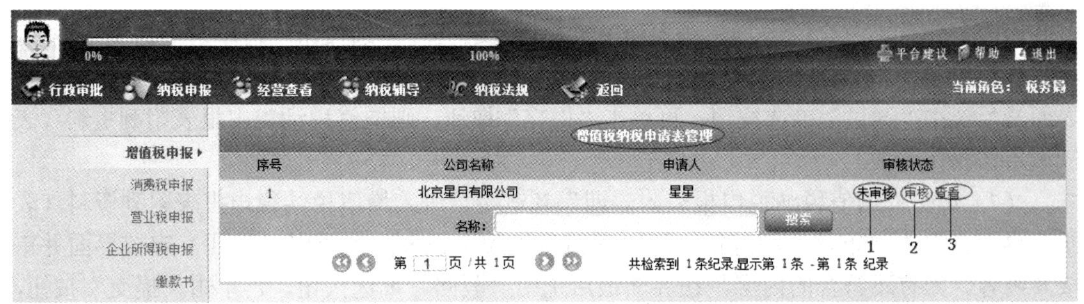

图 7-44　增值税纳税申请表管理界面

注：1—未审核，表示企业提交了增值税纳税申报表，税务部门还没有受理该业务；2—审核，单击该超链接可以进入增值税纳税申报表（适用于一般纳税人）审核界面；3—查看，单击该超链接，可以查看企业填写的增值税纳税申报表（适用于一般纳税人）内容。

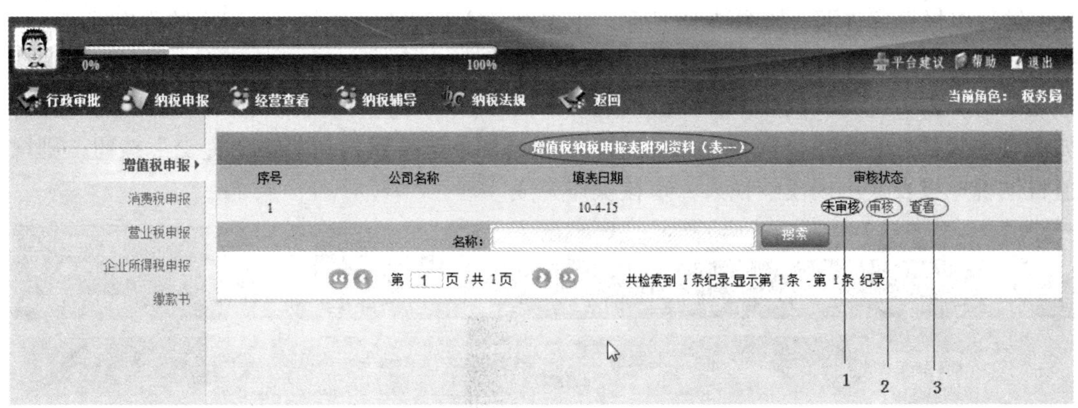

图 7-45　增值税纳税申报（表一）界面

注：1—未审核，表示企业提交了增值税纳税申报表附列资料（表一），税务部门还没有受理该业务；2—审核，单击该超链接，可以进入增值税纳税申报表附列资料（表一）审核界面；3—查看：单击该超链接可以查看企业填写的增值税纳税申报表附列资料（表一）的内容。

（5）单击“增值税纳税申报表附表二”超链接，进入增值税纳税申报表附列资料（表二）界面。单击“审核”超链接，进入增值税纳税申报表附列资料（表二）审核界面并审核其内容。如有不符合的内容，在界面最后选中“驳回”单选按钮，再单击“提交”按钮，将增值税纳税申报表附列资料（表二）退回给企业重新修改；如所有内容都符合要求，在界面最后选中“通过”单选按钮，再单击“提交”按钮，则增值税纳税申报表附列资料（表二）审核操作完成。

（6）单击“增值税纳税申报表附表三”超链接，进入增值税纳税申报表附列资料（表三）界面。单击“审核”超链接，进入增值税纳税申报表附列资料（表三）审核界面并审核其内容。如有不符合的内容，在界面最后选中“驳回”单选按钮，再单击“提交”按钮，将增值税纳税申报表附列资料（表三）退回给企业重新修改；如所有内容都符合要求，在界面最后选中“通过”单选按钮，再单击“提交”按钮，则增值税纳税申报表附列资料（表三）审核操作完成。

（7）单击“增值税纳税申报表附表四”超链接，进入增值税纳税申报表附列资料（表四）界面。单击“审核”超链接，进入增值税纳税申报表附列资料（表四）审核界面并审核其内容。如有不符合的内容，在界面最后选中“驳回”单选按钮，再单击“提交”按钮，将增值税纳税申报表附列资料（表四）退回给企业重新修改；如所有内容都符合要求，在界面最后选中“通过”单选按钮，再单击“提交”按钮，则增值税纳税申报表附列资料（表四）审核操作完成。

（8）单击“增值税纳税申报表（小规模纳税人）”超链接，进入增值税（小规模纳税人）纳税申报管理界面，如图7-46所示。单击“审核”超链接，进入增值税纳税申报表（小规模纳税人）审核界面并审核其内容。如有不符合的内容，在界面最后选中“驳回”单选按钮，再单击“提交”按钮，将增值税纳税申报表（小规模纳税人）退回给企业重新修改；如所有内容都符合要求，在界面最后选中“通过”单选按钮，再单击“提交”按钮，则增值税纳税申报表（小规模纳税人）审核操作完成。

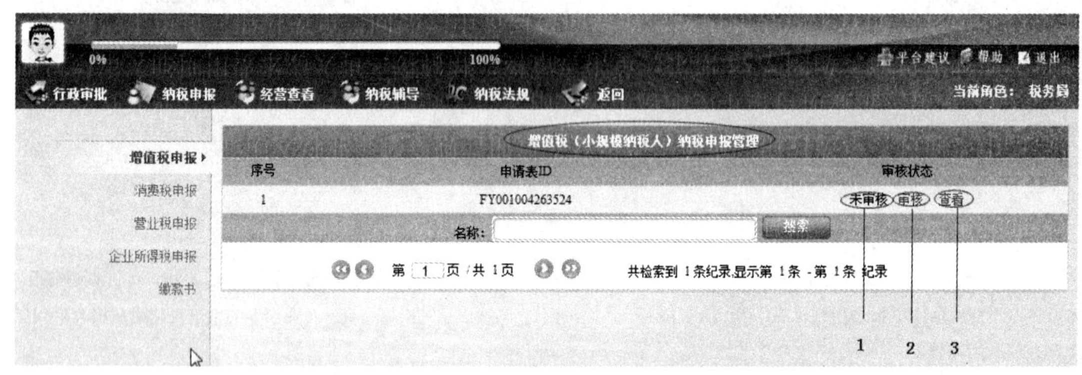

图7-46　增值税（小规模纳税人）纳税申报管理界面

注：1—未审核，表示企业提交了增值税纳税申报表（小规模纳税人），税务部门还没有受理该业务；2—审核，单击该超链接可以对企业填写的增值税纳税申报表（小规模纳税人）进行审核；3—查看，单击该超链接可以查看企业填写的增值税纳税申报表（小规模纳税人）的内容。

（9）单击“资产负债表”超链接，进入资产负债表管理界面，如图7-47所示。单击“审核”超链接，进入资产负债表审核界面并审核其内容。如有不符合的内容，在界面最后选中“驳回”单选按钮，再单击“提交”按钮，将资产负债表退回给企业重新修改；如所有内容都符合要求，在界面最后选中“通过”单选按钮，再单击“提交”按钮，则资产负债

表审核操作完成。

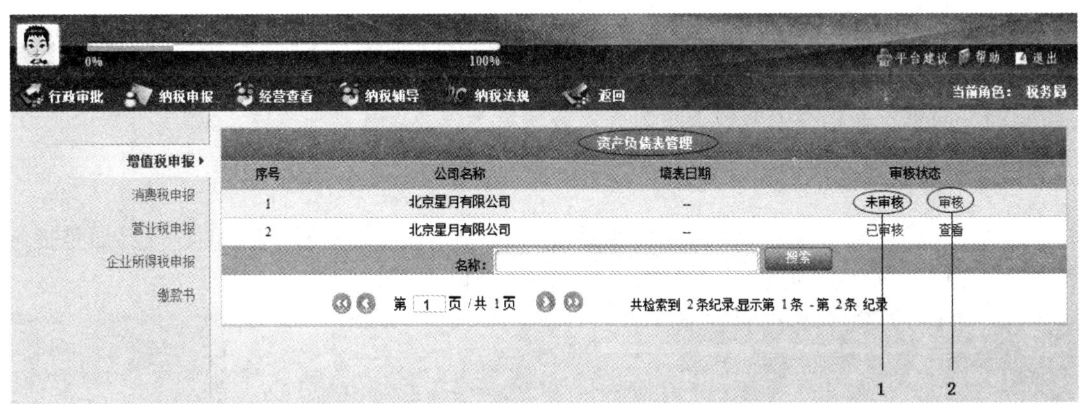

图 7-47　资产负债表管理界面

注：1—未审核，表示企业提交了资产负债表，税务部门还没有受理该业务；2—审核，单击该超链接进入资产负债表审核界面。

（10）单击“损益表”超链接，进入利润表管理操作界面，如图 7-48 所示。单击“审核”超链接，进入利润表审核界面并审核其内容。如有不符合的内容，在界面最后选中“驳回”单选按钮，再单击“提交”按钮，将利润表退回给企业重新修改；如所有内容都符合要求，在界面最后选中“通过”单选按钮，再单击“提交”按钮，则利润表审核操作完成。

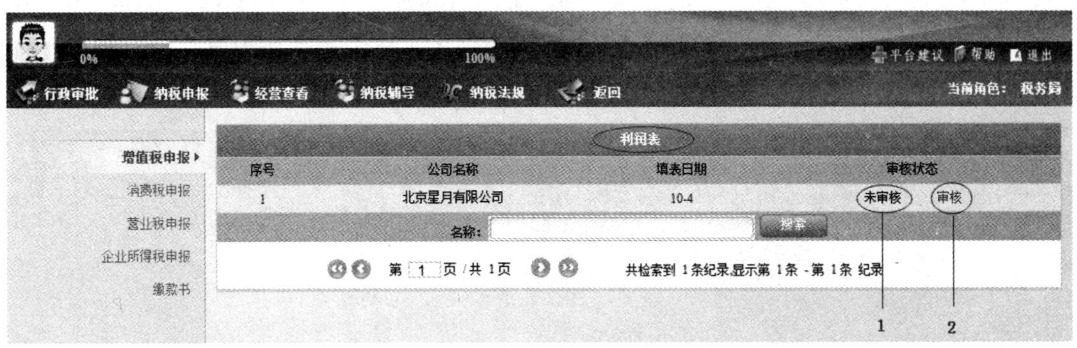

图 7-48　利润表界面

注：1—未审核，表示企业提交了利润表，税务部门还没有受理该业务；2—审核，单击该超链接可以进入利润表审核界面。

八、消费税申报

（一）实习目的和要求

通过实习，让学生掌握消费税申报所需的材料和业务流程。

（二）实习内容

（1）税务机关人员收到消费税申报表，对企业消费税进行核实，如属实，通过此申请；如有误，驳回其申请。

（2）如果企业提交消费税申报附表，税务机关也要对其进行审核。

（三）实习步骤

（1）从税务局业务主界面选择“纳税申报”菜单，进入纳税征期界面。该界面是提示缴纳增值税、消费税、企业所得税的入口，如图 7-49 所示。

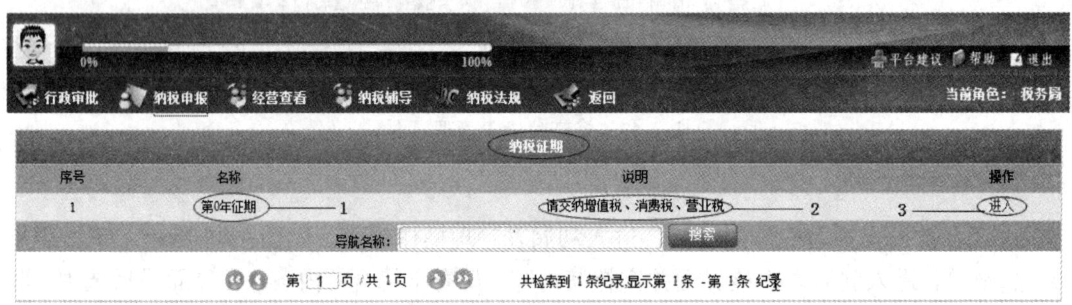

图 7-49　纳税征期界面

注：1—第 N 年征期，即经营过程中的征期；2—请交纳增值税、消费税、企业所得税；3—进入，由此进入各种税费申报界面。

（2）在纳税征期操作界面，单击“进入”超链接，进入消费税申报界面，如图 7-50 所示。

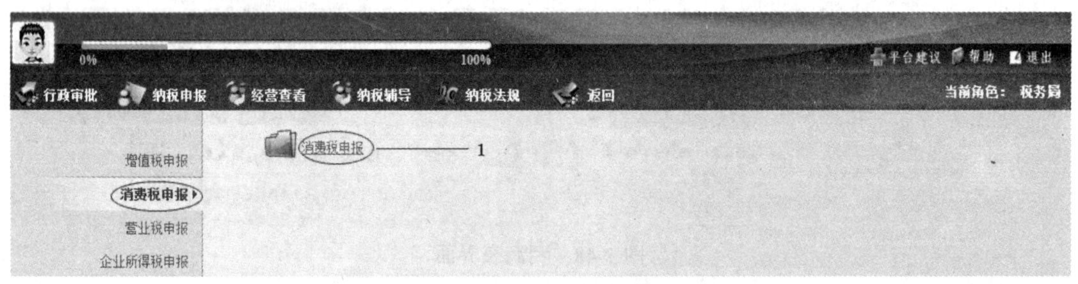

图 7-50　消费税申报界面

（3）在消费税申报界面单击“消费税申报”超链接，进入消费税申报界面，如图 7-51 所示。单击“审核”超链接，进入消费税纳税申报表审核界面并审核其内容。如有不符合的内容，在界面最后选中“驳回”单选按钮，再单击“提交”按钮，将消费税纳税申报表退回给企业重新修改；如所有内容都符合要求，在界面最后选中“通过”单选按钮，再单击“提交”按钮，则消费税纳税申报表审核操作完成。

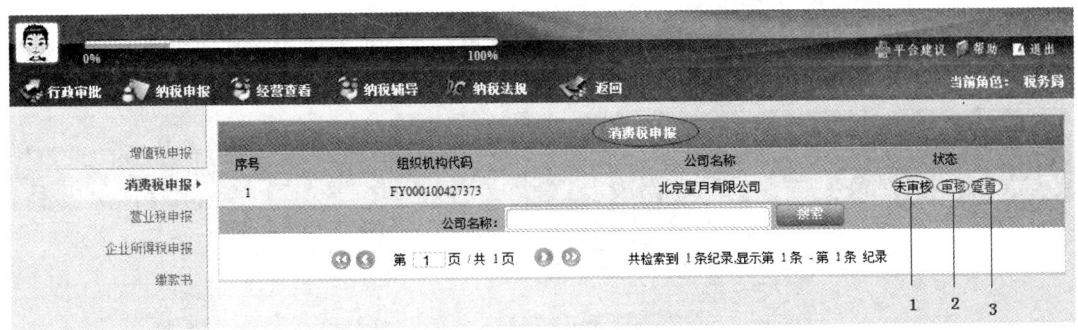

图 7-51　消费税申报界面

注：1—未审核，表示企业提交了消费税纳税申报表，税务部门还没有受理该业务；2—审核，单击该超链接可以进入消费税纳税申报表审核界面；3—查看，单击超链接可以查看企业填写的消费税纳税申报表的内容。

九、企业所得税申报

（一）实习目的和要求

通过实习，学生掌握企业所得税申报所需的材料和业务流程。

（二）实习内容

（1）税务机关人员收到企业所得税申报表，对企业所得税进行核实，如与填写的相符，通过此申请；如有误，驳回其申请。

（2）如果企业提交企业所得税申报附表，税务机关要对其进行审核。

（三）实习步骤

（1）从税务局业务界面，选择“纳税申报”菜单，进入纳税征期界面。该界面是提示缴纳增值税、消费税、企业所得税的入口，如图 7-52 所示。

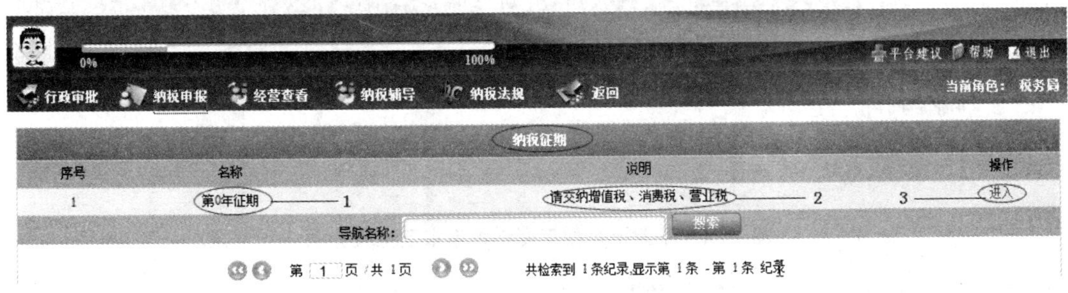

图 7-52　纳税征期界面

注：1—第 N 年征期，即经营过程中的征期；2—请交纳增值税、消费税、企业所得税；3—进入，由此进入各种税费申报界面。

（2）在纳税征期操作界面，单击“进入”超链接，进入企业所得税申报界面，如图 7-53 所示。

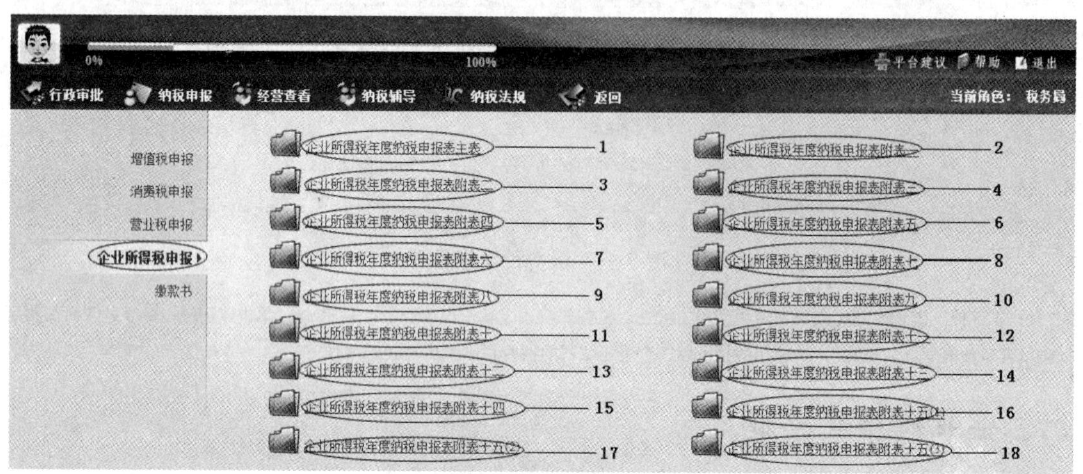

图 7-53　企业所得税申报界面

（3）单击“企业所得税年度纳税申报表主表”超链接，进入企业所得税年度纳税申报表主表界面，如图 7-54 所示。单击“审核”超链接，进入企业所得税年度纳税申报表主表审核界面并审核其内容。如有不符合的内容，在界面最后选中“驳回”单选按钮，再单击“提交”按钮，将企业所得税年度纳税申报表主表退回给企业重新修改；如所有内容都符合要求，在界面最后选中“通过”单选按钮，再单击“提交”按钮，则企业所得税年度纳税申报表主表审核操作完成。

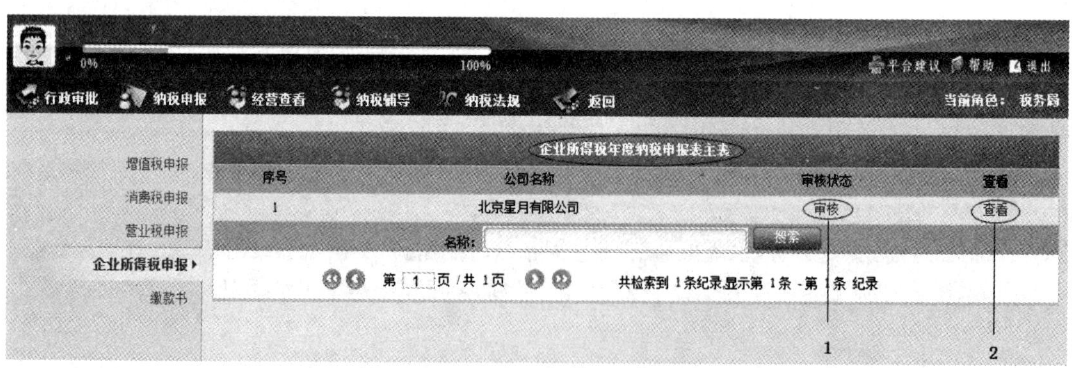

图 7-54　企业所得税年度纳税申报表主表界面

注：1—审核，单击该超链接进入企业所得税年度纳税申报表主表审核界面；2—查看，单击该超链接查看企业填写的企业所得税年度纳税申报表主表的内容。

（4）单击“企业所得税年度纳税申报表附表一”超链接，进入销售（营业）收入及其他收入明细表界面，如图 7-55 所示。单击“审核”超链接，进入销售（营业）收入及其他收入明细表审核界面并审核其内容。如有不符合的内容，在界面最后选中“驳回”单选按钮，再单击“提交”按钮，将销售（营业）收入及其他收入明细表退回给企业重新修改；如所有内容都符合要求，在界面最后选中“通过”单选按钮，再单击“提交”按钮，则销售（营业）收入及其他收入明细表审核操作完成。

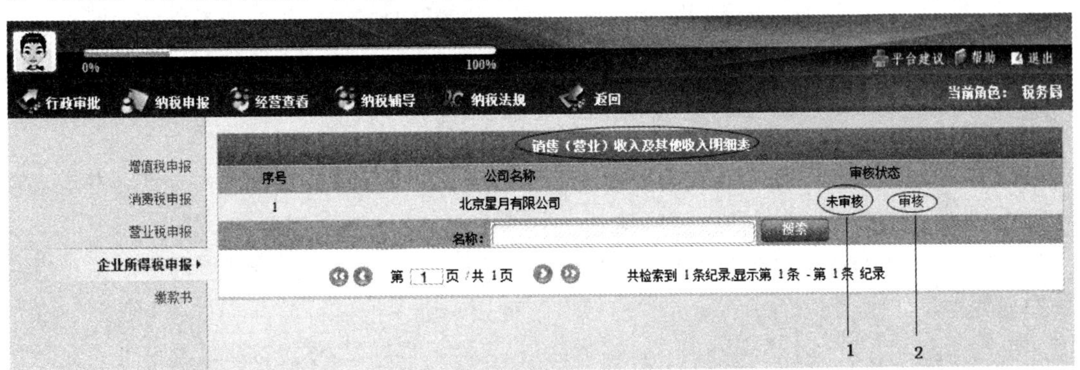

图 7-55　销售（营业）收入及其他收入明细表界面

注：1—未审核，表示企业提交了销售（营业）收入及其他收入明细表，但税务部门还没有受理该业务；2—审核，单击该超链接进入销售（营业）收入及其他收入明细表审核界面。

（5）单击“企业所得税年度纳税申报表附表二”超链接，进入销售（营业）收入及其他收入明细表操作界面，如图 7-55 所示。单击“审核”按钮，进入金融企业收入明细表审核界面并审核其内容。如有不符合的内容，在界面最后选中“驳回”单选按钮，再单击“提交”按钮，将金融企业收入明细表退回给企业重新修改；如所有内容都符合要求，在界面最后选中“通过”单选按钮，再单击“提交”按钮，则金融企业收入明细表审核操作完成。

（6）单击“企业所得税年度纳税申报表附表三”超链接，进入销售（营业）收入及其他收入明细表界面，如图 7-55 所示。单击“审核”超链接，进入成本费用明细表审核界面并审核其内容，如有不符合的内容，在界面最后选中“驳回”单选按钮，再单击“提交”按钮，将成本费用明细表退回给企业重新修改；如所有内容都符合要求，在界面最后选中“通过”单选按钮，再单击“提交”按钮，则成本费用明细表审核操作完成。

（7）单击“企业所得税年度纳税申报表附表四”超链接，进入金融企业成本费用明细表管理界面，如图 7-56 所示。单击“审核”超链接，进入金融企业成本费用明细表审核界面并审核其内容。如有不符合的内容，在界面最后选中“驳回”单选按钮，再单击“提交”按钮，将金融企业成本费用明细表退回给企业重新修改；如所有内容都符合要求，在界面最后选中“通过”单选按钮，再单击“提交”按钮，则金融企业成本费用明细表审核操作完成。

图 7-56　金融企业成本费用明细表管理界面

注：1—未审核，表示企业提交了金融企业成本费用明细表，但税务部门还没有受理该业务；2—审核，单击该超链接进入金融企业成本费用明细表审核界面。

（8）单击“企业所得税年度纳税申报表附表五”超链接，进入投资所得（损失）明细表管理界面，如图 7-57 所示。单击“审核”超链接，进入投资所得（损失）明细表审核界面并审核其内容，如有不符合的内容，在界面最后选中“驳回”单选按钮，再单击“提交”按钮，将投资所得（损失）明细表退回给企业重新修改；如所有内容都符合要求，在界面最后选中“通过”单选按钮，再单击“提交”按钮，则投资所得（损失）明细表审核操作完成。

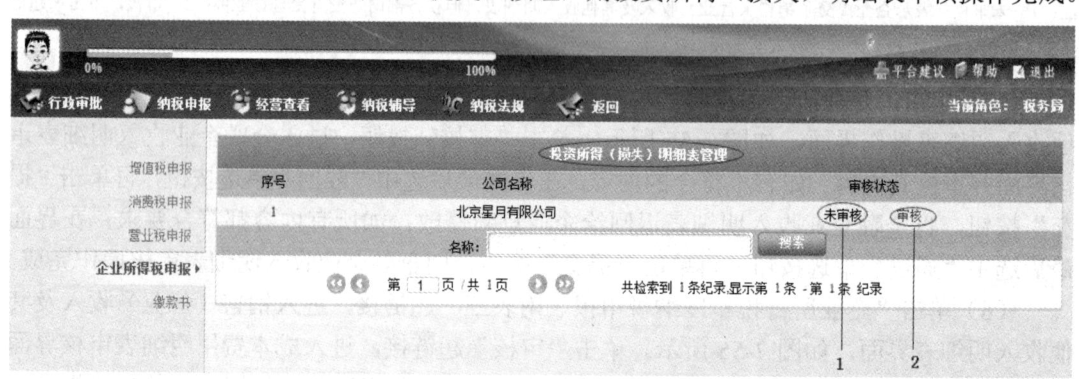

图 7-57　投资所得（损失）明细表管理界面

注：1—未审核，表示企业提交了投资所得（损失）明细表，但税务部门还没有受理该业务；2—审核，单击该超链接进入投资所得（损失）明细表审核界面。

（9）单击“企业所得税年度纳税申报表附表六”超链接，进入纳税调整增加项目明细表管理界面，如图 7-58 所示。单击“审核”超链接，进入纳税调整增加项目明细表审核界面并审核其内容，如有不符合的内容，在界面最后选中“驳回”单选按钮，再单击“提交”按钮，将纳税调整增加项目明细表退回给企业重新修改；如所有内容都符合要求，在界面最

后选中“通过”单选按钮，再单击“提交”按钮，则纳税调整增加项目明细表审核操作完成。

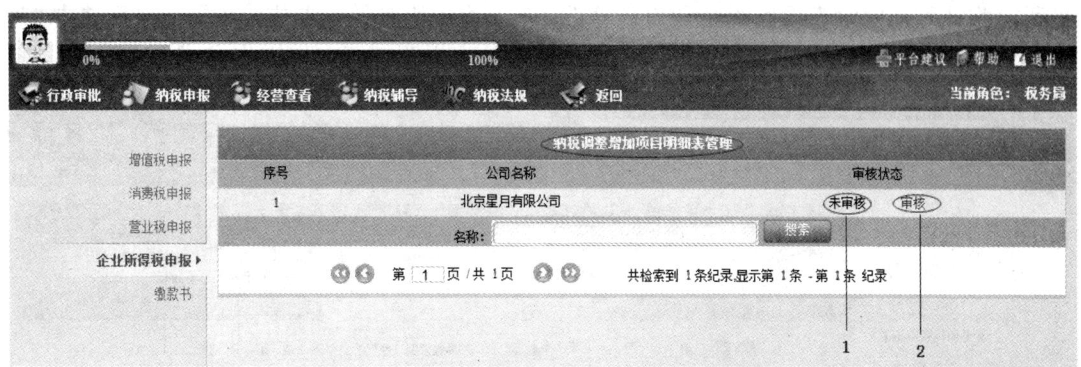

图 7-58　纳税调整增加项目明细表管理界面

注：1—未审核，表示企业提交了纳税调整增加项目明细表，但税务部门还没有受理该业务；2—审核，单击该超链接进入纳税调整增加项目明细表审核界面。

（10）单击“企业所得税年度纳税申报表附表七”超链接，进入纳税调整减少项目明细表管理界面，如图 7-59 所示。单击“审核”超链接，进入纳税调整减少项目明细表审核界面并审核其内容。如有不符合的内容，在界面最后选中“驳回”单选按钮，再单击“提交”按钮，将纳税调整减少项目明细表退回给企业重新修改；如所有内容都符合要求，在界面最后选中“通过”单选按钮，再单击“提交”按钮，则纳税调整减少项目明细表审核操作完成。

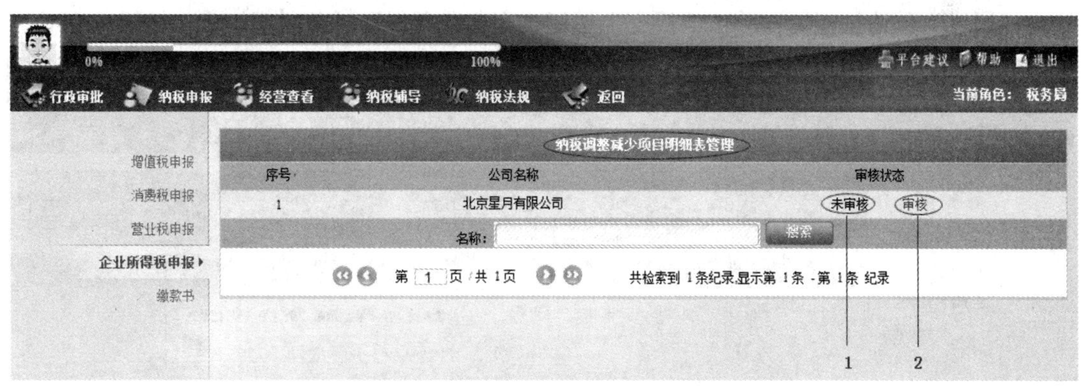

图 7-59　纳税调整减少项目明细表管理界面

注：1—未审核，表示企业提交了纳税调整减少项目明细表，但税务部门还没有受理该业务；2—审核，单击该超链接进入纳税调整减少项目明细表审核界面。

（11）单击“企业所得税年度纳税申报表附表八”超链接，进入税前弥补亏损明细表管理界面，如图 7-60 所示。单击“审核”超链接，进入税前弥补亏损明细表审核界面并审

核其内容。如有不符合的内容，在界面最后选中“驳回”单选按钮，再单击“提交”按钮，将税前弥补亏损明细表退回给企业重新修改；如所有内容都符合要求，在界面最后选中“通过”单选按钮，再单击“提交”按钮，则税前弥补亏损明细表审核操作完成。

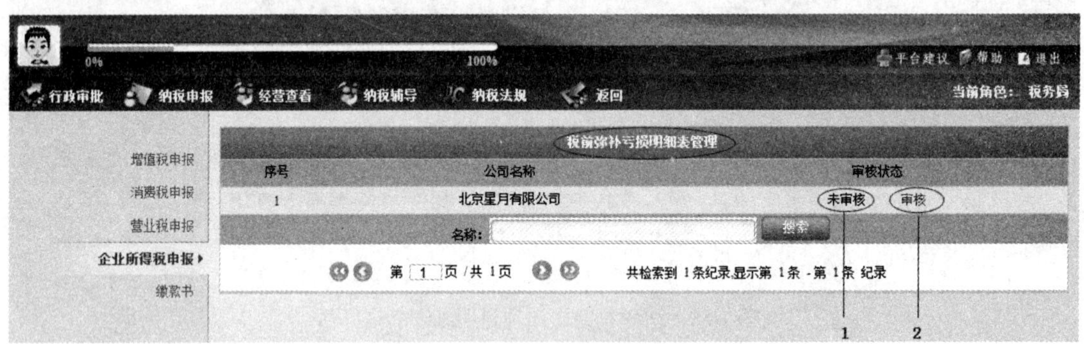

图 7-60　税前弥补亏损明细表管理界面

注：1—未审核，表示企业提交了税前弥补亏损明细表，但税务部门还没有受理该业务；2—审核，单击该超链接进入税前弥补亏损明细表审核界面。

（12）单击“企业所得税年度纳税申报表附表九”超链接，进入免税所得及减免税明细表管理界面，如图 7-61 所示。单击“审核”超链接，进入免税所得及减免税明细表审核界面并审核其内容。如有不符合的内容，在界面最后选中“驳回”单选按钮，再单击“提交”按钮，将免税所得及减免税明细表退回给企业重新修改；如所有内容都符合要求，在界面最后选中“通过”单选按钮，再单击“提交”按钮，则免税所得及减免税明细表审核操作完成。

图 7-61　免税所得及减免税明细表管理界面

注：1—未审核，表示企业提交了免税所得及减免税明细表，但税务部门还没有受理该业务；2—审核，单击该超链接进入免税所得及减免税明细表审核界面。

（13）单击“企业所得税年度纳税申报表附表十一”超链接，进入技术开发费加计扣除额明细表管理界面，如图 7-62 所示。单击“审核”超链接，进入技术开发费加计扣除额

明细表审核界面并审核其内容。如有不符合的内容，在界面最后选中“驳回”单选按钮，再单击“提交”按钮，将技术开发费加计扣除额明细表退回给企业重新修改；如所有内容都符合要求，在界面最后选中“通过”单选按钮，再单击“提交”按钮，则技术开发费加计扣除额明细表审核操作完成。

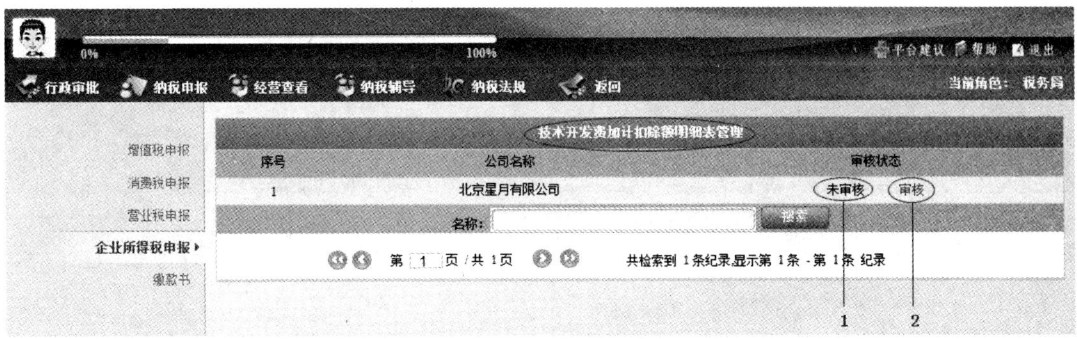

图 7-62　技术开发费加计扣除额明细表管理界面

注：1—未审核，表示企业提交了技术开发费加计扣除额明细表，但税务部门还没有受理该业务；2—审核，单击该超链接进入技术开发费加计扣除额明细表审核界面。

（14）单击“企业所得税年度纳税申报表附表十四”超链接，进入工资薪金和工会经费等三项经费明细表管理界面，如图 7-63 所示。单击“审核”超链接，进入工资薪金和工会经费等三项经费明细表审核界面并审核其内容。如有不符合的内容，在界面最后选中“驳回”单选按钮，再单击“提交”按钮，将工资薪金和工会经费等三项经费明细表退回给企业重新修改；如所有内容都符合要求，在界面最后选中“通过”单选按钮，再单击“提交”按钮，则工资薪金和工会经费等三项经费明细表审核操作完成。

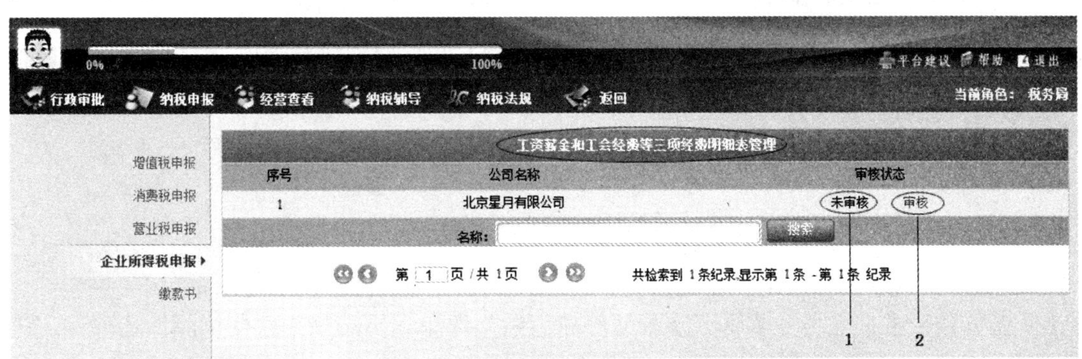

图 7-63　工资薪金和工会经费等三项经费明细表操作界面

注：1—未审核，表示企业提交了工资薪金和工会经费等三项经费明细表，但税务部门还没有受理该业务；2—审核，单击该超链接进入工资薪金和工会经费等三项经费明细表审核界面。

（15）单击“企业所得税年度纳税申报表附表十五（1）”超链接，进入资产折旧、摊销明细表管理界面，如图7-64所示。单击“审核”超链接，进入资产折旧、摊销明细表审核界面并审核其内容。如有不符合的内容，在界面最后选中“驳回”单选按钮，再单击“提交”按钮，将资产折旧、摊销明细表退回给企业重新修改；如所有内容都符合要求，在界面最后选中“通过”单选按钮，再单击“提交”按钮，则资产折旧、摊销明细表审核操作完成。

图7-64　资产折旧、摊销明细表管理界面

注：1—未审核，表示企业提交了资产折旧、摊销明细表，但税务部门还没有受理该业务；2—审核，单击该超链接进入资产折旧、摊销明细表审核界面。

十、企业经营查看

（一）实习目的和要求

通过实习，让学生掌握税务局对企业经营检查的检查项和注意事项。

（二）实习内容

税务机关查看企业的资产负债表、利润表和现金收支表。

（三）实习步骤

企业经营查看业务包括“营业执照”、“业务数据”和“财务报表”三部分。

（1）由税务局业务主界面，选择“经营查看”菜单，再选择“营业执照”选项卡，进入营业执照界面，如图7-65所示。

（2）注册过的企业均会出现在企业营业执照界面，单击“查看”超链接可以查看企业的营业执照，如图7-66所示。

图 7-65　营业执照界面

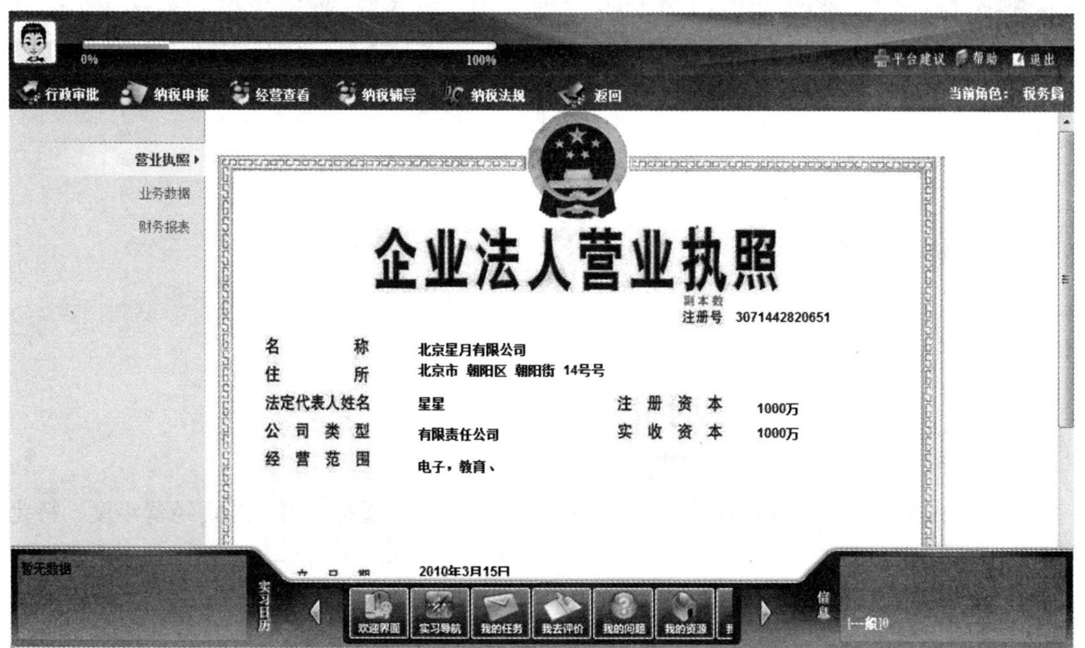

图 7-66　企业营业执照界面

（3）由经营查看界面选择“业务数据”选项卡，进入年度经营情况汇总表界面，查看企业的经营情况，如图 7-67 所示。

（4）单击“业务数据”超链接，进入企业业务数据查看界面，如图 7-68 所示。

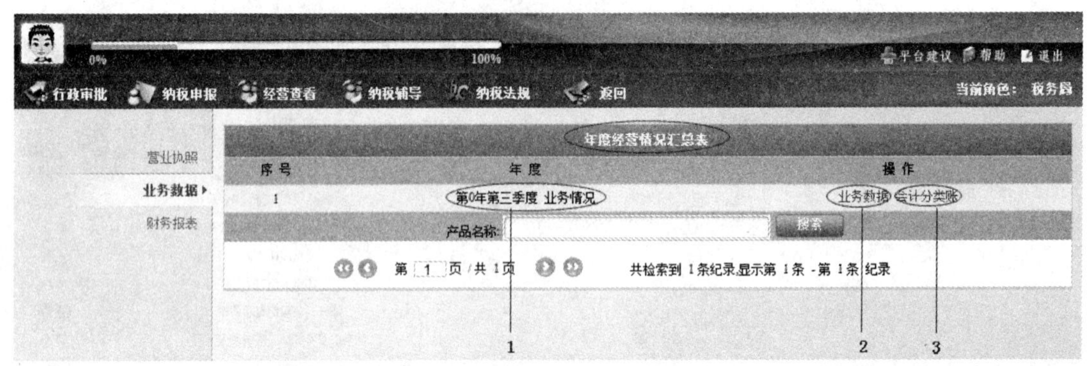

图 7-67 年度经营情况汇总表界面

注：1—第 0 年第三季度业务情况，即经营年度；2—业务数据，单击该超链接查看企业业务数据；3—会计分类账，单击该超链接查看业务数据查看，与业务数据项的分类不同。

0% 100% 平台建议 帮助 退出

行政审批 纳税申报 经营查看 纳税辅导 纳税法规 返回 当前角色：税务局

营业执照

业务数据

财务报表

业务数据查看

序号	数据名称 —— 1	查看
1	工程建设	查看 —— 2
2	产品研发	查看
3	物料购买	查看
4	市场投资	查看
5	人力资源	查看
6	银行借贷	查看
7	管理费用	查看
8	市场交易	查看
9	其他	查看

图 7-68 业务数据查看界面

注：1—数据名称，即企业经营开销分类；2—查看，单击该超链接可以查看每一具体项目的详细信息。

（5）单击某一项数据名称后的“查看”超链接，查看选定公司、选定经营年度、特定项目的详细信息。

（6）由经营查看界面，选择“财务报表”选项卡，进入财务数据界面，如图 7-69 所示。单击“查看财务数据”超链接，进入相应企业的财务数据界面，查看的财务数据包括资产负债表、利润表及现金收支表三项。

（7）单击“查看财务数据”超链接，进入财务数据界面，查看的“财务数据”包括资产负债表、利润表及现金收支表三项，如图 7-70 所示。

（8）单击“资产负债表”超链接，进入资产负债表界面，查看企业的资产负债表，如图 7-71 所示。

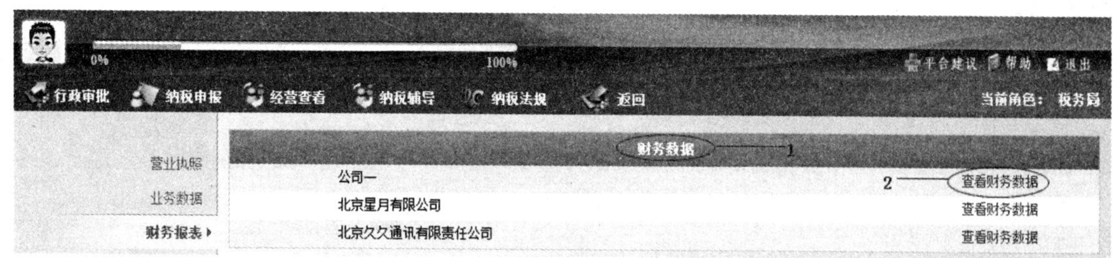

图 7-69 财务数据界面

注：1—财务数据；2—查看财务数据。

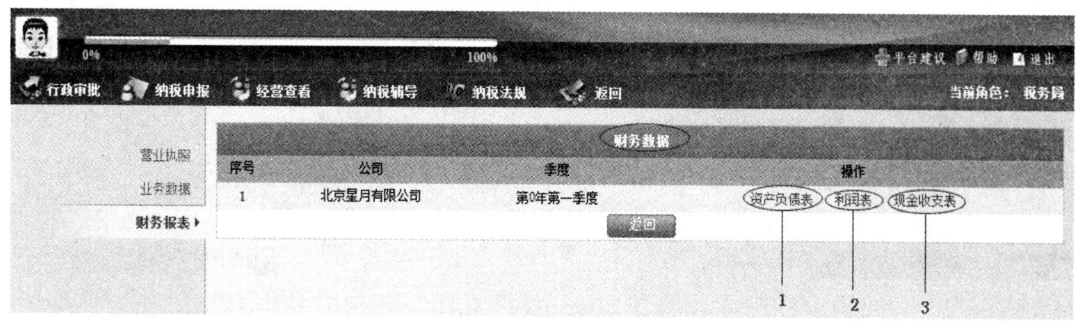

图 7-70 企业财务数据界面

注：1—资产负债表；2—利润表；3—现金收支表。

行政审批 纳税申报 经营查看 纳税辅导 纳税法规 返回　当前角色：税务局

营业执照　业务数据　财务报表

资产负债表

编制单位：北京星月有限公司　第0年第一季度　单位：元

资　产	期末余额	年初余额	负载和所有者权益(或股东权益)	期末余额	年初余额
流动资产：			流动负债：		
货币资金	8946000	10000000	短期借款	0	0
应收票据	0	0	应付账款	0	0
应收账款	0	0	应付工资	0	0
预付款项	0	0	应交税费	0	0
应收利息	0	0	应付利息	0	0
其他应收款	0	0	其他应付款	0	0
存货	14000	0	一年内到期的非流动负债	0	0
一年内到期的非流动资产	0	0	流动负债合计	0	0
流动资产合计	8960000	10000000	非流动负债：		
非流动资产：			长期借款	0	0
固定资产	1040000	0	其他非流动负债	0	0
累计折旧	0	0	非流动负债合计	0	0
[illegible]净值	1040000	0	负债合计		

图 7-71 资产负债表界面

（9）单击“利润表”超链接，进入利润表界面，查看企业的利润表，如图 7-72 所示。

企业利润表

编制单位：北京星月有限公司 第0年第一季度 单位：元

项目	本期金额	上期金额
一、营业收入	0	0
减：营业成本	0	0
营业税金及附加	0	0
销售费用	0	0
管理费用(	14000	0
财务费用	0	0
累计摊销	0	0
二、营业利润(亏损以“-”号填列)(利润)	-14000	0
加：营业外收入	0	0
减：营业外支出	0	0
其中：非流动资产处置损失	0	0
三、利润总额(亏损总额以“-”号填列)	-14000	0
减：所得税费用	0	

图 7-72　利润表界面

（10）单击“现金收支表”超链接，进入现金收支表界面，查看企业的现金收支表，如图 7-73 所示。

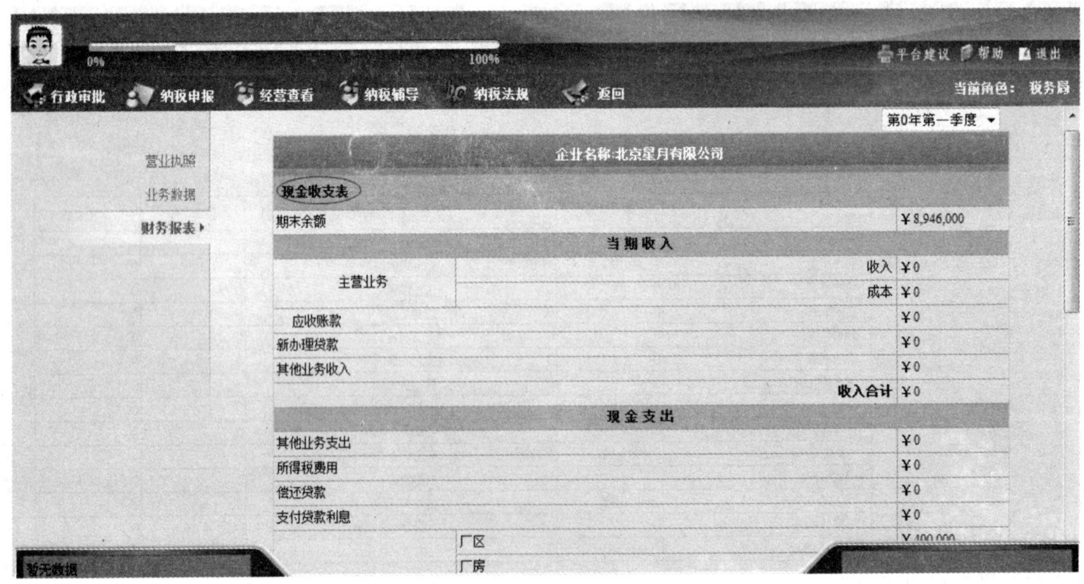

企业名称:北京星月有限公司

现金收支表

期末余额		￥8,946,000
当期收入		
主营业务	收入	￥0
	成本	￥0
应收账款		￥0
新办理贷款		￥0
其他业务收入		￥0
	收入合计	￥0
现金支出		
其他业务支出		￥0
所得税费用		￥0
偿还贷款		￥0
支付贷款利息		￥0
	厂区	￥400,000
	厂房	

图 7-73　现金收支表界面

第八章

会计师事务所业务实验

会计师事务所由有一定会计专业水平、经考核取得证书的会计师（如中国的注册会计师、美国的执业会计师、英国的特许会计师、日本的公认会计题等）组成的、受当事人委托承办有关审计、会计、咨询、税务等方面业务的组织。会计师事务所是依法设立并承办注册会计师业务的机构。注册会计师执行业务，应当加入会计师事务所。在我国可分为有限责任公司、合伙制两种形式，在国外还有有限责任合伙制（LLP）。

会计师事务所可以由注册会计师合伙设立。合伙设立的会计师事务所的债务，由合伙人按照出资比例或者协议的约定，以各自的财产承担责任。合伙人对会计师事务所的债务承担连带责任。会计师事务所的业务主要包括审计业务、验资业务、税务代理业务、财税业务培训、资产评估等。在仿真实习环境中其主要提供的业务是审计。

第一节　业 务 规 则

一、业务总则

在仿真实习环境中，会计师事务所工作人员必须按照此准则完成所有业务。

第一条　会计师事务所是依法建立，并且其一切经营活动应遵守国家法律、法规、规章的规定及本章程的约定。

第二条　事务所的宗旨是：事务所以适应仿真市场经济发展的需要，充分发挥注册会计师等各类专业人员在经济活动和社会活动中的鉴证和服务作用，恪守独立、客观、公正的原则，维护社会公共利益为宗旨。

第三条　事务所的经营范围是：

1．审计等鉴证业务：审查企业财务报表；验证企业资本；对企业进行审计鉴证；

2．会计服务业务：对企业进行财报管理。

第四条　事务所对外承接业务，一律以事务所的名义接受委托，任何人不得以个人名义从事业务活动。

第五条　事务所全体股东、注册会计师及其他员工都应当遵守下列规定：严格遵守国家的法律法规、维护投资者的合法权益；严格遵守中国注册会计师执业规范以及其他各项工作规定；坚持独立、客观、公正原则；严格保守业务秘密；廉洁诚实、忠于职守、保持良好的职业操守；努力钻研业务、不断提高自身的专业水平、保持优良的工作质量；遵守事务所的各项内部管理制度。

二、业务细则

在仿真实习环境中，会计师事务所实现的主要业务及规则如下。

第一条　会计师事务所为公司提供验资证明。

第二条　会计师事务所对各个企业进行审计。不同的审计项目、审计内容，其审计的流程也不尽相同。

第三条　会计师事务所为企业提供财务报表管理。

第四条　仿真企业及其他机构可以对会计师事务所的工作情况进行评价。评价的依据是业务办理的效率、业务的正确率、投诉率、出勤率和实验报告等。

第二节　业务流程

一、审计管理业务介绍

审计是由专设机关依照法律对国家各级政府及金融机构、企业事业组织的重大项目和财务收支进行事前和事后的审查。

模拟市场中会计师事务所主要涉及的审计类型是独立审计。独立审计是指独立于被审计单位之外的注册会计师依据审计准则对其会计报表及相关信息进行审计并发表审计意见。

审计部门主要针对仿真实习环境中生产制造公司生产经营活动过程中的主要业务开展审计工作、出具审计报告。具体审计的内容包括：

（1）审核公司的会计核算制度和内部控制制度是否健全，是否与国家现行会计核算制度、会计准则一致，是否与仿真实习业务规则一致。

（2）审核公司的会计账簿设置是否合理、完整，是否符合国家现行会计制度的规定。

（3）审核公司的货币基金使用是否符合财经制度的要求，货币资金有关业务是否及时

办理。

（4）审核国内公司的各项收入是否符合收入的确认准则，收入确认手续、单据是否齐全，是否存在虚增收入或者少列收入的情况。

（5）审核公司各项费用开支是否符合相关规定，费用标准是否超标，是否存在多列或者少计费用的情况，摊销或者预提费用是否按照规则规定使用，是否及时计入有关费用。

（6）审核公司各项投资是否符合政府产业政策要求，是否执行仿真实习相关规则的规定。

（7）审核公司各项融资方式是否符合融资规则的各项规定，融资规模是否超过规定的标准。

（8）审核公司所招聘的职工是否符合生产技术要求或者管理者素质要求，公司职工费与产品合格率、职工类别配比与关系等是否符合规定。

（9）审核公司采购环节的各项工作是否与采购规则及其要求一致，采购批量、采购价格等是否存在弄虚作假。

（10）审核公司新市场开发、新产品研发、ISO 认证等方面所提供的信息是否真实、可靠。

（11）审核公司与客户签订合同的真实性、合法性，审核公司的市场行为是否符合相关规则的规定。

（12）审核公司基建项目是否按照相关业务的规定实施审批、验收。

（13）审核公司的各项资产、负债、所有者权益的增减变动是否符合仿真实习相关业务规则的规定。

（14）审核公司各项税金的计算、申报、缴纳是否符合相关规则的规定，是否存在瞒报、虚报、漏报等行为。

（15）审核公司主要业务的会计处理是否正确，是否遵守会计核算制度的要求，会计核算方法是否遵守一贯性原则等。

（16）审核公司的财务报告的各项财务信息的真实性、合法性和正确性。

二、审计业务流程

审计是会计师事务所一项很重要的业务。其操作的过程，首先由会计师事务所成立审计部门，然后根据不同的审计项目添加符合条件的小组成员，再根据企业添加不同的审计项目，确认审计的公司和内容，同时发送审计约定书给企业，由企业对其审计约定书进行确认。会计师事务所可以制订详细的审计计划，准备审计底稿，也可以根据特殊需求，添加自定义的审计底稿，并对审计底稿进行填写确认审核，最后给企业发送审计报告。审计业务流程如图 8-1 所示。

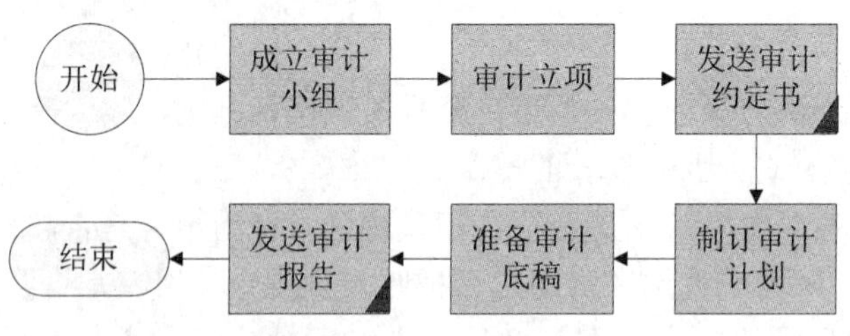

图 8-1　审计业务流程

注：流程图中带三角（◢）的步骤为与生产企业交叉业务部分。

会计师事务所在仿真实习平台的主操作界面如图 8-2 所示。

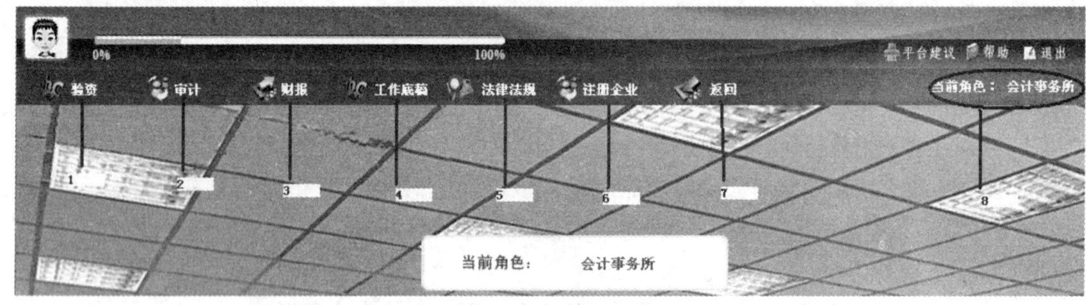

图 8-2　会计师事务界面

注：1—验资，包括验资业务约定书、查看银行询证函、验资底稿、验资报告、查看验资报告；2—审计，包括审计小组人员管理、审计项目、银行转账明细、企业转账历史；3—财报，包括业务数据、财务报表；4—工作底稿，包括审计工作底稿；5—法律法规，包括公司法、审计准则、会计制度、会计准则；6—注册企业，包括企业名称预先核准、企业设立登记、税务登记、开户申请、开户业务；7—返回，选择该菜单返回会计师事务所，之后可以办理其他业务；8—当前角色，显示登录企业或者当前用户的身份。

第三节　实 验 项 目

一、审计小组人员管理

（一）实习目的和要求

通过实习，让学生了解审计的基本业务流程，掌握审计部门组建和人员添加的注意事项。

（二）实习内容

（1）组建审计部门。

（2）添加审计人员。

（三）实习步骤

（1）进入会计师事务所实习环境，选择“审计”菜单，再选择“审计小组成员管理”选项卡，进入审计部门管理界面。单击“新建”按钮，可以建立审计小组；单击“批量删除”按钮，可以批量删除审计小组，如图 8-3 所示。

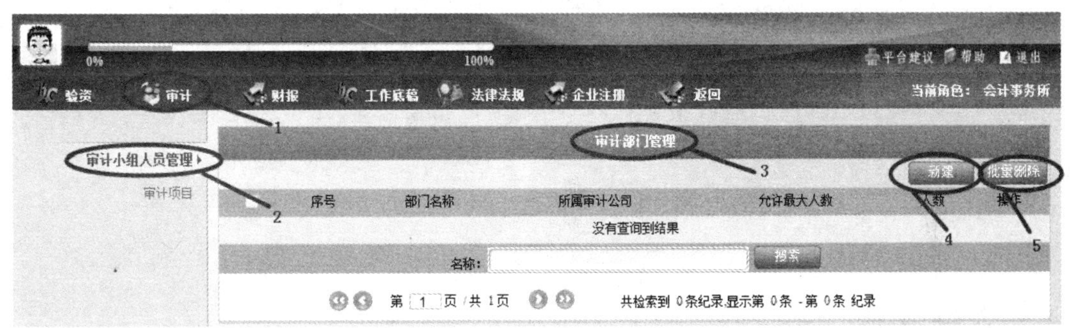

图 8-3　审计部门管理界面

注：1—审计；2—审计小组人员管理；3—审计部门管理；4—新建；5—批量删除。

（2）单击“新建”按钮，进入“新建审计部门”界面，填写部门名称、所属公司、允许最大人数等，完成后单击“提交”按钮。如果要重新填写信息，单击“重置”按钮。单击“返回”按钮，可以取消操作，如图 8-4 所示。

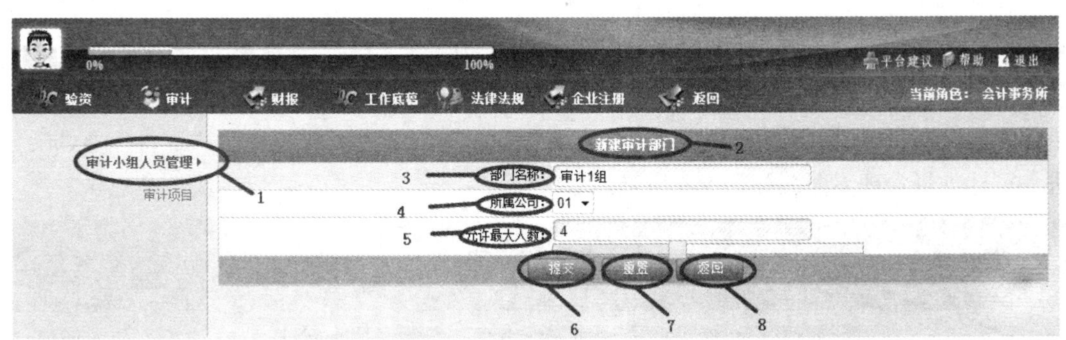

图 8-4　新建审计部门界面

注：1—审计小组人员管理；2—新建审计部门；3—部门名称；4—所属公司；5—允许最大人数；6—提交；7—重置；8—返回。

（3）新建审计部门业务完成后，会进入如图 8-5 所示的界面。如果要修改信息，单击“修改”按钮。如果要删除小组，单击“删除”按钮。如需要查看部门人员信息情况，单击“查看部门人员信息”按钮。如果需要对小组人员进行变动，单击“小组人员管理”按钮。在小组特别多的情况下，如需要查看其他小组的信息，可以在“名称”文本框中输入小组名称，单击“搜索”按钮快速查找。

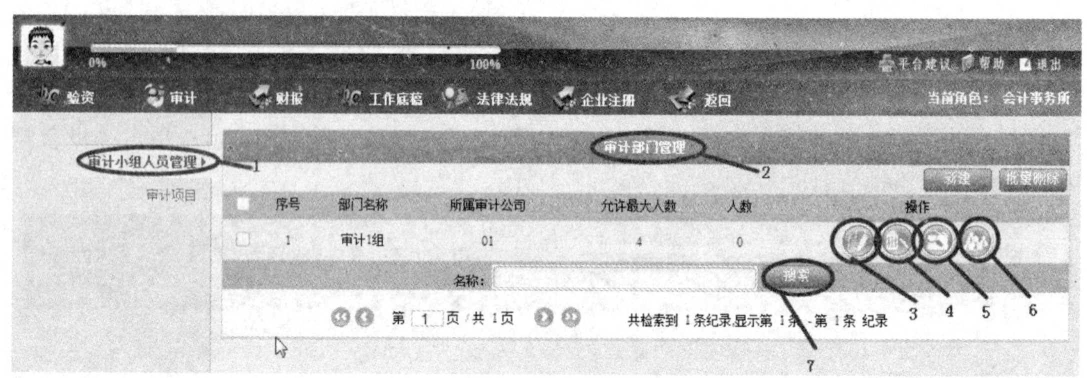

图 8-5　小组人员管理操作界面

注：1—审计小组人员管理；2—审计部门管理；3—修改；4—删除；5—查看部门人员信息；6 小组人员管理；7—搜索。

二、审计立项

（一）实习目的和要求

通过实习，了解如何添加审计项目，掌握添加审计项目的注意事项。

（二）实习内容

对某个公司的审计项目进行立项，确认其审计时间和类别等基本信息。

（三）实习步骤

（1）进入会计事务所实习环境，选择“审计”选项卡，再选择“审计项目”选项卡，进入审计项目管理界面，如图 8-6 所示。

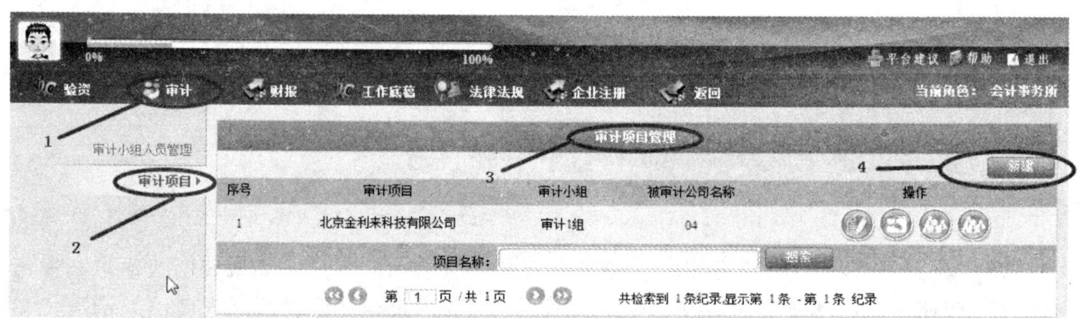

图 8-6　审计项目管理界面

注：1—审计；2—审计项目；3—审计项目管理；4—新建。

（2）单击“新建”按钮，进入审计项目填写界面，如图 8-7 所示。填写表格完成后，单击“提交”按钮。如果内容需要进行全面调整，单击“重置”按钮。如果放弃填写，单击“返回”按钮。

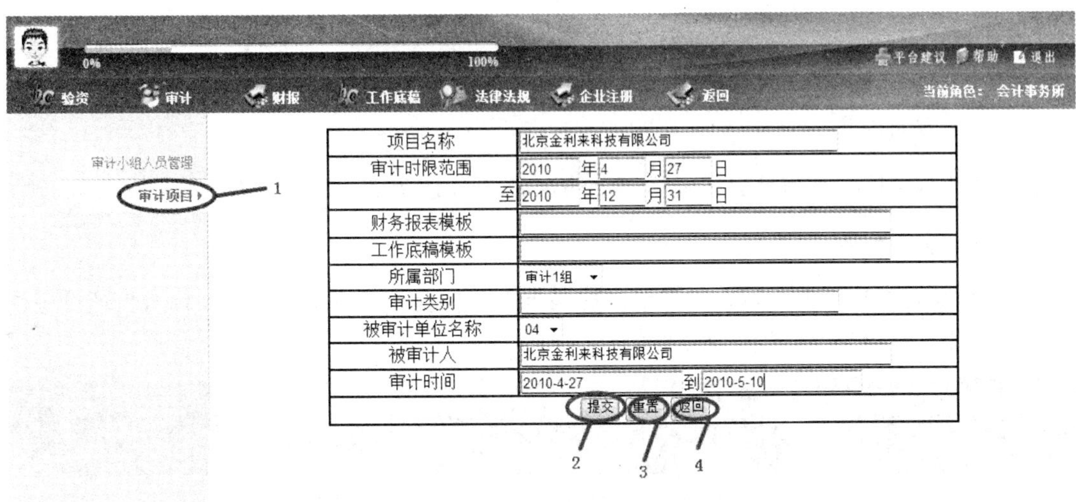

图 8-7　审计项目填写界面

注：1—审计项目；2—提交；3—重置；4—返回。

（3）新建审计项目业务完成后，将进入如图 8-8 所示的界面。如果要修改信息，单击“修改”按钮。如果需要查看详细的信息情况，单击“详细”按钮。如果需要签订审计约定书，单击“发送审计约定书”按钮进行操作。如果需要进行审计业务操作时，单击“业务操作”按钮。

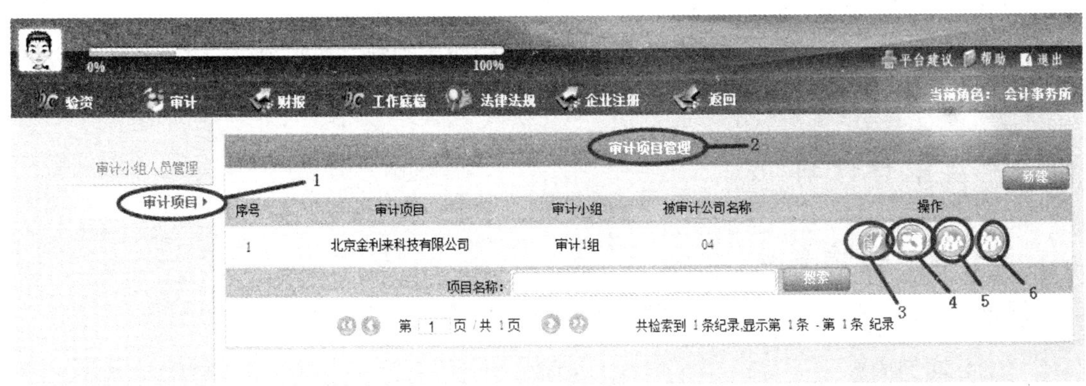

图 8-8　审计项目管理界面

注：1—审计项目；2—审计项目管理；3—修改；4—详细；5—发送审计约定书；6—业务操作。

三、审计约定书

（一）实习目的和要求

通过实习，让学生掌握会计师事务所发送审计约定书时的注意事项。

（二）实习内容

会计师事务所向被审计公司发送审计约定书，确定双方的责任和义务。

（三）实习步骤

（1）进入会计师事务所实习环境，选择“审计”菜单，再选择“审计项目”选项卡，进入审计项目管理界面，如图 8-9 所示。

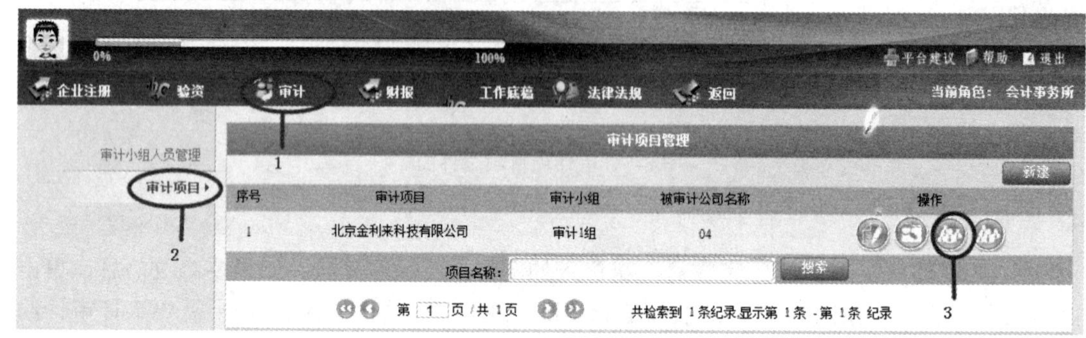

图 8-9　审计项目管理界面

注：1—审计；2—审计项目；3—发送审计约定书。

（2）单击“发送审计约定书”按钮，进入审计业务约定书填写界面，填写完成后，单击“提交”按钮，如图 8-10 所示。

四、年度审计计划

（一）实习目的和要求

通过实习，让学生掌握会计师事务所添加年度审计计划的注意事项。

（二）实习内容

会计师事务所在审计约定书被确认后设计总体工作计划表，确认审计的目的、范围和策略等基本信息。

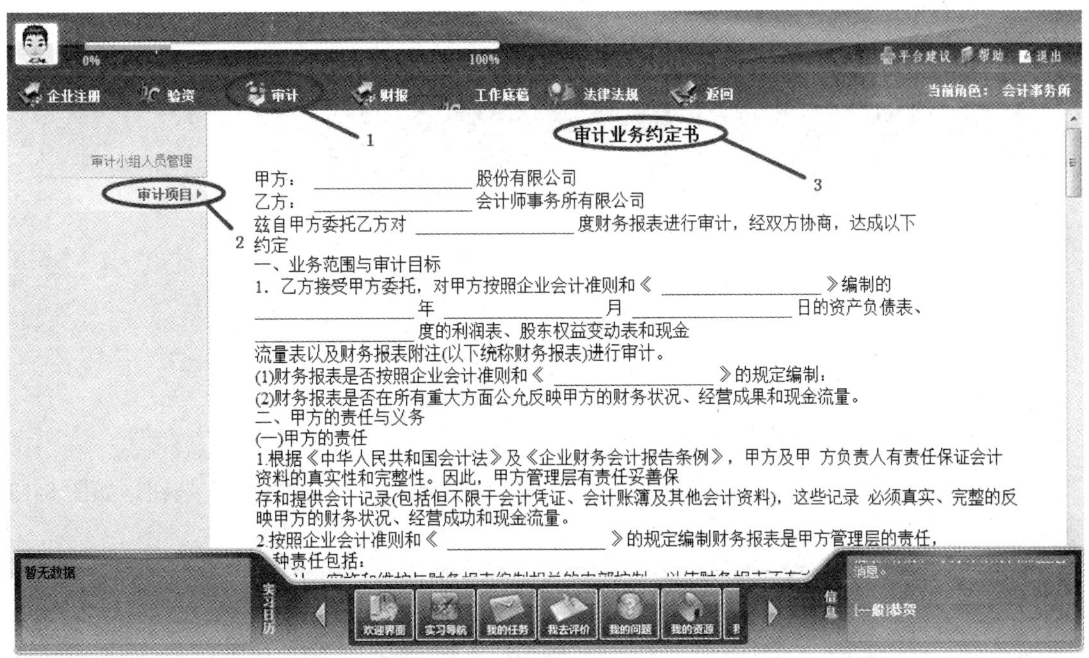

图 8-10 审计约定书填写界面

注：1—审计；2—审计项目；3—审计业务约定书。

（三）实习步骤

（1）进入会计事务所实习环境，选择“审计”菜单，再选择“审计项目”选项卡，进入审计项目管理界面，如图 8-11 所示。

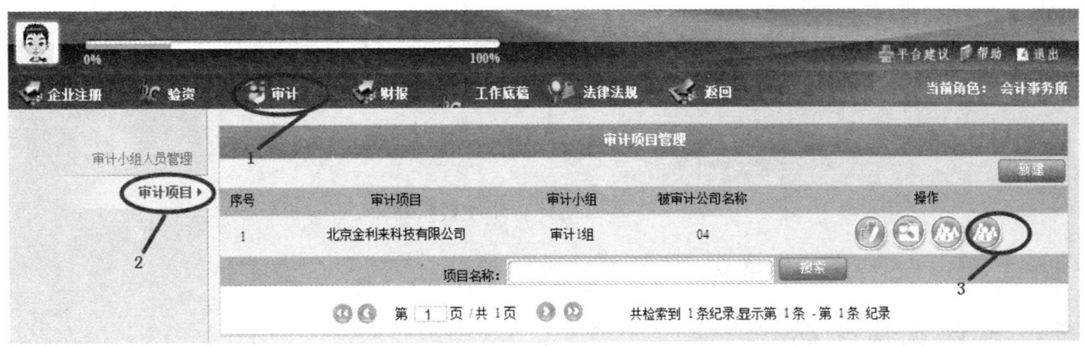

图 8-11 审计项目管理界面

注：1—审计；2—审计项目；3—业务操作。

（2）单击“业务操作”按钮，在进入的界面中单击“查看审计计划”超链接，如图 8-12

所示。

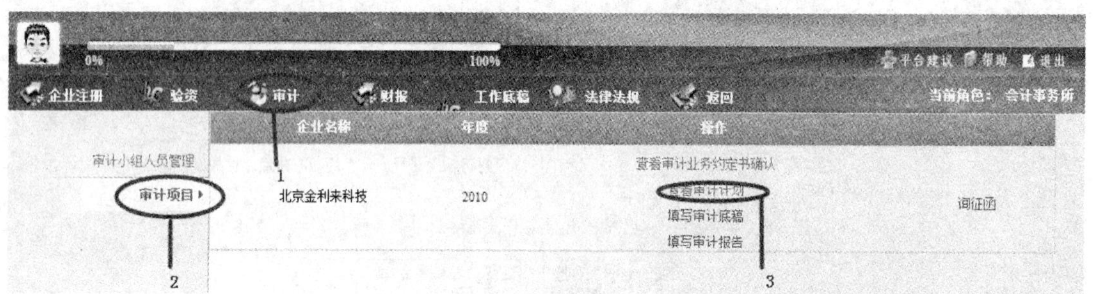

图 8-12　审计业务操作界面

注：1—审计；2—审计项目；3—查看审计计划。

（3）进入审计总体工作计划表界面，计划填写完成后，单击“提交”按钮，如图 8-13 所示。

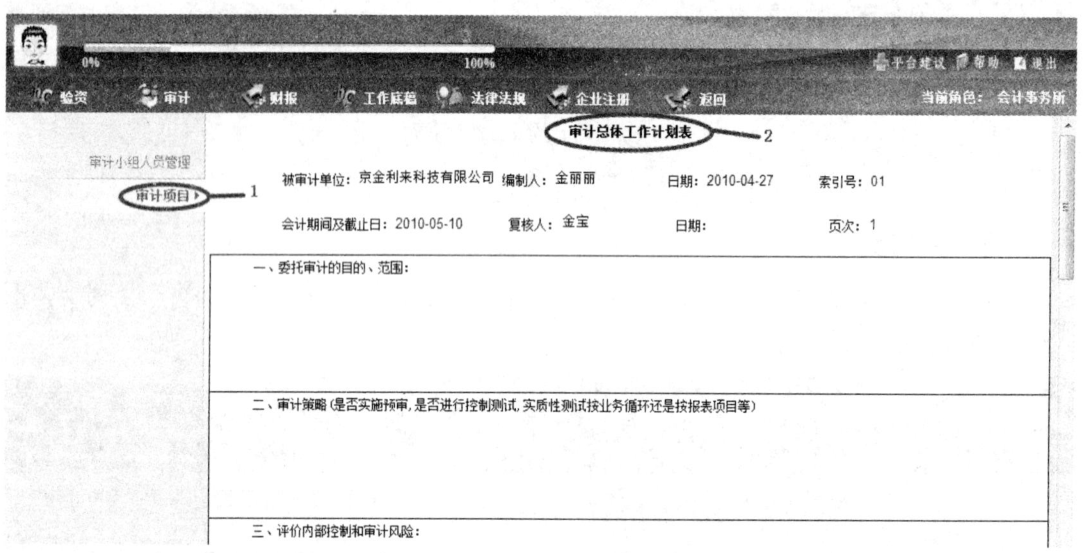

图 8-13　审计总体工作计划表界面

注：1—审计项目；2—审计总体工作计划表。

五、审计底稿准备

（一）实习目的和要求

通过实习，让学生了解如何填写审计底稿，掌握添加审计底稿的注意事项。

（二）实习内容

（1）准备审计底稿。

（2）填写审计底稿。

（3）如果有特殊情况，可以自定义底稿。

（三）实习步骤

（1）进入会计事务所实习环境，选择“审计”菜单，选择“审计项目”选项卡，进入审计项目管理界面，如图 8-11 所示。

（2）单击“业务操作”按钮，在进入的界面中单击“填写审计底稿”超链接，如图 8-14 所示。

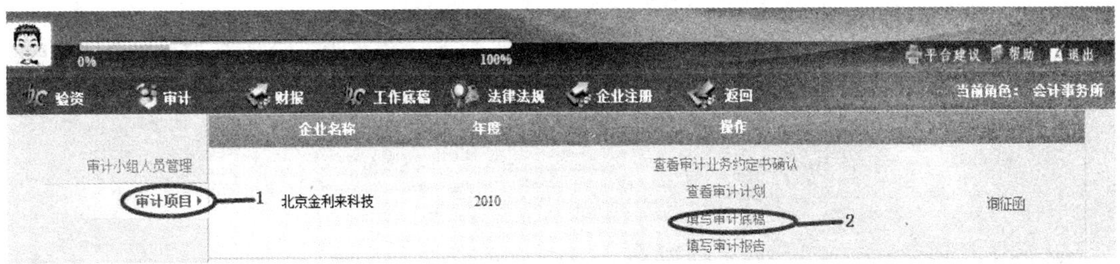

图 8-14　审计业务操作界面

注：1—审计项目；2—填写审计底稿。

（3）进入具体审计底稿表单界面后，可以按照表单进行填写。填写好每张表单之后，单击“提交”按钮。同时，系统支持自定义审计底稿功能，可以根据实际情况，进行自定义表单的设计和填写。

六、审计报告准备

（一）实习目的和要求

通过实习，让学生了解如何填写审计报告，掌握添加审计报告的注意事项。

（二）实习内容

会计师事务所为被审计单位书写审计报告并发送审计报告到生产企业。

（三）实习步骤

（1）进入会计事务所实习环境中，选择“审计”菜单，再选择“审计项目”选项卡，进入审计项目管理界面，如图 8-11 所示。

（2）单击“业务操作”按钮，在进入的界面中单击“填写审计报告”超链接，进入填写审计报告界面，填写报告，如图 8-15 所示。可以选择常用的审计报告，同时也可以对审计报告进行设计，制作符合要求的审计报告。

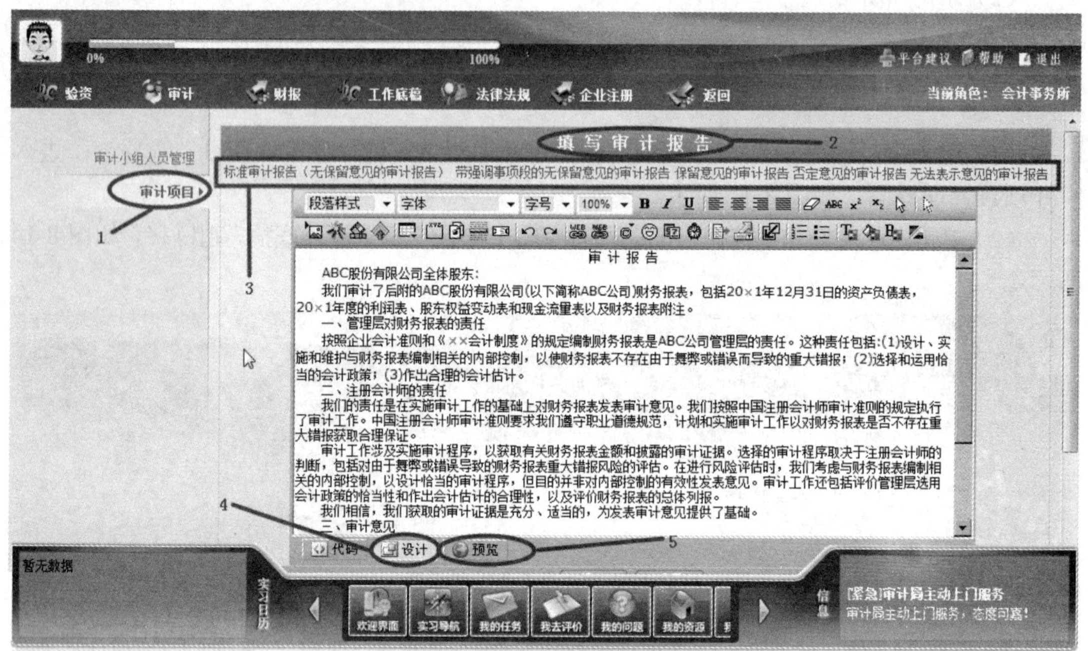

图 8-15　填写审计报告界面

注：1—审计项目；2—填写审计报告；3—常用审计报告模板；4 设计；5—预览。

七、财务报表

（一）实习目的和要求

通过实习，让学生了解会计师事务所查看企业财报的流程及注意事项，掌握会计师事务所查看企业财报的相关知识。

（二）实习内容

（1）查看企业的业务数据，包括其工程建设、产品研发等。

（2）查看企业的会计分类账，包含银行存款、固定资产、累计折旧和管理费用等。

（3）查看企业各个时期的财务报表。

（4）根据查看的以上企业数据，总结企业的经营状况。

（三）实习步骤

（1）进入会计事务所实习环境，选择“财报”菜单，再选择“业务数据”选项卡，进入业务数据界面，如图 8-16 所示。

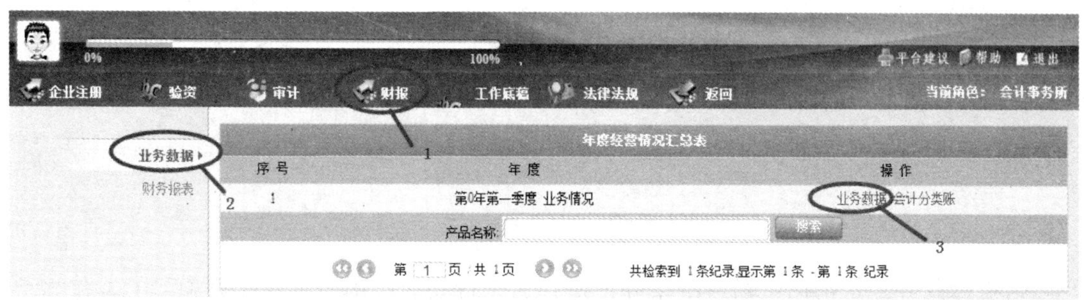

图 8-16　业务数据界面

注：1—财报；2—“业务数据”选项卡；3—“业务数据”超链接。

（2）单击右侧“业务数据”超链接，可以查看公司研发、生产等商业活动的具体业务数据。

（3）单击“会计分类账”超链接，可以查看企业的银行存款、固定资产等经营数据。

（4）单击“财务报表”选项卡，在进入的界面中单击“查看财务数据”超链接，可以查看公司的资产负债表、利润表、损益表数据。

八、工作总结

（一）实习目的和要求

通过实习，让学生了解会计师事务所的工作和职责，了解各个业务的操作流程。

（二）实习内容

（1）总结会计师事务所所有业务及其流程，对其进行总结。

（2）总结会计师事务所的职责和要求。

（3）对实习小组人员的表现情况进行总结。

（三）实习步骤

（1）工作计划完成情况回顾。

（2）工作经验总结。

（3）工作中的不足与问题总结。

第九章

招投标业务实验

招投标业务，是指在市场经济条件下进行大宗货物的买卖、工程建设项目的发包与承包及服务项目的采购与提供时所采取的一种交易方式。招投标业务在创业仿真实验环境中的主要功能是为生产企业和商贸公司提供招投标管理服务。

第一节　招投标中心业务规则

一、招投标中心业务总则

根据招投标中心在创业仿真实验中的主要业务（遵照《中华人民共和国招标投标法》）规定如下。

第一条　为了规范招标投标活动，保护国家利益、社会公共利益和招标投标活动当事人的合法权益，提高经济效益，保证项目质量，制定本法。

第二条　在中华人民共和国境内进行招标投标活动，适用本法。

第三条　任何单位和个人不得将依法必须进行招标的项目化整为零或者以其他任何方式规避招标。

第四条　招标投标活动应当遵循公开、公平、公正和诚实信用的原则。

第五条　依法必须进行招标的项目，其招标投标活动不受地区或者部门的限制。任何单位和个人不得违法限制或者排斥本地区、本系统以外的法人或者其他组织参加投标，不得以任何方式非法干涉招标投标活动。

第六条　招标投标活动及其当事人应当接受依法实施的监督。有关行政监督部门依法对招标投标活动实施监督，依法查处招标投标活动中的违法行为。对招标投标活动的行政监督及有关部门的具体职权划分，由国务院规定。

二、业务细则

创业仿真实验环境中招投标业务主要包含以下几项。

（一）招标

第一条　招标人是依照本法规定提出招标项目、进行招标的法人或者其他组织。

第二条　招标项目按照国家有关规定需要履行项目审批手续的，应当先履行审批手续，取得批准。招标人应当有进行招标项目的相应资金或者资金来源已经落实，并应当在招标文件中如实载明。

第三条　招标分为公开招标和邀请招标。公开招标是指招标人以招标公告的方式邀请不特定的法人或者其他组织投标。邀请招标是指招标人以投标邀请书的方式邀请特定的法人或者其他组织投标。

第四条　招标代理机构应当在招标人委托的范围内办理招标事宜，并遵守本法关于招标人的规定。

第五条　招标人应当根据招标项目的特点和需要编制招标文件。招标文件应当包括招标项目的技术要求、对投标人资格审查的标准、投标报价要求和评标标准等所有实质性要求和条件以及拟签订合同的主要条款。国家对招标项目的技术、标准有规定的，招标人应当按照其规定在招标文件中提出相应要求。招标项目需要划分标段、确定工期的，招标人应当合理划分标段、确定工期，并在招标文件中载明。

第六条　招标文件不得要求或者标明特定的生产供应者及含有倾向或者排斥潜在投标人的其他内容。

第七条　招标人不得向他人透露已获取招标文件的潜在投标人的名称、数量及可能影响公平竞争的有关招标投标的其他情况。招标人设有标底的，标底必须保密。

（二）投标

第八条　投标人是响应招标、参加投标竞争的法人或者其他组织。依法招标的科研项目允许个人参加投标的，投标的个人适用本法有关投标人的规定。

第九条　投标人应当按照招标文件的要求编制投标文件。投标文件应当对招标文件提出的实质性要求和条件作出响应。

第十条　投标人应当在招标文件要求提交投标文件的截止时间前，将投标文件送达投标地点。招标人收到投标文件后，应当签收保存，不得开启。投标人少于三个的，招标人应当依照本法重新招标。在招标文件要求提交投标文件的截止时间后送达的投标文件，招标人应当拒收。

第十一条　投标人在招标文件要求提交投标文件的截止时间前，可以补充、修改或者撤回已提交的投标文件，并书面通知招标人。补充、修改的内容为投标文件的组成部分。

第十二条　投标人不得相互串通投标报价，不得排挤其他投标人的公平竞争，损害招标人或者其他投标人的合法权益。投标人不得与招标人串通投标，损害国家利益、社会公共利益或者他人的合法权益。

第十三条　投标人不得以低于成本的报价竞标，也不得以他人名义投标或者以其他方式弄虚作假，骗取中标。

（三）开标、评标和中标

第十四条　开标应当在招标文件确定的提交投标文件截止时间的同一时间公开进行；开标地点应当为招标文件中预先确定的地点。

第十五条　开标由招标人主持，邀请所有投标人参加。

第十六条　开标时，由投标人或者其推选的代表检查投标文件的密封情况，也可以由招标人委托的公证机构检查并公证；经确认无误后，由工作人员当众拆封，宣读投标人名称、投标价格和投标文件的其他主要内容。招标人在招标文件要求提交投标文件的截止时间前收到的所有投标文件，开标时都应当当众予以拆封、宣读。开标过程应当记录，并存档备查。

第十七条　招标人应当采取必要的措施，保证评标在严格保密的情况下进行。任何单位和个人不得非法干预、影响评标的过程和结果。

第十八条　标委员会应当按照招标文件确定的评标标准和方法，对投标文件进行评审和比较；设有标底的，应当参考标底。评标委员会完成评标后，应当向招标人提出书面评标报告，并推荐合格的中标候选人。招标人根据评标委员会提出的书面评标报告和推荐的中标候选人确定中标人。招标人也可以授权评标委员会直接确定中标人。国务院对特定招标项目的评标有特别规定的，从其规定。

第十九条　在确定中标人前，招标人不得与投标人就投标价格、投标方案等实质性内容进行谈判。

第二十条　中标人应当按照合同约定履行义务，完成中标项目。中标人不得向他人转让中标项目，也不得将中标项目肢解后分别向他人转让。中标人按照合同约定或者经招标人同意，可以将中标项目的部分非主体、非关键性工作分包给他人完成。接受分包的人应当具备相应的资格条件，并不得再次分包。中标人应当就分包项目向招标人负责，接受分包的人就分包项目承担连带责任。

第二节　招投标业务流程

招投标的主要业务即是帮助委托单位办理招投标管理，其在创业仿真实验环境中的主

要作用即是进行招投标的管理。其功能如图 9-1 所示。

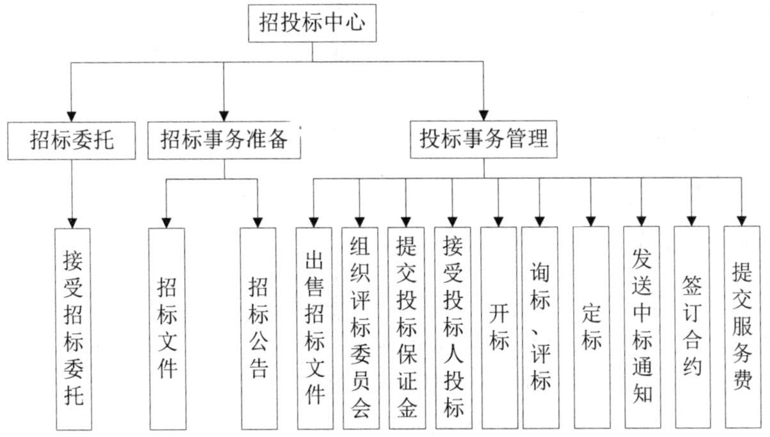

图 9-1　招投标业务的内容

招投标业务在创业仿真实验软件系统中的界面展示如图 9-2 所示。

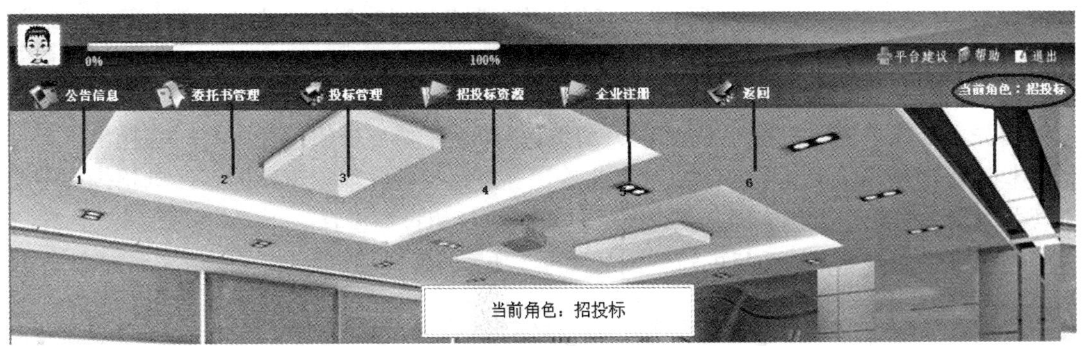

图 9-2　招投标界面

注：1—公告信息，包括招标公告、更正公告、开标通知、中标公告；2—委托书管理；3—投标管理；4—招投标资源，包括招投标流程介绍、招投标规章制度等；5—企业注册，包括企业名称预先核准、企业设立登记、税务登记、开户申请、开户业务；6—返回，选择该菜单返回到招投标界面；7—当前角色：显示当前登录人所属角色。

一、招标委托

（一）业务介绍

招标代理机构是依法设立、从事招标代理业务并提供相关服务的社会中介组织。它受招标人委托，代为从事招标组织活动。招标代理机构应当具备下列条件：第一，有从事招标代理业务的营业场所和相应资金；第二，有能够编制招标文件和组织评标的相应专业力量；第三，有符合《中华人民共和国招标投标法》规定条件、可以作为评标委员会成员人选的技术、经济等方面的专家库。

从事工程建设项目招标代理业务的招标代理机构，其资格由国务院或者省、自治区、直辖市人民政府的建设行政主管部门认定。具体办法由国务院建设行政主管部门会同国务院有关部门制定。从事其他招标代理业务的招标代理机构，其资格认定的主管部门由国务院规定。招标代理机构与行政机关和其他国家机关不得存在隶属关系或者其他利益关系。

（二）业务所需提交的材料

（1）招标人是依照《中华人民共和国招标投标法》规定提出招标项目、进行招标的法人或者其他组织。招投标中心要依法检查招标人的相关资质和项目背景。

（2）招标项目按照国家有关规定需要履行项目审批手续的，应当先履行审批手续，取得批准。招标人应当有进行招标项目的相应资金或者资金来源已经落实，并应当在招标文件中如实载明。

（3）委托方向招投标中心提交招标委托书。

（4）提交的相关材料，包括技术、商务、售后服务以及对投标人或制造商的资格等要求。

（三）招标委托业务流程

首先由委托单位向招投标中心提交招标委托申请，然后由招投标中心对委托单位提交的资料进行审核，验证其资料，并对企业的情况进行检验。如果审核通过，则招投标中心和委托单位签订招标委托合同，代理本委托单位进行招投标事宜。

招投标中心接受招标委托的流程图如图 9-3 所示：

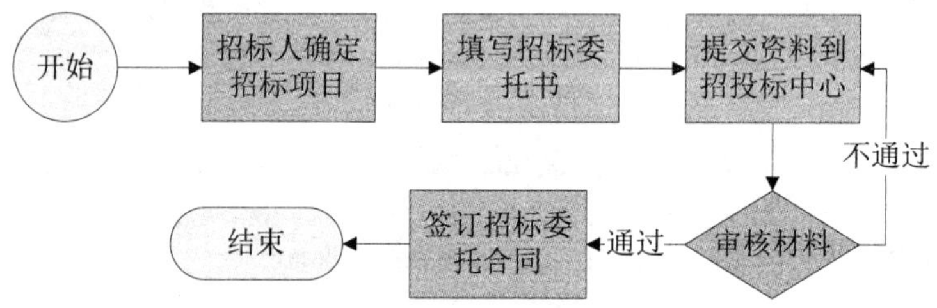

图 9-3　招投标中心接受招标委托的流程

二、招标事务准备

（一）业务介绍

委托单位和招投标中心签订招标委托书后，招投标中心开始为委托方的招标开始进行准备。根据委托方的要求编写招标文件，向外界发布招标公告，并成立评标委员会。

（二）业务所需准备的材料

（1）招标文件：招投标中心应当根据招标项目的特点和需要编制招标文件。招标文件应当包括招标项目的技术要求、对投标人资格审查的标准、投标报价要求和评标标准等所有实质性要求和条件以及拟签订合同的主要条款。国家对招标项目的技术、标准有规定的，招标人应当按照其规定在招标文件中提出相应的要求。

（2）招标公告：招标人采用公开招标方式的，应当发布招标公告。依法必须进行招标的项目的招标公告，应当通过国家指定的报刊、信息网络或者其他媒介发布。招标公告应当载明招标人的名称和地址、招标项目的性质、数量、实施地点和时间以及获取招标文件的办法等事项。

（三）业务流程

招投标中心和招标方签订招标委托合同后，招投标中心需要根据招标方的要求开始编写招标文件，并且有招标方的人员共同参与编写。根据项目的技术要求、投标人的资质要求等，编写符合招标方要求的招标文件。然后向外界发布招标公告，符合要求的投标人或者组织结构都可以进行投标。同时，根据项目的特点和要求，组织评标委员会。

招投标中心进行招标事务准备的业务流程如图 9-4 所示。

图 9-4　招投标中心进行招标事务准备的业务流程

三、投标事务管理

（一）业务介绍

招标是指招标人（买方）发出招标通知，说明采购的商品名称、规格、数量及其他条件，邀请投标人（卖方）在规定的时间、地点按照一定的程序进行投标的行为。

招标分为公开招标和邀请招标。公开招标是指招标人以招标公告的方式邀请不特定的法人或者其他组织投标。邀请招标是指招标人以投标邀请书的方式邀请特定的法人或者其他组织投标。招标人有权自行选择招标代理机构，委托其办理招标事宜。招标代理机构是依法设立从事招标代理业务并提供服务的社会中介组织。

投标是与招标相对应的概念，它是指投标人应招标人的邀请或投标人满足招标人最低资质要求而主动申请，按照招标的要求和条件，在规定的时间内向招标人递价，争取中标的行为。

（二）业务所需的准备

（1）标书：投标单位按照招标文件的要求，准备标书进行投标。

（2）评标委员会：评标委员会依法组建，负责评标活动，向招标人推荐中标候选人或者根据招标人的授权直接确定中标人。

（三）投标业务管理流程

招投标中心的主要任务就是为委托单位进行招标服务。其流程为，招投标公司向投标公司人员出售招标文件，同时内部组织评标委员会。投标公司向招投标公司递交投标保证金，招投标公司对投标的公司进行初步的筛选，接受符合条件的投标公司的申请，然后进行开标，开标中可以进行询标和评标，最后定标，即确定最后的合作双方，发布中标通知给中标单位并向外界发布中标公告。最后，组织中标人和采购单位签约，同时中标单位支付服务费。

招投标中心进行投标事务管理的主要业务流程如图 9-5 所示。

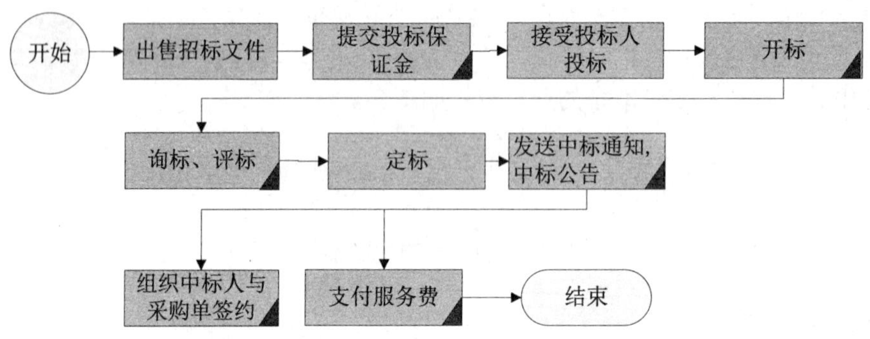

图 9-5 招投标中心进行投标事务管理的主要业务流程

注：流程图中带三角（◢）的步骤为与生产企业交叉业务部分。

第三节 招标中心实验项目

一、招投标中心组织建设

（一）实验目的和要求

通过现场任务组织进行模拟，在巩固理论知识的同时，提高学生的组织机构实际操作能力，了解政府类服务机构的组织结构，并掌握举办一次招投标项目所需要的人员结构，

培养学生把组织结构理论知识应用于实际操作中，同时通过现场组织的模拟形式，提高学生组织结构的设计能力，培养学生科学严谨、求真务实的工作作风。

（二）实验内容

（1）根据跨专业综合实验平台涉及的招投标中心业务，列出招投标中心业务清单。

（2）根据业务清单进行岗位分工，注意进行分工的要求。

（3）招投标中心领导进行岗位人员分工。

（4）根据岗位划分，进行招投标中心组织结构设计，根据组织结构设计的准则和注意事项。

（三）实验步骤

（1）依据此次实验目标选择相应数量的同学，组织招投标中心的组织架构。

（2）组织学习关于招投标中心的相关知识，了解工作职责，并根据业务熟悉程度和能力，选拔出招投标中心的领导。

（3）领导结合个人情况进行岗位分工。

（4）办理相关手续，准备必要道具，制定招投标中心规则、章程、注意事项、员工守则等。

二、编制招标文件

（一）实习目的和要求

通过对招标委托内容的分析研究，制作对外出售的招标文件信息，了解招标文件的组成部分及内容重点，培养理论与实践相结合的能力，同时提高学生的业务处理能力及文档制作能力。

（二）实习内容

（1）招投标中心根据委托方的招标书及其他各方面的要求，编写其招标文件。

（2）在编写招标文件时需要有委托方人员的参加，编写过程中了解其各方面的注意事项，并掌握招标文件的主要部分和内容的重点。

（三）实习步骤

（1）以招投标中心员工的身份登录到系统中，招投标公司界面如图 9-6 所示。

（2）对标书进行制作，此过程需要有委托方人员参与其中，并根据各方面要求进行标书的编写。选择“委托书管理”菜单，在进入的界面（见图 9-6）中单击“制作招标书”超链接，进入如图 9-8 所示的界面进行标书的制作。

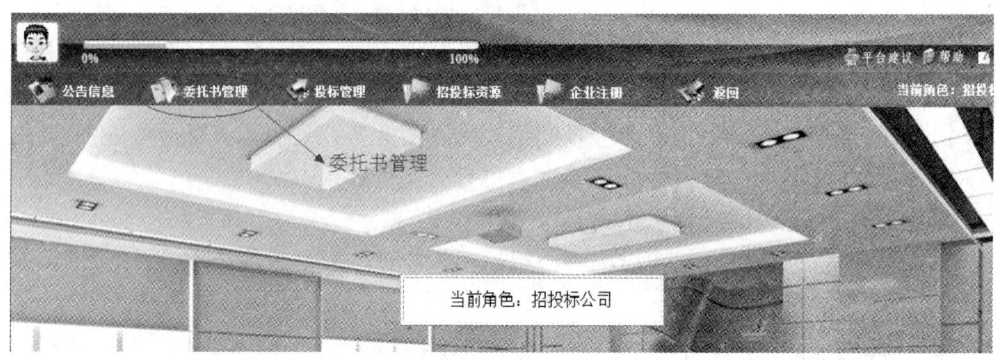

图 9-6　委托书管理界面

公告信息　委托书管理　投标管理　招投标资源　企业注册　返回　当前角色：招投标公司

3	北京星月有限公司	学生手机	09 12 2009 2:59PM	查看招标书 查看招标公告 更正公告	已出售招标书
4	北京星月有限公司	教师手机	09 12 2009 3:04PM	查看招标书 查看招标公告 更正公告	已出售招标书
5	北京星月有限公司	学校普通工作人员	09 19 2009 3:00PM	查看招标书 查看招标公告 更正公告	已出售招标书
6	北京星月有限公司	中国移动公司高级管理人员	09 26 2009 10:57AM	查看委托书	接受 不接受
7	北京星月有限公司	学校高级管理人员	09 19 2009 3:04PM	查看招标书 查看招标公告 更正公告	已出售招标书
8	北京星月有限公司	中国移动公司高级管理人员	09 26 2009 11:01AM	制作招标书 发布招标公告	制作标书-->发布公告-->出售
9	北京星月有限公司	中国移动公司高级管理人员	09 26 2009 11:10AM	制作招标书 发布招标公告	制作标书-->发布公告-->出售
10	移动公司		04 24 2010 10:38AM	制作招标书 发布招标公告	制作标书-->发布公告-->出售
11	移动公司		04 24 2010 3:35PM	制作招标书 发布招标公告	制作标书-->发布公告-->出售
12	北京星月有限公司	企业职工手机	09 26 2009 10:15AM	查看招标书 查看招标公告 更正公告	已出售招标书
13	北京星月有限公司	中国移动高管人员手机	09 26 2009 11:19AM	制作招标书 发布招标公告	制作标书-->发布公告-->出售
14	北京星月有限公司	学校高级管理人员	09 26 2009 10:15AM	查看招标书 查看招标公告 更正公告	已出售招标书
15	移动公司		04 24 2010 1:16PM	查看招标书 查看招标公告 更正公告	已出售招标书

第 1 页 共 1 页　共检索到 1 条纪录,显示第 1 条 - 第 1 条 纪录

制作招标书

图 9-7　委托书管理的制作招标书界面

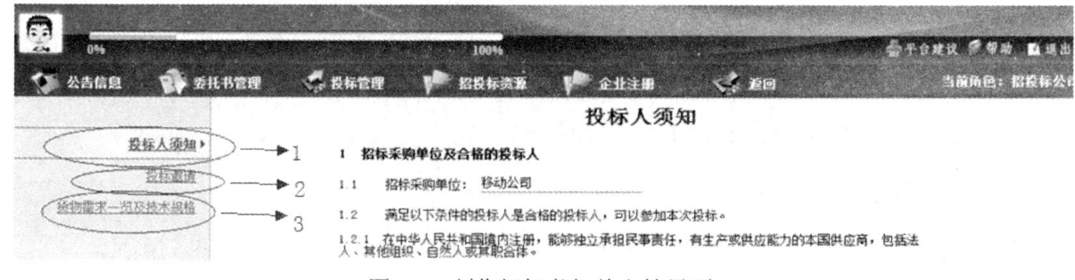

图 9-8　制作招标书相关文档界面

注：1—投标人须知；2—投标邀请；3—货物需求一览及技术规格。

（3）招标书中将体现对投标人资质的要求、所需出示的证件、证书及具体的产品参数和数量等，填写完毕后单击“提交”按钮。

三、发布招标公告

（一）实习目的和要求

根据对招标文件的准备工作，制作招标公告对外公布或邀请，掌握公告的内容要素，明确公告的目的，了解招标公告的作用，同时提高理论与实践相结合的能力，提高商务文件的制作能力。

（二）实习内容

招投标中心向外界发布招标公告。公告中需要列出招标产品的名称、数量及对投标方的资质和进行评标的方法、标准等。

（三）实习步骤

（1）以招投标中心员工的身份登录到系统中，进入委托书管理界面，如图 9-6 所示。

（2）选择“委托书管理”菜单，在进入的界面中单击“发布招标公告”超链接，如图 9-9 所示。

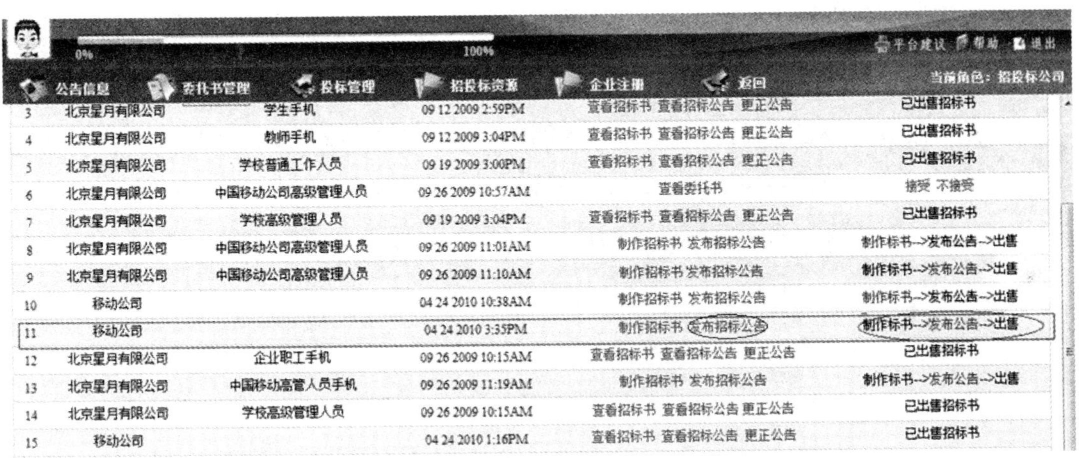

图 9-9　委托书管理的发布招标公告界面

（3）进入项目招标公告界面，如图 9-10 所示。招标公告中包括项目名称、招标货物的数量、名称和参数、对投标人的资质要求、评分标准及获取招标文件的方式、标书售价等的简要介绍。填写完公告以后单击“提交”按钮。

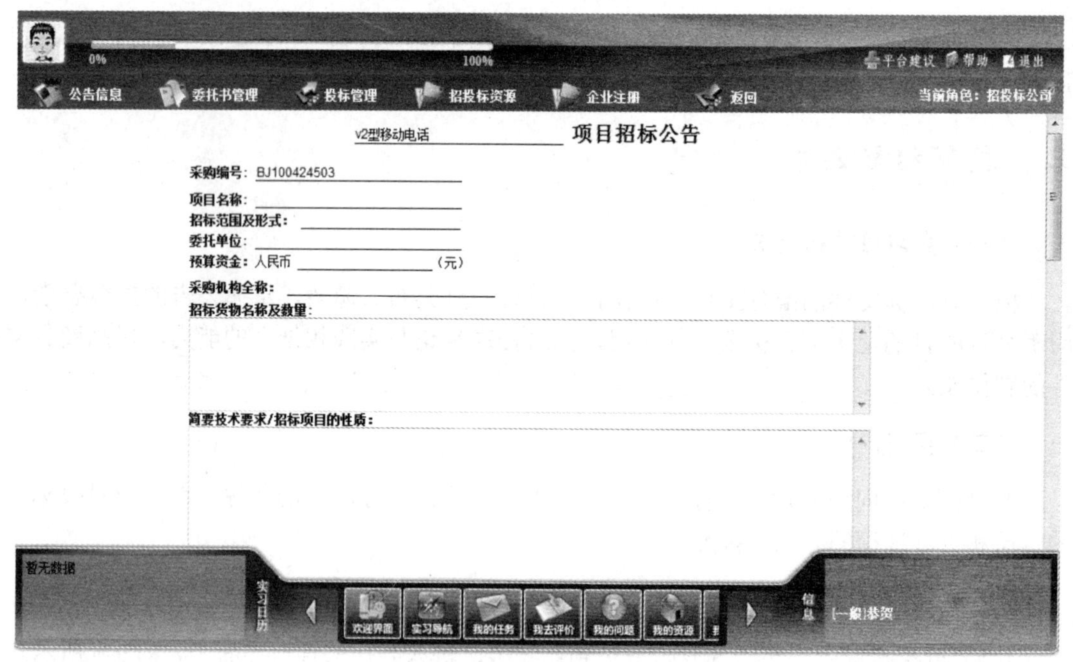

图 9-10　招投标公告界面

（4）公告发布后，选择“公告信息”菜单，再选择“招标公告”选项卡，在招标公告界面中会看到刚刚发布的招标公告。还可以在招标公告界面单击相应的“查看”超链接查看公告。选择“更正公告”选项卡，还可以发布更正公告，如图 9-11 所示。

图 9-11　招标公告界面

注：1—招标公告；2—更正公告；3—开标通知；4—中标公告。

四、提交投标保证金

（一）实习目的和要求

通过提交投标保证金的现场模拟，了解投标保证金与采购低价的比例，掌握投标保证金的作用与用途，同时提高实际业务处理能力，培养商务沟通能力。

（二）实习内容

招投标中心接受投标公司提交的投标保证金时，需要记录投标方的投标保证金情况登记表，并且给投标方提供投标保证金收据。

（三）实习步骤

（1）招投标中心的成员与采购单位会议讨论确定投标保证金所占项目资金的比例和数量。

（2）联系投标单位并进行收取，提供收据，并签字、盖章。

（3）对投标单位缴纳投标保证金的情况进行登记。

五、接受投标人投标

（一）实习目的和要求

通过接受投标人投标过程的模拟，了解接收投标文件的完整性，掌握接收投标文件的必要条件，同时提高理论与实践相结合的能力，培养科学严谨、求真务实的工作作风。

（二）实习内容

（1）招投标中心接受投标公司投标，了解在接收投标文件时的注意事项。

（2）对投标公司投标物品的安置。

（三）实习步骤

招标公告发布后至开标日期期间如果有企业购买标书投标，就会显示在实验平台的投标管理界面中，可以随时对投标详情进行查看。

（1）以招投标公司员工的身份登录到系统中，单击“投票管理”超链接，如图 9-12 所示。

（2）选择“投标管理”菜单，进入投标管理界面，单击“查看投标详情”超链接，如图 9-13 所示。

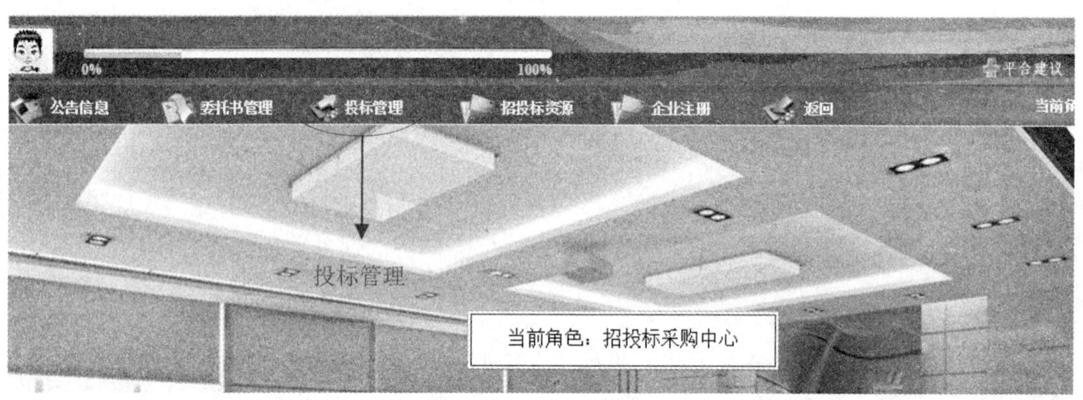

图 9-12　投标管理界面

序号	项目名称	招标号	投标人数	状态	操作
1		BJ100424503	1	投标中	查看投标详情
2		BJ100424032	1	投标结束	查看投标详情
3	企业职工手机	BJ090926307	没有人投标	投标中	查看投标详情
4	学校高级管理人员	BJ090926058	没有人投标	投标中	查看投标详情
5	教师手机	BJ090912244	没有人投标	投标中	查看投标详情

图 9-13　查看投标详情

（3）进入相应公司的投资方界面，单击“投标文件”超链接，可以查看该公司的投标文件，判断是否符合招标要求，并对其进行预审，如图 9-14 所示。

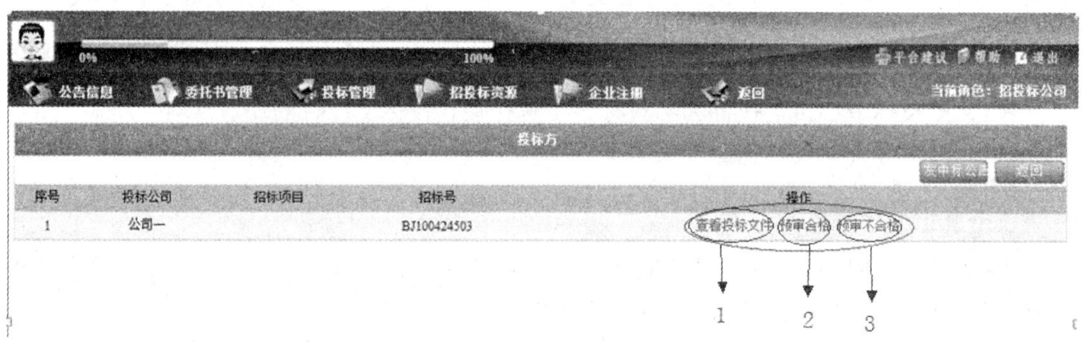

图 9-14　投标方界面

注：1—查看投标文件，对投标单位所提供的投标书电子版进行查看、预审；2—预审合格，如果预审合格单击该超链接；3—预审不合格，如果预审不合乎要求单击该超链接。

（4）单击“预审合格”超链接，进入如图 9-15 所示的界面。

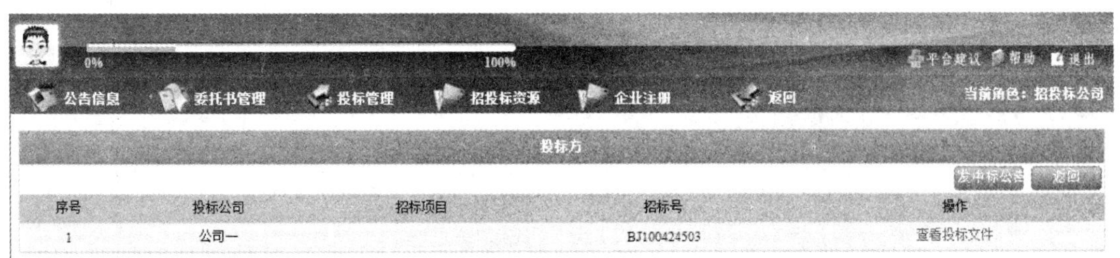

图 9-15　文件预审合格后的投标方界面

（5）对企业的投标书预审合格后准备开标。

六、开标

（一）实习目的和要求

通过对开标过程的模拟，掌握开标在招投标项目中的作用，同时提高商务文件制作能力，培养语言表达能力。

（二）实习内容

（1）对开标时到场的投标公司进行登记，确认公司信息。
（2）对投标文件进行开封。

（三）实习步骤

（1）以招投标中心的身份登录到系统中，招投标公司由界面如图 9-16 所示。

图 9-16　查看公告信息界面

（2）选择“公告信息”菜单，在进入的界面中选择“开标通知”选项卡，进入开标通知界面，如图 9-17 所示。单击“发开标通知”按钮，发布开标通知以便相关企业收到信息。

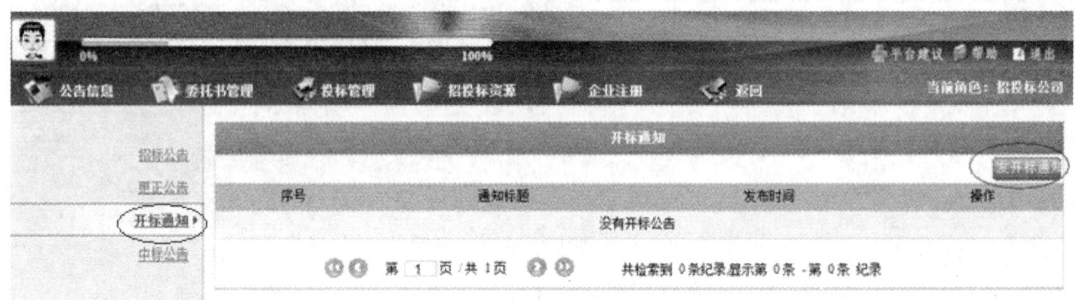

图 9-17　开标通知界面

（3）进入开标通知填写界面，在“项目名称”下拉列表框中选择相对应的已经立项的项目，填写公告内容完成后单击“提交”按钮进行发布，如图 9-18 所示。

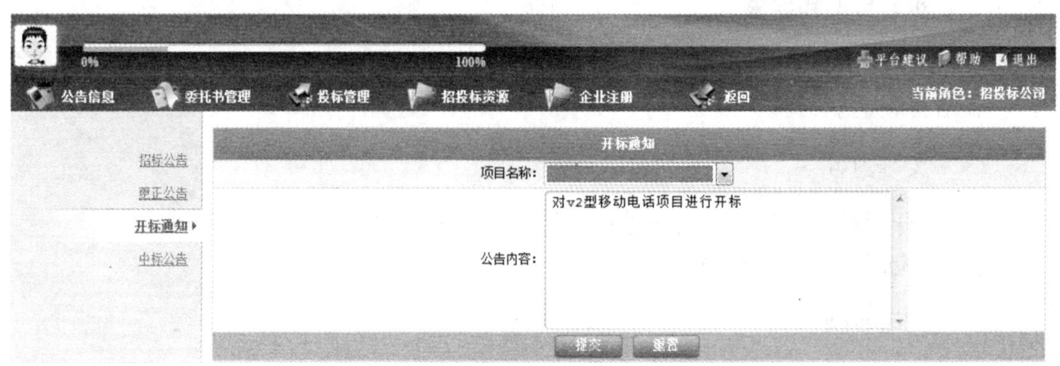

图 9-18　开标通知填写界面

（4）相关投标企业收到“开标通知”之后按照规定的时间、地点到投标现场进行投标。

（5）安排招投标中心的唱标员、记录员、监督员到场工作。

（6）记录员对投标公司的到场情况进行登记。

（7）监督员检查各企业标书的封标情况，并对标书拆封，检查保证金缴纳情况等。

（8）唱标员对各公司的投标一览表和报价及相关的备注等进行唱标。

七、询标、评标

（一）实习目的和要求

通过对询标、评标的模拟，了解政府性质类招投标过程中询标、评标的过程，掌握询

标、评标的要点与重点，同时提高理论与实践相结合的能力，培养实际业务处理能力与科学严谨、求真务实的工作作风。

（二）实习内容

（1）评标委员针对投标文件不详的部分对投标公司进行询问、了解。

（2）评标委员根据招标文件对各个投标公司进行评标，并得出标书总的得分。

（三）实习步骤

（1）评委会在审阅投标文件的过程中，对投标人在投标文件中没有表述清楚的内容及对所附的其他相关资料不能明确得出审查结论的，向投标人进行询问，要求投标人对其投标文件及其投标资料作出澄清和解释，以核实相关投标内容；投标人基于投标文件的相关内容认真、负责地向评委会进行解释和答疑。

（2）评标委员会根据招标文件的规定，就投标人递交的投标文件进行审查及综合评审，并根据相应的评分标准，对多家投标人进行打分。

八、定标

（一）实习目的和要求

通过对定标过程的模拟，了解定标的过程，掌握定标要素，同时提高理论与实践相结合的能力，培养科学严谨、求真务实的工作作风。

（二）实习内容

根据最后的评标结果，确定最后的中标公司。

（三）实习步骤

（1）评标委员会按招标文件确定的评标标准和方法，对投标文件进行评审，提出书面评标报告，按顺序推荐合格的中标候选供应商名单。代理机构采购人书面推荐中标候选供应商。

（2）采购人应在收到推荐名单后按排名顺序确定中标供应商。

九、发送中标通知、中标公告

（一）实习目的和要求

通过对投标企业发送中标通知与对外发布中标公告的模拟，了解中标通过与中标公告的作用，掌握中标通知与中标公告的商务文件制作与要点，同时提高理论与实践相结合的能力，培养商务文件制作能力。

（二）实习内容

（1）定标结束后，给所有的投标公司发布中标公告。

（2）给中标公司发布中标通知，通知其已经中标，并且告知什么时间签订合同等其他事宜。

（三）实习步骤

（1）当招标结束后，以招投标公司的身份登录到系统中，进入投标公司界面，如图 9-19 所示。

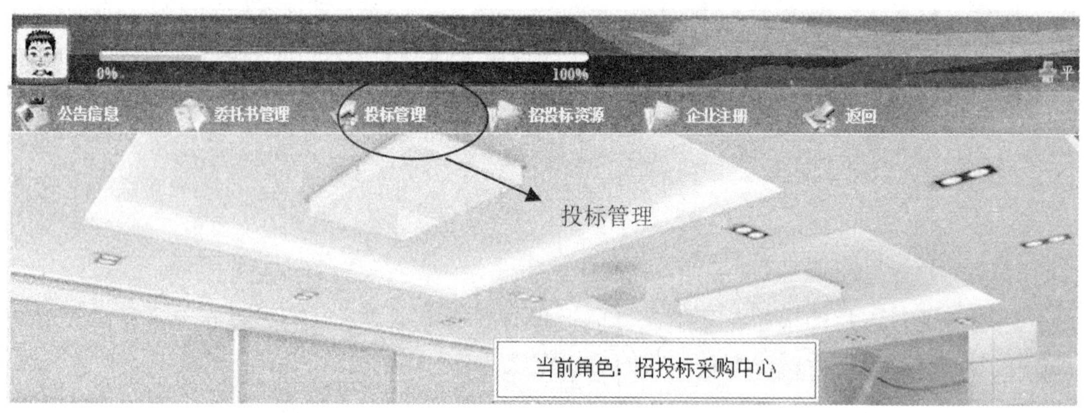

图 9-19　投标管理界面

（2）选择“投票管理”菜单，进入投标管理界面，单击“查看投标详情”超链接，如图 9-20 所示。

投标管理

序号	项目名称	招标号	投标人数	状态	操作
1		BJ100424503	1	投标结束	查看投标详情
2		BJ100424032	1	投标结束	查看投标详情
3	企业职工手机	BJ090926307	1	投标中	查看投标详情
4	学校高级管理人员	BJ090926058	没有人投标	投标中	查看投标详情
5	教师手机	BJ090912244	没有人投标	投标中	查看投标详情

图 9-20　投标管理界面

（3）进入投标方界面，单击“发中标公告”按钮，如图 9-21 所示。

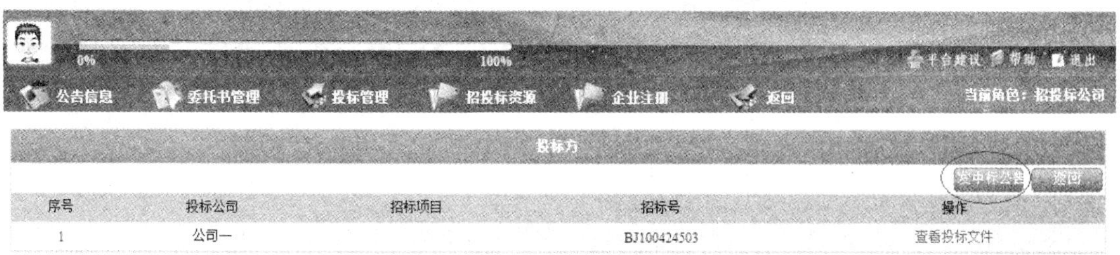

图 9-21　投标方界面

（4）进入中标公告界面，对招标公告进行编辑发布，如图 9-22 所示。

0%　100%　平台建议　帮助　退出

公告信息　委托书管理　投标管理　招投标资源　企业注册　返回　当前角色：招投标公司

中标公告

采购人（公章）：＿＿＿＿ 地址：＿＿＿＿ 联系方式：＿＿＿＿

采购代理机构（公章）：＿＿＿＿ 地址：＿＿＿＿ 联系方式：＿＿＿＿

招标项目名称、用途、数量、简要技术要求及合同履行日期：＿＿＿＿

定标日期：＿＿ 年 ＿＿ 月 ＿＿ 日

招标文件编号：BJ100424503

本项目招标公告日期：＿＿ 年 ＿＿ 月 ＿＿ 日

中标供应商名称：＿＿＿＿

中标供应商地址：＿＿＿＿

中 标 金 额：＿＿＿＿

本项目联系人：＿＿＿＿ 联系电话：＿＿＿＿

暂无数据　实习日历　欢迎界面　实习导航　我的任务　我去评价　我的问题　我的资源　信息　消息

图 9-22　中标公告界面

（5）中标公告发布完，投标方界面的“操作”项会出现“发布中标通知”超链接，单击该超链接可以给企发中标通知。在招投标结束前可随时对已经发布的中标公告进行查看，只需单击“查中标公告”超链接即可，如图 9-23 所示。

（6）进入中标通知书填写界面，对中标通知书进行撰写，完成后单击“提交”按钮，如图 9-24 所示。

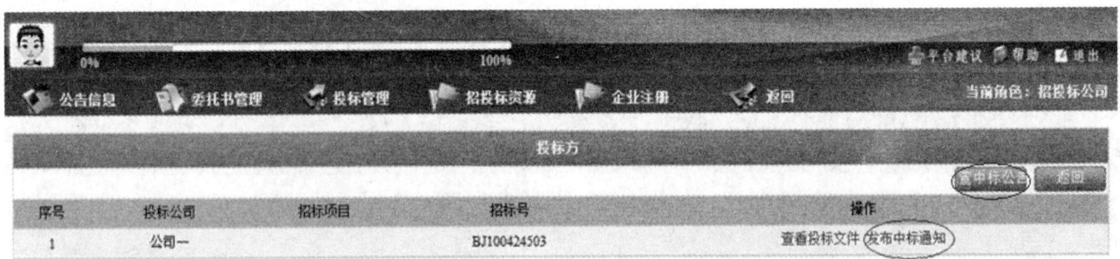

图 9-23　中标公告发布后的界面

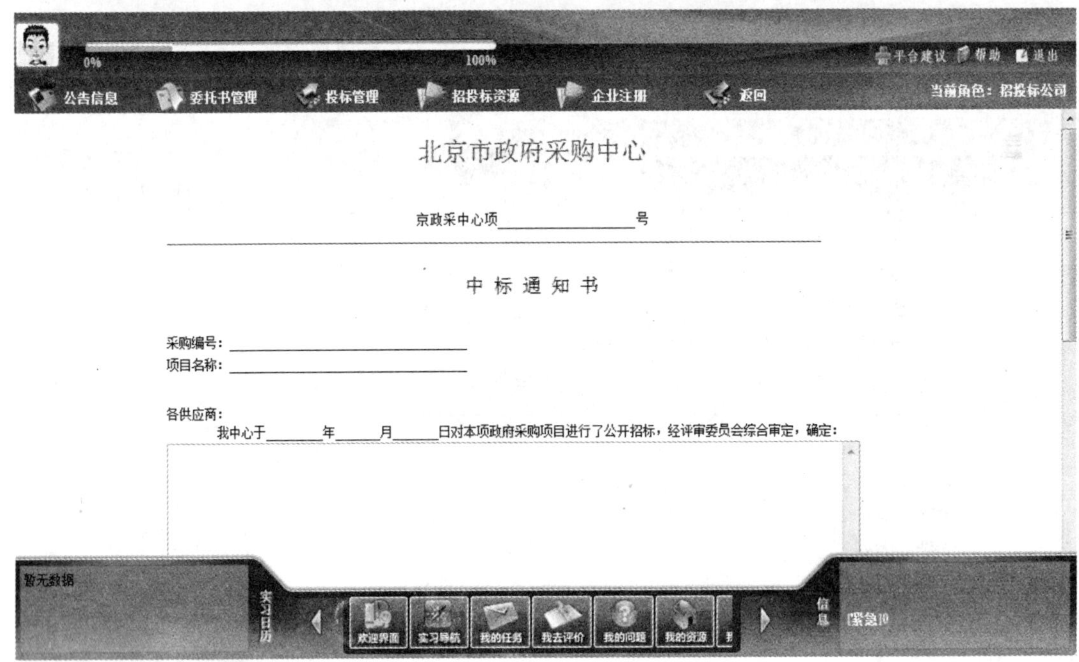

图 9-24　中标通知书填写界面

第十章

物流业务实验

第三方物流就是通过物流管理的代理企业（物流企业）为供应方和需求方提供物料运输、仓库存储、产品配送等各项物流服务。

第三方物流是介于供应商和制造企业之间的，或者是介于供应商与零售商之间的，即它是处于供应方和需求方之间的链接纽带，是实现供应链管理的有效方法。第三方物流处于流通的中间环节，它提供了一体化的物流服务，是中间流通企业。第三方物流为供应方提供运输、配送、保管的物流服务，为需求方提供运输的物流服务。

第一节　物流中心业务规则

一、业务总则

根据物流中心在仿真实验环境中的地位、作用及其相关业务，物流中心的主要业务规则如下所示。

第一条　物流中心是仿真市场中唯一的营利性物流服务提供商，其宗旨是为仿真市场所有单位和组织提供有偿性的物流服务。

第二条　物流中心严格执行国家流通政策和有关法律法规的规定，坚守行业自律，不得随意泄露客户信息。

第三条　物流中心有一定的规模和实力，可随时为市场中的任一物流需求方提供物流相关服务。

第四条　物流中心受仿真实验环境中工商行政管理部门的监管。

二、业务细则

仿真市场环境中也对物流中心的业务有所涉及，主要包含的业务有以下几项。

第一条　物流中心对与生产企业签订的合同和订单进行管理。

第二条　物流中心内部对仓储资源的管理。

第三条　物流中心中的运输业务的管理。如果物流中心未按时将货物运输给收货方，则需要对生产企业进行相应的赔偿。

第二节　物流中心业务流程

根据物流中心在仿真实验环境中的作用，主要涉及的功能有合同管理、仓储管理及运输业务管理三方面。其功能如图 10-1 所示。

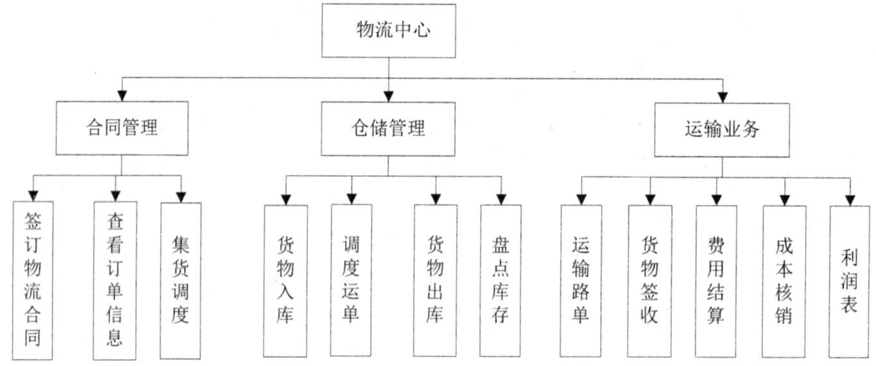

图 10-1　物流中心功能图

物流中心在仿真实验环境中的界面如图 10-2 所示。

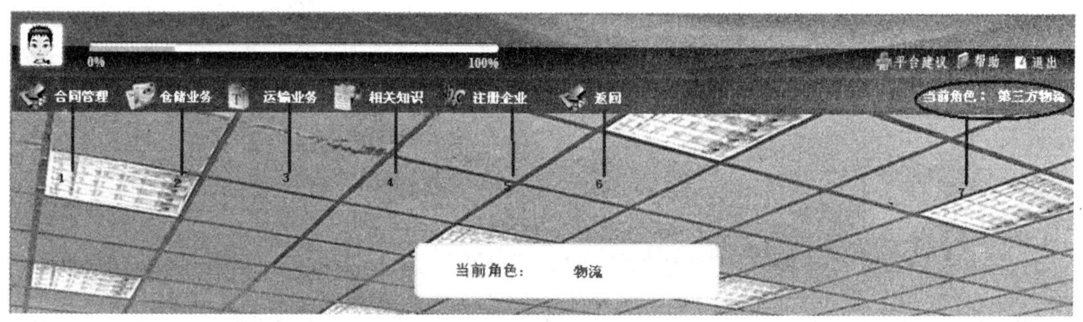

图 10-2　物流中心界面

注：1—合同管理，包括合同签订、订单信息、集货调度；2—仓储业务，包括仓储管理、仓储资源；3—运输业务，包括国内运输、运输资源；4—相关知识，包括运输知识、仓储知识、业务流程；5—注册企业，包括企业名称预先核准、企业设立登记、税务登记、开户申请、开户业务；6—返回，返回物流中心，之后可以办理其他业务；7—当前角色，显示登录企业或者当前用户的身份。

一、合同管理

（一）业务介绍

第三方物流服务需要企业与第三方物流公司经过协商后，在双方认可的基础上，签订相关的协议，用以明确双方的责任、权利和义务，规范双方的行为，这份协议即为第三方物流合同。

第三方物流的一个重要特点就是物流服务关系的合同化，第三方物流通过合同的形式来规范物流经营者和物流消费者之间的关系。物流经营者根据合同的要求，提供多功能直至全方位一体化的物流服务并依照合同来管理其提供的所有物流服务活动及过程，因此，第三方物流又叫合同制物流或契约物流，开展第三方物流活动就需要订立第三方物流合同。所谓第三方物流合同，就是第三方物流服务活动的当事人之间设立、变更、终止权利义务关系的协议。

第三方物流是物流现代化发展的主要趋势，而第三方物流服务的法律表现形式就是第三方物流合同，第三方物流合同在物流实践中大量存在。

（二）准备材料

（1）合同准备。根据企业和物流中心的约定制定出符合双方的物流合同。

（2）订单准备。了解生产企业需要运输的订单，并且结合其订单制定出合理的物流运输方案。

（3）集货调度的单据准备。根据签单情况，进行集货调度。

（三）合同管理流程

合同管理主要是指从企业和物流中心签订物流合同开始，即此次物流业务的开始。首先由企业和物流中心根据业务运输需求签订物流合同，同时物流中心需要查看企业填写的订单信息，主要查看运输的物品、数量、地区、到货时间等，然后根据各个订单信息，进行集货调度。集货是指将分散的或小批量的物品集中起来，以便进行运输、配送的作业。这里主要实现的流程到此为一个阶段。

物流中心进行合同管理的主要业务流程如图 10-3 所示。

图 10-3　合同管理业务流程图

注：流程图中带三角（◢）的步骤为与生产企业交叉业务部分。

二、仓储管理

（一）业务介绍

仓储管理就是对仓库及仓库内的物资所进行的管理，是物流中心为了充分利用所具有的仓储资源提供高效的仓储服务所进行的计划、组织、控制和协调过程。仓储系统是企业物流系统中不可缺少的子系统。物流系统的整体目标是以最低成本提供令客户满意的服务，而仓储系统在其中发挥着重要作用。仓储活动能够促进企业提高客户服务水平，增强企业的竞争能力。

1．仓储管理的任务

（1）利用市场经济手段获得最大的仓储资源的配置。

（2）以不断满足社会需要为原则开展商务活动。

（3）以高效率、低成本为原则组织仓储生产。

（4）以优质服务、讲信用建立企业形象。

2．仓储管理的基本原则

（1）效率的原则。仓储作业管理的核心是效率管理。

（2）经济效益的原则。作为参与市场经济活动主体之一的仓储业，也应围绕着获得最大经济效益的目的进行组织和经营。

（二）业务流程介绍

1．准备材料

根据仓储管理的功能，准备其所需要的各个单据，包括进库单、出库单和盘库单，来协助完成仓储功能。

2．仓储管理业务流程

企业和物流中心签订完物流合同并填写完订单信息后，其他的工作将由物流中心来完成。集货调度后，将完成本中心的仓储业务管理，首先安排将货物入库，然后按照订单信息来进行调度安排，线路货物相同的订单可以同车运输等。其次，根据其时间安排货物出库，货物出库后需要对库存信息进行盘点。此时物流中心的仓储管理业务完成。

物流中心的仓储管理业务流程如图 10-4 所示。

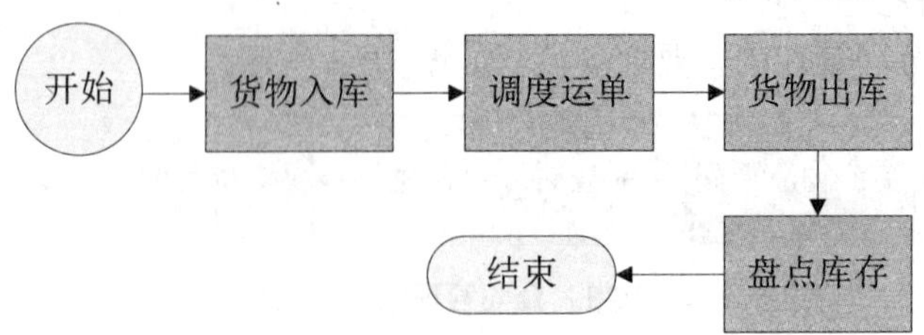

图 10-4　仓储管理业务流程图

三、运输业务

（一）业务介绍

运输是物流的主要功能之一。运输改变了物品的时间状态，更重要的是改变了物品的空间状态。任何物品由其生产地至消费地的空间位移，都是依靠运输来完成的。离开了运输，就不可能实现“物的流通”。运输的物品创造了空间效用，使物品潜在的使用价值成为可以满足社会消费需要的现实的使用价值。

（二）业务流程介绍

1．提交材料

运输是物流中很重要的环节，其需要的各个单据需要提前准备好，并协助实现运输功能。

（1）运单。运单是由承运人签发的，证明货物运输合同和货物由承运人接管或装船，以及承运人保证将货物交给指定的收货人的一种不可流通的单证。

（2）签收单。签收单是收货方接到商品并且已经接收的书面单据。

（3）核销单。核销单可以用来确定各个阶段的消耗情况。

（4）费用结算。即此次物流业务各个阶段的费用。

（5）物流公司成本费用。即物流公司的各个成本费用的记录。

2．业务流程介绍

物流中心对货物进行出库后，需要对此货物进行运输操作。首先物流中心填写运输路单，线路相同的订单货物可以安排同批次运输。运输到目的地后，则需要收货方进行签收。签收并不代表运输的完成，物流中心还需要对其运输费用进行结算，根据其成本进行成本核销，最后得出物流中心的利润表。

物流中心运输业务流程如图 10-5 所示。

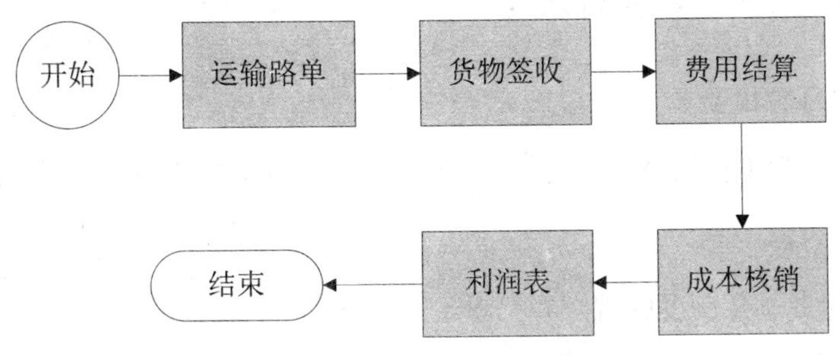

图 10-5　物流中心运输业务流程图

第三节　物流中心实验项目

一、物流中心团队构建和组织结构设计

（一）实验目的和要求

通过实习，让学生了解物流中心的业务情况和工作流程，掌握物流中心的工作职责，根据仿真环境设计出合理的组织结构图。

（二）实验内容

（1）根据跨专业综合实验平台涉及的物流中心业务，列出物流中心业务清单。

（2）根据业务清单进行岗位分工，注意进行分工的要求。

（3）根据岗位划分，进行物流中心组织结构设计，注意组织结构设计的准则和注意事项。

（三）实验步骤

（1）根据物流中心的性质和业务类型，分配 4～6 个学生，构建物流中心部门实验团队，组建仿真物流中心。

（2）了解物流中心的背景及主要业务。

（3）进行物流中心内部的组织机构设置，建立部门，确定职责。

（4）划分层次，分配权力。

（5）设计出物流中心的组织结构图。

（6）编写物流中心各岗位职责说明书。

（7）人员配备。

二、制定物流中心工作制度

（一）实习目的和要求

通过实习，让学生根据物流中心的岗位职责制定相应的工作制度和人员考核制度。

（二）实习内容

（1）了解企业制定制度的规则和要求。

（2）根据物流中心的岗位划分，来制定不同岗位的规章制度，以及各个部门和岗位对业务人员的规则要求。

（三）实习步骤

（1）明确物流中心的性质、组织结构及岗位职责。
（2）理清物流中心部门的各项业务种类，预计在实验期间可能发生的业务类型。
（3）制订物流中心管理制度大纲目录。
（4）撰写、修改、完善税务部门各项管理制度。
（5）将物流中心管理制度汇总，按照统一要求编辑排版并提交。

三、签订物流合同和查看订单信息

（一）实习目的和要求

通过实习，让学生了解物流中心签订物流合同的流程，掌握物流中心签订物流合同所需的业务操作。

（二）实习内容

（1）物流中心和生产企业签订国内货物运输协议，确认生产企业和物流中心的权利、义务和责任。
（2）协议签订后，物流中心查看生产企业订单信息。

（三）实习步骤

（1）由第三方物流主界面，选择“合同管理”菜单，再选择“合同签订”选项卡，进入合同签订界面，显示了企业将与物流中心签订的合同，如图10-6所示。

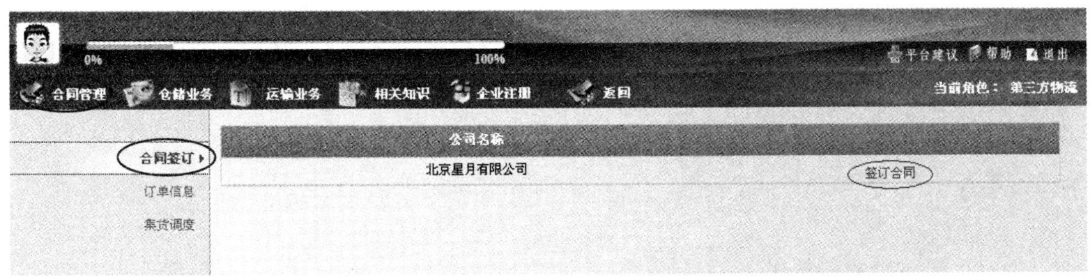

图10-6　合同签订界面

（2）单击“签订合同”超链接进入国内货物运输协议界面，物流中心可以查看甲方企业签订的国内货物运输协议，并且与甲方企业签订此合同，如图10-7所示。
（3）填写完协议后，单击“提交”按钮，合同签订完成，如图10-8所示。
（4）单击“查看合同”超链接，可查看签订完成的合同，如图10-9所示。

0% 100% 平台建议 帮助 退出

合同管理 仓储业务 运输业务 相关知识 企业注册 返回 当前角色：第三方物流

合同签订

订单信息

集货调度

国内货物运输协议

编号：1096896

甲　　方：北京星月有限公司

法定代表人：张三

地　　址：北京市海淀区

电　　话：8928998

乙　　方：物流公司

法定代表人：

地　　址：

电　　话：

依照有关法律规定，甲乙双方本着平等互惠的原则，就甲方委托乙方办理货物运输事宜达成如下协议：

1、委托代理事项

1.1、甲方委托乙方托运品为：A，运输方式为以下第 项运输服务业务；

A、航空货物运输业务(国内各航空公司)；

B、省际汽运业务(含国内汽运门对门业务)；

C、铁路货物运输业务(含行包、行邮、专列、中铁快运等)；

暂无数据　实习日历　欢迎界面 实习导航 我的任务 我去评价 我的问题 我的资源　信息　[一般]恭贺

图 10-7　国内货物运输协议签订主界面

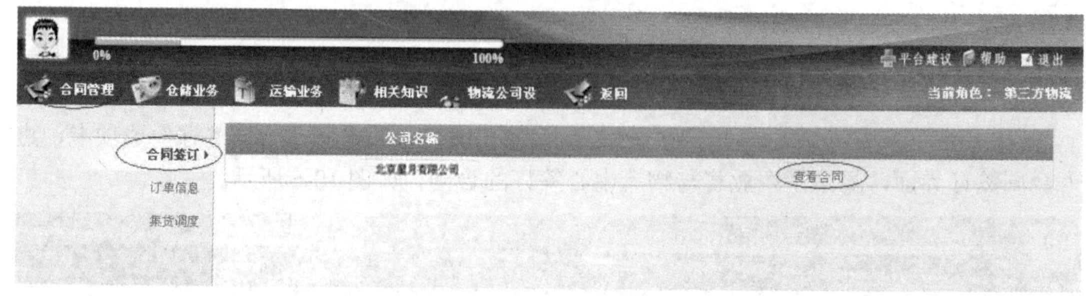

图 10-8　合同签订完成界面

四、集货调度

（一）实习目的和要求

通过实习，学生了解物流中心进行集货调度的流程，掌握物流中心进行集货调度所需的业务操作和注意事项。

（二）实习内容

物流中心对货物进行集货调度，填写集货调度单。

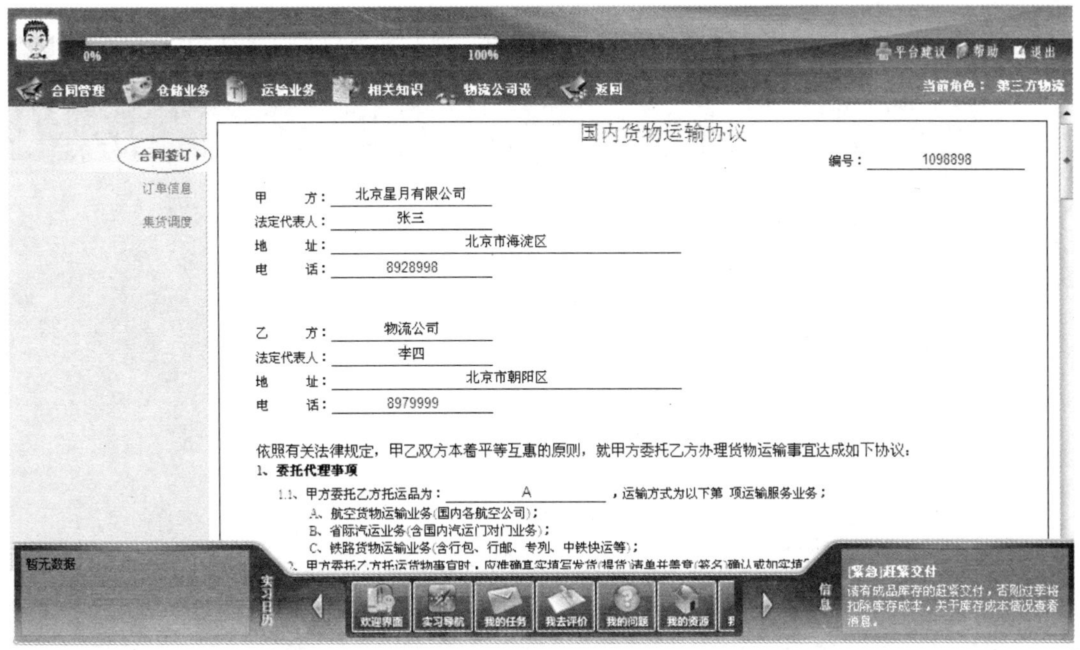

图 10-9　查看合同界面

（三）实习步骤

（1）由第三方物流主界面，选择“合同管理”菜单，再选择“订单信息”选项卡，进入信息列表界面。订单信息主要包括企业对物流中心发布的订单信息，需要由物流中心对订单进行确认，如图 10-10 所示。

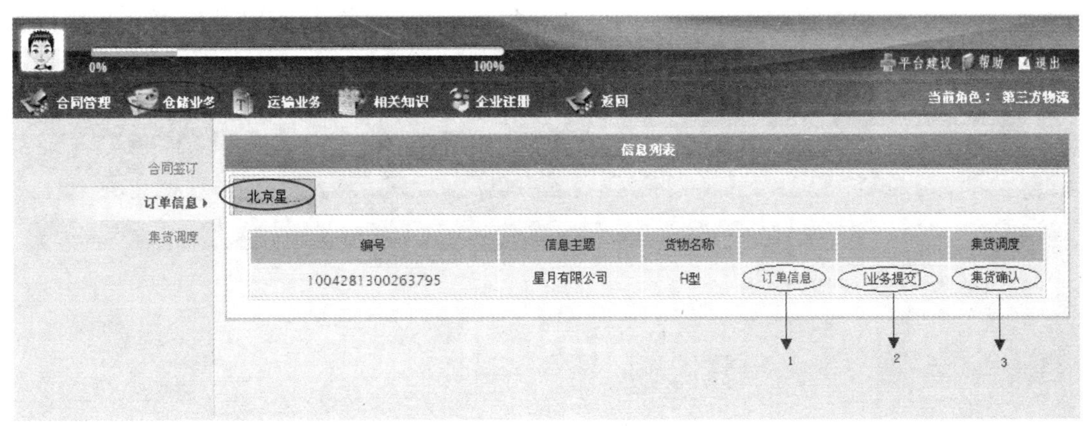

图 10-10　信息列表界面

注：1—订单信息；2—业务提交；3—集货确认。

（2）单击“订单信息”超链接，即可查看企业发布的订单信息，如图 10-11 所示。

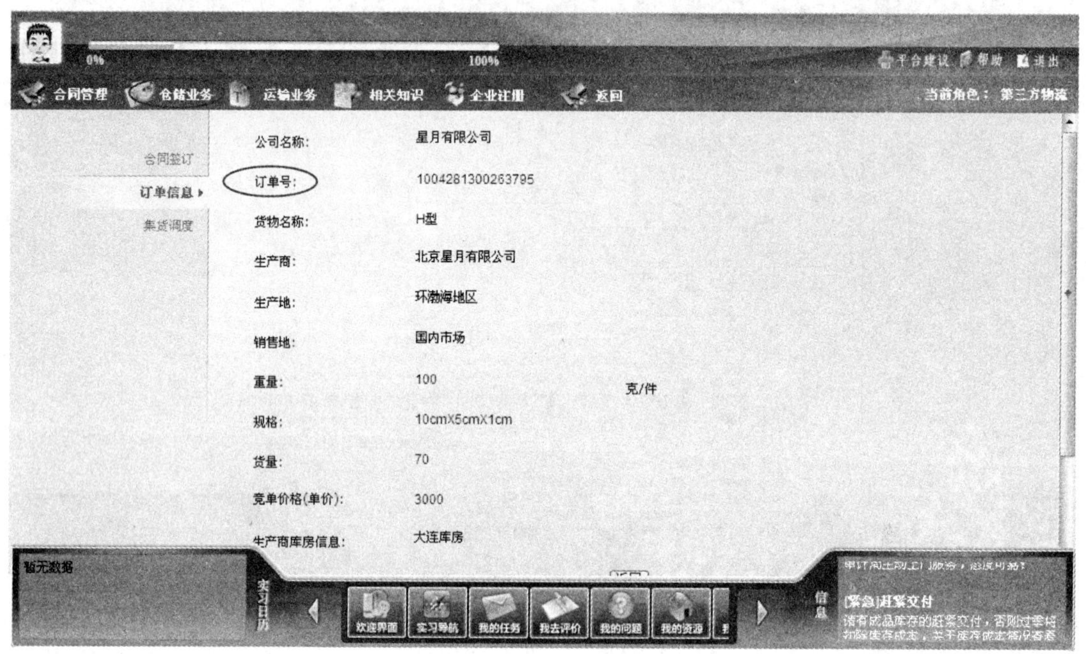

图 10-11　订单信息查看界面

（3）由企业发布的订单信息，需要由物流中心进行确认，之后进行货物集货，才能对货物进行入库、出库等操作。当一系列操作进行完，将货物送到客户手中之后，这条单据才可以进行“业务提交”操作。

（4）物流中心查看完订单信息，便可进行集货，单击“集货确认”超链接，单据状态改为“已确认”，如图 10-12 所示。

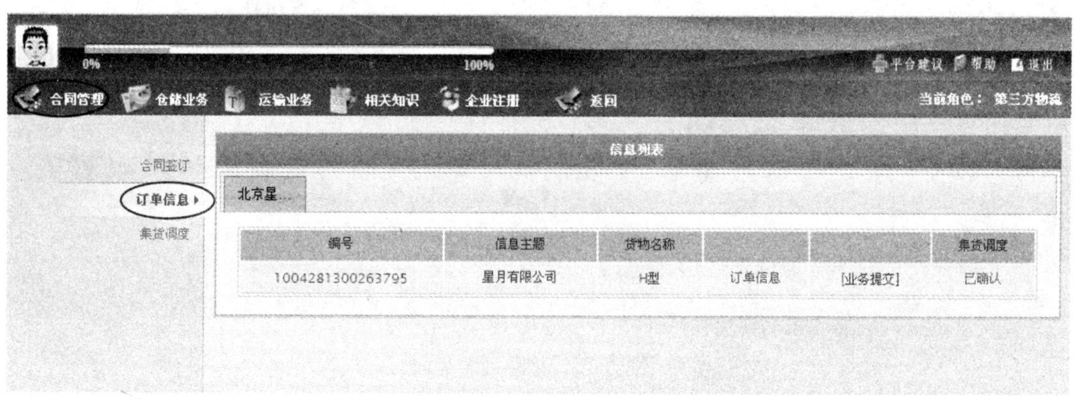

图 10-12　集货确认界面

（5）由第三方物流主界面，选择“合同管理”菜单，再选择“集货调度”选项卡，进入集货调度单界面。集货调度主要包括由物流中心填写的集货信息，当物流中心确认由企业发布的订单信息之后，将在界面中新增集货信息，如图10-13所示。

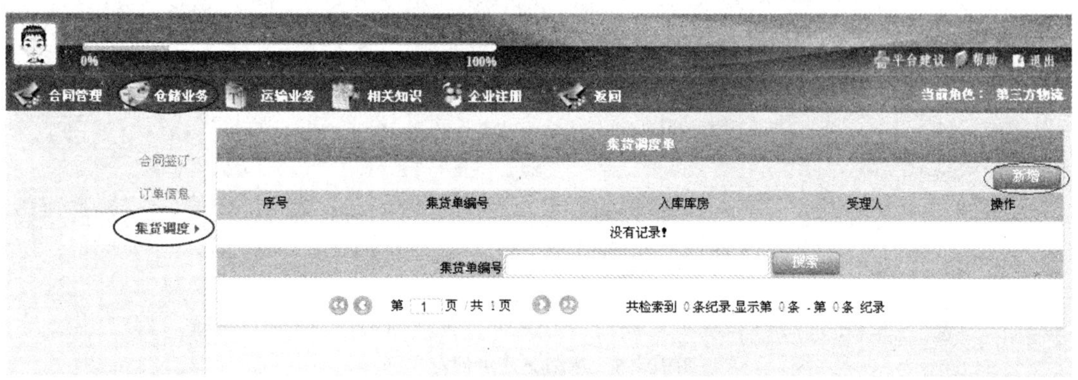

图 10-13　集货调度单界面

（6）在集货调度单界面中单击“新增”按钮，进入集货调度单新增界面，如图10-14所示。

图 10-14　集货调度单新增界面

（7）填写完上述信息，单击“提交”按钮可以进行保存，将在集货调度单界面显示新增的集货单，如图 10-15 所示。

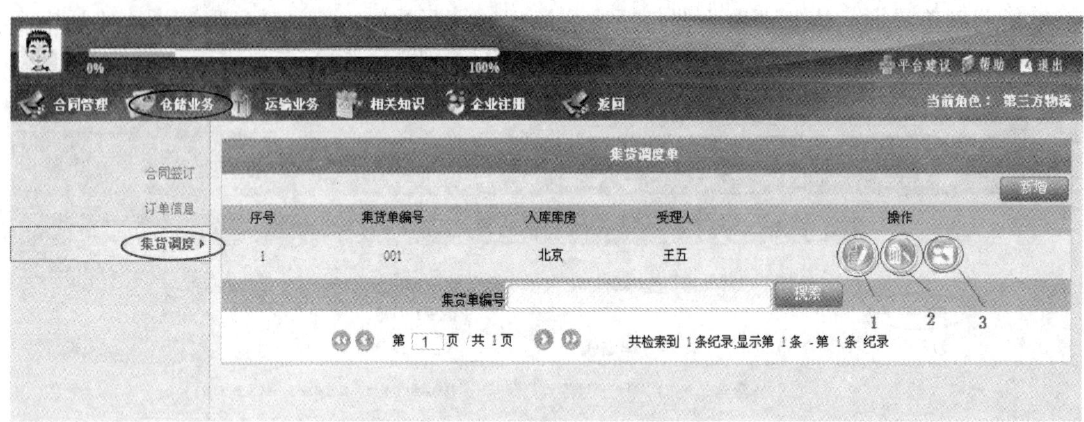

图 10-15　新增集货单保存界面

注：1—修改；2—删除；3—查看。

（8）在图 10-15 所示的界面中，可以对单据进行修改、删除、查看操作。比如，单击“修改”按钮，将进入集货调度单修改界面，如图 10-16 所示。

图 10-16　集货调度单修改界面

（9）修改完成后，单击“提交”按钮。

五、运输管理及运输路单

（一）实习目的和要求

通过实习，让学生了解物流中心运输路单的流程，掌握物流中心运输路单所需的业务操作和注意事项。

（二）实习内容

物流中心填写运输路单。

（三）实习步骤

（1）由第三方物流主界面，选择“运输业务”菜单，再选择“国内运输”选项卡，进入国内运输界面，如图 10-17 所示。

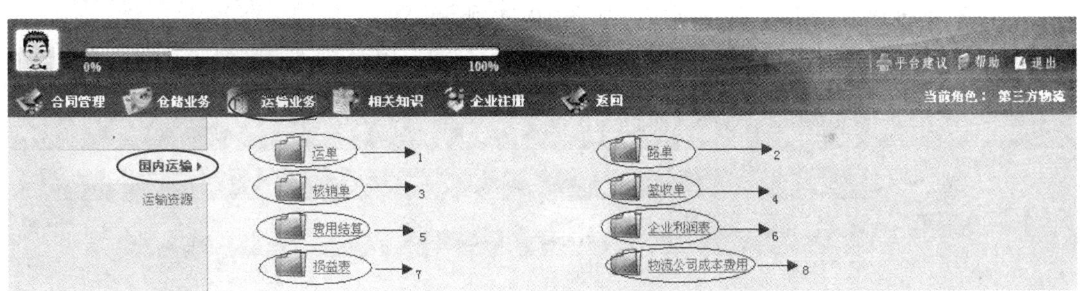

图 10-17　国内运输界面

注：1—运单；2—路单；3—核销单；4—签收单；5—费用结算；6—企业利润表；7—损益表；8—物流公司成本费用。

（2）在国内运输界面中单击“路单”超链接，进入路单信息管理界面，如图 10-18 所示。

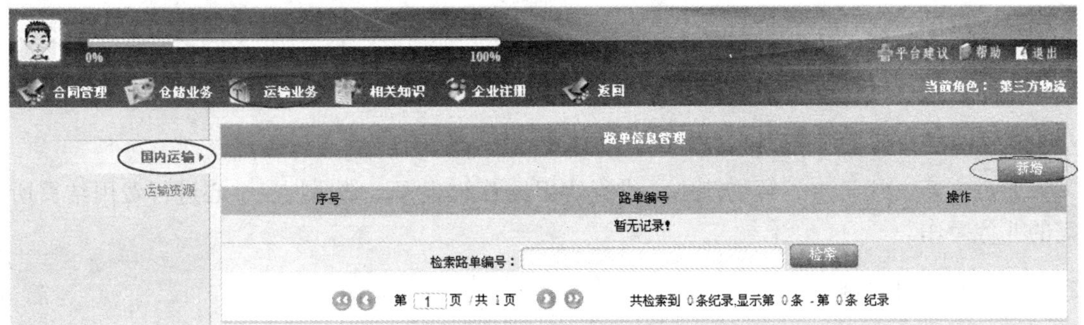

图 10-18　路单信息管理界面

（3）单击“新增”按钮，进入路单信息填写界面，如图 10-19 所示。

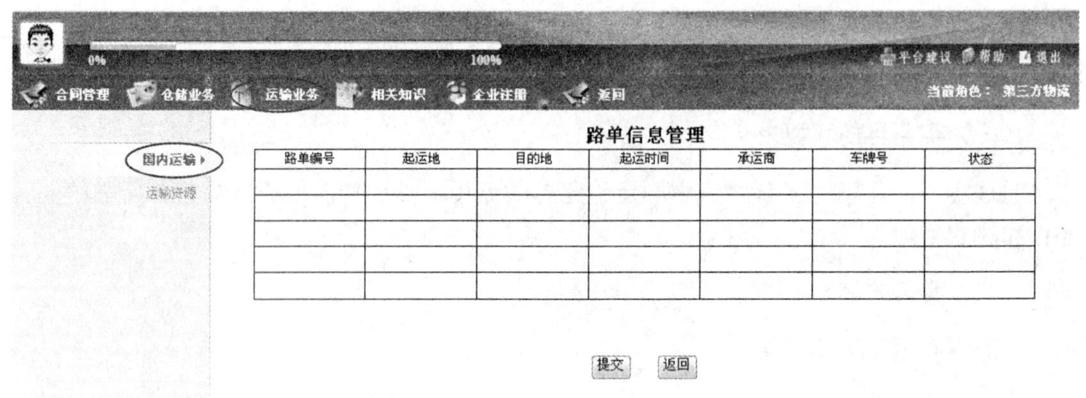

图 10-19　路单信息填写界面

（4）根据对应项填写相应的路单信息，填写完成后，单击“提交”按钮，路单制单完成。还可对单据进行修改、查看操作，如图 10-20 所示。

图 10-20　路单信息填写完成界面

六、费用结算

（一）实习目的和要求

通过实习，让学生了解物流中心进行费用结算的流程，掌握物流中心进行费用结算所需的业务操作。

（二）实习内容

将各个公司的订单信息的费用进行登记，填写费用结算单。

（三）实习步骤

（1）由第三方物流主界面，选择“运输业务”菜单，再选择“国内运输”选项卡，进入国内运输界面，如图10-17所示。

（2）单击“费用结算”超链接，进入费用结算单界面，如图10-21所示。

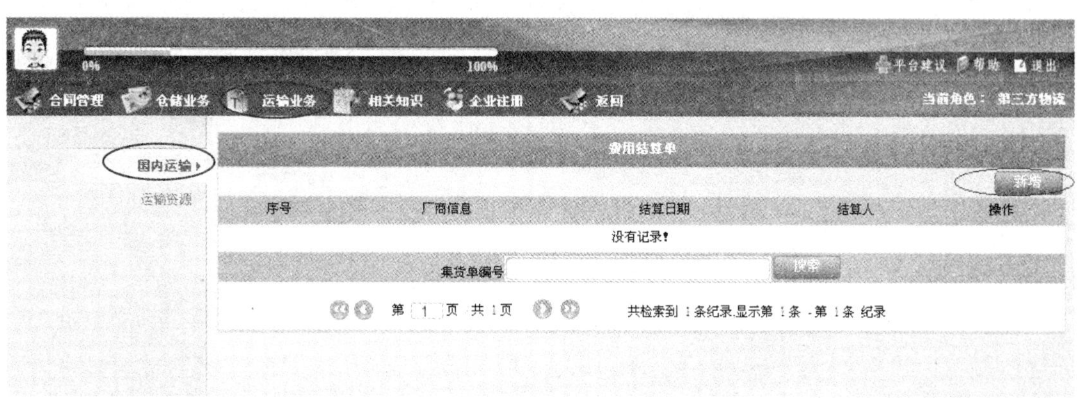

图10-21　费用结算单界面

（3）单击“新增”按钮，进入费用结算填写界面，如图10-22所示。

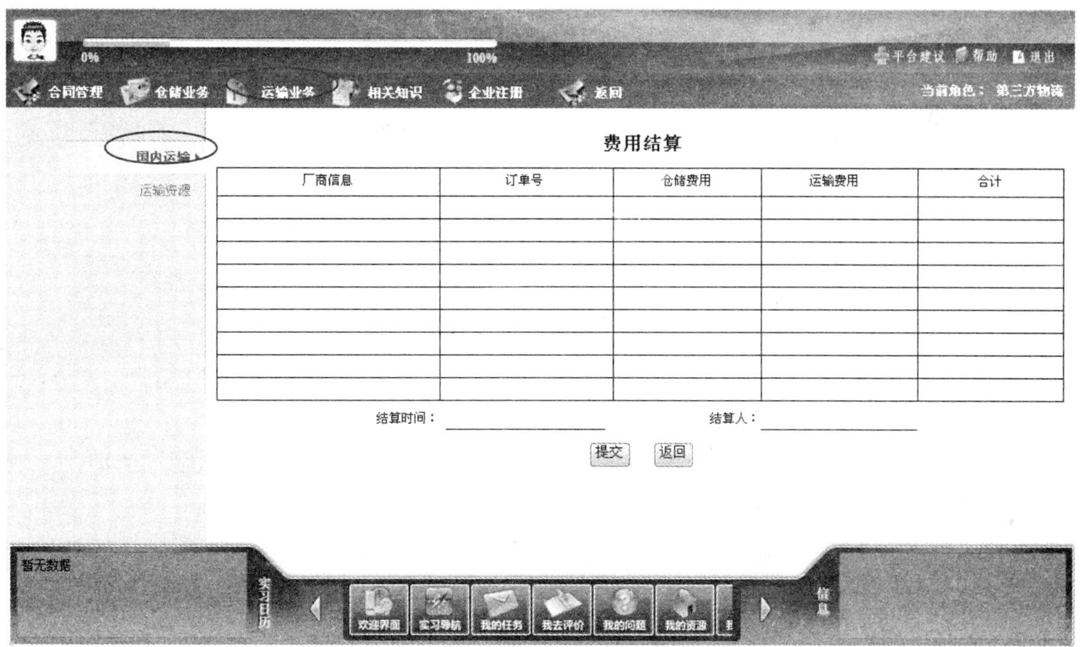

图10-22　费用结算填写界面

（4）根据对应项填写相应的费用结算信息，填写完成后，单击“提交”按钮，费用结算制单完成。还可以对单据进行修改、查看操作，如图 10-23 所示。

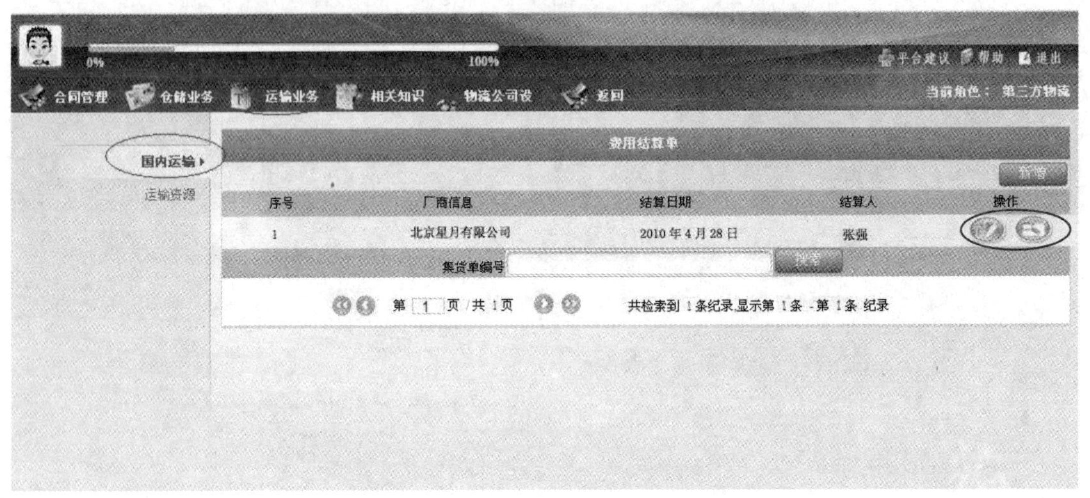

图 10-23 费用结算单完成界面

七、利润表

（一）实习目的和要求

通过实习，学生了解物流中心核算利润表的业务规则和流程，掌握操作时的注意事项。

（二）实习内容

（1）根据运输工程中产生的实际运输费用，进行费用的利润核算。
（2）填写企业利润表。
（3）整理费用，填写损益表。

（三）实习步骤

（1）由第三方物流主界面，选择“运输业务”菜单，再选择“国内运输”选项卡，进入国内运输界面，如图 10-17 所示。

（2）单击“企业利润表”超链接，进入企业利润表界面，如图 10-24 所示。

（3）单击“新增”按钮，系统将进入企业利润表填写界面，如图 10-25 所示。

（4）根据对应项填写相应的企业利润表信息，填写完成后，单击“提交”按钮，企业利润表制单完成。还可以对单据进行修改、删除、查看操作，如图 10-26 所示。

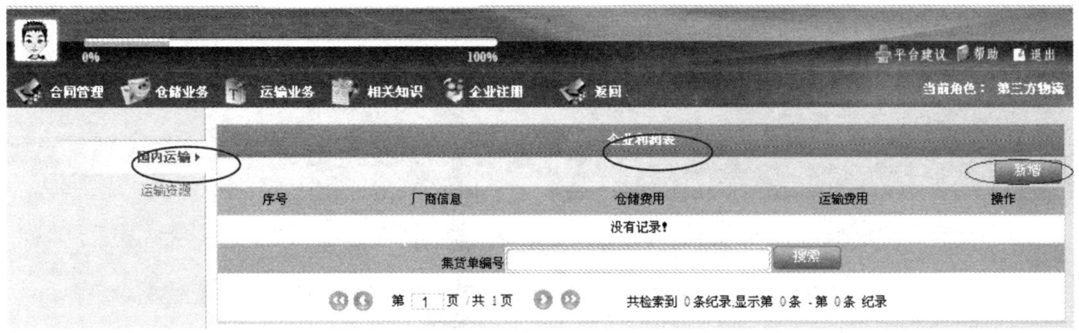

图 10-24　企业利润表界面

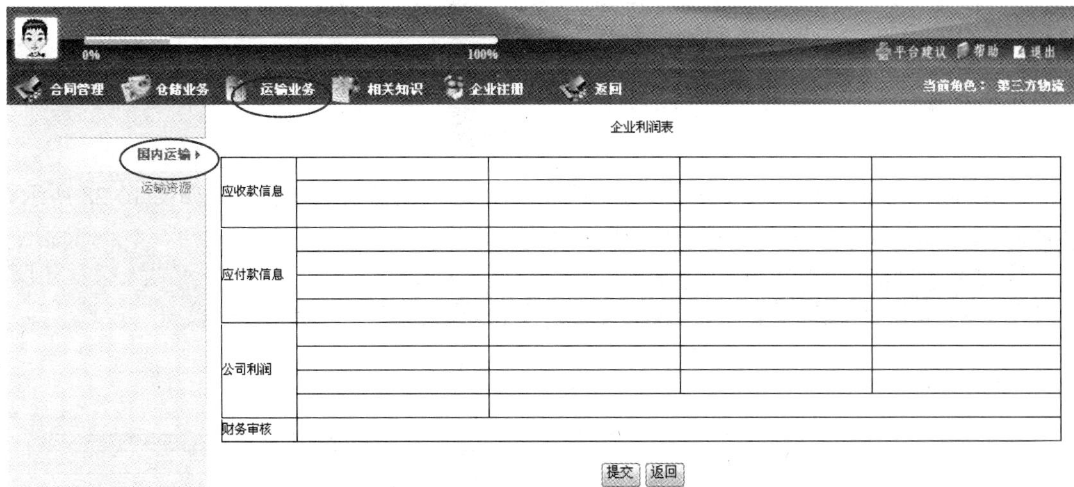

图 10-25　企业利润表填写界面

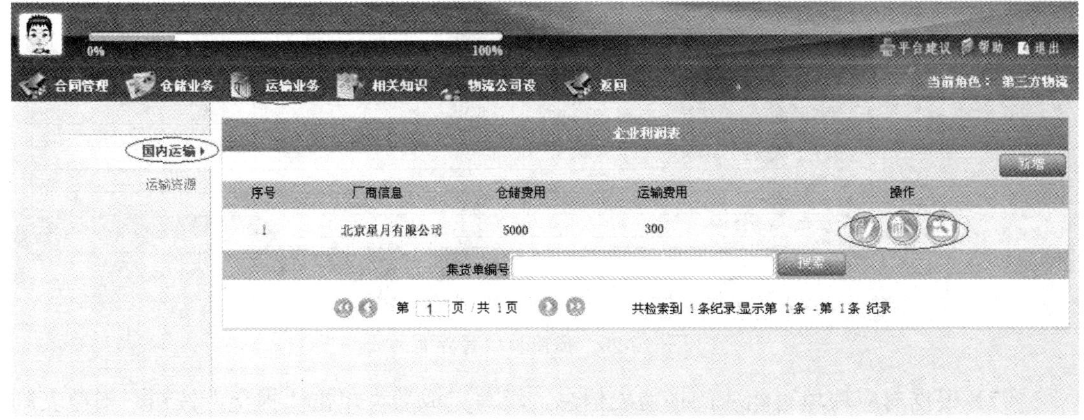

图 10-26　企业利润表完成界面

（5）企业费用整理完成后，单击“损益表”超链接，进入损益表管理界面，如图 10-27 所示。

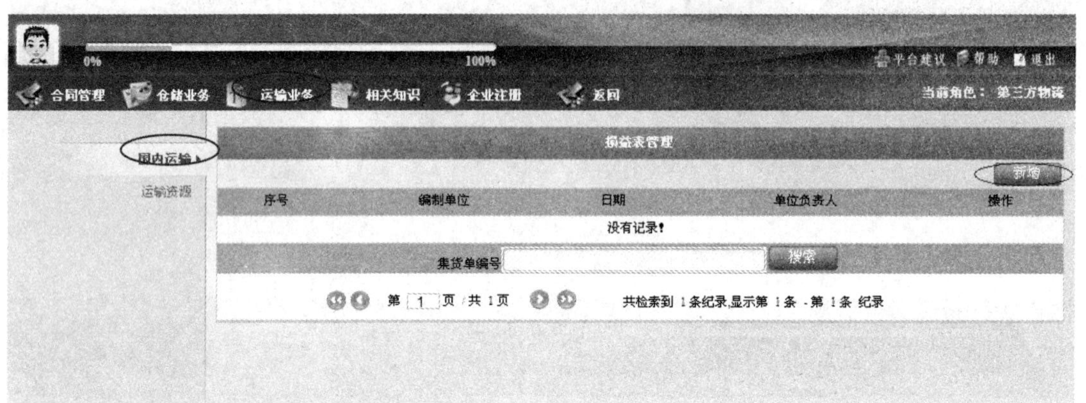

图 10-27　损益表管理界面

（6）在损益表管理界面中单击“新增”按钮，进入损益表填写界面，如图 10-28 所示。

图 10-28　损益表填写界面

（7）根据对应项填写相应的损益表信息，填写完成后，单击“提交”按钮，损益表制单完成。还可以对单据进行修改、删除、查看操作。

八、工作总结

（一）实习目的和要求

通过实习，让学生总结概括物流中心的工作和职责，了解各个业务的操作流程。

（二）实习内容

（1）总结物流中心所有业务及其流程，对其进行总结。
（2）根据其业务总结，总结物流中心的职责和要求。
（3）对实验小组人员的表现情况进行总结。

（三）实习结果

物流中心工作总结报告。

第十一章 创业仿真实验专题活动

创业仿真综合实验在进行过程中，会根据模拟企业业务的需要穿插各类专题活动，以丰富学生的体验，强化实验的效果。专题活动的设计要注重科学性、严谨性、契合性、趣味性。结合企业商务环境的实际和仿真实验教学的特点，在创业仿真综合实验中可以加入海报评选、新闻发布会、招投标、专家讲座、辩论赛等专题活动。下面对各类专题活动进行详细的介绍。

第一节　海报评选专题活动

海报评选专题活动是展现各个企业文化的良好渠道，通过此项活动，团队成员能对自己的企业团队有更好的认识与理解，增强团队凝聚力；同时，不同的模拟企业也能对彼此有更深入的认知与了解，为日后的企业运营、企业合作和各项活动的开展奠定良好的基础。另外，成员们通过合作加深了彼此的理解，更深刻地理解了团队意识，培养了敬业、奉献的良好品质。

一、活动思路

创业仿真实验中每个小组都有三次制作海报的机会，分别是招聘海报和两轮企业宣传海报。实验小组的海报要求在统一的绘图纸上手工绘制，是展示相应机构形象的重要窗口。为了更好地展示企业形象、树立企业文化、扩大企业宣传影响力，各个团队围绕企业所在行业、企业名称、企业理念，针对海报的概念、构图、用色等进行了热烈的讨论，大家积极参与，发动头脑风暴、各抒己见，不断提出新点子、碰撞出新的火花。海报评选的目的是强化学生广告宣传的意识，实现对企业文化、Logo 设计的凝练与传播。

二、活动策划

（一）活动安排

（1）规定时间之前各机构派专人到会议点参加海报展示演讲。

（2）设计的海报必须突出主题，即突出自己企业的产品特色和企业理念。

（3）活动展示当天海报评比环节按照当时抽签顺序进行展示，展示时间为2～3分钟。展示结束时评委和现场观众根据评分标准进行评分，最后由工作人员进行统计总得分，颁奖。

（二）参赛要求

（1）手绘、打印或电子版参赛作品应包括报名表（报名表获取方式有户外宣传现场领取、大赛宣传单页背面附和大赛报名邮箱下载）、海报设计图和设计构思（形式不限）。

（2）海报设计要易于识别，简洁明快，主题鲜明，富有寓意与美感，着重体现企业文化特点和性质。

（3）所设计的作品必须为原创，为第一次发布。如果是参考了其他作品，须注明参考作品出处及来源。

（4）参赛成员必须在规定时间前提交包含作品的简介、作品设计理念及创新性的PPT，在展示当天进行讲演。

（三）评分标准

海报评分的标准如表11-1所示。

表11-1　评分标准细则表

机　构	信息传达准确，明白易懂（25分）	构图简练美观适形（25分）	图形符号概括美观（25分）	整体美感讲究艺术（25分）	总　分
1					
2					
3					
4					
5					
6					
7					

评分标准说明如下：

（1）信息传达准确，明白易懂。

① 海报设计简练、易懂、易记和能够被人普遍公认的形象，易于普及和传播。Logo内涵和活动理念特点相关，富含寓意。（20～25 分）

② 海报设计较简练、易懂、易记和能够被人一般公认的形象，传播性一般。Logo 内涵和活动理念特点较相关，富含一般寓意。（10～20 分）

③ 设计普通。Logo 内涵和活动理念特点有些相关。（5～10 分）

（2）构图简练、美观适用。

① 海报的形象简练，色彩单纯且具较强的象征性，对比强烈、醒目，对人们的视觉有很强的冲击力。（20～25 分）

② 海报的形象简练，色彩单纯且具一定的象征性，对比明显，对人们的视觉有一定的冲击力。（10～20 分）

③ 海报的形象简练，色彩普通的象征性对比一般，对人们的视觉有冲击力。（5～10 分）

（3）图形符号概括、美观。

① 图形优美，艺术性强，给人以优秀的视觉感受。（20～25 分）

② 图形设计良好，布局匀称，色彩合理，有一定欣赏性。（15～20 分）

③ 图形设计大致合理，色彩布局一般，给人印象一般。（10～15 分）

（4）整体美感讲究艺术。

① 具有个性鲜明的形式美感。标志设计要符合广大人群的审美趋向，并具有时代感，给观者以审美享受。（20～25 分）

② 具有个性的形式美感。标志设计要符合一般人群的审美趋向，并富有时代感，给观者以一般审美享受。（10～20 分）

③ 具有形式美感。标志设计要符合审美趋向，观者有审美享受。（5～10 分）

第二节　新闻发布会专题活动

通过新闻发布会专题活动，可以让各个团队熟悉新闻发布会的流程，锻炼各个团队应对问题的能力，使整个仿真运营更加完整、更加专业。同时，通过团队成员的精心准备，一起搜集资料、交流分析，积极地制定解决问题的方案，然后将整个方案展现到媒体、评委及大众面前，将意外事故对公司的恶劣影响降到最低，树立良好的公司形象。

一、活动思路

在创业仿真综合实验中可以模拟实训小组的产品或服务受到消费者的投诉或媒体的曝光，从而需要通过新闻发布会的形式进行澄清和解释。新闻发布会专题活动可以根据实验进行的进程随机安排，目的是强化学生的危机公关意识和市场意识水平，以及锻炼学生的

逻辑、演讲能力。

二、活动策划

新闻发布会的活动策划可以假设现实媒体曝光了实训机构的负面信息，从而对机构形象造成了不良影响，请机构对此进行及时的解释。下面分别以制造和服务机构为例说明。

（一）制造业活动策划

1．新闻回放

2014 年 5 月 23 日，央视媒体报道在山东省济南市历下区燕飞路 1012 号居民小区出现意外爆炸。据了解原因是在使用贵公司的网络盒子的过程中发生爆炸，造成一人受伤，两人受惊吓。新闻播出后，使用网络盒子的居民胆战心惊，纷纷要求退货。

2．公关活动

针对这次事件，将于 2014 年 5 月 24 日上午 10:00 在发展大厦召开新闻发布会，给贵公司提供一个危机处理机会，望贵公司积极参加。

3．活动要求

望贵公司派出一名代表，有 3～5 分钟的时间发言，对此次危机作出解释。

（二）服务业活动策划

1．新闻回放

在 2014 年 5 月 23 日晚 7:35 CCTV-1 套焦点访谈节目中，披露了贵公司在服务顾客过程中因服务态度恶劣、粗鲁无礼、效率低下而遭到济南历下区众多顾客的强烈投诉和斥责，社会影响恶劣。

2．公关活动

将于 2014 年 5 月 24 日上午 10:00 在发展大厦召开新闻发布会，望贵公司积极参与，就此事阐明贵公司的立场、态度，给公众一个合理的解释。

3．活动要求

望贵公司派出一名代表，有 3～5 分钟的时间发言，对此事作出合理解释，并给出相应的处理措施。

三、活动开展

（一）前期准备

每个企业团队成员对设定的危机突发情况进行分析，作出各自的应对措施，如有的采取推脱的应对措施，有的采取负责的应对措施。评委由管委会进行拟定，媒体也要对活动的录像拍照工作作出了充分的准备。

（二）召开新闻发布会

管委会根据设定的时间开展新闻发布会，活动期间每个企业发言人先用 5 分钟的时间，阐释自己团队对危机问题的理解，接下来是记者或评委的提问环节。最后评委从语言表达、解决方案、记者提问三个方面进行打分。

（三）活动结果与经验总结

活动最终选出分别获得一、二、三名的企业团队。通过新闻发布会活动，同学们总结了应急公关的经验，认识到了企业发生类似问题时要承担责任，与消费者真诚沟通，从各个方面来分析，严谨地处理好每一个细节，最终形成一套完整、清晰、专业的解决方案，从而达到化患为利、危机中创造商机的目的。

第三节　招投标专题活动

招投标专题活动应在遵循公开、公平、公正和诚实信用的原则的基础上进行。招标公司成员通过撰写招标书和全程组织招标活动，锻炼相应的写作能力和组织能力。投标企业利用此项活动，对外展示企业具体的运营状况和企业形象。

一、活动思路

在每轮创业仿真综合实验中，根据进程安排 1～2 次招投标活动。该专题活动由招标公司组织招标人、投标人共同进行开标，各个团队有序地讲解自己的企业，主要包括企业的发展概况、产品性能、投标价格、前景展望等方面。一方面，有助于学生了解招投标活动的流程和规则；另一方面，也能调动各机构内部的积极性，并对自己的运营状况进行详尽的了解。

二、活动流程

（一）招标书撰写

招标公司根据老师的要求，安排在制造企业运营第三季度和第五季度开展招投标活动。招标公司负责根据招标产品类型、数量等，完成招标书的撰写。这个过程首先是在企业负责人的带领下，分头查阅资料，完成初稿；其次，针对老师提出的相应修改建议，进行修

改，直至符合招标要求。特别是投标评分标准是投标企业撰写投标书的重要依据，要反复修改。投标评分的参考标准举例如表 11-2 所示。

表 11-2　投标评分标准细则表

序号	评分项目	基准分值	评分标准
1	商务部分（40 分）	40 分	取各有效投标单位的投标总价报价平均值作为基准价。 投标报价得分以投标人的投标报价计算： ① 投标价每高于评标基准价 1%，扣 1 分，扣完为止； ② 投标价每低于评标基准价 1%，扣 1 分，扣完为止
2	售后服务体系、能力（30 分）	8 分	供货计划及安装方案，优良 5～8 分，一般 3～4 分，较差 0～2 分
3		8 分	技术服务及培训方案，优良 5～8 分，一般 3～4 分，较差 0～2 分
4		7 分	维修保养具体措施，优良 5～7 分，一般 3～4 分，较差 0～2 分
5		7 分	详尽的售后服务措施，优良 5～7 分，一般 3～4 分，较差 0～2 分
6	产品功能配置及技术指标（20 分）	5 分	产品说明是否全面、详尽，优良 5 分，一般 3～4 分，较差 0～2 分
7		15 分	投标人所投产品的技术响应情况，每一项非“画线加粗字体部分”指标不满足，扣 2 分，最多扣 15 分，扣完为止
8	企业资质信誉（10 分）	1 分	自主创新品牌得 1 分
9		2 分	重合同守信用证书（有效期内）提供得 2 分，无证书不得分
10		3 分	财务状况优秀得 3 分、良好得 2 分、一般得 1 分（按 2012 年度财务审计报告评定）
11		4 分	品牌所占市场份额（数据以 IDC 出具的 2010—2014 年全球个人电脑市场份额证明文件复印件为准） 市场份额第一，得 4 分； 市场份额第二，得 3 分； 市场份额第三，得 2 分； 市场份额第四，得 1 分

（二）制造企业投标书撰写

招标公司向各个制造企业发放发布招标公告或投标邀请书，制造企业首先要组建投标小组，按照招标文件的要求编制投标书。投标书的撰写要针对招标书中设定的评分标准，包括公司基本情况介绍、生产经营能力、团队风貌、报价等方面，形成完善的投标书。其次，要落实投标小组负责演讲的人员，完成招标现场展示的 PPT 和模拟演讲。

（三）组建评标委员会

由招标公司组织管委会、工商局或者税务局等团队的人员组成评标委员会。评标委员会成员共同商议招投标现场方案，比如明确招标具体时间、评分规则、投标企业展示的顺序等一系列具体活动细节。

（四）开标和定标活动

招标公司根据评标委员会确定的时间和地点，提前由专人负责布置会场、摆放桌签等。活动中，在主持人的引领下，各企业依次展示，同时开启投标人按规定提交的投标文件。评标委员会成员可以针对企业阐释不清晰的问题，现场提问，对每个企业的情况有个清晰的判断。最后根据各企业的介绍及投标书的内容，逐一负责打分，在招标公司进行统计汇总的基础上，现场确定中标企业。同时，邀请投标人代表和其他机构代表对整个投标过程进行监督。

（五）中标结果公示和订单发放

招标人在确定中标人后，对中标结果在实验平台进行公示，时间为一个季度。公示无异议后，招标公司将招标、开标、定标的整个活动情况写成书面报告，提交给上课教师，由教师在后台为中标企业增加相应订单。

第四节　专家讲座专题活动

一、活动思路

创业仿真综合实验的目的是提升学生的综合素质，增强其创新创业的能力。在上课过程中，任课教师可以穿插小规模的专题讲座，聘请有实践经验的企业管理者，从自身成长经历、企业经营的角度，与学生进行互动交流。通过专家讲座活动，可以有效地搭建虚拟仿真和现实企业经营的桥梁，丰富学生的体验内容，从而提升的实验的效果。

二、活动策划

专题培训应与当前经济环境和形势、企业实际需要、经管理论前沿等相契合。专家讲座专题活动的策划重在针对性和科学性，围绕企业经营的某一方面进行细致的互动交流。比如，“商业礼仪讲座”“职业选择与职业素养”“创业融资的探讨”等选题。在选择讲座专家时，可以充分调动校内外资源，构建一定数量的专家库。专题培训的方式和内容可以是灵活多样的，可以是知识性的，也可以是操作性的。要注重对专题培训的目标、内容、方式、时间等的合理安排。进行专题讲座的时间最好在实验的中期，一方面，学生接收过前期实训，从而有了很多企业运营方面的疑问；另一方面，学生在讲座中所学到的知识在

接下来的实训中有机会验证。

第五节　辩论赛专题活动

一、活动目的

辩论是一项可以提高思辨能力，培养团队精神，锻炼思维表达的活动。在创业仿真实验中开展此项专题活动，可以使同学们更好地融入团队活动，增强对企业运营管理的认知理解，在活动中增加自信，提升创业创新能力。

二、活动流程

（一）辩论赛选题征集

针对每次创业仿真实验课程的不同专业，首先由管委会联合相关服务机构，负责征集辩论赛主题。辩论赛主题一定要结合学生专业和实验中遇到的问题，如产品规划、企业社会责任等。同时，组建辩论赛评委团队，选拔辩论赛主持人。

（二）辩论赛准备

在明确辩论赛主题后，通过 QQ 群或其他方式征询各个团队的建议，最终确定辩论赛的由几家企业联合组建的正方和反方两大团队。在此基础上，管委会下发辩论赛通知，告知各个团队辩论赛的时间、地点等具体事宜。

（三）相关团队准备

首先，辩论赛确定的正方和反方团队各自召开准备会议，推选辩手。其次，围绕辩论主题准备相关资料，先对问题进行全面的剖析，再拿出标准（标准就是为什么你方在这个辩题上能赢对方）。再次，确立战场，就是你们准备从哪些方面进行这场辩论赛，并估计对方的立论，提出针对的问题，问题要精简，最好在 15 个字以内。最后，准备总结陈词，应该在赛前就大致定好总结的框架，确保最后的阐释具有条理性。

（四）辩论赛活动

首先，由主持人介绍参赛团队、参赛队员及所持立场，介绍评委和点评嘉宾；其次，辩论赛正式开始，按照辩论赛细则的相关要求，正反双方展开辩论活动，在评委评议、观众自由提问结束后，根据比赛评分细则，最后确定比赛结果。

三、辩论赛细则

（一）时间提示

自由辩论阶段，每方使用时间剩余 30 秒时，记时员以一次铃声提示；用时满时，以铃声终止发言。攻辩小结阶段，每方使用时间剩余 10 秒时，记时员以铃声提醒；用时满时，再次响铃终止发言。其他阶段，每方队员在用时剩 30 秒时，记时员以铃声提醒；用时满时，再次响铃终止发言。再次响铃时，发言辩手必须停止发言，否则作违规处理。

（二）开篇立论

开篇立论提倡即兴陈词，引经据典恰当，无须在理论的层面上过多纠缠。立论要求逻辑清晰，言简意赅。

（三）攻辩

（1）攻辩由正方二辩开始，正反方交替进行。

（2）正反方二、三辩参加攻辩。正反方一辩作攻辩小结。正反方二、三辩各有且必须有一次作为攻方；辩方由攻方任意指定，不受次数限制。攻辩双方必须单独完成本轮攻辩，不得中途更替。

（3）攻辩双方必须回答对方问题，提问和回答都要简洁明确。重复提问和回避问题均要被扣分。每一轮攻辩，攻辩角色不得互换，辩方不得反问，攻方也不得回答问题。

（4）正反方选手站立完成每一轮攻辩阶段，攻辩双方任意一方落座视为完成本方攻辩，对方选手在限时内任意发挥（陈词或继续发问）。

（5）每一轮攻辩阶段为 1 分 30 秒，攻方每次提问不得超过 10 秒，每轮必须提出三个以上的问题。辩方每次回答不得超过 20 秒。用时满时，以钟声终止发言，若攻辩双方尚未完成提问或回答，不作扣分处理。

（6）四轮攻辩阶段完毕，先由正方一辩再由反方一辩为本队作攻辩小结，限时 1 分 30 秒。正反双方的攻辩小结要针对攻辩阶段的态势及涉及内容，严禁脱离比赛实际状况的背稿。

（四）自由辩论

这一阶段，正反方辩手自动轮流发言。发言辩手落座为发言结束，即为另一方发言开始的计时标志，另一方辩手必须紧接着发言；若有间隙，累积时间照样进行。同一方辩手的发言次序不限。如果一方时间已经用完，另一方可以继续发言，也可向主席示意放弃发言。

第十二章

创业仿真实验示例

本章主要展示以往创业仿真实验留存的实例，借此为老师和学生在实验教学中做好各项实训活动提供参考。本章内容包括实验流程图示、实验总结报告和实验中的常见问题三部分内容。

第一节　实验流程图示

本部分主要以图片的形式，形象地展示创业仿真实验各流程的内容。

一、动员会

创业仿真实验动员会上，老师会介绍实验课的定位、课程设置与要求等，让学生总体上对课程有所了解。动员大会召开情形如图 12-1 所示。

二、团队招聘

创业仿真实验是以组队的形式进行的，在确定 CEO 的基础上，按照教学要求，学生可以自由组队。实验一开始会安排企业招聘会环节，由 CEO 张贴招聘海报，面试应聘人员。招聘海报如图 12-2 所示。

三、团队展示

在组队完成后，每个小组需明确内部的岗位分工与发展战略，并介绍给其他团队。通过团队展示，让每个小组认识在接下来的实验中可能的合作伙伴或竞争对手。团队展示如

图 12-3 和图 12-4 所示。

图 12-1　动员会现场图

图 12-2　企业招聘现场图

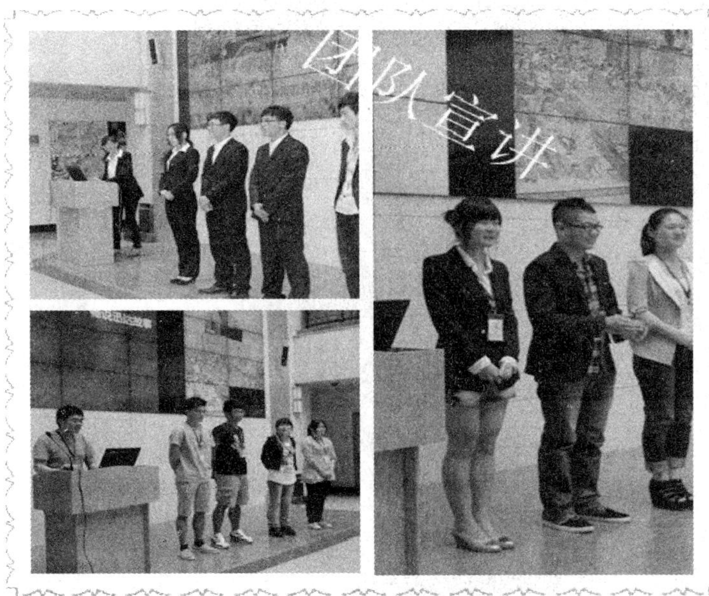

图 12-3　团队集体展示图

图 12-4　团队展示现场图

四、企业注册

创业仿真实验通过线下和线上相结合的方式，提供全面的实训体验。团队组建完成后，首先需要进行企业的注册，通过工商局、税务局、银行等机构的线上、线下申请，获取企业的证照。企业注册现场如图 12-5、图 12-6 和图 12-7 所示。

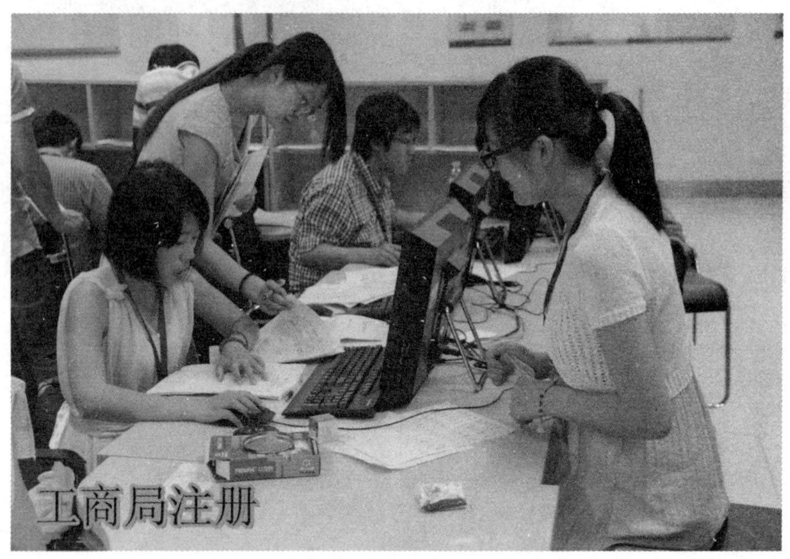

图 12-5　工商局注册现场图

图 12-6　银行注册现场图

五、绘制宣传海报与评选

创业仿真实验要求每个团队绘制一份企业宣传海报，展示企业的文化和战略，并组织

线下的海报评选活动，为获奖团队颁奖。绘制的宣传海报和评选现场分别如图 12-8、图 12-9 和图 12-10 所示。

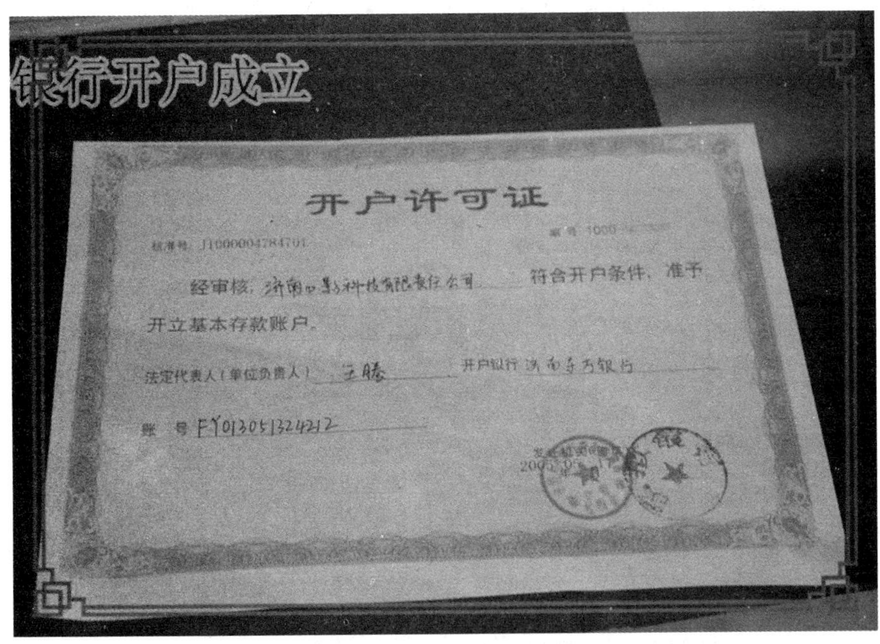

图 12-7　企业开户许可证

图 12-8　团队海报制作图

图 12-9　海报评选现场图

图 12-10　媒体海报展示图

六、企业经营

创业仿真实验的主体是企业经营环节的模拟。实验内容将围绕企业的生产、采购、市

场、人力、财务、贸易等方面的业务展开，通过线上和线下的形式，给学生提供全方位的体验企业经营业务的机会。企业经营示例如图 12-11、图 12-12、图 12-13 和图 12-14 所示。

图 12-11　各团队经营中状态图

图 12-12　软件平台在线提交申请图

图 12-13　制造业经营现场图

图 12-14　税务局纳税图

七、传媒报纸

创业仿真实验中可设立传媒机构，记录和宣传各实训机构的经营状况。实验中，媒体的产出包括照片、视频和报纸。本章中的示例照片基本都是实验中媒体机构拍摄的。实验视频主要以专题为主，记录实验专题活动及企业专访。另外，创业仿真实验中要求媒体出一份报纸，记录一天中实验的新闻，并刊登企业广告。传媒报纸示例如图 12-15 和图 12-16 所示。

Utime　优时——不只是时间！

成立于 2015 年 5 月 25 日，山东优时科技有限责任公司是一家年轻而富有活力的企业，一群爱梦敢想的青年人始终"做着梦"——新时代下的我们致力于追求青春、积极、健康的生活，科技让生活更美丽是我们不变的追求，帮助人们塑造积极地生活观。其中，优秀的企业文化是必不可少的：管理文化——下知有之，我们尊重知识更尊重人才；产品文化——勿忘初心，始终铭记最初的自己；营销文化——销售源于需求，价值引导需求，宣传产品不如传递我们积极健康的价值观。当然，作为一家年轻的公司，我们有着也明确的目标：为客户提供优质的产品和服务并影响他们的行为，在此过程中，成为卓越的企业并创造机会，同时回馈社会回馈国家，不仅包括提供最优质的服务和产品，还体现在人文情怀，公益责任等各个方面。

未来一段的时间，公司将会全力进行智能手表的开发，全面贯彻企业宗旨，开创手表新时代，真正做到——不只是时间！我们坚信拥有激情和梦想的我们定能创造属于我们自己的精彩明天。

优时，冲吧！

[illegible]坐落与山财大燕山校区，隶属与齐鲁广电局，是一家集广告宣传策划、市场营销策划、企业形象等为一体的综合性广告公司。

自 2015 年成立以来，始终坚持"为客户提供有效的广告作品"的精英理念，凭借创新的思维，精湛的技术和优质的服务，深受顾客好评，公司拥有豪华的办公设施，一流的制作设备和专业的工作人员，致力于打造齐鲁广告传媒的旗舰。

主营业务

1. 企业品牌和形象推广；
2. 平面广告设计与制作；

企业目标

不断进去，充分运用好现有的资源，充分发挥人才的优势，[illegible]优良的设计、更优质的服务，准确将顾客信息传达给购买者！

企业宗旨：客户给我们一分钱，我们给客户十分的收益！

焦点商报

2015 年 5 月 26 日
星期二　晴
焦点文化传媒

山东财经大学企业模拟运营启动仪式

2015 年 5 月 25 日，新一届企业模拟运营大赛启动仪式在我校燕山校区 3 号楼举行，参加此次启动仪式的大赛指导老师毕老师、费老师及人力资源专业四班、市场营销四班的全体同学。

启动仪式上，毕老师首先介绍仿真实验教学，围绕怎样设计人才培养方案，就业方向调查、能力分层、实训体系设计、课程群设计、改造人才培养方案、专业发展方向等方面进行了阐述。毕老师随后介绍了学实验安排，播放了往届同学的同学参加企业模拟运营的视频和成果展示，并通　过温水煮青蛙的实验讲解了理论与实践的巨大不同，让我们反思了如何更好地学习知识，借用"纸上得来终觉浅，绝知此事要躬行"一句来警示学生加强我们对模拟运营的重视。最后，毕老师给我们介绍了一下企业模拟运营教学的特色，包括全仿真 Office 办公环境，全职业发展流程仿真、全模拟企业办公内容、全角色体验企业管理、全企业经营竞争模拟、全团队协同完成任务等，希望通过这模拟企业运营帮助同学们了解社会上企业如何经营，以便以后同学们更好更快的融入职场。

我校在 2012 年实施企业模拟运营课程，通过企业模拟运营提高了同学们的大局观;锻炼了同学们分析问题、解决问题的能力,加深了同学们对社会的了解，对公司如何运行了解;增强了同学们的执行和决策能力。

山东焦点文化传媒公司
公司电话：4044　　公司地址：3406

图 12-15　传媒报纸正面图

公司介绍大会

25 日下午 2 时，[illegible]正式迎来各公司正式介绍大会，大厅内热闹的氛围点燃了员工们的[illegible]，各公司[illegible]进入企业文化展示阶段。

本次大会由费[illegible]主持，16 家企业[illegible]介绍。各企业分别介绍企业成员及其相关职务。此外，CEO 通过讲解公司精神、经营理念等向大家传达了企业文化，并代表了本企业向公众表达了对于未来发展的信心，以此展示出企业斗志昂扬的精神风貌。

大会的开始意味着真正社会经营生活的开始，同学变身企业员工也将投身于一场"战斗"之中。会上八大制造企业在介绍中火药味十足，其他服务机构也真正进入各自角色，CEO 们的"领导范儿"也让公众对于他们未来几天工作的期望值大大提高。

大会结束各企业也将正式进入注册环节，开始致力于各自工作并努力实现企业对于公众的承诺，也期待大家在未来几日的成功。

企业招聘开始啦！

2015-5-25 上午 10 点，鼓舞人心的启动仪式已经落下帷幕了，同学们都已摩拳擦掌，跃跃欲试，接下来就是召开招聘会。人才招聘会在毕老师、费老师的主持下正式开幕。

此次参加招聘会的企业共计 16 家，他们分别是：追风物流公司、济南历下区税务局、山东爱智科技有限公司、工商局、胡大爷商贸、腾美科技、特斯拉科技、瀚海科技、濮创科技、山东希柏科技有限责任公司、山东优时科技、焦点文化传媒公司、山东摩森智能科技有限公司、瑞银银行、山东优客商贸有限公司、管委会。

16 家企业招聘站台井然有序地排列着，每个展台上方都挂起各企业手工制作的大幅招聘信息海报，海报彰显着各企业的企业文化和精神风貌，海报上还列明企业简介、招聘岗位等信息。各企业的工作人员耐心的为上前咨询的同学进行讲解，招聘现场热闹非凡。最后同学们都找到了适合自己的企业和岗位，正式开始了自己的"职业"生涯。万事都已具备，小伙伴们开始奋斗吧！

We are FAMILY!

图 12-16　传媒报纸反面图

八、招投标

创业仿真实验的招投标活动，在以往上课时是一个主要的线下商业实训内容。该活动由招投标公司承办，所有制造和商贸企业都参加，按照招投标的规范流程和标准决定中标企业。招投标活动现场如图 12-17 所示。

图 12-17　评标现场图

九、考勤

创业仿真实验过程中参照现实企业的做法，实行规范的考勤制度。可以采取指纹考勤的形式，即在上下课的时候学生都需要打指纹。考勤情况如图 12-18 所示。

十、总结大会

创业仿真实验经营结束时，可召开总结大会，一方面，学生可以谈谈整个实验过程中的感想和体会；另一方面，可为实验中表现优秀的团队和个人颁奖。总结大会情况如图 12-19 和图 12-20 所示。

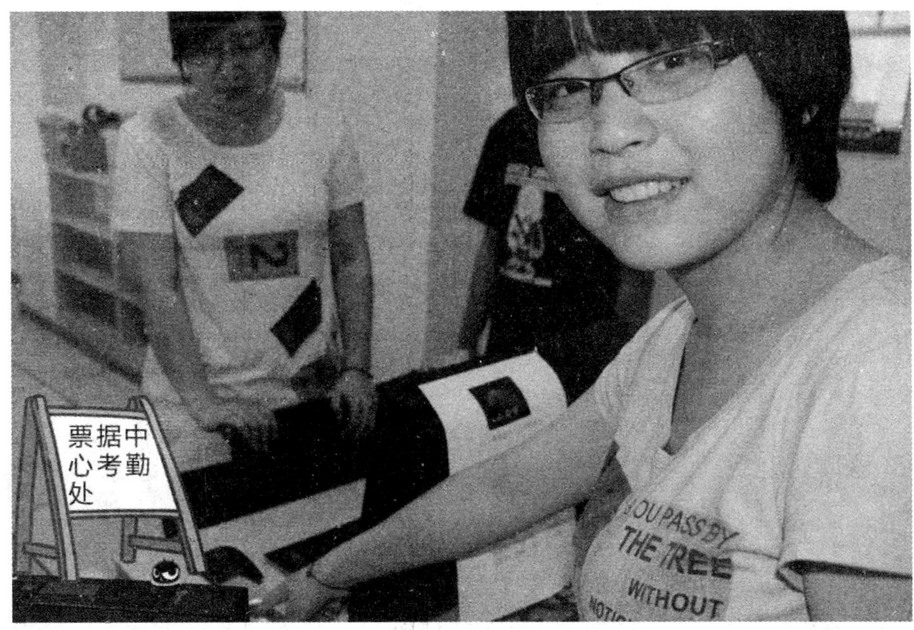

图 12-18　指纹考勤图

图 12-19　总结大会颁奖图

图 12-20　实验结束现场图

第二节　实验总结报告

创业仿真实验结束时，需要学生提交实验总结报告，并作为考核的一个指标。实验报告分为机构总结和个人总结两种，机构总结反映团队的实验内容与业绩，个人总结反映个体的实验经历与体会。

一、机构总结

（一）各部门人员工作目标、内容

1．CEO

（1）拟订企业战略和指标。

（2）构建企业文化。

（3）团队树立。

（4）资金调配。

（5）对公司的悉数重大运营运作事情制定决策，包含对财务、运营方向、营业范畴的

增减等。

2．财务主管

（1）主持公司财务预决算、财务核算、会计监督和财务管理工作；组织协调、指导监督财务部日常管理工作，监督执行财务计划，完成公司财务目标。

（2）与财政、税务、银行等相关政府部门及会计事务所相关中介机构建立并保持良好的关系。

（3）向上级汇报公司经营状况、经营成果、财务收支及计划的具体情况，提出有益的建议。

3．销售主管

（1）负责产品的市场渠道开拓与销售工作，执行并完成公司产品年度销售计划。

（2）根据公司市场销售战略，提升销售价值，控制成本，扩大产品在所负责区域的销售，积极完成销售量指标，扩大产品市场占有率。

（3）与客户保持良好的沟通，实时把握客户需求。为客户提供主动、热情、满意、周到的服务。

（4）动态把握市场价格，定期向公司提供市场分析及预测报告和个人工作周报。

（5）维护和开拓新的销售渠道和新客户，自主开发及拓展上下游用户，尤其是终端用户。

4．生产采购主管

当市场容量大时，生产部考虑引进生产线，扩大生产能力。生产能力的扩大也可以通过生产合理化投资、维修保养费用、管理投资等的影响来提高。采购部材料订购批量与资金占用成正比、与材料单价成反比，对产品成本的影响较大。采购部在确定材料订购批量时既要考虑满足产品生产上的需要，尽量减少资金积压，又要充分利用批量价格折扣。比较咨询各原材料供应公司的价格，按照计划和预测进行采购。

（1）根据公司的战略规划设定生产能力。

（2）建立规范的工业流程和质量保证体系，完成从输入到输出的转变。

（3）安排每季度生产计划，并对物料进行控制。

（4）制定采购战略。

（5）控制物资库存。

（6）制定供应商选择标准并实施供应商选择的评估考核。

（7）控制采购活动中的物流、信息流和资金流。

5．企业管理主管

（1）负责绩效管理体系的建立及维护。

（2）负责工厂内部管理沟通的疏导，做好部门之间的协调工作。

（3）负责组织、调动各事业部、TQC 和行政等相关责任部门对专项管理问题、工作的调查、研究和分析，并提供针对性的解决方案。

（4）协助人事行政科做好人力资源和行政管理工作。

（5）负责工厂沟通机制、控制机制、激励机制建立。

（6）负责向总经理提供管理变革建议，并参与管理变革。

（7）负责工厂内部重要管理文档的存档、保管和索引。

（8）总经理布置、指派的其他各项工作。

（二）运营历程

2015 年 9 月 23 日早上，经前一天分工确定的各个制造公司、贸易公司、银行、会计事务所、工商局、税务局等政府服务机构开始招聘，陆续张贴头天晚上精心制作的招聘海报，静候应聘者的到来，好的开始是工作开展的基础。

上午 10:30，团队组建成功，过程难以细表。五人团队合成，企业人员进行了分工，确定了工作职责范围和公司名称，设计公司 Logo，选择口号，确定公司规章制度和理念，设计制作桌牌、胸牌等，并为宣讲制作 PPT 展示。

下午宣讲会开始，首先是对制造企业 CEO 和服务类负责人颁发聘书，然后是介绍各个部门、服务企业和制造公司，不一一细表。

各个企业在正式运营之前需要注册，奔走于各个政府部门和银行会计事务所之间，终于拿到了来之不易的营业执照和税务登记。这或许已经预示了接下来两天的一切。

正式运营开始了，每个企业有一千万元的基础资金。要将企业做大还是需要制定很多决策，比如，为了响应国家西部大开发，我们决定投身大西北建设。又如，鉴于营运周期的时间较短，我们租赁了厂房仓库，这样可以给我们留下更多的资金投入接下来的阶段，也更能灵活地调节库存的问题。鉴于西北地区的较大的需求量和较小的竞争压力，我们决定走低端路线，在前期扩大生产量，于是抢了大量的贴牌生产资格。这本来会是我们积累发展的第一步，是我们进行滚雪球式发展的坚实基础，但是积压的库存作为遗留问题，对我们的影响相当大。第三季度为了消化库存，我们进行了市场开拓、信息化及科研投入，造成流动资金相当紧张。第四季度我们开始抢单，主场大西北和客场东北的销售因为贸易公司介入和其他原因没有达到预期，最终零单完结。这时，银行贷款到期，科研失败导致原材料采购预计失误，第二条生产线不得不空置，再加上贸易继上次寡头垄断之后持续压价，我们已然陷入困境，不得已只能割肉获得部分资金。转折点发生在第五季度，经过我们与贸易公司的协商终于能够清仓，资金回笼。第六季度轻松度过，但刚进入零库存时，

随着科研发展，低端半成品的市场供货量不足，价格大幅度上涨，贸易有单无货。转入第七季度，根据税务排名我们终于摆脱了前几个季度的倒数排名，得到一个不错的名次。

（三）运营数据分析及总结

1．经营数据体现

（1）市场投资（每季度市场投入情况）。第三季度，投资 35 万元到东北吉林地区开拓临时性市场。

（2）研发能力（研发进度）。公司于第三季度投入 100 万元资金，招聘十名科研人员和一名管理人员，用于研发 H 型产品。第四季度，因资金不足而使研发失败，后来追加 146 万元，终于在第五季度成功研发 H 型产品，并立即投入生产。而且我们决定在第七季度进行 O 型产品的研发。

（3）生产能力（生产线、生产总量）。

第一季度，公司抢到智胜手机制造有限公司的 L 型产品贴牌生产和乐天手机制造有限公司的 L 型产品贴牌生产，同时在第一季我们买到生产 L 型的全自动生产线 1 条。

第二季度，智胜手机制造有限公司贴牌生产 L 型完工入库，全自动生产线开始使用原材料 M1、M2、M3、M4、M5，L 型产品开始生产。

第三季度，由于订单的需求增加，公司购买了第二条生产线。随着第一条生产线的继续生产，生产线 2 开始使用原材料 M1～M5 生产 L 型产品。同时我们公司开启研发 H 型产品，并购买了 H 型产品所需原材料 M4-X 和 M5-X。

第四季度，科研失败，无法生产 H 型产品，生产线 2 空置，生产线 1 继续生产 L 型产品。

第五季度，生产线 2 开始生产 H 型产品。

第六季度和第七季度，L 型产成品和 H 型产成品入库。

（4）人力投入。

第二季度，雇佣管理人员一名转入生产线，无效果。

第三季度，雇佣十名科研人员与管理人员一起开始研发 H 型产品。

第四季度，H 型产品研发失败，继续加大科研投入。

第五季度，科研成功，雇佣十九名工人与管理人员投入全自动生产线 1，产能提升到最大，科研闲置。

第六季度，科研闲置。

（5）资质认证。资金紧张，未能进行资质认证。

2．经营数据分析

（1）原材料库存预警分析图。

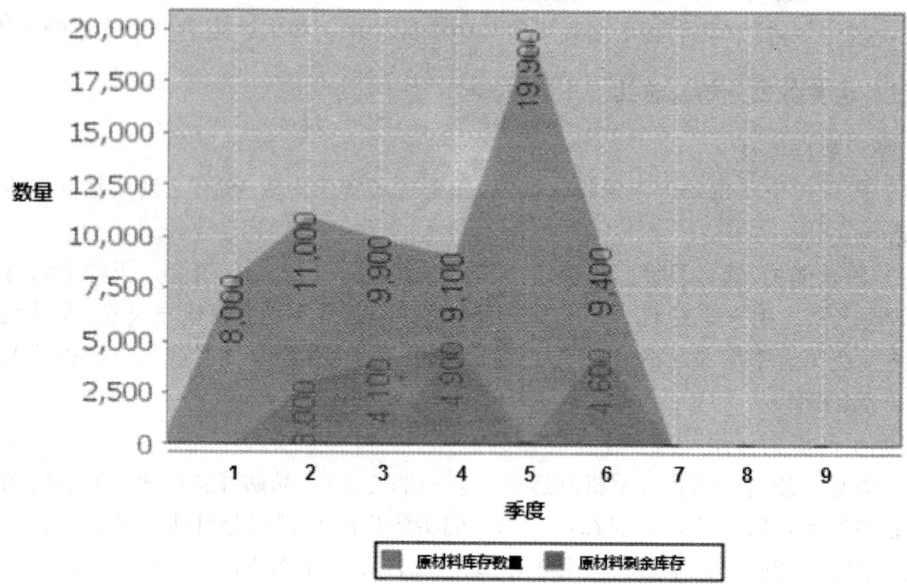

图 12-21　原材料库存预警图

我们在第一季度和第二季度都购买了两季的 L 型产品原材料，第三季度购买了一季度的 H 型产品原材料，后面三季度都是重点采购了 L 型产品原材料，H 型产品的原材料购买的份额仍为生产线一季度的产量。这些原材料是公司生产必备的，我们有自己最低的安全库存量，低于安全库存量则计划采购。在接到销售运营中心的销售计划及其他公司的订单时，生产部会按照用量提出原材料采购计划，采购部按计划进行采购。对于部分价格较高的原材料会在价格低谷时批量采购适当的囤货，降低成本，因此，原材料库剩余库存量会相对较高。而当实际销售量与预测计划差距较大时，就会导致部分原材料的缺乏或者积压。各季度原材料库存预警如图 12-21 所示。

（2）订单完成动态分析图。

第二季度，抢单两笔，卖出 268 件 L 型产品，贴现 313 件 L 型产品；第三季度，抢单两笔，卖出 712 件 L 型产品；由于第四季度抢单失败，没有订单交付；第五季度，抢单两笔，卖出 830 件 L 型产品；第六季度，抢单三笔，卖出 736 件 L 型产品和 143 件 H 型产品。由于 263 件 H 型订单交付时间为第八季度，未交付。各季度订单完成图如图 12-22 所示。

（3）产成品库存预警分析图。

第一季度，我们购入了总库存量为 2 500 件的产成品仓库。因为抢到贴牌生产，在第二季度生产出 1 419 件产品，未产生库存预警；第三季度，各种生产线投入运营，产量非常大，此季度已经开始售出产品，产成品剩余库存为 1 306 件，而剩余产成品库存量为 2 194 件；

第四季度销量仍然不错，但因上一季度的产品剩余，而被惩罚了一个大仓库，所以仓库剩余量很大；第五季度产品销量空前的好，致使我们的货物已经清空了。各季度产成品库存预警分析如图 12-23 所示。

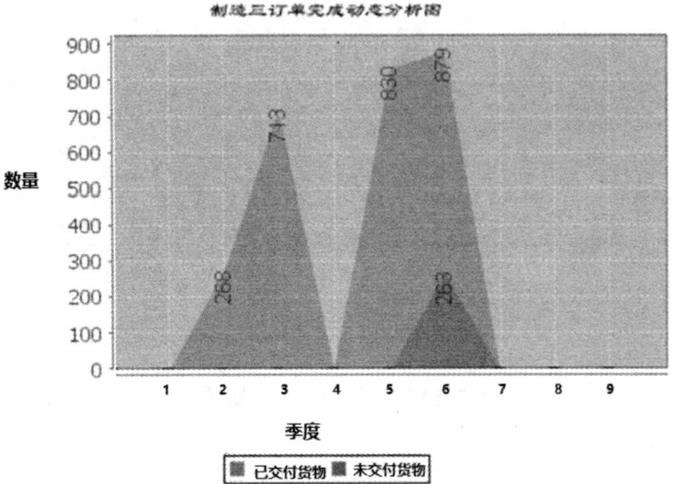

图 12-22　订单完成动态分析图

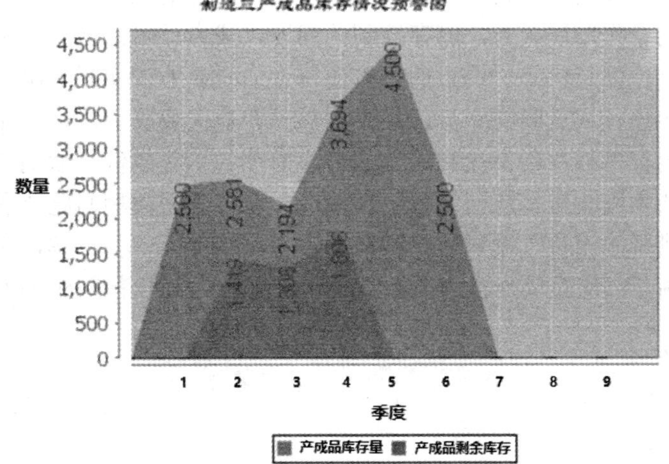

图 12-23　产成品库存预警分析图

（4）订单交付率动态分析图。

第二季度，抢单两笔，交付一笔，贴现一笔；第三季度，抢单两笔，交付两笔；第五季度，抢单两笔，交付两笔；第六季度，抢单三笔，交付两笔，未交付的订单为第八季度交付，各季度订单交付信息如图 12-24 所示。

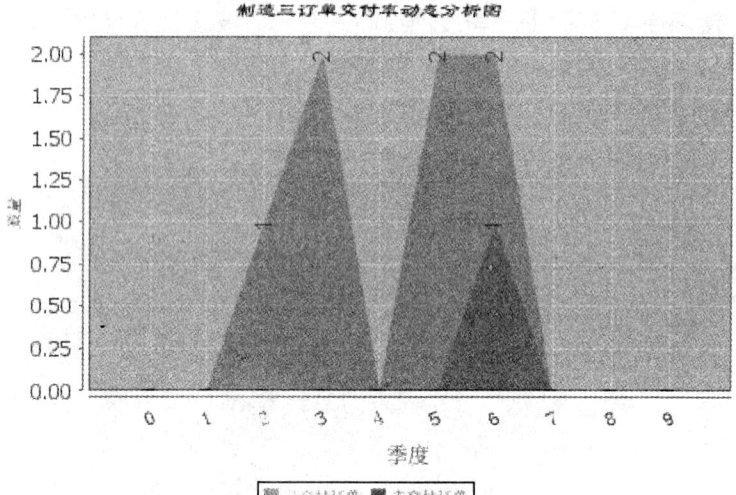

图 12-24 订单交付分析图

（四）经营总结

企业经营成败很大程度上取决于提前的决策，包括企业定位长远目标的确定，内部整合外部协调，资源充分利用，科学的计量公式，流动资金的利用，制造企业同类之间的合作，与贸易企业的合作发展关系，库存控制的问题，成本计算的问题，生产计划，科研计划，市场开拓计划，信息化等。资金的投入要符合自身企业的实际情况，不能想当然，不能拍脑门决定，多进行成员间的交流，集思广益。企业间要联合，但不能搞特殊，也不能搞恶意竞争，因为价格战并不是盈利的好战略，前期的价格越低，后期价格越容易被贸易公司压制，造成成本回收难，从而导致资金负债。对于某些模糊问题要尽快了解，对于是当季还是下季度到货、出货、发货等小细节多注意，多观察，多了解，在正确的大方向上少走弯路、少兜圈子，从而减少企业不必要的开支，避免作出错误的决策甚至重大失误。

二、个人总结

（一）环境认知

1．对现代商业社会环境的认知

现代商业环境的变化主要体现在经济全球化、制造和信息技术进步、顾客导向、商业模式和管理方式变革、社会及政治和文化因素综合影响等方面。其中，产品在国际产业链上的分工与协作、先进制造技术的投入与应用、顾客导向的价值理念等，对现代企业成本管理产生了深远的影响。

2．对现实企业管理的认知

现代企业管理是对企业的生产经营活动进行计划、组织、协调和控制等一系列职能的总称，财务管理是企业管理的最主要的内容之一。

企业管理使企业的运作效率大大增强，让企业有明确的发展方向，使每个员工都能充分发挥自己的潜能，使企业财务清晰、资本结构合理、投融资恰当，向顾客提供满足的产品和服务，树立企业形象，为社会多做实际贡献。

3．对公司岗位的认知

采购是企业从供应市场获取产品，保证企业生产经营活动正常开展的活动。采购部门根据公司经营发展战略，制定本部门的工作目标，负责根据工程实际情况制定材料供应计划和资金需求计划，负责所需材料、设备、成品、半成品的考察、询价、比价、招标、采购合同的签订与执行和出入库管理，负责完善采购数据，落实工作计划的完成情况。

生产部门执行生产前的一切准备工作，认真检查机器的运转情况，转换运转方式，试运行设备，保证质量指标，确保本部门与其他相关部门及部门内部建立良好的沟通渠道与合作关系，建立相互信任及融洽的工作团队，按时完成上级布置的工作。

4．对团队协作认知

通过发扬团队协作精神，加强团队协作建设，能进一步节省内耗。团队协作还有助于企业目标的实现。企业目标的实现需要每一个员工的努力，具有团队协作精神的团队尊重成员的想法，能够激发员工的潜能，使每一个成员参与到团队工作中，风险共担，利益共享，相互配合，完成团队的工作目标。团队协作就是将人的智慧、力量、经验等资源进行合理的调动，使之产生最大的规模效益。

（二）专业认知

通过本次创业仿真实验，我们发现其将管理经济学、市场营销学、会计学、财务管理、生产运作管理、运筹学、统计学等课程中的现代管理决策理论、方法和内容有机地结合起来，融会贯通，让我们能够运用所学的基本理论和方法系统地进行实践性尝试，如进行市场需要预测、产品销售优化决策、物料采购方案及决策方案等。

在这次的创业仿真实验中，通过对现代企业经营决策仿真系统的应用，我们在短短的几天时间内运用所学的基本管理理论和方法，对市场经济条件下现代企业的经营决策进行了实践性的尝试。这增强了我们的市场竞争意识，认清了产品市场销售和企业生产间的关系，提高了把握市场机会的能力，了解到各种成本费用的形成和一定的营销战略的实施对企业经营成果的影响，提高了综合运用现代管理理论、方法的能力和科学决策水平，获得了在实际中需要几年才能感受到的经验和体会，学到了很多书本上学不到的东西。

三、素质训练

（1）演讲能力方面。因为参加了几次 PPT 的演讲，现在站在众人面前已经不怯场了，并且语言表达能力也有了很大的提升。

（2）沟通能力方面。因为我在团队中是属于比较活跃的一员，主要负责大家的沟通，所以在沟通能力方面有了很大的改善。

（3）商务谈判与礼仪。因为在与贸易公司的签单过程中，是由我与贸易公司进行谈判的，所以我对谈判时所用的技巧、语言有了很大的了解，同时对谈判时所要注意的礼仪也进行了多方面的了解。

（4）自学能力方面。第一次接触并制造这些事物，所以很多东西需要自己学习，我的动手与动脑能力提高了很多。

（5）判断能力方面。在制造业中，对于市场的判断、厂房与仓库的选择、生产线的选择和原材料投入的多少，都需要有合理的判断与计算。在这一方面，我得到了很大的提升。

（6）应用能力方面。大学三年所学的知识都得到了很好的应用，同时刚刚学到的知识也因为时间的压力而得到了最快的应用。

四、感受感想

创业仿真实验课让我收获颇多。企业经营远没有我们想象的那么简单，不是各个部门自己做完分内事就算完成任务了。每个部门都是环环相扣、密切关联的，任何一个单独的个体都不能完成一个业绩。同样任何个体的出错也会使整个经营出现问题，所以各个部门的及时沟通和协作是企业经营的重中之重。

（一）合适的团队

无论在什么情况下，拥有良好的团队是公司达成目标的最基本的前提。在招聘环节上出现的问题一直影响着之后公司分工运营的活动。各种问题的产生或许从开始就不可避免。人员的问题永远是最大的问题，机器系统是忠诚的、可靠的，人永远不会像系统一样不带有感情色彩，团队总会困扰我。

（二）缜密的战略

企业确定的战略对企业的长期发展意义重大，尤其是开始制定的战略。我们选择了没有制造企业选择的大西北地区，建设投入较少，初期销售抢单较容易。我们根据西北地区的需求预测发现低端市场需求较大，决定尽快加第二条生产线，提高产量。公司战略问题

在后期暴露出来，特别是经历的两次压货问题，几乎让公司陷入绝境，因为西北地区竞争少但是订单数量也少，而且每单数量也小。

（三）协作的群体

企业模拟运营成功的标志不是一切业务都比对手优秀。这次实训不是竞争性的比赛，而是一次全真的模拟公司全部经营过程的实训，更多的是熟悉流程，相互合作。因此，我们公司五个人在应付诸多的任务时，即使各有分工，也会相互帮助，单凭一己之力很难快速完成任务。团队协作良好，使我们有更多的时间应付随之而来的任务。

（四）融洽的关系

对于即将进入社会的我们来说，创业仿真实验课让我明白处理好同事关系是很有必要且很有难度的。世界上不可能有两片完全相同的叶子，每个人的喜好也是不同的，我必须学会处理好与各类不同性格的人的关系。这样才能在工作之中充分利用人力资源，尽快在社会中成长起来。

第三节　实验问题解答

一、商贸机构问题汇总

问题 1：后期制造业压制商贸产业，商贸产业拿不到订单，怎么办？

回答：限制制造业的订单数量，加大自身的广告投入，使自己在市场中更有竞争力。

问题 2：制造公司不愿接受商贸公司给出的价格，与商贸业恶意竞争，造成制造业过量囤货，怎么办？

回答：与制造业谈判，商贸业一个季度不参与市场，使市场恢复平稳。

问题 3：广告投放时操作失误，向单一市场投放了大量资金，导致资金的浪费和订单量极度缩水，给企业造成了致命打击，怎么办？

回答：借新还旧，开源节流，想尽一切办法维持企业运转。以后要注意决策的深思熟虑，本系统为不可逆系统，每一项决策执行都应倍加小心。

问题 4：商贸企业进行订单报价时，未能计算好企业可用资金，导致企业资金不足以收购足量的产品进行订单交付，不仅浪费了订单资源，还需交付大量违约金，怎么办？

回答：去银行贷款解决资金问题，并在之后的运营过程中注意企业可用资金的计算，合理配置企业资源，抢订单时量力而行。

问题 5：我们在进行市场投资的时候，与其他很多企业选择了同一个市场，导致竞争激烈，结果投放大量广告资金却没有抢到订单，导致公司资金回笼困难，难以进行下一季度的产品采购等，甚至需要去银行贷款公司才能正常运转，怎么办？

回答：通过收集以往市场投资的情况，分析各公司在不同市场的影响力，进而选择竞争力较小的市场，投放足够的广告资金，从而抢到所需求的订单。

二、制造企业问题汇总

问题 1：对企业注册过程不了解，到底应该按照怎样的顺序进行？

回答：在注册前期老师会进行讲解，不明白的可以查阅企业注册流程图，按照流程进行注册。

问题 2：注册过程中很多表格格式不知道怎么填写？

回答：去到相应表格审核的部门（如工商局、税务局等，）查看样表，按照样表格式填写。

问题 3：公司注册时银行会有临时账户和永久账户，分别应该什么时候用？

回答：临时账户只用于注册验资，其他的都用永久账户。

问题 4：为什么 CEO 已经进行了审批还是不能开展相应的业务？

回答：申请一项业务的流程是，相关人员提交业务申请，CEO 进行审批后，财务总监进行审批拨款，这样业务才算申请完成。

问题 5：抢购不到便宜的原材料，怎么办？

回答：可以在上一季度末将下一季度所有的货款审批下来，节约大量时间。

问题 6：如果在上一季度中原材料没有购买全怎么办？

回答：所有用于本季度生产的原材料必须上季度采购全，否则将无法生产。可以向制造企业购买其剩余的原材料。

问题 7：为什么申请资金提交成功，但 CEO 方收不到？

回答：这是由于浏览器不兼容造成的，开启兼容性视图即可解决。

问题 8：向 CEO 提交申请时，CEO 名字不对应，需要很长时间查找，怎么回事？

回答：浏览器不兼容，开启兼容性视图。

问题 9：为什么业务转账后，银行系统仍显示未转账？

回答：银行系统滞后，只要查询自己的界面，出现转账后的效果即可。

问题 10：为什么我们交付订单后资金不到账？

回答：这是系统不稳定造成的，可以让老师帮忙从后台转入资金。

问题 11：如何确定我的产品定价？

回答：深入了解定价规则，同生产成本相比较，考虑多方面因素。

问题 12：怎样使人工费用最小化？

回答：弄清楚管理人员与科研人员及生产工人的比例，通过不断计算，建立方程，算出最优情况。

问题 13：如何保证产品研发的成功率？

回答：满足产品的基本研发能力，投入所需资金，科研人员数量与管理人员数量可以寻找到一个最优的比例。

问题 14：怎样降低销售竞单中的扣分，提高竞争力？

回答：进行信息化、资质认证、开发小部件、投入广告等都可以降低竞单扣分。具体的公式在抢单界面可以看到。

问题 15：贷款必须到时间才可以还款吗？

回答：不一定，在本公司的财务系统中可以提前还款。

问题 16：人员闲置怎么办？

回答：可以辞退，但是辞退费用很高，慎重考虑。

问题 17：存款预警提示有几笔未转账记录是怎么回事？

回答：是系统延迟不能及时转账。

问题 18：在第二季度市场投资中，上一季度投资产生的市场影响力是否会累积到下一季度？

回答：不会。

问题 19：企业能够接到的订单数量有限，不知道出什么单该抢，什么单不该抢。

回答：抢订单的时候，把鼠标指针放到[H] [L] [O] [S]上时，可以看到剩余的订单数量和货物数量，可以此作为依据决定投标的订单。

问题 20：盈利过少，竞争力不足，一味通过向商贸公司销售来处理产成品，未及时开辟市场，接下来应该怎么做？

回答：做好计划，尽早进行小部件研发、资质认证和信息化，不能仅仅走商贸销售的路线，要商贸与市场同时并举。

问题 21：开辟市场较多，但每个市场的广告投放资金较少，导致广告投放较分散，每个市场的影响力较弱，不能抢到订单，导致广告资金流失，产品积压，接下来应该怎么做？

回答：通过分析各公司的市场投放情况，选择 1～2 个市场投入足够的资金进行广告投放，提高所投放市场的影响力，保证抢到订单。

参 考 文 献

[1] 董平军．创业实验．企业经营决策仿真[M]．北京：北京大学出版社，2005．

[2] 冯晓星．研究高校的创业教育以及创新型人才的培养分析[J]．亚太教育，2016（01）：267-268．

[3] 韩建华．英国高校创业教育研究[D]．石家庄：河北师范大学，2011．

[4] 韩群．高校创业教育课程发展研究[D]．重庆：西南大学，2012．

[5] 姜莉．论创业设计[J]．新闻爱好者，2010（14）：106-107．

[6] 阚婧．我国高校创新创业教育的实践探索[D]．大连：大连理工大学，2011．

[7] 李娅娌．美国高校创业教育研究[D]．北京：首都师范大学，2008．

[8] 梁蔚．美国大学创业教育的发展及其启示[J]．山东省青年管理干部学院学报，2010（05）：86-88．

[9] 麦磊．任务驱动下创业设计课程教学反思[J]．江苏广播电视大学党报，2008（03）：93-94．

[10] 孟祥霞，王金圣，李刚．基于创业导向的经管类专业新型实验教学模式理论与实践[M]．杭州：浙江大学出版社，2010．

[11] 王刚，李苓．大学生创业教育新型教育模式的探索与研究[J]．辽宁工业大学学报（社会科学报），2015（06）：78-80．

[12] 新道教育研究院．中国经管实践教学发展报告（2015）（实验实训篇）[M]．北京：清华大学出版社，2015．

[13] 许剑雄．提高《创业设计》实践教学效果的体会和思考[J]．科技信息，2008（29）：499-526．

[14] 杨燕．《创业设计》课程教学改革研究——工商企业管理专业[J]．现代商贸工业，2014（17）：139-140．

[15] 余瑞玲．对我国大学生创业教育的实证研究[D]．厦门：厦门大学，2006．

[16] 张永智，罗勇．创业综合模拟实训教育[M]．成都：西南财经大学出版社，2012．

[17] 张宗益等．创业管理的理念与实践[M]．北京：北京大学出版社，2007．

[18] 郑旭煦，朱孟楠．探索创新创业教育 深化实验教学改革[M]．成都：西南财经大学出版社，2012．